Hamburg um 1933: Schlosser ist Funktionär der KPD. Bis zu seiner eigenen Verhaftung bremst er den Eifer der Genossen im Kampf gegen die Nazis, verweigert die Waffen und pocht auf Disziplin. Die Genossen von der Basis aber wollen kämpfen. Kämpfen bedeutet für sie Lust und Leben. Vor allem für Karo, aber auch für Leo, der noch 1930 zur Polizei geht, aber später begreift, dass er auf der falschen Seite steht. Gemeinsam planen sie die Befreiung Schlossers.

Als ob er mitten im Geschehen steckt, begleitet Geissler seine Figuren durch die Kämpfe vor und nach 1933 und zieht den Leser in die immer noch aktuellen Debatten mit hinein. Mit »balladenhaft-lyrischer Präzision« (Heinrich Böll) erzählt er von Gewalt von oben und Gegenwehr von unten, vom Spannungsverhältnis zwischen Kollektiv und Individuum, zwischen Disziplin und Eigensinn.

Geisslers Roman basiert auf einer wahren Geschichte: Das Vorbild für Leo war der Hamburger Polizist Bruno Meyer, der Anfang 1935 die Widerstandskämpfer Fiete Schulze und Etkar André aus dem Gefängnis befreien wollte. Detlef Grumbach hat das Leben Bruno Meyers recherchiert und stellt es in seinem Nachwort umfassend dar.

Christian Geissler wurde am 25. Dezember 1928 in Hamburg geboren. Nach einem nie abgeschlossenen Studium der Theologie, Philosophie und Psychologie in Hamburg, Tübingen und München arbeitete er ab 1956 als freier Schriftsteller. Geissler veröffentlichte mehrere Romane, darunter »Anfrage« (1960) und »kamalatta« (1988), und zahlreiche Lyrik-Bände. Daneben arbeitete er u. a. beim NDR, war Mitherausgeber der linken Literaturzeitschrift Kürbiskern, Dokumentarfilmer und Dozent an der Deutschen Film- und Fernsehakademie Berlin. Er lebte zumeist in Hamburg und Ostfriesland und starb am 26. August 2008.

CHRISTIAN GEISSLER

WIRD ZEIT, DASS WIR LEBEN

Geschichte einer exemplarischen Aktion

Mit einem Nachwort von Detlef Grumbach

VERBRECHER VERLAG

Erste Auflage
Verbrecher Verlag Berlin 2013
www.verbrecherei.de

© Verbrecher Verlag 2013
Einbandentwurf: Sarah Lamparter
Lektorat: Kristina Wengorz
Satz: Christian Walter
ISBN 978-3-943167-19-1

Printed in Germany

Der Verlag dankt Doris Mall, Gloria Reinhardt und Philipp Schäfer.

INHALT

I *Die nicht überraschende Gefangensetzung eines leitenden Genossen zum Zwecke seiner Vernichtung. Der Gefangene hat Durst. Sein Durst wird gestillt.*

– Vorläufige Erinnerung

II Von verschiedenen Seiten her, aus elenden Jahren zurück, die allmähliche Anreise dreier Genossen an den Ausgangspunkt ihrer gemeinsamen Vorbereitungen zur Befreiung eines Gefangenen. Widerstände und Umwege. Es wird gelitten. Könner setzen auf Rot. Das führt zu Vernunft, Zärtlichkeiten und Faustfeuerwaffen. Viele bezahlen mit ihrem Leben. Deckadresse Speckstößergruben.

– Pferdehaarschlingen und Stadtparkmond
– Blinzeln
– Banditenleben
– Mündungsfeuer
– Aufschlag
– Hunger und Kränkung
– Ganterschatten
– Ruhe stiften
– Wachsam bleiben
– Atem an Atem
– Kampftänze
– Alles Verwandte
– Feuer frei
– Fäuste auf den Ohren

- Krieg
- Nicht hinlegen
- Friedensordnung
- Fallen stellen

III Ein Junker von Junkers landet für Junkers auf der Wiese im Grunde des Strudels. Wer das Gras zwar grün, die Wurzeln aber blutrot sieht, steht vorläufig noch allein. Das darf nicht lange so bleiben. Keiner von uns hat viel Zeit. Die Befreiung von Gefangenen wird vorbereitet. Wer Befreiung verhindern will, lebt gefährlich. Gelaber in Sachen Gewalt findet nicht statt. Die Zustände selbst sind Gewalt. Auch die Frage nach den Massen erweist sich als Müll. Sie verschüttet nur die Frage nach dir selbst. Manche möchten auf diese Frage lieber nicht antworten. Manche möchten lieber tot sein als leben. Manche freuen sich auf Weihnachten.

- Mörderwochen
- Trau schlau wem

IV Weihnachtslandschaft mit Menschen und Mördern. Kein Heiland reißt den Himmel auf. Nur Genossen befreien Genossen. Arbeitstakt der Befreiung. Schwarzer König ballt Thron aus Stühlen. Wo was los ist, da sind auch Matrosen im Bild. Kerzenflimmer und fliegende Messer. Die Orgelratte beißt gelb. Federchentod und ein Berg aus Licht. Genossen brechen zur Arbeit auf. Jetzt, sofort.

- Weihnachtslandschaft
- Frohes Fest

ZEIT: zum Beispiel 1923–1933

PLÄTZE: Hamburg, Holstein, Berlin

LEUTE, wie sie im Verlauf der Geschichte nach und nach auftreten:

Schlosser, geb. 1894, Parteiarbeiter
Leo Kantfisch, geb. 1911, Schüler, Polizist
Pudel, geb. 1912, Straßenmädchen
Herr Alex, geb. 1893, Gutsherr
Karo, geb. 1912, Knechtetochter, Büchsenmacherlehrling, Zeichenbürohilfskraft
Jonny (Großvater von Karo), geb. 1850, Fischerknecht
Baronin (Mutter von Herrn Alex), geb. 1870, Gutsherrin
Wächter, geb. 1880, Pastor
Rigo, geb. 1907, Bäckerlehrling, Hilfsarbeiter
Hanneken (Mutter von Karo), geb. 1896, Küchenhilfe im Schloss von Herrn A.
Krischan Pietsch, geb. 1900, Lehrer
Theophil Schmüser, geb. 1890, Büchsenschmied, später Kirchendiener
Leutnant Ratjen, geb. 1895, Bandenchef
Opa Friedrich (Vater von Leo), geb. 1870, Arbeiter in einer Buchbinderei
Willi Kantfisch (»Meuterwilli«), geb. 1890, toter Bruder von Leo
Ella Kantfisch (Witwe von Willi), geb. 1893, Hausmeisterin in Weidenallee, später Jutearbeiterin
Ilona Witt, geb. 1920, Nachbarskind von Leo K.
[Markward Benthin , geb. ?, Buchhändler]
Schwarzen Hamburger (Roten Hamburger, Jesus), geb. 1907, arbeitsloser Seemann
Kuddel Mäuser, geb. 1897, Krankenpfleger

Jimmy, geb. 1904, Ire, Bankassistent
Krosanke (Vater von Schwarzen Hamburger), geb. 1870, Kleinbauer
Fiete Krohn, geb. 1902, Dreher
Adelheit Witt (Mutter von Ilona), geb. 1902, Plättmädchen
Emmi, geb. 1904, Arbeiterin
Ole Olsen, geb. 1901, Polizeikollege von Leo K.
Balthasar, geb. 1910, Polizeikollege von Leo K.
Meier, geb. 1890, Polizeiausbilder
Schwalm-Böhnisch, geb. 1890, Lehrer auf der Polizeischule
Atsche, geb. 1910, Polizeikollege von Leo K.
Klinsch, geb. 1900, Zuhälter
Sophie Kasten (Mutter von Rigo), geb. 1877, Hilfsarbeiterin und
    Bedienung
Alma, geb. 1900, Wirtin in Altona
Alfons, geb. 1910, Arbeitsloser
Jupp, geb. 1910, Arbeitsloser
Evchen Rühmel (Frau von Krischan Pietsch), geb. 1910, Sekretärin
    im Untersuchungsgefängnis
Max, geb. 1900, Taxifahrer
Inge, geb. 1915, Buchladenangestellte
[Herr Moritz, geb. 1874?, Polizist]
[Frau Moritz, geb. 1878?, Frau von Herrn Moritz]
Maja, geb. 1913, Straßenmädchen
Pia Maria, geb. 1900, Straßenmädchen
Gerd, geb. 1900, Journalist
Richter, geb. 1900, Bandenchef
Gustav, geb. 1870, Arzt
Liesbeth (Frau von Schlosser), geb. 1897, Arbeiterin
Lottchen (Mutter von Schlosser), geb. 1868, Grünhökerfrau
Wachtel, geb. 1910, Schließerin im Untersuchungsgefängnis
Blondi, geb. 1900, Psychiater in den Altersdorfer Anstalten
Emo Krüger, geb. 1913, Koch

AUSGANGSPUNKT:

In einer Veröffentlichung der VAN (Vereinigung der Antifaschisten und Verfolgten des Naziregimes) aus dem Jahr 1971 gibt es den Hinweis auf einen Hamburger Polizisten, der, 1933/34 eingesetzt als Wachmann für das Untersuchungsgefängnis, versucht hat, politische Gefangene zu befreien. Ich fand diesen Hinweis so wichtig, die Vorstellung von einem Schließer, der es lernt aufzuschließen, so beispielhaft, dass ich hier weiterarbeiten wollte.

C. G.
hohenholz dez 1974

I

Vorläufige Erinnerung

Als sie an jenem Ostermontag aus dem Schatten der Höfe, aus der Deckung all dieser Gesichter bewaffnet über ihn herfielen, war er nicht überrascht, hatte gegen sie aber nichts in der Hand. Er war ein Mann aus der Leitung, fast vierzig Jahre alt, zwanzig Arbeitsjahre als Schlosser im Dock, Arbeiterkampfjahre bis jetzt hierher, leere Hände, nach hinten gedreht, ins Eisen, für Arbeit und Brot*.

Er war nicht überrascht. Er kannte die Straßen. Sie fuhren zum Stadthaus. Er lief ihnen an der Kette die Stadthaustreppe hinauf, an der Kette durch kleine Büros, an der Kette bis an den Stuhl. Dort solle er, sagten sie, nachdenken »bis du tot bist«, und verließen die Zelle, in Eile, polternd.

Er horchte ihnen nach. Er war überrascht von ihrer Angst. Er hatte jetzt plötzlich Durst.

*

Schlosser war der aus der Weihnachtsgeschichte* am wassergekühlten Maschinengewehr, hinter Zeitungsballen und Pissbudeneck, mit pflaumigem Homburger auf, nur dass Berlin seine Stadt nicht war, sondern Hamburg, Türme und Masten, Arbeit und Kinder und Stehbier und Kampf: vom Arbeiterrathaus bewaffnet gegen den Bullenförster aus Daressalam*, paar Jahre später aus Hungerdachluken* gegen die Ordnungspanzer von Obertier Danner*,

---

* *Erklärung der Begriffe siehe Glossar S. 307*

nicht unser Ober, nicht unser Panzer, nicht unsere Ordnung, bloß unser Hunger, und klar auch erst mal den Knast aufreißen, los komm, ja, du auch, aller Anfang ist Knast, also weg damit, lachen, endlich mal rot und nicht tot, in all diesem Krieg von Holstenglacis* bis Billstedter Jute*, rede, Genosse Mauser*.

Er richtete sich streng auf. Er wusste aus seiner Kindheit, dass er nicht hatte einschlafen können, solange das Trinkgefäß im Kanarienbauer nicht regelrecht eingehängt saß, sondern achtlos, in Eile, verklemmt. Achtung, Richtung, Ordnung. Regel und Recht. Auch hatte er nur mit Widerwillen an seiner Schulaufgabe weitergearbeitet, sobald ein Fehler, auch nur ein Verschreiber passiert war. Auf einer neuen Seite sofort, am liebsten kariertes Papier, aber woher für Arbeiterschulkinder all das Geld, pass besser auf, »pass bloß auf!«: Ordnung als Drohung und als Beschämung noch überall hinter der Ordnung. Und irgendwann willst du das selbst. Wasser verschluckt dich, treibt weg, lockt dich runter in offene Arme, in alles verhextes Glück, fließt also nützlich nur zwischen Mauern nach Maß, aber nach wessen Maß.

Er war bemüht, für dieses letzte Stück Weg alles Fragliche abschließend klarzustellen, richtigzustellen, sicherzustellen, möglichst kühl festzustellen. Aber der brennende Durst, die leeren Hände im Rücken, die Beine im Gittermuster all dieser Fenster. Draußen waren Sonne, die Stadt, das Wasser. Die Stadt aber glatt und matt.

In der Hitze unter der Zellendecke glitten unhörbar Fliegen im Schwarm, wehten zart zueinander hin, stießen weg voneinander in rasendem Zickzack, wozu, und wie viele sind das, er suchte die richtige Zahl, er würde dann sicherer schweigen, nachdenken, bis du tot bist.

Wann fängt dein Sterben denn an?

*

»Unsern Tod bestimmen wir selbst.«
Das hatte ihm Schupofips* Leo gesagt. Der hatte die letzten Jahre, auf Zeit, mal Wachdienst im Stadtteil St. Georg gehabt, den mochten sie gern, trotz Schlagstock und Blaurock, den fanden sie alle so lieb und fein, und auch fuchsig gelernter Mann, der Rekrut, mit beinah schon mal Abitur gemacht, und selbergebauten Negertrommeln, »und kannst dich trotzdem auf ihn verlassen«, »mach klar, Leo, dass sie den Schlosser nicht fangen!«, und war ihm auch meistens geglückt.

Und Pudel lacht ihn sich an und legt ihn sich griffig zurecht, kostenlos, sonst steht sie Hansaplatz, für meistens nur Bessergestellte. Und kommt bei ihm zärtlich ins Hemd. Und stolziert danach wippend um Schlosser. Aber Schlosser fasst Nutten nicht an.

Vielleicht auch nur wegen Bürobeschluss. Denn das Lachen von Pudel, der Schönsten vom Kiez, war der Leitung verdächtig gewesen, »unser Kampf ist kein Witz und bestimmt keine Zote«. Aber doch auch kein Schulstundentag mit Gradesitzen und Eckestehen, wenn du am liebsten mal lachst. Sie hatten sie in die Ecke gestellt. Und Pudel hatte zu ihnen gesagt, dass Genossen was mit Genießen zu tun hat, »sonst alles bald bloß nur noch Krampf. Klar kann man dem Kantfisch trauen«. Sie trauten ihr nun erst recht nicht mehr. Leo Kantfisch war Polizist. Vertrauen ist gut, Kontrolle ist besser – als gar nichts. Also fast nur noch Kontrolle. Wo sind wir selbst? Da fängt dein Sterben schon an.

Schlosser hatte mit Leo unlängst noch nachts über Frauen gesprochen, im Hausflur Danziger Straße. Geruch aus den Abfalleimern, das Abstellen und das Spielen von Kindern der Eigentümer, die schwache Bewegung der Tabakglut. Draußen die Razzia nach Maß, nach wessen Maß, Waffenträger schlägt Zettelkleber, schlägt diesmal haarscharf daneben. Pudel hat lachend aufgepasst, trotz Verbot noch lange nicht tot, hat den Schlägertrupp rechtzeitig durchgepfiffen an alle, »sowas macht die aus Spielerei«, »lach du doch auch«,

»das ist keine Frau«, »und wir hier bei Nagel und Blohm und Danner, ihr verkauft euch doch jeden Tag auch«, »aber nicht so«, »nur jeden Tag euer Leben«, »unser Leben ist die Partei«.

Schlosser hatte sich paar Stufen höher gesetzt als der Schupo, besseren Überblick durch die Flurfensterklappe, »bei der Frau muss man Angst haben, dass du dich ansteckst«, Leo drehte sich nach ihm um, »mitten im Dreck dein Stück saubere Ordnung. Hast Angst vor den Menschen, Schlosser«.

Da fängt dein Sterben dann an.

Er saß nun leer für sich selbst, aber wer, aber ich, aber was, aber nichts in der Hand, aber wir, aber wann, aber jetzt, aber alles entrissen, trocken und taub. Nicht mal mehr endlich noch Blut in deinen hängenden Fäusten. Was haben wir falsch gemacht?

*

»Mitten im Krieg dein Kampf ohne Waffen. Das darfst du nie machen.«

Das war vor sechs Jahren das Knechtemädchen im Gutswald derer von Zachun*, der Herr Alexander nannte sie Karo, zärtlich mit seiner Peitsche gegen den Hass dieses Kindes.

»Wir könnten ihn fangen. Die sagen, ich bin seine Tochter. Er soll uns alles bezahlen. Und dann paar Steine am Hals. Das Wasser dort draußen ist tief.«

»Wir sind keine Mörder.«

»Jonny sagt, ich bin ein Indianer. Wir sagen, im Schloss sind die Weißen.«

»Wer ist Jonny?«

»Der Vater von meiner Mutter. Die hilft in der Küche. Die könnte auch Feuer legen, wenn wir das wollen.«

»Wir dürfen nichts provozieren.«

»Rede nicht wie die Weißen. Dann versteh ich dich nicht.«

Das Mädchen hielt gegen ihn starr seinen Kopf gesenkt, aber die Hände als Fäuste.

Auf so einfachen Hass, auf die Schönheit einer so selbstständigen Gewalt war er nicht mehr gefasst, erst recht nicht hier oben in Herrschaftswäldern über all diesen Seen. Er war mit dem Fahrrad im Auftrag der Leitung für Tage und Nächte dort draußen in Scheunen und Hütten, trotz Regen im Hemd und Dreck an den Beinen und Hunger, die Augen scharf auf, den Kopf klipp und klar gegen Waffen gerichtet, die hier im Gelände der Eigentümer als Übungswaffen im Einsatz waren für deren Innere Sicherheit, für heimliche Truppen gegen die Stadt, Häuserkampf um Schafstallmauern, Vorhaltegrad zwischen Raps und Lupinen, die Ziegelei als rote Fabrik, die Baronin als Krankenschwester.

Er hatte alles notiert.

In der letzten Nacht saß er heimlich im Häuslerwinkel bei Karos Mutter und Jonny, »die drüben damals, die Roten gegen die States, die konnten nicht schreiben, die hatten nichts für Notizen und Zeitung, die haben niedergestochen und ausgebrannt und vernichtet«.

»Warst du selber dabei?«

»Nicht bei den Weißen. Und auch schon bald sechzig Jahre vorbei, inzwischen.«

»Und die Roten drüben sind jetzt an der Macht?«

»Alles vernichtet. Alles nie einig gewesen. Alles dann doch noch geglaubt, und Briefe geschrieben von weißen Agenten, und Verträge gemacht mit dem weißen Vater. So dumm bist du auch schon bald, sieht man.«

Der Alte stieß seine Tochter an, die junge krumme Mutter des Mädchens, »sag ihm mal, was er hier aufschreiben soll«.

»Dass wir sie in die Scheune treiben, und Steine vors Tor bis an den Hals, und dann lebendig verbrennen.« Sie kam um den Tisch an Schlosser ran, packte ihn mit ihren grauen Fäusten an beiden Ohren wie einen Sohn, sie war im Stehen vor ihm noch kleiner als

er im Sitzen, »komm, Karo, bring ihm mal Schnaps, dann schreibt er nichts mehr und bleibt er bei uns, und morgen machen wir Feuerchen an, morgen ist Sonntag, den Wächter gleich mit, den Pastor, den kleinen, geputzten!«

Er fuhr noch nachts, mitten im Regen, dort weg. Das Mädchen, das besser die Wege kannte als er, kam am Dorfausgang stumm auf ihn zu. Es war so dunkel, dass man glauben konnte, er hätte sie nicht gesehen, so laut der Sturmregen in den Buchen gegen die elende Wut ihrer noch kindlichen Stimme.

*

Schlosser ließ den Kopf weit nach hinten sinken über die niedrige Lehne, über die leeren Hände, hing da mit offenem Mund, als könne er jetzt noch von irgendwoher Regenwasser auffangen. Aber saß schon viel früher gefangen. Neulich zuletzt doch schon auch, noch mitten unter Genossen.

Die andern hockten am Boden, den Rücken zur Wand, er selbst, als Leitungsmann, mittendrin auf dem einzigen Stuhl, den es gab, erst ein halbes Jahr war das her, in der Nacht nach dem zwölften Oktober, im Versteck am Kanal, Wasser fließt nützlich nur zwischen Mauern, wer hat was von Waffen gesagt, wir, wer seid ihr, so einer wie du, dann gelten für euch die Beschlüsse doch auch, wo macht ihr Beschlüsse, wer ihr, wer wir, wer wen, diese Frage als Riss durch all unsern Kampf, pass bloß auf.

Nämlich gleichzeitig in der Billstedter Jute Streik: gegen Spitzel und Waffen der Eigentümer im Firmengelände, gegen den Rausschmiss von Arbeiterposten, die diesen Dreck aufgedeckt hatten. Und die Posten, die sollen bleiben. Und sollen nicht wehrlos bleiben.

Die Leitung, vom Stadtkern her, hatte zur Unterstützung der streikenden Stadträndler aufgerufen. Ein Treffpunkt, halb nachts, war die Eilbektalhütte gewesen, drei Jungarbeiter im schwarzen

Frühdunst der Wandseböschung*. Das Gebimmel von drüben Versöhnungskirche nützt aber niemandem mehr. Ein Polizist, der uns angreift, bleibt tot in der Nässe der Hecken. Die drei flüchten weg vor dem eigenen Schreck in den Schutz von Genossen. Aber »wo habt ihr das her, das ist Provokation, das stützt die Interessen des Gegners«.

Am schlimmsten für ihn, nach Schreck und Hecken und Dreck, war die Freude in ihren Gesichtern, dieser Schatten von Glück, »ihr seid doch nicht, was die oben gegen uns sagen und schreiben«.

»Doch, noch besser vielleicht, noch viel schlimmer am besten, sonst kommt unser Kampf ja nie durch!« Rigo hatte das langsam und finster runter zwischen die Knie gebrummt. Vom Stuhl her sah man nicht sein Gesicht.

»Rück die Walther raus, die muss weg aus der Stadt, mit Kurier, noch heute Nacht.«

»Die bleibt hier. Die ist gut. Die brauchen wir noch. Halt die Pfoten weg, Stuhlmann!«

Karl Ludwig Kasten nannten sie Rigo, zwei Zentner knochig groß, schon fünfundzwanzig in diesem Herbst, schon über drei Jahre arbeitslos, wer arbeiten will, der findet auch was, »ich hab was gefunden, das geb ich nicht her«, seine Boxcalfjacke hatte Gewicht, nicht nur vom Regen, mattschwarz innen links runter, die Waffe nah an der Haut. Sonst redete er nicht viel. Nur das Lachen vom Bullenbeißer, endgültig herrenlos.

Schlosser richtete sich streng auf, sagte, er sei jetzt bemüht, alles Fragliche möglichst klar richtigzustellen, sicherzustellen, kühl festzustellen. Die Jungen lachten ihn aus, »hier wird jetzt was locker gemacht, und fest steht bald nicht mal dein Küchensofa, lauf mal schnell hin, Mutti will ficken«, sie hörten ihm gar nicht mehr zu.

Aber eng, denn seine Trauer ließ er nicht zu, entschlossen, denn seine Fragen würden jetzt nur den Verfolgern nützen, und als ein Mann aus der Leitung, denn wer bist du selbst, sagte er ihnen

dennoch all das, was sie als seine Genossen längst hätten nachlesen können: dass die Erschießung von Polizisten* nur freches Abenteurertum sei, nichts Verbindendes gäbe es da zur Gesamtpolitik der Partei, die vielmehr, in Einschätzung aller Faktoren, aufrufe zur proletarischen Einheit, Zusammenfassung der Kräfte von unten, im Kampf gegen Bourgeoisie, Agenten und Provokation, letztendlich also zu fordern sei Stärkstinitiative, Millionenfront, vorrangig Abwehrkampf Lohnraub, nach außen sie also zwar unauffällig, tatsächlich aber ganz klar nur Kämpfer zu sein hätten voll Selbstbeherrschung und Mut, eiserner Disziplin und Bescheidenheit, mühevoll in den Betrieben und Straßen die Kleinarbeit klug verrichtend, denn die Lage erfordere, schöpferisch neu, Taktik und Strategie, das Kräfteverhältnis im Auge, und in gleichzeitig unversöhnlicher Abrechnung mit den Sektierern das Bündnis der Fortschrittskräfte gewinnend, das Rundschreiben des Parteivorstandes, die Verhandlungen der Bezirksformation, die angeordneten Maßregeln, die Kongresskonferenzen von Delegierten der Einheitsausschüsse, die aktivsten Komiteemitglieder der antifaschistischen Front, die Delegierten und Delegationen des Reichseinheitsausschusses, deutlich mit Vorrang, den Auftaktakt für die antifaschistische Kampfwoche Rettet die Demokratie über Sichtbereich Arbeiterklasse hinaus, sich einzureihen, unablässig, mit Anträgen und Protesten.»Angesichts solcher Aufgabenfülle, Genossen, ist das Vorhandensein linker Strömungen gegen die Massenarbeit der Partei eine ernste Gefahr, das Entstehen von terroristischen Gruppen, die Praxis von Einzelterror, die Durchführung sinnloser Einzelaktionen unerträglich und falsch und überaus schädlich. Jede Duldung und etwa Verfechtung ist vollkommen unzulässig. Wer sich vom Feind das Verhalten diktieren, von seiner Verzweiflungsstimmung sich mitreißen lässt, ist des Namens eines Genossen unwürdig.« Er konnte die Schrift auf dem Handzettel kaum noch erkennen.

*

Er konnte im Rücken die festgeketteten Hände kaum noch bewegen. Es war dunkel. Er fand sich mit Rigo allein. Die anderen hatten das Zimmer verlassen.

»Komm, Schlosser, trink was, hast Durst.«

Er suchte noch immer die richtige Zahl.

»Das sind mehr, als du denkst.« Rigo bückte sich vorsichtig über den Stuhl, »willst das für alle fertig machen und leiten, aber wer sind die, was wollen wir selbst?«, rieb ihm die Haut an Gesicht und Hals, schlug mit den riesigen Händen den hängenden Kopf sanft hin und her, »was habt ihr vor denen Angst? Vielleicht sogar du vor dir selbst«.

Sie sahen sich an.

»Steh mal auf!«

Der Stuhl hing nun frei. Rigo versuchte, ihn zu zertreten. Aber »das hängt alles an dir dran. Mach das selbst!«. Das Holz brach über die Kanten, brach ihm beinah die Hand. Aber »das muss, weil bloß aus Leitung kriegst du nie richtigen Kampf. Aber aus richtigem Kampf kannst du jedes Mal auch mal die Leitung kriegen«.

Unten lag finster die Stadt, glatt und matt, aber auch Schweigen und Schrei. Er war nicht mehr überrascht von der Angst seiner Mörder, war aufgestanden, den Stuhl im Rücken an leeren Händen, das Gitter noch im Gesicht. Konnte aufstehen und Genossen erwarten, die er nicht kannte.

II

Pferdehaarschlingen und Stadtparkmond

»Mich fangen die nie!«
Aber wer war denn hinter ihr her?
Schon als sie acht war, der Ganter, der weiße.
Sie hatte fürs Gut die Gänse über die Stoppeln zu treiben, und seit sie nur immer sah, wie der Ganter die Gans plattdrückt und nie umgekehrt, schlug sie ihn heimlich mit Dornenstöcken, »das könnte doch auch mal andersrum, spritzt er nach oben, für Liebe geht alles«, ging aber alles nur platt ins Genick, von der Zuchtsau bis hin zur weißen Baronin, ächzend und schmatzend unter den Stößen der Herrschaft oder nur fein im Gebet, ihr war das schon damals der ganz gleiche Dreck, »bei mir wird gesungen, oder hau ab!« Die Dorfjungen lachten sie aus, fanden sich aber von ihr beschämt, wagten es nicht mit so einer, bloß »so war das doch gar nicht gemeint«. Karo fand alles verkehrt rum, macht aber nichts, »ich krieg euch schon noch«.

Schön runde Gegend rings um Zachun, Kiefern und Buchen mit Hallimasch und Milan, dicke Wolken im See mit Insel und Hecht und Boot, und im Boot ihr Großvater Jonny Wolf.

Als der achtzehn alt war und noch Hanne hieß, war sein Vater, Johann, schon Knecht beim Baron, aber kein Knecht, dem man trauen kann, wir alle schon, aber die nicht. Die hatten hier Baum und Fisch, Mädchen und Flinten und Recht, von jedem, eingekauft, Arm und Bein, deine Arbeit von nachts bis nachts, bis du endgültig kalt bist. Aber die beiden, Vater und Sohn, waren hier außerdem auch noch zu Haus, liebten nicht nur den runden Schwung unter

Wolken und Feldbaum unten am Hang, sondern auch blankrunden Fisch, die runde Lunte vom Fuchs, das runde Stück Schwarzgeld für Zeug und Schnaps, den runden Mond überm blutigen Schnee, »holl wiss!«.

Aber Festhalten war dann nicht mehr. Die beiden Hände, die Arbeitshände, die Jagdhände für dein Recht, waren dem Vater abgefetzt worden mit einem einzigen Schuss, Baron Speckstößer hatte Ordnung gemacht. Hand Gottes gegen zwei Arbeiterhände, Unfall beim Unrechttun. Der verstümmelte Mann war noch weggelaufen, dann ausgelaufen, rund krumm geschart, im Schnee von Schlag Neun, dann eingeschaufelt vom Sohn, drei Tage danach, in Mustin, die Herrschaft mit Hutab und Spruch gleich dabei, gerechtigkeitshalber, die Würde des Menschen, fehlt bloß noch die Strecke blasen. Und bläst ihn auch richtig noch an, den Sohn, »nu Hanne, du sollst jetzt mein Jagdbursche werden, mit Hundefüttern und Waffenpflege. Du magst doch Waffen. Meine nicht auch?«

Hanne hat noch den Dreck an den Pfoten, den elenden Dreck vom elenden Grab, und knallt den der Herrschaft ans Fett, hakt hin und tritt nach, geht vorsichtig weg, kotzt hinter die Kirche und fährt in die States, mal sehn, alles Freiheit und Recht. Und offenes Land. Aber Land, das genauso Blut saufen muss wie noch überall hier, überall wessen Blut.

Selbst tief unten der Boden des Meeres. Es gab Luken nah über dem Wasser, und manche von denen, die für den Ausbruch nach drüben alles eingesetzt, alles verloren gegeben hatten für den Fluchtwinkel unter Deck, verloren dort unten in Pest und Dreck unter Flüchen ihr letztes, ihr liebes Leben, wurden rausgekippt, kalt, bei ruhiger See. Sackten ab in den schwarzen Grund, paar Stück Eisen in den vernähten Händen, Eisen für nichts, da hätten sie früher mal zupacken sollen, der Schiffseigentümer in Pöseldorf* hatte von solchen Eisenhänden nun nichts mehr zu fürchten, ihr todstarres Blut hielt ihm seins golden frisch.

Aber Gold war für Hanne nichts wert, nicht mal eigenes freies Land. Ihm war der Tod im Schnee von Schlag Neun allzu deutlich nahe gewesen. Er wollte nun niemanden töten, nicht dort in den roten Weiden und Wäldern. Er wollte nur in der offenen Sonne sein eigenes Leben haben, sonst nichts.

Nach einem Jahr Eisenbahnbau und Glück beim Würfeln und Trick hatte er seinen Wagen mit Pferden und Waffen und machte den rollenden Handelsmann für die Roten im Süden und Westen, Mangas, Eskiminzin und Captain Jack*. Ihn nannten sie Jonny, den leisen Freund. Und immer mal wieder konnte er Frieden stiften. Aber auch hier, die Stifte durch Hände und Herz, an Stiften blutest du aus, Frieden, auch hier, der hinstreckt bis nach Mustin. Das hatte er nicht gewollt.

Er musste das später in vielen Wintern seiner Enkelin Karo immer noch mal erzählen. Was er dort nicht gewollt, was er auch jetzt hier nicht wollte, war ihr die wichtigste Nachricht auch für sich selbst: dass sie für Frieden und Weiden und Lagerplätze die Waffen hingelegt, die Waffen jedes Mal zutraulich hingereicht hatten, sich selbst hingehalten und still gehalten als Friedensgeschenk an Herrschaft: Gib dich her, sonst bist du kein Freund. Die Weißen gaben nie her, manches unter Druck doch hier und da, aber niemals die Waffen, »das darfst du nie machen, mitten im Krieg«, mitten im Krieg von Zachun und Mustin bis an den Mimbres River.

Sie hatten Mangas, der dort zu Haus war und der, um über den Frieden zu reden, die Waffen hingelegt hatte, gefangen, mit glimmendem Holz gequält, ihn zu dritt erschossen, seinen Kopf gekocht für die Wissenschaft in New York. Und Eskiminzin, um Frieden zu kriegen für Maisbau und Mescal, hatten er und all seine Leute weggelegt, was sie noch hatten, hingereicht alles an Leutnant Whitman. Der tat ihnen nichts. Nur zwei Nächte später taten es andere Weißmänner mit ihrem Recht, ihrem Anspruch auf Land und Waffen. Und auch Captain Jack, der eigentlich Kintpuash hieß, den

hängten sie auf in Fort Klamath, verraten von eigenen Leuten, die er in seiner Erschöpfung gebeten hatte, so wie die Weißen zu leben. Sie lebten wie sie, von Verrat, »viele wollen den weißen Frieden, Grund hast du immer, für jeden, dass er lieber nicht kämpft, aber pass auf, das ist schwarzer Grund, die sacken dich ein, da sackst du drin weg, bloß noch Dreckeisen in deine Hände genäht, das darfst du nie machen, Karo!«.

Und dann der Fischfängerstamm. Da hatte er an sich selbst denken müssen, an all seine Leute im Wald, am See, und wenn er nicht, denkt er entsetzt, alles hier draußen sofort verkauft und hinfährt, zurück, wo die schutzlos krumm unter wütigen Weißen leben, dann sind die bald, wie die Roten hier, in elenden Frieden gefickt, und nie wieder kommt einer hoch gegen Pack, gegen all dies schaumige, stickige Weiß, denn »wenn du nicht kämpfen willst, musst du bald angeln, guck doch mal Hafen und Alster, und ich hier, doch auch schon bald alles egal«, er sah Karo jammervoll an.

Scheinbar reumütig war er zurückgelaufen an Herrschaften, die er geschlagen hatte, die tückisch nachgiebig nun von ihm meinten, »so krank und missraten wird einer treu sein, der Schelm«. Sie dachten nicht, dass er sie täuscht, dass er noch gar nichts vergessen hat, von hier bis zum Mimbres River.

Der Stamm dort hatte sich auf seine leeren Hände gelegt, nur noch Messer und Schnaps und die Rente vom weißen Vater. So hatten sie nun viel Zeit für Geschicklichkeitsspiele, »fisch dir mal was mit Pferdehaarschlingen!«. Aber in Schlingen saßen sie selbst, Waffen der Weißen im Kreis von Hügel zu Hügel, Feierabend für Waffenträger, Treibjagd auf Rot, bei drei bist du tot. Männer und Kinder lagen bald stumm, Frauen nur erst mal verhöhnt, putz dich aus, zieh dich an, geh mit in die Stadt, da mach ich mit dir tausend Männer satt.

Das war der Vers, der Hohn doch auch von Mustin. Das hatte er nicht nur mal reden gehört. Das hatte Jonny auch nicht gelesen.

Das war von ihm alles mit angesehen und erlitten. Da war er dabei, er selbst.

Aber wie denn erlitten, er war doch nicht rot.

Doch. Entweder oder. Rot oder Weiß. Da ist kein kluger friedlicher Platz zwischen Mündungsfeuer und Aufschlag.

*

Drum gab es für Jonny und seine Leute, seit er zurück war, hier heimlich Indianer und Weiße, für die Weißen das Schloss mit den Flinten, für die Roten Arbeit von nachts bis nachts, in Hitze und Schnee rund krumm gescharrt, friedlich von Schlag zu Schlag. Und schlägt sich oben gesund, die Pest, gegen Knechte und Bank und Handwerkerschulden, das Geld aus Arbeit ist leichter Dreck, aber Kuh und Weizen und Rübenacker hexen viel Gold ins Schloss, tricksen dem Gutsherrn die Schulden vom Hals, wer Sachwerte hat, hat bald immer mehr, und wer keine hat, nur noch sich selbst, dem hängt bald der rote Kopf, dem schlägt bald das Pack ins Genick.

»Und wer schlägt zurück?«

Karo war eben erst elf, Hirschschrei vom Bernstorffschen her übers Wasser, »in Hamburg sind sie jetzt gerade dabei, und wenn die Weißen aus Lübeck da Nachschub hinschicken, gehn bei Rahlstedt und Ahrensburg Schienen kaputt«, aber der Hamburger Aufstand war längst von der Leitung zurückgepfiffen.

*

»So will ich das gar nicht mal sagen.«

Rigo, Lehrling, Rumtreiber, wütender Rumtreiber, »ist hier nichts los?«, »hier soll jetzt mal endlich was los sein!«, zwei Billionen für zwei Kilo Brot, dann tausendmal lieber reichlich neun Gramm gegen die, die sich Zucker aus unserer Scheiße zaubern,

Rigo hatte die Hamburger Kämpfe selbst mitgemacht, als Kurier zwischen Barmbek und Eppendorf, und so Spruch von Zurückpfeifen, Wut auf die Leitung, fiel ihm im Augenblick gar nicht so ein, »und guck auch mal, überall Orpo* und Panzer und Waffen bis an die Zähne, die Schweine, da kommst du bei Rückzug nie durch ohne Leitung, hat jeder doch Tipps gekriegt, wo er wegtauchen soll«, trotzdem, »da stimmt was nicht«, das fand er auch.

Er lief müde den Weg über Hinterhöfe, durch Stachelbeerbuden und Kellerküchen nach Winterhude zurück. Am Pfennigsbusch hatten sie ihn nicht gemocht, »musst du hier unbedingt Lieder brüllen?«, »wo hast du den Schirm deiner Mütze gelassen?«. Pfennigsbusch saß die Aufstandszentrale, den Mützenschirm hatte er abgerissen, sowieso viel lieber als Jungmaat nach Bali, wo was los ist, da sind auch Matrosen im Bild, »bloß wir spielen hier keine Oper, Genosse, los, ab, die Meldung muss durch!«. Rigo war nie in der Oper gewesen, will er auch gar nicht, was soll das, aber das wär ihm schon recht, alles Lieder und Pauke und Wimmerholz, wenn von Übertier Danner die Panzer ausbrennen und Orpos wegrennen.

Bloß am Pfennigsbusch kam so was leider nicht an, alles Ausgelernte, wie Vorarbeiter, gar nicht mal schlecht, und muss vielleicht auch, bloß irgendwas stimmte da nicht, »das läuft nämlich nicht auf kariertem Papier«, »für richtigen Kampf hast du nie Formulare«, sieht aber manchmal so aus. Er war mit sich nicht zufrieden. Er wollte es richtig machen, aber nicht grade sitzen. Er wollte sich freuen und war allein.

*

Rigo wollte mal Lehrer werden, bloß zu Haus alles immer schon ziemlich am Ende, Ewerführer und Näherin, beide besoffen, drei Kinder. Rigo war nachts oft allein mit den Kleinen, schrein alle rum

und scheißen sich voll und kein Licht in der Wohnung, bloß Stadtparkmond, alles Angst und Wut und alles allein und die Treppen hoch Faustschläge von dem Vater, der rumlallt und in die Spüle pisst und gleich noch, wo er den Jammer zur Hand hat, die Mutter über den Küchentisch zieht, und Rigo kommt knapp noch mal hoch, neun Jahre alt, und schreit und weint und trampelt die beiden und steht dann starr: Das Schwein, beim Ficken, weint auch.»Alles immer so dreckig bei uns.« Er roch gern die Wäschehäuser.

Das war damals hier die Gegend, Himmelstraße bis Feldweg und Ulmen, alles noch reichlich die Bleicherwiesen, lauter Wäsche weiß und duftig gerackert für Herrschaften vom Rothenbaum, Waschweiber, Plättmädchen, Kutscher und Pferde, zu Haus war im Winter der Ofen meist kalt, da kroch er mit anderen Kindern ins Stroh, schön warm bei den Tieren, schön brummig still.»Los, Angriff!«,»Volltreffer!«, Schlacht bei Verdun,»zieh die Hose ruhig aus, ich bin Rotes Kreuz«, der Krieg war so weit ganz gemütlich gewesen, bloß dann.

Der Vater kam zwei Jahre vor Kriegsschluss zurück, Steckschuss im Knie, wird er Hilfspolizist, bis er im Suff seinen Säbel verliert, verliert er die Arbeit gleich auch, säuft sich aber noch immer nicht tot. Rigo hilft seiner Mutter, elf Jahre alt, beim Saubermachen Lichtspiele Roxy und Alsterdorf, morgens noch vor der Schule von sechs bis acht, und hinterher gleich noch bis Abendbrot, und nachts noch eben paar Filmrollen pendeln, Friedrichsberg-Alsterdorf. Harry Piel / sitzt am Nil / wäscht den Stiel / in Persil / seine Frau sitzt auch dabei / und schaukelt ihm das rechte Ei / – zweimal die Tour, Geld für ein halbes Brot.

Aber Schule klappt immer noch, Auswahlklasse, wenn ich Lehrer bin, bin ich hier raus,»alles Quatsch, du wirst Bäcker, halts Maul!« Der Lehrer kommt immerhin einmal vorbei und bittet die Eltern um Einsicht,»na, dann guck da mal rein!«, das Portemonnaie knallt auf den Küchentisch, der Kanari schreit golden durchs

Gitter, der Lehrer ist machtlos, Rigo rennt raus, »für Saufen ist Geld da, bloß nie für Lernen«.

Aus der Backstube rennt er zum Pfennigsbusch, »hier soll jetzt mal endlich was los sein!«, aber irgendwas stimmte da nicht: Die Gewehre, die sie nach Plan und Karree von der Orpo sich rausgekämpft hatten, hingen zwar flott wie Taubenflinten, Mündung nach unten, den Genossen am Arsch, aber Rigo sah, dass die Schlösser fehlten, was soll das. Er fand die Genossen schwach, zu laut, auch sich selbst, wie in alles nur Masken, war nicht mit ihnen zufrieden, wollte es richtiger machen, ging zum Bäcker nicht mehr zurück, auch nicht zum Vater, wohl noch zur Mutter. Die nähte ihm wütend reißfeste Sackleinentaschen ins Futter und stieß ihm darein, fein sauber umstochen, das Loch für den Lauf, »da muss doch noch irgendwas kommen«, er nahm jede Arbeit, quer durch die Stadt.

Am Tag, als er zwanzig Jahre alt war, stahl er Dammtor ein Fahrrad, hat lange gebraucht, bis das geht, und tritt ab in die Gegend, irgendwohin, Mecklenburg soll ja ganz schön sein.

In Mustin traf er Jonny und Karo beim Bier, aber kannte die beiden noch nicht. Karo war jetzt knapp fünfzehn. Wenn sie lacht, sind die Augen klein weggekniffen hinter die blanken Backen. Alles schön braun und rot im Gesicht, wütend und leicht, mitten im Winter. Weiberkram, kennt man schon, weg hier.

*

Die beiden liefen in Kutschermänteln durch Dämmerschnee ohne Weg, quer durch stäubenden Wald, brechendes Feldeis in Ackersenken, beide schwarz zueinander gedrängt, beide gleich groß, schon rechts die paar Lichter von Butz, schon halbwegs zu Haus in den Häuslerbuden, Januarsonntag für Knechte, Ausflug zu Fuß krumm durch Holz und Frost für paar Gräber und Bier und Gedanken,

»halt noch mal an, Jonny, hör noch mal zu«, »die lassen dich nie«, »aber du doch«, »nur alles dein Recht mit Gewalt, jedes Stück«. Karo half ihm sachte durch Dornenäste im Knick*, »Sonntag, wenn er aus Mölln hier zur Treibjagd rumläuft«, Krähen flogen den beiden nach über all diesen Schnee, »mit Pferdehaarschlingen«, flüsterte sie und bückte sich unter die Mütze vom Alten und fuhr ihm mit einer Hand voll Haar rasch zart über Mund und Kinn.

Als sie den Schnee von den Stiefeln traten, saß drinnen hinter dem niedrigen Fenster, am Herd, schon Krischan, der Dichter, Kaffee und Kuchen, Butterkuchen von Hanneken, von Jonnys Tochter, Karos krummkleiner Mutter, die war eben erst über die dreißig weg, schon was abgenutzt, hingerutscht, runtergestoßen, aber noch überall flink dabei, verschwiegen und hart, so ein rollendes Steinchen, »kommt, sonst frisst er euch alles weg«, der Kuchen stand warm auf dem Tisch, alles war gut, »und wird alles noch viel besser!«.

*

Nicht nur bei Kuchen und Karo schien Krischan Pietsch zuversichtlich. Wo er hinkam, da kam er aufs Erste gut an, zutraulich hilfsbereit, lustig und leidenschaftlich geduldig, aber auch plötzlich klar und kalt gegen Herrschaft, als sei er, er selbst schon, verfolgt. Nur erst wer ihn sehr gut kannte, fand Anhaltspunkte für Täuschung, für schwächliche, schwärzliche Furcht hinter all diesen Möglichkeiten.

War aber gar kein Dichter, sondern Lehrer für Hamburger Arbeiterabiturienten, und nur in den Ferien manchmal oder an Wochenenden, wenn er was durchzustudieren, vorzubereiten, auszuarbeiten hatte, kam er hier raus nach Zachun, mit dem Rad, ins Dachbalkenzimmer im Schloss, in die Stille, in der du das Blutbuchenblatt aufs Dach fallen hörst, das Bellen der Füchse in deinem Traum, den schneidenden Flug der Stockentenpaare, das Knacken

und Biegen im Kirschgartenholz der weißen Baronin. Und hörst bei den Häuslern die Arbeit, den Mut, den Hass.

»Wenn ich Karo seh, fühl ich mich sichrer als sonst.«

»Warum wohnst du dann bei den Weißen und liest ihnen auch noch vor?«

Er kannte den Waldrandbaron, den Herrn Alexander, noch aus Gelehrtenschulzeiten in Ratzeburg, acht Klassen Unterschied zwischen den beiden, aber der Knirps Krischan Pietsch hat für die Großen damals in einem der Ruderbootrennen den Schreihals gemacht im Heck, den Antreiber, der den Kampfrhythmus schlägt, und hatte mit ihnen gewonnen, auch diesen Platz hier im Schloss, als Sohn eines Möllner Schusters.

Inzwischen verband die Weißen mit ihm nicht Freundschaft, aber Gewohnheit, und aus der Gewohnheit nun fast schon die Pflicht, dass er im Winter, am liebsten an Abenden nach einer Hatz, im Jagdzimmer, sesseltief unter Trophäen, unter Auerhahn, Kaiserhirsch, Schnepfenbein, der Herrschaft und ihren Gästen ein Stück aus Fritz Reuter vorlas, die Bitterkeit all dieser Leiden und Kämpfe auf Platt vor den Kachelofen geröhrt, in Zipfel und Schmiss geweint, in weiße Hände den Witz gemolken, den Fluch, die Frömmigkeit eines Mannes, den sie, das konnte er wissen, das brachte er seinen Stadtschülern bei, auch heute, noch rasch zum Tode verurteilen würden, käme er selbst jetzt mit seinen Freunden, mit seiner Hoffnung vors Haus. Sie übten ja, während sie lachten und lobten, hier längst schon im Feld wieder seinen Tod. »Wie liest er doch aber begabt!«, »wohl selber ein Roter!«, haha.

Krischan gab unbefangen das Lachen der Täter zurück, als sei hier niemand bedroht.

Karo glaubte ihm nicht, dass er sie alle nur auslacht, »machst dir nur deinen besten Weg«. Sie wartete seine Antwort nicht ab. Sie wusste, er sagt so viel, alles so gut studiert und weithin, und alles mit leeren Händen, und die Hände mochte sie gern. Sie hatte drau-

ßen den Entenhund klagen gehört und lief noch einmal zurück in den schwarzen Schnee.

*

An manchen tristen Winterjagdtagen, das wusste Karo recht gut, fuhr der Herr Alex gern heimlich fast, ganz für sich selbst, bei Herdkerzenlicht, mit der Hand, der Ringhand, ins tote Gefieder, ins warme, eben noch todweichwarme Brustfederdickicht der Frostgans unten vom Eislochrand, Lockentenschrotschuss abseits der Fährkatenböschung.

Sie lief ums Schloss, blies ein Loch in das Eis vom Küchenfenster und lachte ihn an. Im Kerzenlicht sah er krank und gemein aus, das machte ihr Mut. Er öffnete mit seinen blutig gefederten Händen die Tür für Eimer und Kannen, ließ sie wortlos ein, liebevoll über sie niedergebückt wie über ein Tier, das am Türholz gekratzt hat. »Mein Hundchen«, hatte er früher zu ihr gesagt, zärtlich mit seiner Peitsche gegen den Hass seines Kindes, daher der Name Karo.

Hanneken hatte sie damals in Trauer und Spott, Freude und Angst und Schmerzen heimlich so eintragen lassen und taufen, wie sonst hier nur Schlossweiber heißen, Melanie Caroline. Sie hatte schon damals dem jungen Herrn nicht sonderlich angehangen, wie sonst in all den Kalendergeschichten und Kirchenheftchen für Knechte, nur ihm gedient, nicht ohne Neugier, fünfzehn erst alt. Und dann dick und versteckt und verstockt, »das Kindchen, das zieh ich hier auf, und das nenn ich, dass jeder Bescheid weiß, weil das ist meins, und nicht zum Vergessen und Untertauchen«.

Aber Taufschein und Standesamt, alles Dreck, wie die Herrschaft dich jeden Tag arbeiten ruft, das bleibt. Bis du ihr in die Hände beißt, auch wenn sie dich streichelt und lockt.

Der verbotene Vater von Karo, der Waldrandbaron, war, als er sich ängstlich seinem Kind nähern wollte, noch auf der Uni in Kiel,

Landwirtschaft und Gedichte, schrieb selber auch welche, in Angst, von Zungentieren in buschigen Höhlen, die ihn lauernd liebten und lechzend an seinen Traumwegen hockten, und kroch ihm das alles zierlich in Eisen und Fallen, die baut er sich nachts, wie tags er sich nach ihnen träumt.

Karo erkannte erst nach und nach seinen verspielten Schreck, merkte erst, als er sie schluchzend schlug, dass sie sein Traumtierchen werden sollte.

Er war damals bleich aus dem Krieg zu Besuch, kein Mensch für ihn mehr irgendwo, der nicht blutet und birst und würgt und schreit und zerreißt, keine Stille, auch hier nicht im Kraut am See, die ihn nicht schlägt und verhöhnt. Da klammert er sich an das Kind, das lauert, denkt er, und hockt und lockt, aber beißt ihm in seine Ringhand und flieht, und er trifft es mit einem Stein, dicht überm Fuß, der bricht.

Sie hatte nie einem Menschen gesagt, wer das war. Sie weiß selber nicht, was das soll. Weiß aber, wie er jetzt an ihr hängt. Sie auch an ihm. Paar Steine am Hals.

Seit ihr der Vater den Fersenknochen zerschlagen hatte, war ihr das Bein kaum merklich verkürzt. Sie hatte das winzige Hinken aber verändert zu einer frechen Bewegung des ganzen Körpers, vor allem der Schultern. Sie kam den Weg, auf Leute zu, gegen Schreck oder Schnee oder Dreck, wie der, der aus Neugierde Lust hat und losläuft, zwei Fäuste in seinen Taschen, aber was hat er da drin.

Die Mutter des Herrn, die alte Weiße oben im Schloss, sah das genauer als einstweilen Karo selbst, »die ist von Schlag Neun, nicht von dir, red dir das Tierchen mal aus«, kannte aber das Tierchen nicht in ihm selbst, den Uferstein gegen sein Kind. Er sann nur schweigsam weiter auf Fallen, auf Prügel- und Quetsch- und Würgefallen, auf Steckdohnen, Dachshauben, Habichtskörbe, Otterneisen und Marderschläger, und Karo lernte bei ihm, wie man das über geebneten Weg, Schleppspur und giftigen Brocken anlockt und

dann vernichtet, wer wen, das würde man später noch sehn, zum Beispiel mit Pferdehaarschlingen.

»Wenn ihr am Sonntag treiben lasst, geh ich mit dem.«

»Was willst du im Schnee?«

»So wie du.«

Sie hob die Flinte aus Federn vom Küchentisch auf, »die ist schön«. Der riesige Schatten der Waffe fiel flackernd über die Wand, »draußen der Park ist hell vom Schnee und vom Mond«.

Er hatte ihr heimlich in letzter Zeit beigebracht, wie mans macht, hochreißen, Anschlag, Ziel auffassen und Schuss, heimlich aus seiner Angst. Es stieß ihn inwendig an, wie ihr Körper sich an der Waffe streckt und hinwendet in sein Ziel.

Sie traten vors Haus auf das stille Stück Rasenrund vor dem Portal. Er warf über sie durch weißes Licht ein Stück blinkendes Blech. Karos Schuss ließ nur Fetzen davon im Schnee.

»Ich will nicht, dass du das tust«, sagte er mürrisch, plötzlich ganz hilflos ermüdet.

»Aber als Treiber für Schmüser?«

»Bist jetzt kein Kind mehr.«

Sie warf ihm die Waffe zurück, »sondern was?«, und lief weg.

Er kroch gebückt ins Herdkerzenlicht an den Küchentisch, sah bekümmert die feinen Muster, die er, bevor ihn Karo durchs Eisfenster angelacht, aufs Tischholz gebreitet hatte, Ordnungsmuster aus rausgerissenen Federn und Augen und Kugeldottern vom Eierstock einer niedergeschossenen Gans. Auch ohne im Mondschnee Karos Lachen gesehen zu haben, schien er sich selbst jetzt uralt. Er würde sich endlich wehren müssen. Sie alle hier draußen in weißen Häusern würden sich wehren müssen, niedertreten das lachende Pack, das blöde, furchtbare Volk.

*

Die acht Jahre Dorfschule Dargow hatte Karo ohne Schwierigkeiten hinter sich gebracht, zu Haus gabs keine Angst vor dem Lehrer, waren Knechtsnachbarn rechts und links ihr vertraut, hatten Jonny im Boot und Hanneken bei ihren drei schwarzen Hühnern Neugier für sie und ehrliche Frechheit und lauter Geschichten von weißem Pack, das dir Stillhalten beiprügeln will und nie soll, und jeden Tag schwere Arbeit für alle, und meistens satt zu essen. Was soll dir die Schule da Kummer machen, der Lehrer mit seiner Holzhand von siebzig war ja auch schon bald mehr so Indianer wie sonst hier die meisten, guck ihn mal an, wie er krummpuckeln geht, wenn der Pastor reinkommt wegen hauptvollblut und wasistdas*.

Für den Lehrer war Jonny, als Karo neun Jahre alt war, sonntags sogar mal nach Dargow gestiefelt, Indianergeschichten kann keiner verbieten, »Kämpfe weit weg ist egal«, »erzähl mal, Alterchen, dass sie was lernen«, Adventsstunde andersrum: Wie die Roten in Utah sich heimlich ihr Kind geholt haben, zurückgeklaut aus den Hütten der Weißen. Die Mutter des Kindes war mit den Roten geritten, »gib dich her« bei den Weißen wollte sie nicht, die Weißen spuckten den Namen der Frau nur noch aus. Aber ihr Kind, das sie Halbblut nannten, fingen sie weg an der Biegung des Flusses, hielten es bei sich als Knecht, ein Mädchen, neun Jahre alt. Aber das brachte den Herren kein Glück, nur Abstechen und Verbrennen, bis das Kind wieder in den Zelten war, bei seiner lachenden Mutter.

Karo hing dieser wilden Geschichte damals oft träumerisch nach, plötzlich auch ungeduldig, mit stockendem Atem, hockend, nachts, der Überfall ihrer Leute aufs Schloss, für sie selbst, für das Kind bei den Weißen. Aber wann, aber wer.

Krischan Pietsch hatte freundlich gelacht, hatte sie damals noch auf seinem Schoß, hatte geredet, ihr zugeredet, ihr alles das wohlwissend zugeredet, alles studiert und weithin, ein Herumtreiber mit einem Käfigvogel, den er durch Stäbe nur immer sticht und

den Leuten weithin erklärt, das las er ihr später mal aus einem alten Buch vor, das merkte sie sich gegen ihn, ohne es ihm zu sagen.

Ihr war alles mehr und mehr wortlos eng, wo sie sich selbst denken wollte. So wie Hanneken wollte sie nicht. So wie Jonny, den wütenden Traum vom einsamen Boot her gegen die Böschung geschleudert, die wütende Rede, den heimlichen Plan von Mann zu Mann, von Gutshof zu Gutshof, das sollte sie nicht, »das sind Männergeschichten«. Und wie die übrigen Gutsknechtemädchen, Hühnerhof, Nähstube, Plättmarie, Hausputzen, Milchmelken, Knechtekuss, ächzend und schmatzend unter den Stößen der Herrschaft oder nur platt im Gebet, ihr war das nur immer der gleiche Dreck, nichts frei, nichts du selbst, nichts gelernt und verstanden und vorwärts mit all unseren Händen.

Wenn aber nicht hier bei den eigenen Roten, wo denn dann sonst? »Allein bist du nur für die jedes Mal nichts.« Aber da sind doch noch irgendwo mehr so wie wir, und allein ist manchmal nur eben zuerst dein eigener nächster Schritt.

In diesen Zwangswochen nach ihrer Schulzeit, im Herrschaftshaus Kirschholzvitrinen abstauben, kam ihr der stoßende Gang, die rechte Schulter voran, gegen wen, gegen alle, »dich auch«, »das siehst du zu einfach«, »was fasst du den Dreck auch noch an!«. Krischan Pietsch hatte, zwischen Dachbalkenzimmerkampfestexten, sich vergnügt an das weiße Spinett gesetzt, »und wird alles noch viel besser!«.

Sie wollte hier weg, wollte von ihm nichts geredet, kein Gitterstechen und alles erklären. »Was hinkst du denn, bleib mal stehn!«.

Er als erster von allen hatte entdeckt, was sie selber nur bockig bisher übersprungen hatte. Sie sagte ihm nichts von den Ufersteinen, aber er war auch praktisch, wo es ihm eben so einfiel. Er nahm sie nach Mölln mit zum Schustervater, »das wird dir ein Schuhchen, dem keiner was ansieht«, und maß und baute und flickte und

schnitt. Und den stoßenden frechen Schritt, den gab sie auch für den Zauberschuh nicht mehr her.

Sie hatten in Mölln viel Zeit, Jonny war noch nicht ganz vollgesoffen, er wollte nicht eher zur Herrschaft zurück, »dann komm, dann zeig ich dir was«. Krischan zog sie durch Fachwerkgassen bis zu Theophil Schmüsers Mühlgrabenwerkstatt, Waffenwerkstatt, verkauft und verraten, »da baut er ihnen das letzte Gefecht, der mag mich, der redet, der ist oft allein«, er hatte das lustig gemeint. Er wollte, dass Karo sieht, wie das Pack sich in Rüstung verkriecht, »so viel Angst vor den Kräften des Volkes«.

Bei Schmüser roch es nach schwarzem Stahl, nach süßem Öl, nach fein gemessener Arbeit, nach jeden Tag Kohl und kranken Pantoffelfüßen. Er bat sie, ihm nichts zu berühren, die Schalldämpfer, heimlich, und Zünduhrwerke, die Sprengsätze und Visierperfektionen, Spezialmunition »und Angst, nun sieh dir das alles mal an!«.

Karo besah sich sorgfältig Waffen und Werkzeug, und ernst und ganz wortlos den bösen Mann, sein faltiges Bäckergesichtchen, von unten her sacht den hohlen Blick an ihr auf und ab, diesen Mündungsblick ohne Blitz, dieses leere Auge vom kleinen Freund ihrer Feinde, diesen einsamen Feind. Es rührte sie alles das sehr. Sie fand sich zwischen den Männern plötzlich allein.

»Allein kann ich bald nicht mehr gegen an, drei Lehrjungs weg in zwei Jahren, die holn sich bei mir ne Mauser, und ab, da mag man schon bald gar nicht mehr.«

Sie merkte sich diesen Platz, die stahlgrauen Pfoten, den Blick. Noch zweimal danach sah sie ihm stumm bei seiner Arbeit zu. Die feinen Flächen und Schenkel und Bolzen des Tötens. Dann kam sie noch einmal, nur rasch, in Jonnys waldgrünem Hemd. Sonst alles schwarz, die Stiefel, der Rock, das Tuch. Aber die ganz weiße Haut unterm Hals unterm Hemd. Da wollte Schmüser gern hin.

*

Der Möllner Büchsenschmied Theophil Schmüser, ein fähiger faltiger halbjunger Mann, dumpf klug allein für sich selbst und von rattenhafter Zutunlichkeit gegen Herrschaften, die bei ihm arbeiten ließen, kam am Sonntag darauf, bei klirrendem rosa Frühlicht, und später durch schneidenden Glast, im Schlitten quer übers rundglatt geschneite Land, den Fahrweg her nach Zachun. Er hatte die kleine Nachricht bei sich im Pelz, auch einen zweiten Pelz hinter sich für die Rückfahrt heut nacht. Aber Karo ließ sich nicht blicken. Vor einer Wehe oben im Feld überm Herrschaftsdorf hielt er das Pferd zurück, nahm das Glas, suchte nach ihr in Waldrandhecken, den Dorfweg hinauf bis hierher, die Krümmung des Weges in Grubenschatten. Karo sah ihn sich an, den Schimmer auf seiner schwitzigen Haut, den Dampf von der Kruppe des Pferdes vor seinen Augen, den mutlosen Eifer, mit dem er das Tier um die Schneewehe trieb, hinab in den Herrenhauspark.

Sie sah ihm aus Grubenschatten angespannt nach, sah ihn jetzt auch mit Hass, aber ein winziger Ganter, den werf ich mir um, vorwärts, hier raus, weg aus Zachun. Und dann nicht mehr nur mit Pferdehaarschlingen.

*

Die Strecke war gut, das Treibevolk lag auf den leeren Händen und trank seinen Schnaps.

Die Jäger kamen aus Rotwildrevieren, Mansfeld und Barmbek und Castrop-Rauxel, Ruhe und Ordnung, Verständigung flüsternd, pausenlos, knapp gegen Treiberohren, aber sesseltief brüllend noch nachts, noch unter Trophäen, principiis obsta, die Weihnachtsgeschichten aus Bluthundehochzeitstänzen, haha, Krischans Lesekunst ist im Moment nicht gefragt, Karo bringt Wein und Zigarren, »ein glatt freches Hündchen, das spröde Ding«, ein Weißer, ein junger, der Leutnant Ratjen, fährt ihr mit Schlägerhand hinters Haar an den Hals, an die weiße Haut unterm Hals unterm Hemd,

der Büchsenschmied fragt, »was wird mal aus dir?«, »ein Büchsenschmied«, lacht sie ihn an, »wie das?«.

Sie röhrten das einfach nur lustig weg, schickten sie raus, »du kannst gehn, gute Nacht«, Schmüser fand sich ertappt.

Sie redeten aber nicht lange mehr gegen ihn hin, zu verrückt war das Schwätzen von so einem Kind, obs in Mölln nicht auch Mannschaften gäbe. Er dächte wohl doch, aus Schützengilde und Feuerwehrhaus, und manchen demnächst auch aus Handwerkergassen und Stadtrandbetrieben, »so recht!«.

Die Jäger sprachen die Auswahl der künftigen Übungstruppen nun sorgfältig ab, auch das Lehrstundenpensum Häuserkampf, Raps und rote Fabrik, das Totschlägertraining im Herbst hier im Feld, Treibjagd auf Rot, bei drei bist du tot, »na mal sehn erst mal«, würde jetzt Pudel sagen, das Aas weiß mit hängenden Waldrandbaronen schon jetzt verdammt gut Bescheid, erstes Lehrjahr am Hansaplatz.

Auch Herr Alex hing diesen Tag still. Wohl war er, selbst als der Jagdherr noch, auf den stärksten Keiler zum Schuss gekommen, aber das Tier war ihm flüchtig geworden, und als er, die Treiber am Nachsuchen hindernd, er wollte für diesmal allein durch den Schnee, auch erhielt er von seiner Mutter den Rat, »viel Wild geht frech in die Töpfe der Treiber, pass auf!«, in der Dickung, im Eichhorst, südlich von Butz, in der Dämmrung endlich den Keiler fand, rund krumm geschart unter Fichtengrün, weidwund, schon kalt fast, in braunem Blut, lag unter schlingendem schwarzen Haar, gelb hingelehnt über das pestige Tier, der Büchsenschmied Theophil Schmüser, und über ihm Karo, stoßend und stumm. Sie merkten ihn nicht. Er wich weg. Sie schienen ihm ganz erstickt. Nun würgte er abendlang selbst, »wie Dreck sich auf Dreck stürzt im Dreck«. Der Uferstein, fand er, war ihm von ihr nun trefflich zurückgeworfen, er wollte nichts weiter mehr reden, nichts, wollte sie hier aber nicht länger sehen, »nie wieder«, ein Vorteil für Karo.

Die hatte nun noch mit Jonny zu kämpfen, und Hanneken riss

ihr in Angst an den Haaren, und die Weiße oben im Schloss, die Sau, schickte hastig die hübschesten Knechte nach ihr, »macht her, dass sie bleibt, wer lernen will, wird uns nicht arbeiten wollen, was hätt ich sie mir denn sonst aufgezogen fürs Haus«. Da sagte dann aber Hanneken später weinend und kalt, »das war ich, die dich aufgezogen hat, für dich selbst, und nicht zum Vergessen, geh weg hier, und komm, nein, nichts«.

Auch Jonny fand seine Hoffnung vertan, all seinen fernen Hass, »Weglaufen war bei mir auch, zusammen sind wir hier stärker als die«, »und für was? Du fluchst doch nur rum und heulst und säufst und wühlst dich hier elend durch. Da sind doch noch irgendwo mehr so wie ich, da muss doch noch irgendwas kommen, hier soll jetzt mal endlich was los sein, Jonny, und sonntags komm ich doch her, der alte Pietsch leiht mir bestimmt auch sein Rad«, sie meinte den Vater von Krischan.

Krischan fand den Plan gut, war zwar erstaunt über Schmüsers Mut, »was sagen in Mölln denn die Meisterkollegen, die Innungsschützen und Bierglasstrategen zu einem Lehrling in Tuch und Rock?«, wusste ja nichts von Theophils Wundbettgeflüster, »so tust du mir gut, so will ich dich alles das lehren«, und setzte sich zu seinem Schustervater, damit das nach Sitte und Ordnung läuft, »gib ihr mein Zimmer, und nimm ihr kein Geld ab, sie hat keins, sie will erst voran«, das mochte der Alte, das wusste der Sohn, gern hören, er war so einer mit Wissen ist Macht, »na dann los«.

Karo fuhr frühabends mit, auf dem Gummiwagen hinten mit drauf zwischen Milchkannenklappern und Buttergeruch, und unten, hinter den baumelnden Beinen, zwischen biegenden Achsen paar Holzgitterkästen für Hähnchen und Hühner, die Böschung hoch raus übers Feld Richtung Mölln, Richtung Schmüser und Waffen von Schmüser, die Saaten weit grün, die Drossel so schön in den Vogelbeerbäumen, das Dorf unten weit schon von Osten her in finsteren stillen Schatten.

Hanneken hatte mit Töpfen geschoben, dass gar keiner hört, was gar keiner sagt, und mit Kiefernastholz das Feuer gejagt, und alles lebendig verbrennen, »nein, nichts«, und kleines Stück letztes Geld.

Jonny hatte ihr Eisen ins Pappkofferzeug geschoben, aber anders Eisen als sonst nur in deine Hände genäht, »das darfst du nie machen, Karo«, den Mountainsrevolver, sechs mal neun Gramm, »sieh zu, was du lernst, der muss wieder flott«.

Die Gänse hatten geschrien.

Die Nachbarn hatten gewunken.

Aber die Mädchen, die Häuslermädchen, in Karos Alter die Mädchen unten im Dorf, die stummen Mädchen hinter den winzigen Fenstern, unter den Eutern und Fäusten und Müttern und Kirschbaumholztüchern und Tränen, Karo sah nur die Mädchen.

Kroch aber dann über Kannen und Säcke zum Kutscher und freute sich über die klaren Farben der untergehenden Sonne.

Blinzeln

Im gleichen schönen Möllner Jahr war Leo noch Aufbauschüler, flink leise lachend, am liebsten allein, durch sämtliche Gitter geschlängelt, Untersekunda, mit totem Bruder in Kiel, noch Rentiersteinsammler, Kolonialjugendpfeifer*, noch nicht Schupofips Leo, der Minilöwe, die Sonne steht hinter der Mauer, er will bald mal Afrikaforscher werden, raus hier, weit weg, und alles entdecken, und zeichnete gern, und lernte und saß oft ganz still, und sah sich alles ganz genau an, auch die Lastenschlepper aus Mörtel und Gips in der Hauswand unterm Balkon, Stein im Genick, wie nennt man die Dinger, Atlanten, Pilaster, Karyatiden, wie schreibt man das, schreib ich mir auf.

Der eine der beiden halbnackten Träger sah aus wie sein Vater,

alles mit Bart, und auch nachgedacht über alles, aber gebückt und stumm, aber auch stolz und zärtlich und heimlich den Blick weit voraus, vielleicht nur zu weit voraus. Der steinerne Blick war tief niedergeschlagen. Das wollte er nicht. Auf Leos Zeichnung blinzelten sich die Balkonträger wohlwissend zu.

Leo Kantfisch war jüngster Sohn eines alten Vaters. Sein älterer Bruder wär jetzt schon siebenunddreißig, hatten den aber im Krieg in Kiel* als Meuterwilli ins Schraubenwasser gestoßen, Schießeisen in seinen Händen. Ella, die Witwe, mit Rita, der kleinen, hatte Weidenallee die Hausmeisterstelle behalten dürfen, Treppenschrubben für Zahnarztkinder, Rente für Kämpfer hast du noch nie. Leo war also mit sechzehn der Onkel von Rita mit acht und der Schülersohn von Opa Friedrich, jetzt schon bald sechzig alt, und freundlich alles und ohne viel Klagen durchgeschuftet die Zeit, und niemals und nirgends ein Schuft gewesen, Buchbinderei gleich am Markt, nie was Eigenes, bloß für den Chef, »dat geit nirgens bunter to as up de Welt«, von der kannte er hauptsächlich Winterhude und paar Plätze bis Hauptbahnhof, und viel Buntes war auch nicht gewesen.

Die Wohnung der drei hatte Schlafzimmer, Küche und Stube, die war aber nur für gut, für Besuch und Geburtstag und damals, wenn Willi sich einig war, und Ella schon ganz hübsch dick, mit Juchei und Aurora. Im Schlafzimmer hing das Brett mit den Büchern, wo Leo sich zwischen reinklemmt und liest, und aufschreibt und abschreibt und lernt und weint und hofft, weil die Schule, das ist was für später.

Am liebsten war ihm die Küche, Eimer mit Kohlen, Küchenschrank, Sofa und Herd, blauweiße Kacheln mit Gänsemarsch bis an die nächste Wand, und Foto von Bebel und Meuterwilli, Schirm ab und Fäuste noch leer, und der Trondheimfjord finster in Öl, und die Mutter schön immer dazwischen rum, »das hat sich gut angefühlt«, bloß wenn er alles mit links malt und schreibt, wird sie fühnsch, »fang das ordentlich an, oder lass!«.

Auch Ordnung mit Feierklimbim, wenn der Vater Glück hat mit seinen Uhren. Opa Friedrich war heimlich Uhrmachermeister, nie gelernt, aber kennt jedes Rad, jeden Schlag. Neun Uhren hat er in zwei Zimmern, Küche und Flur stehen und hängen und sitzen und laufen, alle mit Glockenschlag und Sekunde, eine mit uraltem Kuckuck. Und jede bastelt er rum und tüftelt er hin und fummelt er aus und pendelt er ein, damit alles immer genau so genau geht, wie er das will, wie er das für seine Meisterschaft braucht.

Von Hochbahn Hudtwalckerstraße bringt er abends die Zeit in der Tasche mit, auf Zeigerruck, knack, alles eingestellt und dann los, von Zimmer zu Zimmer zu Flur zu Küche, bis der Gong schon scheppert und Kuckuck schon meckert von allzu viel Wiederholung und Übung. Und die Bitterkeit dann plötzlich nachts, wenn der blöde Hahn dreimal kräht, und die Ziehuhr im Flur hat noch nicht mal kurz Luft geholt, »das muss alles zusammen in Harmonie!«, »morgen is auch noch ein Tag, schlaf man hin«, »ja ist gut«. Aber er steht dann doch leise auf, prüft nach, spannt an, biegt ab, kippt den einen Uhrkasten daumennageldick weit nach rechts, den anderen nach links, »das muss doch, irgendwann muss das doch mal«, auf Glockenschlag Harmonie.

Manchmal gelingt ihm der Schlag. Dann steht er bei sich, ganz allein, und horcht, und hat seine Faust am Kinn, und heimlich den Blick weit voraus. Das war Leo nie genug. Dem Vater wurde ganz weich, er war mit der Mutter zärtlich vergnügt, Becher Kaffee von ihm, für sie ganz allein.

Manchmal kam aus der Nachbarschaft Rigo dazwischengelaufen, Geschwister abschleppen, Mietgeld pumpen, und fand wütend und doppelt bitter, »alles so dreckig bei uns nebenan!«. Er wär bei der Mutter von Leo am liebsten gleich irgendwo reingekrochen, Klappe zu, Affe lebt, und wird mollig gepummelt und liebgehalten, aber war aus dem Alter längst raus, »hier soll jetzt mal endlich was los sein!«.

Leo war ihm zu brav.

Leo sah ihm ärgerlich nach. Er beneidete ihn um die tiefe Stimme, von der Rigo schon mit fünfzehneinhalb den Spitznamen Brumme hatte, und auch um die Größe und Kraft, »so groß werd ich nie, ein Scheiß!«.

»Wenn du hochspringst, das längt dich«, hatte Ilona mal zu ihm gesagt, Nachbarskind, witziger Zwergenvogel, Koralle im Ohr gegen Augenfehler, und als Zweitklässlerin liebt sie Leo, den großen, und will so wie er, dass er reichlich noch unheimlich mehr wächst. Leo geht wirklich los, obgleich er sonst ganz gern allein war, zu den Sperberclubleuten* für Hochsprungriege, mal sehn. Aber hoch ist ja gar nicht mal alles, vorwärts und raus hier und fix über Hindernisse, das wärs. Er wechselt zu Weitsprung und Hürden.

Als eines Tages sein Vater schon mittags nach Haus kommt, gekündigt, erledigt, »die Zeiten sind hart«, »und wünschen wir Ihnen das Beste«, die Stimme krächzend in Angst weggesackt und Scham, da stürzt Leo nachmittags quer übers Holz, Rippenbruch, Schlag auf das Herz. Die Kolonialkameraden, mens sana in corpore sano, wie schreibt man das, schreib ich mir auf, machen noch paarmal Besuch und Spruch, doch später, als er für Geld für zu Haus, für Kohlen und Essen und Miete und Licht, nach der Schule arbeiten geht, statt springen und singen, Laufbursche Rennbahn in Borstel, Kegel aufstellen in Jarrestraße, Nachhilfestunden am Rothenbaum, Auslieferfahrradfahrer für Gummiwaren, da wurde er ihnen fremd, und sie ihm, »das Leben ist nämlich kein Sportplatz, sondern gemein«.

Er band sich oft Stunden noch nach aller Arbeit an seinen Stuhl zwischen Büchern und Elternbett. Er wollte nicht aus der Schule weg, Arbeiterabiturientenschule, Krischan zerrt und zwingt an ihm rum, ohne Fleiß kein Preis und Wissen ist Macht, kommt aber nicht aus dem guten Gesicht, die Macht.

Der gute Vater saß machtlos hinter den Uhren und schrie, als seien die Mutter und Leo Schuld an all den verkommenen Zeiten, und zitterte, unter Tränen, stumm, als ihm der elende Kuckuck nachts aus der Wanduhr in Kohlen fällt und verbrennt, bevor er ihn greifen kann, blöder Streit plötzlich zwischen den armen Eltern. Leo fand, die Zeit steht hier still.

Er schloss sich enger an Krischan Pietsch, wollte wissen, was wirklich hier los ist, hatte ihn in der Aufbauschule als Lehrer für Deutsch und Geschichte. Jetzt ging er auch abends noch hin, wo der Schulung macht, Volksheim Stadtpark, Jugendclubzimmer für jeden Haufen, Freidenker lesen, Kolonialjugend pfeift, Wehrwölfe trommeln, Pfadfinder singen von guter Tat, Arbeiterjugend lernt Ökonomie, und von Feuer und Fahne und Sonne empor und Wildgänse ab nach Norden gibts bei allen Vereinen so ähnliche Lieder, macht ja auch nichts, erst mal sehn.

Leo sah aber bald, dass Unordnung auch ihre Ordnung hat, sein Unglück auch Glück. Für wen? Er hatte Lust auf Glück und Verstand, sah sich aber festgebunden an die dauernde Angst zu Haus.

Er lief einmal weg aus der Stadt, ins Moor, zwei Stunden weit raus, Torfstecherbuden und Blechdosenlöcher und Knistern. Er hockte im Sand, am Rand eines frisch abgegrabenen Heidestücks, und hob kleine Gruben aus vor seinen Füßen mit einer hellbraunen Brandtonscherbe. Er sah sich das Bruchstück an. Die schwach gezogenen Linien darin erinnerten ihn an Muster in Museumsglaskästen am Rothenbaum. Er war dort, sooft es ging, am liebsten Afrikasachen. Er sah sich um, lauter Scherben in seiner Nähe im frischaufgebrochenen Acker. Er wusste nicht was, sammelte aber sorgfältig ein, trug nach Haus und saß nächtelang angestrengt still, die Eltern hinter sich unruhig stumm, um das alte Gefäß zusammenzusetzen. Es gelang ihm nicht.

Im Baumkamp wohnte ein Uni-Professor für alte Geschichte und alte Kunst, da wollte er früher schon gern immer hin, dem

zeigte er seine Scherben. Der Topf war uralt, der Professor wusste Bescheid, für jedes Bruchstück den richtigen Platz, holte Leo jetzt manchmal zu sich in den Garten. Leo wollte, von nun an bestimmt, Wissenschaft lernen und alles verstehen und richtig zusammensetzen. Nicht so wie Krischan Pietsch, alles nachdenken bloß und reden und singen, sondern lieber zum Anfassen, jetzt hier, Trommeln und Kronen und Waffen.

Aber der Jammer zu Haus, die krummgeschleppten Arme und Augen der Mutter, der huschende Uhrenvater, die klammernde Hoffnung der beiden Alten auf diesen einzigen Sohn, diese tote Geduld, dieser dauernde Tod, dieser Stuhl, auf den er sich selber band, Putzlappen, Weißkohl und Angst.

In der Zeitung las er von Aufstiegschancen, Ausbildungswegen, Sonderexamen beim Dienst in der Polizei. Der gekränkte beleidigte Vater fand Kasernen besser als Kommunisten, den Tschako für Ordnung besser als Krischans Bücher, Essen und Trinken besser als andauernd Angst. Krischan Pietsch konnte Leo erklären, warum dieser Standpunkt falsch ist, nur stand hier ja längst niemand mehr im Punkt, sondern »treibt alles, matt, wie verhext!«. Er fand Polizei ganz gut, lernst du Leuten helfen und Ordnung machen und paar Stufen überm Verkehr, Hauptbahnhof, Stephansplatz, Lombardsbrücke, den Autofahrern die Richtung einwinken und Fehler abpfeifen. Und abends, dann doch noch, vielleicht, Abitur.

Pietsch nahm ihn mit zu Sagebiels Saalbetriebe, Protest für Sacco-Vancetti. Der Schlosser wurde, vom Rednerpult weg, gefangen, geprügelt, erkennungsdienstlich behandelt und kam wieder frei. Die Genossen stellten sich hart gegen Ordnungskräfte. Leo wurden die Hände zerschlagen, als er ein Transparent hochhielt, das von der brüchigen Wand hinterm Redner paarmal in Oleander gerutscht war. Er fand Polizei ganz gut, »die wissen ja nicht, wen sie schlagen«, »die sollen nicht wissen, da kannst du mal sehn«. Pietsch nahm ihn zu einem Arzt.

Die Schulzensuren wurden noch schlechter, als sie erwartet hatten.

Er band sich noch einmal im Schlafzimmer fest. Er lief noch einmal ins Moor, diesmal Duvensee, beinah schon Mölln. Da hatten vor zigtausend Jahren mal Rentierjäger gelagert. »Da liegen im Acker noch Waffen und Waffenreste.« Der Alte vom Baumkamp hatte ihm Bilder gezeigt.

*

Es war so ein Nebelmittag im Herbst, wo du weißt, da kommt gleich noch Sonne, ganz kurz noch mal ganz schön warm, eben rings all die letzten Farben, aller Duft in Hecken und Gras, aller süßer Saft und tolles Schwarzrot in den letzten paar Brommelbeeren, die Kiebitze sind schon ab nach Burgund, die Krähen werden schon frech, kein Windhauch, kein Schreck, keine Hast, nur ein Hund in Labenz, eine Glocke weither von Sandesneben, weithin. Er lag, fast schlafend, im Knick, sah blinzelnd drüben den Fahrweg von Duvensee nach Klinkrade ein bisschen erhöht, krumm hingelaufen durch Jahre und Arbeit, und drüberhin, fern brüllend, Schattenleute im Nebel, in langer windender Kette, wohl an die dreißig Mann. Vorneweg ein Gespann und drei Männer zu Pferd, der Kopf einer schwarzen Schlange.

Er plinkerte hoch und horchte, nach Ostland geht unser Ritt*, das hatten sie auch in der Kolojugend gepfiffen, »warum denn nach Osten?«, »das wirst du schon sehn«, er hatte nach Afrika reisen wollen, raus hier und alles entdecken. Er wär gern noch liegen geblieben, stand auf, ging, vorsichtig hinterm Knick, hin in die Nähe der Straße. Was im Nebel nur schwarz war und schleppend, das schleppte Tornister und Waffen, die Männer wie Knechte in Schwarz und Grün und gekrümmt, die Reiter aufrecht in Feldgraumänteln.

Vom Trosswagen vorn wurden Brot und Wurst an die trottenden Männer gegeben. Wer zahlt denen Essen, und zu Haus, für bei uns, zahlt schon längst keiner mehr, wer wem. Leo wollte so stehen, dass keiner ihn sieht, aber hatte nicht aufgepasst. Auf der anderen Seite vom Knick lief ein Fußweg für Eimer und Brombeerkannen. Ein Mann stieg hinter den Haselbüschen auf der Höhe von Leo vom Rad, den Blick auch nur weggewandt auf die Kolonne. Leo duckte sich runter ins Kraut, aber hörte den Radfahrer sagen: »Hast du auch Brot?«

»Nee, ich auch nicht.«

»Warum gehst du mit denen nicht mit? Die haben doch Brot.«

»Was sind das für Leute?«

»Die vorne reiten, sind Mörder. Die anderen sollen von ihnen lernen. Sie haben Angst.«

»Vor wem?«

»Vor uns.«

»Vor mir ganz bestimmt nicht.«

Der Mann bog die Buschäste bisschen beiseite, »dich kenn ich«. Leo erkannte ihn auch. Er war froh, dass ihn einer in diesem Nebelland richtig erkennt. Aber der Schlosser fuhr weiter, ohne zu ihm noch etwas zu sagen, dem bewaffneten Haufen nach, wir reiten trotz Jammer und Klage, wir reiten bei Nacht und bei Tage, ein Haufe, zusammengeschart*. Die dort schleppten sich freilich zu. Nur die Leitung saß drüber zu Pferde.

Er scharrte sich krumm ins Heckengras, krümmte sich klein, mit hohlem Bauch, in die letzte Wärme der Sonne.

Banditenleben

Rigo indessen aß neuerdings meistens satt, Kartoffeln mit Speck, Kartoffeln mit Quark, fett Bratkartoffeln mit Spiegelei, und abends oft Dickmilch mit Schwarzbrot drauf, Wehrwolffutter*. Und Bücher, die fraß er jetzt manchmal auch, völkischer Buchladen Markward Benthin in Grabow bei Ludwigslust, beinah schon so was wien Lehrer, Lüge und Schmach, na schön, Kamerad, Arbeit und Brot, jawoll, Kamerad, es zittern die morschen Knochen* der Welt vor dem roten Krieg?, vor dem großen Krieg?, dass Krieg war, schon längst, gegen alles Volk, das konnte man überall sehen, »hau rein!«.

Er fraß, nach der ersten Aktion, bei Markward vierzehn Kartoffelpfannkuchen, auf den Buchhändler schien Verlass, auch hinterrücks pünktlich Futter und Waffen und die Wut der verhöhnten Proleten.

Die Fahne war Rigo erst mal egal, sie hatten alle die eigene Wut, und die Flinten waren mit Schlössern. Er hatte Vertrauen gefasst, »hier wird ja wohl bald mal was los sein«, und dem Buchhändler von sich erzählt. Einmal auch von zu Haus, von den armen versoffenen Alten, »und das wollte ich nicht, und dann lacht sie mich aus, soll ich Schlips um und alles mal Anzug an und los in so Bumslokale, volllaufen lassen, bist doch kein Molch, und hinten nachher im Wirtschaftsgarten die Miezen über die Tische ziehn, so Arbeiterjugend, weißt ja Bescheid, bloß Arbeiter bin ich doch auch, bloß nicht so, bloß nicht alles immer so dreckig!«.

»Wer zotet, Rigo, verrät auch«, sagte der Wehrwolf streng.

Ja klar, Verrat: Bei Leo mit alles gekämmt und gelernt, bei der Mutter mit alles allein in der Küche die langen finsteren Nächte, bei Pietsch der Krampf mit Ökonomie statt Hass, bei den Vorarbeitern am Pfennigsbusch mit alles Befehl und nie Lieder und Freunde, und

einmal bei einem Genossen, da soll er verschwinden, der stößt ihn in Schlafzimmerkissen, und liegt das Genossenmädchen im Bett und angelt nach ihm mit dem Fuß und flüstert ihn an mit dem ganzen miesen Lied, eine Miezekatze hatse aus Angora mitgebracht / und die hatse mir gezeigt die ganze, ganze Nacht, und Rigo noch fix kurze Hosen an und rennt weg, egal jetzt, wohin, egal alles, wer mich jetzt fängt, alles längst schon verkauft und verraten.

Markward sagte nur »sauber bleiben«, und fasste ihn väterlich an, und gab ihm ein neuestes Buch, Menschenzuchtanstalten in der SU, »das passt!«.

Rigo war plötzlich pfannkuchensatt, sie soffen noch bisschen Kartoffelschnaps, sie hatten, als Baukolonne getarnt, in Schwerin aus dem Knast Kameraden befreit, die Bevölkerung rings hatte zugeguckt und gelacht, »sobald wir siegreich sind, sind die für uns«, klar siegreich, sonst wärn wir ja blöde!

Rigo fand gut, wie das funktioniert, alles Order, durchdacht, und Verlässlichkeit, und die eigenen Leute befreien, die eigenen Leute nicht hochgehen lassen, Polizei ablenken, Gruppen aufbauen, Watte machen bei Kampfumzügen, alles ganz klar, alles Krieg, und nicht maulvoll und alles nur scheinbar, denn in Wirklichkeit, guck dir die Gegend mal an, von Hamburg bis Königsberg und zurück, alles Herrschaftskrieg gegen uns selber, alles Treibjagd und Treiben und Trebelaufen, auf Straßen und Wegen, Märkten und Brücken und Kuppen, alles Kerle wie er, mit nichts in der Hand, nur hungrig zigtausend Mann auf der Suche nach Arbeit und Brot, »hast du was?«, »nee, ich auch nicht«, bloß hier mal in Torf oder Jauche greifen, dort mal beim Straßenbau Steine, beim Bauern Mist und Kartoffeln schippen, bloß nirgendwo was Bestimmtes, nur dein qualmiger Hass, dein flatternder Wunsch nach Ausbruch, schon alles egal, wohin.

»Was sind wir Banditen doch alles für bessere Menschen!«, lachte Benthin ihn an. Und als Rigo rülpsend »Freiheit!« rief, da schrie der Händler das auch. Aber Rigo schlug ihm aufs Maul.

Mündungsfeuer

Die Weißen im Bruch und im Busch von Zachun und die trottenden Knechte der Weißen hatten beim Mordenlernen und Lehren zunächst einmal Glück mit dem Wetter, hockten wälzend um ihre Gulaschkanone, ächzend und schmatzend, kein schöner Land, standen lachend darüber in Feldgrau, auch diesmal der Leutnant Ratjen, Kommandosprache, Entschlusskraft, Zipfel und Schmiss, gesundes Unterordnungsgefühl von Kniehöhe abwärts in Blechnapf und fettigem Schmutz. Hanneken hatte dem Schmant ein paar Pilzelchen beigerührt, »sie werden sich alle verscheißen, die Nacht«, na gut, »eben das unser täglich Brot«, »wird Regen geben, Baron«.

Der Herr Alex, in lauter Loden gehängt, dezent zivil vom Hirn bis zur Hacke, den Schädel hoch über die Ohren geschoren zu einem knastigen Turm, hielt die Ohrlappen flach hinters Hirn, ließ die Zähne nass aus dem nackten Gesicht. Müde über all dies, wollte er doch wohl lächeln, wo es für ihn keine Antwort mehr gab, tat auch kellnerhaft matt den Herren Gästen alles zu Diensten, »auf Regen folgt Sonne, Herr Oberst«.

Sie wollten sich aber ums Wetter nicht scheren, die Herren, wollten die Pflicht, die Pflicht von Kniehöhe abwärts, Suchtrupps bilden, Bewachung von Stadthausbewohnern, Erfassung von Industriearbeitern und deren Vernehmung in Unruhezeiten, im Großen und Ganzen Straßenkampfübung wie folgt: Nach Aufstandsbewegung ist kleiner verbarrikadierter Unruheherd mit gegnerischer Kampfleitung übriggeblieben, nach Erkundung und Einschließung zugeteilten Sonderkampfwagen zum Angriff ansetzen mit Endauftrag Niedermachung des Gegners und endgültige Befriedung des Industriekomplexes, und der Reihe nach heißt das, »jawohl, Sie hier rechts hinterm Rübenkorb, und den Arsch hoch, Mann, und mal abgekniffen, zackzack!«, »Bereitstellungsmarsch, Entfaltung,

Entwicklung, Feuergefecht, Angriff, Einbruch, Säuberung, Einnisten!«, »na bitte, klappt ja schon, Männeken, bloß Einnisten, dat sin die andern, die Ratten«, »jawoll!«.

Schmüser, als einer der Unterführer, fühlte sich nicht getroffen. Er als einziger saß schon im Gummimantel, Angst vor Regen schon längst. Karo half frech noch der Krankenschwester, »schaden kann so was ja nie«, »das wird dir im Gegenteil guttun«, die Baronin schien locker und anzüglich frei, unter Schießbrüdern, Kriechknechten ganz sie selbst im Hilfegeben nach Frauenart, das Weiß unter Feldgrau dienstlich verhängt.

»Hängt ihn auf, den Bandit«, auch das nur ein Spiel, sie spielten die Nacht durch Verwendungsplan Neun, »die Unterführer zu mir!«, »darf ich Herrn Oberst um Lagetext bitten«, der Albtraum der Schweine nicht nur gegen Stadt und Fabrik, sondern hingewälzt schon übers ganze Land, Jonny und paar von den Bauernknechten spitzten freundlich ihr linkes Ohr: »Not und Verhetzung haben zur Unzufriedenheit großer Teile der Bevölkerung geführt, die rote Partei nutzt das schamlos aus und schürt zu gewaltsamem Umsturz, bildet insgeheim hinterrücks Kampfverbände, die zahlreich mit Waffen versehen sind. In letzter Zeit daher häufiger Auftritt von Banden, die Überfälle mit Waffen auf Güter und Gemeindebehörden versuchen, Waffendiebstähle bei Förstern und Gutsbesitzern verüben. Vor Tagen erst Überfall auf das Gut Schmolz. Gutsherr und Landjägermeister erschossen, Schutzpolizei, herbeigeeilt, traf Täter vorerst nicht an. Durch zuverlässige Vertrauensperson der Leitung bekannt, dass in Händen der Einwohner rings in den Dörfern und Kotten zahlreich verbotene Waffen. Auftrag: Überraschend und unbemerkt unter Umgehung der Dörfer Neukirch, Mochbern, Malkwitz und Schottgau, deren Bewohner überwiegend radikal eingestellt sind, Durchführung der hermetischen Absperrung des Dorfes Schmolz noch in der Dunkelheit, bei Tagesanbruch Angriff, planmäßiges Durchsuchen des ganzen Dorfes, Sistierung aller nicht

als durchaus zuverlässig geltenden Personen, Beschlagnahme aller Waffen. Wetter sternklar, kein Mond, drei Diensthunde. Bei Fluchtversuch Schusswaffengebrauch. Noch Fragen?«

Jonny sah alles klar, dachte nach, »wie dreht man das um? Karo, sag du jetzt mal was«.

Sie hatten die Übung dazu benutzt, die eigenen Wünsche zu üben, neun Mann gegen neunzig Knechte, kein schönes Land. Aber die Bude war schön, der Schlupfwinkel Lucky Linda, Jonnys Waffenloch hinter der Eislochhütte des Herrn, »da sucht er uns nicht, bei sich in der Hose, denkt er, da ist er allein«.

»Paar Mädchen machen die Wachtposten leichter kaputt als ihr alle.«

»Du bist aber nicht paar Mädchen.«

»Oder laufen bei Schmüser noch mehr so von dir?«

Der freundliche Spott noch selbst der vertrautesten Arbeitsleute über das einzige Mädchen im Übungsgelände der Männer, dies Ganterlachen in aller Liebe entging Karo nicht, »das Gefährlichste machen die Sperrposten«, sagte sie, »die Ketten, dass keiner mehr weiterkommt, ihr auch nicht, nämlich, das sag ich jetzt mal«.

Trotzdem hatten sie manches gelernt in den schwarzen fünf Übungstagen, Gesamtschussweite und Durchschlagskraft, Splitterwirkung und Feuerleitung, Observation und Kennwortekode, Hunde führen und Angst vor Hunden.

Denn vor einem der Schläger, den die Bande hier hatte antrotten lassen, hatten Herrschaften plötzlich selbst Angst, Schwarzen Hamburger nannten sie den. Der hatte in einem Gruppenkampfspiel, im Dickicht der Scheunen und Schweinekoben, den verfolgten Verbrecher zu spielen gehabt, aber den, der nicht einfach nur flieht, sondern erst noch auch niederschießt, angreift und kämpft. Dieser haarige traurige Kerl war nun gleich zu Beginn des Spiels, als er sich wehren sollte, am Hals und im Auge rot angelaufen und hatte geschlagen, gebissen, geschossen gegen alles, was Uniform anhat

und ihn dienstlich verfolgt, aber das doch nur spielschuldig pflichtschuldig tat für Essen und Elend und Plan und Auftrag. Aber er nun nicht mehr aus Pflicht. Er hatte so fürchterlich zugeschlagen, so niedergeschlagen seine Rolle geliebt als Übeltäter gegen den Dreck, als Niederschläger gegen die Ordnungsmänner in Feldgrau, dass er nicht wieder zurückfinden wollte in Trott und Jammer und Klagen, sondern raus hier, endlich den nächsten Schritt.

Da musste Ratjen ihn binden lassen und kalt übergießen. Da hatte er reglos gestarrt und geweint. Und da hatte der Leutnant Ratjen nun doppelt und dreifach Angst, und hatte ihn angelacht und gelobt. Und da hatte ihn Hanneken weggesteckt, Bettkiste, Glühtee und alles verstanden, am besten die starrenden Tränen.

Einer im Schloss, ein Gast aus Dublin, Jimmy, der Neffe der alten Weißen, Bankassistent für das große Geld nach den Schritten und Sitten der Väter, aber fremd nicht nur im Profit, erschrocken auch über das Leben selbst, sechs Jahre Krieg gegen seinesgleichen* erst knapp überlebt, verschreckt und vertan, verlassen in Aufmerksamkeit, empfindlich für Schönheit und Lügen. Der hatte den starrenden Knecht gesehen, die Übungstage vom Wanderweg aus, das scharrende Unrecht, die Stiefel, die Schuppenflechte an Armen und Knie, den Hunger, den Trotz, den gemeinen Befehl, den fallenden Flug des Milan, den witzelnden Mord unterm stillen Mond. Er fand das aber nicht Unrecht, sondern nur Unsinn, und hätte am liebsten mit keinem darüber reden mögen.

Aber das Mädchen im Waldhüterhemd unterm schwarzen Tuch sah ihn an. Da sagt er, als gäbs zwischen ihm und ihr schon irgendein wüstes Geheimnis, »in so viel Tod leben nur noch die Steine«, und nimmt ihre Faust und hält sich die an sein Ohr. Aber Unsinn war Karo zuwider.

Selbst Schmüser, die Ratte, war ja nicht tot.

Sie hatte bei ihm viel gelernt. Nicht nur die Züge nachziehen, Drehung und Drall und Kaliber, Sicherungsflügel und Abzugsbügel,

Würgebohrung, Verschlusskopf und Kolbenhalsbeugung. Sondern auch seine Verbeugung, die Vollkommenheit seiner hässlichen Unterwerfung. Sie hatte ihn bald durchschaut, seine wütende Liebe, fressende Sorgfalt im Umgang mit all diesen Waffen, Messern, Maschinenpistolen und Flinten, Faustfeuerwaffen und Fallen, und nichts Gelbes, nichts Faltiges war da im Grunde an ihm, sondern bissiges eigenes Wissen hinter verschlossenen Türen, oft auch verhängten Fenstern. Aber dann sein verzerrter Wunsch nach endlich auch eigener Macht und Bedeutung, sein schließlich verdrehter Hass zugunsten der Großen. Ihre Macht von klein auf rings im Land bis in Kirchenbänke und Kinderstuben und Schultoiletten war so erstickend gemein, dass er in seiner nässlichen Angst vor ihnen am Ende so dumpf, so matt war, ihnen sein Wissen, gegen sich selbst gekehrt, zutunlich zur Verfügung zu halten. Und er hielt seine Dummheit für seinen Gewinn und seinen Herrendienst nicht für Verrat.

Karo hatte das jetzt gut verstanden, auch beim alten Schuster Pietsch nachgelesen und durchstudiert, was der ihr abends mal zeigt, wie die Herrschaft dir gern alles abkaufen kommt, am liebsten Stolz und Gewalt, am liebsten dich selber einkauft gegen dich selbst, stets treu nur noch ihnen zu Diensten, die schöne Wut deiner Liebe und Hoffnung platt auf sich selber zurückgedrückt, platt unterm Ganter ächzend gegen dich selbst, und denkst noch, du tust dir was Gutes an, aber alles nur scheinbar, »ich nicht«. Was ihr gut tat, das ging nur in eine Richtung, und bestimmt nicht von oben nach unten, »und klar sind wir nicht allein, auch wenn sich das oftmals so fühlt«.

Karo sah Schmüsers Proletenwut ganz verwüstet, verkrochen, verkauft, »das kriegen die von mir nie«, aber sagte zu ihrem Lehrherrn hierüber nichts. Sie tat ihm noch alles so, wie es mochte. Und manchmal saß sie vergnügt noch nachts und zeichnete sorgfältig, ganz für sich selbst, Waffen und Waffenteile und Zündschalt-

wege und Flugbahndifferenzen, sodass Schmüser sich über sie wundern musste.

*

Leo kopierte jetzt manchmal für Stücklohn vom Rentierprofessor Skizzen von Bantuhütten, Webrandmuster von Hirtenröcken im Atlas, Schlagfolgereihen an den Spitzen und Schneiden der Waffenreste vom Jägermoor Duvensee. Er zeichnete sonntags zwischen mittags und nachts, er wollte so werden wie der Professor, er saß hinterm Fensterchen Souterrain Baumkamp, Gitter vorm Glas mit Spatzen drauf, die zeichnete er rasch auch. Auch Katzen im Schnee, die Spatzen schlagen, »die Kerlchen gibts ja genug, mein Sohn«, piffpaff. Nur wenn sie ihm seine Meisen fraßen, warf der Alte mit einem Stein. Einer Kätzin brach er den Fuß. Er pflegte das Tier gesund. Aber es sträubte von nun an, sooft er sich über es hinbeugen wollte, scheu sein Rückenhaar gegen ihn auf und schleppte sich bald schon heimlich davon. Auch das noch versuchte Leo in einer Skizze zu fassen, das Hinschleppen, wütend, verletzt, das Fenstergitter nah hinterm Zeichentisch vor seinen Augen.

Auch im Hagenbeck-Zoo Skizzen durchs Gitter.

Auch im Ausstellungszimmer der Wachbereitschaft der Orpo in Bundesstraße.

Mit Hagenbeck war ein Schulfreund verwandt. Leo brauchte am Tor nichts zu zahlen, zeichnete schreiende Vögel an Fressnapfketten, Blinzelblick hinter gesträubten Federn.

Und zur Ordnungspolizei in der Bundesstraße hatte die freie Presse Kontakt, hatte gepriesen, was in günstig gewendeter Freizeit unsere Polizisten vermögen mit Blick auf die schöne Form, mit sauberer Sorgfalt, grazier Freiheit Farbspiel und Wollstickerei und Laubsägearbeit und Schäferhundkopf in Öl, erfreulich der menschliche Schönheitssinn bei den oft nur als grobdrähtig missverstandenen Polizeibeamten.

Auch hier vor den Fenstern Gitterstäbe, auch hier der Bastelfriede, die Sauberkeitssorge, der Kunstsinn, das feine Streben nach kleiner Schönheit, eisern geschützt, gegen wen.

Als Leo zu fürchten begann, dass in Ordnung und Schönheit vorwärtskommen stets hinter Gittermauern verläuft und Erfolg nur seine Sicherheit hat hinter Riegel und Schloss, sprang er noch einmal lachend weg, dreißig Eisenbahnpfennig bis Bergedorf, Landstraßenausfahrt in Richtung Berlin, »in paar Tagen bin ich zurück«, lieber durchhungern, tippeln und ohne Dach, als alles so weiter wie hier, »die sollen ja die Orangs schon fast wie in Freiheit halten, im Zoo, in Berlin«.

Bis Lauenburg lief er durch Feriensonne zu Fuß. Dann, gleich hinter den Brücken, schon Tau im Roggen, Dämmerlicht über den Wollgraswiesen, schon das stechende Meckern der Bekassinen, schon verloren fern unter Düsterwolken eine Frau und ein Mann, wortlos umschlungen, vor den Gitterstecken der Pappeln, kam der Herr im offenen Studebaker, weltreisender Geschäftsmann aus Amsterdam, »hopp in, jong Man!«, und Leo hatte den Wind im Gesicht, den er schick fand, und Reden und Denken von hohen und weiten Dingen bis hin nach Berlin, und lachte und dachte und schrieb in sein Tagebuch in Lesebuchsprache: Dürfte ich doch, ich würde ihm überall folgen!

Aber der Orang-Utan saß schon im Dreck, hing ins Gitter verklammert, nahm finster Apfel und Nuss, blickte im Sprung noch trostlos auf den zeichnenden Leo Kantfisch, Kreuzstabschatten über all sein Papier, über all seine Kunst und Neugier.

Der Wärter des einzeleinsitzenden Oberaffen bückte sich durch eine Tür in der Rückwand des Käfigs, klapperte mit seinem Schlüsselbund, lachte den Roten an, warf ihm die Dienstmütze zu, der zog sie sich auf die Ohren und strolchte sich an die Hand seines Herrn. Beide kamen ans Gitter und sahen auf Leos Bild.

»Warum ist er nicht draußen im Freigehege?«

»Er hat die Besucher mit Steinen geworfen. Am liebsten, wer auf ihn zeigt und ihn anlacht. Und auch sicher gezielt. Einem Förster aus Breslau das Auge weg. Das war wohl die Uniform.«

»Und auf Sie wirft er nicht?«

»Hier im Haus hat er nichts in der Hand. Und durchs enge Gitter hat keinen Zweck, das kann er verstehen. Und hat auch gelernt, der Bandit, dass er niemanden provozieren darf.«

Der alte Affe warf seine Faust wie zum Gruß.

Der Wärter gab lachend dem riesigen Tier einen Stoß mit weichem Sandalenfuß. Es rollte, zur Kugel verkrümmt, schnalzend bis an den Früchtetrog. Dort hockte es wie im Stuhl, den Kopf zurück, als gelte es, Regentropfen zu schnappen, die Arme hoch drüber in schönem Kreis, und rührte nicht an den Diensthut, dessen Lackschirm ihm beide Augen verdeckte.

»Er möchte wohl lieber im Urwald sein.«

»Was man nicht alles möchte«, sagte der Wärter, den Blick noch immer durchs Gitter auf Leos Skizze vom Affen. Und in Wedding und Kreuzberg stand Polizei gegen Leute mit Hunger und ohne Arbeit, nicht mal Nüsse und Äpfel durchs Gitter für die.

Als Leo wieder zu Haus war, zeichnete er dieses Wärtergesicht hinterm Gitter, ein lachendes junges Gesicht, sich selbst, und den Diensthut auf von der Orpo.

Sein Vater nahm ihm das weg, »das ist nur wieder zum Provozieren, denk lieber, wo du hier Sicherheit hast«. Aber was heißt provozieren? Wenn sie dich fangen und eingesperrt halten und Geld dabei für sich holen, und du schmeißt nach ihnen mit Steinen.

Der Affe hat recht. Nicht der Wärter, und nicht der Begucker. Und der Kassierer erst recht nicht.

Aber ich bin ja kein Affe.

Oder was bin ich.

*

Schlosser sagte: »Wir sind keine Mörder. Wir dürfen nichts provozieren.«

Karo sagte: »Rede nicht wie die Weißen. Dann versteh ich dich nicht.«

Jonny sagte: »Mitten im Krieg ohne Waffen. Das darfst du nie machen.«

Hanneken sagte: »In die Scheune treiben, Steine bis an den Hals.«

Der Dichter sagte weit hin und her: »Diejenigen unter uns, die kritisch geworden sind, sollten erfasst und aus ihnen ein fester Kern geeigneter Menschen gebildet werden, die, über alle Schwierigkeiten, das sozialistische Gedankengut hinwegzuretten befähigt sind.«

Schwarzen Hamburger sagte: »Wir sind keine Affen. Merk dir das, Schlosser.«

Schon am zweiten Morgen der Totschlägerübung, Häuserkampf, Schafstall und Vorhaltegrad, wird Regen geben, Baron, war die Sonne im Nebel verreckt, der Nebel im Windregen weggesoffen, waren niedergeschlagen die leuchtenden Blätter der Buchen, die Hungeraugen der Knechte, war Schlamm in den Stiefeln und Suppentöpfen und Liedern, kein schöner Ostland weit und breit. Nur Jonny und die paar Seinen spitzten noch immer das linke Ohr, schlau bieder stumm als Meldetrupp zwischen Feldgraukopf und kriechendem Bauch im Kampf um die rote Fabrik, »wie dreht man das endlich jetzt bald mal um?«.

Aber plötzlich hatten die Freunde heimlich schon Streit. Hanneken frech im Herdfeuerschein, Jonny, als gäbs da was Frommes zu schaffen, mummelt Hetzreden hinter das Grabsteinkreuz in Mustin, der Schlosser mit Fahrrad macht sich Notizen für alles zum Weitermelden, und Karo und Schwarzen Hamburger streifen durchs Übungsgelände wie paar Geschwister vom Zirkus, Seiltänzer, Trickkünstler, Salto mortale und Tränen lachen, und nirgends zu Haus, und »wolln wir auch gar nicht«, »komm mit!«. Aber Krischan in

seiner Dachbalkenbude fand das heimliche Mitkämpfen mit den Ordnungsschlägern, dies Einüben von Gewalt in der Maske des Feindes, nicht gut, und auch seine feine Angst, »Verrätern geben sie keinen Pardon«, er wollte sich nie, auch nicht, wie Karo, aus Taktik und Trick, in die gleiche Front mit den Tätern stellen, witterte aber auch klug die Gefahr, den fleckigen Tisch im gerichtsmedizinischen Institut, das weiße Tuch über alles.

In der Nacht und am Morgen darauf, als die meisten der Hungerknechte, Hannekens wegen, verschissen hinter den Waffen lagen und oft auch weit weg von den Waffen, bleich dünn gekniffen auf Heu und auf Stroh, hatte Jonny, der leise Freund, den Dichter für seine Sammelaktion gewinnen können, nur für kurz, aber klappt, ein Gewehrchen hier, ein Pistölchen dort, »und guck auch mal da, die S-Munition, wie sauber verpackt«, wie einsam im Kraut, »nehm ich mir gleich paar von mit an die Brust, und du, du Dichter, du auch, dir glaubt man das doch sowieso nicht«. Und hatten unten am Hang überm See den Fuchsbau von Lucky Linda bestückt, Jonnys Hoffnungsbude mit bisher nur paar alten Messern und Flinten, ein elendes Arsenal aus verschiedenartigstem Schrott, Diebsbeute gegen die Herrschaftsbeuter. Aber Karo war wütend dazwischen gegangen, »erst mal lern mal was, wie die das machen, kommt mit. Mit gewaltig was in der Hand und nichts im Verstand, da lachen sie dich doch bloß tot«. Und hatten sich, trau schlau wem, bei den Blankstiefeln als Verbindungstrupp angemeldet und einteilen lassen. Jonny geht knurrend mit.

Der Dichter dreht lieber ab, sucht sicheren, klügeren Platz zwischen Mündungsfeuer und Aufschlag, schreibt Dachbalkenhetzblatt, Kampfaufruf gegen Übungskampf der Konzerne, schön fein hoch rausgedacht und geschrieben aus uralten Büchern, an all unsre Hungersoldaten: Für blanke Majestät, für Fürstenlohn verbluten / Wer das für groß und schön und rührend hält, der irrt / Denn das ist Hundemut, der eingepeitscht mit Ruten / und mit des Hofmahls

Brocken angefüttert wird / sich für Tyrannen gar hinab zur Hölle balgen / Das ist ein Tod, der nur der Hölle wohlgefällt / Wo so ein Held erliegt, da werde Rad und Galgen / Für Straßenräuber und für Mörder aufgestellt / Hab ein Gewehr mit Bajonett bereit / Ein Beil, es gibt im Kampf gar viel zu spalten / Und Dolch tut wohl als Notwehr jederzeit / Du sollst den Waffenbrauch nicht unterlassen / Dich üben, dass dein Schuss den Mann erlegt / Du sollst im Feind die Schmach der Knechtschaft hassen / Nicht schonen den, der gegens Volk sich schlägt.

Aber dann war ihm Schlosser dazwischengekommen, »lass nach, pass nur überall auf, die Leitung bestimmt dann erst später exakt den Zeitpunkt für Kampfaktionen«, das hatte den Dichter erschreckt, so für bald und hier jetzt war das gar nicht gemeint. Und erst recht doch der knallheiße Flackerstoß aus Hannekens Kiefernastholz, »nicht später, Schlosser«, hetzte sie ihn, »heute noch, jetzt, jetzt haben sie prima das Scheißen, jetzt püstern wir paar von den Offizieren, und sperren wir ein und brennen wir weg, jetzt gleich, nie später mehr, heute noch, jetzt!«. Blieb aber mit ihrem Feuer allein, die verbückte, halbjunge Frau, bis der Schlosser sie endlich doch stur und klar alle zusammenhatte, in der Tröpfelnässe von Lucky Linda, aber hilft ja nicht, muss ja fertig, »still jetzt mal, hört mir mal zu«.

Er wollte, dass sie verstehen lernen, wie froh er war, hier in den finsteren Herrschaftsquartieren Freunde zu finden, »Kollegen! Genossen!«, aber auch, wie der Kampf gegen herrschendes Unrecht Leitung und Richtlinien braucht und den Mut und die langandauernde Kraft von vielen Genossen und Freunden, »nicht die Waffe, das Eisen, entscheidet den Kampf, sondern die Hand, und auch nicht die Hand, sondern Hände, und selbst noch nicht die, sondern drüber der Kopf, der versteht, was Hände können, und wann, und wann vielleicht erst mal noch nicht«.

Karo mochte gern hören, wie der Schlosser das alles erklärt. Sie

freute sich, wenn ihr was klar wird, am besten gleich was für uns alle, und nicht nur geheim für sie selbst. Sie fand, wenn der redet, dass ihr das selber gelingt, »das könnte ich hinzeichnen, was der sagt, wie bei Schmüser den Aufriss von Waffenteilen. Was du nachmessen kannst und alles richtig erklären und kennen, das fasst sich gut an, kriegst du Lust und fühlst du dich stark«.

Sie stieß Schwarzen Hamburger an, dass er stille sitzt und nicht lachend jammert, »hör dir das ruhig mal an«.

Obgleich, obgleich. Warum denn still? Wie war das denn in der Werkstatt? Dein Kopf kann doch nur verstehen und denken und vorwärtsrechnen, was ihm die Hände vorher mal angefasst haben. Der Kopf kann nicht schlauer sein als die Hände, wird aber jedes Mal aus ihnen schlau, und dann los. Sonst nie. Denn von oben nach unten ist Ganterdreck, »gib dich her!«, oder Stein an den Fuß, oder Orgel mit alles in Weiß in der Zierkirche oben neulich in Mölln, so nimm denn meine Hände. »Ich nicht«, meine Hände sind wir, aber kam jetzt hier nicht damit durch, kam vom Wegschweifen stumm in den Streit zwischen Schlosser und Dichter.

Der Schlosser konnte so wütend schwankende Dichter nicht leiden, »alles Abenteuer und Angst«, knurrte er, »und wir sind nämlich keine Diebe, auch keine Waffendiebe«, und den Dichter verletzte der Leitungston, das karierte Papier, das heimliche Doppelreden, denn auch wenn er nicht Zeuge gewesen war, als Karo vom Schlosser draußen im Boot gelernt hatte, wie man, weit weg, in der Stadt, Polizeistreifen scheucht, um sich Waffen zu holen, »ihr Leitungsgenossen«, rief er aus, »flüstert den äußersten Plan nur hinter geweihten Händen. Ihr seid misstrauisch wie die Priester. Das ist verächtlich gegen das Volk!«.

»Was weißt du vom Volk?«

»Das bin ich selbst. So wie jeder.«

»Das denkst du dir aber nur alles.«

Die Feindschaft der beiden gegeneinander lag den anderen wie

Dreck auf dem Mund, Karo fühlte sich widerlich schwach, Worte und Wünsche, alles so hohl, warum gibt der Dichter so an, warum redet der Schlosser so brav? Sie alle hatten gemeinsam doch Fragen genug, hatten was vor, jetzt hier, und wollten es alle so richtig machen wie möglich, entweder heimlich die Waffenenteignung und weg damit erst mal in Jonnys Versteck, oder gleich jetzt noch dran, Heckenkampf gegen paar Offiziere, oder schlägerhaft schlau in Reden und Liedern erst einmal Lernen und Üben im Dreck der verlorenen Leute, aber »alles nur Provokation«, sagte Schlosser und zeigte auf Krischan Pietsch, »nehmt euch vor dem da in Acht! Der will, sagt er, alles riskieren, aber eigentlich möchte er tot sein«.

Das war nun für Krischan das erste Mal, dass einer ihn richtig versteht. Da hätte er Zutrauen fassen sollen und erst einmal neugierig schweigen. Aber höhnte da nun erst recht, »im Revolutionsbüro, Leute, sind wir verboten, seht ihn euch an, er hat Angst, wir sind ihm nur kriminell, als ob das aber ein Gegensatz wär zur Arbeit der Revolution! Verbrechen wird immer nur das genannt, was den Staat, dies Mörderhaus, sprengen will. Was für ein Kampf wär das wohl, der fürs Staatsgesetz nicht sofort kriminell ist? Und was also für ein Genossenbüro, das gefährdet wird durch die Gefährdung des Staates?«. Hanneken bückte sich müde auf, »vom Reden bleibt nie einer tot, geh hier weg«. Aber »lass ihn mal«, sagte der Schlosser, »wir lassen uns nicht provozieren«.

»Ja, genau so doch jedes Mal!«, der Dichter neigte sich leidenschaftlich runter an Hannekens Haar, zeigte auf Schlosser, »Hanneken Wolf will rausschmeißen und will reden, und die Leitung schurigelt: Lass das! Aber sie soll, verdammt ja, sie soll! Und wenn sie uns rausschicken, sollen wir gehen«. Er stand auch schon tatsächlich auf. »Wir sind nämlich keine Affen. Merk dir das, Schlosser!« Schwarzen Hamburger krähte verdrossen laut gegen all diesen ratlosen Streit. Krischan Pietsch warf lachend die Faust, rief schnalzend »halts Maul, Prolet! Sonst nennt er das Provokation!

Und wenn wir uns jetzt hier die Waffen holen, dann ist das wahrscheinlich für ihn die schlimmste, denn das könnte ja offenen Kampf provozieren, den praktischen Krieg gegen weißen Dreck, und den will nämlich keiner im Hauptbüro, frag mal nach!«

Alle hockten und horchten, Dreckwassertropfen und wenig Licht, »du verachtest uns alle«, sagte der Schlosser, »weil du dich selber verachtest. Dein Krieg mit dir selbst ist noch längst nicht der Krieg der Klassen. Dein Pech. Denn wenn das Volk in Betrieben und Straßen und Höfen seine Lage erkennt, dann steht eine Kraft in der Welt, die deine paar Flinten gar nicht mehr braucht. Dann sollen es Arbeiterfäuste und rote Fahnen sein, ja vielleicht ein paar Blumentöpfe, und alle lachen, nur du nicht. Du kannst gar nicht lachen, guck dich mal an. Du hast Angst«.

Karo kniff Schwarzen Hamburger scharf zurück, auch ihr war das klar vom Schlosser gesagt, aber plötzlich auch alles zu schön, »warum sagst dus hier anders als mir im Boot?«, und sah genau die Abwehr, den Schweigebefehl in den Augen von Schlosser, aber redete unruhig weiter, wollte alles hier endlich jetzt klar für uns alle, »wir müssen uns heimlich auf Waffengang vorbereiten, hast du gesagt, was du gelernt hast bei Schmüser, sagst du zu mir, das brauchen wir in der Stadt, der Feind, sagst du, gibt seine Beute nie her, bis wir ihm in seinen Nacken treten. Du musst das jetzt alles auch hier mal sagen, denn sonst verstehn wir dich nicht«.

Das war von Karo zutraulich offen geredet, aber den Schlosser banden die Leitungsbeschlüsse weither, »sie hat absolut nichts verstanden«, sagte er streng an Karo vorbei in die schwarzen Gesichter, auch bitter vertraut zum Dichter hin, »sie ist ein sehr zärtliches Mädchen, nun ja, das kann man sich alles schon denken«.

Das war im Ton und im Lächeln gemeiner von ihm gesagt, als er in seiner einfachen Anständigkeit es je hätte selber empfinden können. Aber es war jetzt gesagt. Karo stand plötzlich starr gegen Angst, »das ist das Schlimmste«, sagte sie tastend und hielt sich im

Speckhaar von Schwarzen Hamburger fest, »ihr lügt uns an und denkt, damit uns das schützen soll, ihr sollt uns aber nicht schützen, ihr sollt nicht Frieden lügen und alles heimlich nur euer Krieg, ihr sollt laut sagen, dass wir sie totschlagen wollen. Aber ihr traut uns nicht. Aber dann traun wir euch auch nicht. Nur noch uns selbst. Bitte, Schlosser, was du im Boot gesagt hast!«.

Aber der Schlosser fand, dass er Verantwortung hat, »was man so sagt, zu einem Mädchen, im Boot, und im Mond«, und immer noch dieses Lächeln.

Da streckte Karo sich auf wie sattgelacht und zufriedengeliebt, schön weiße Haut unterm Hals, unterm Hemd, »und war nämlich bange mit mir, der Mann, hatte Angst, was ich alles bei Schmüser gelernt hab, und ob er das bringt, was ich brauch, denn das bringt er nicht, draußen im Boot, weil das Wasser ist tief, und am liebsten für ihn nur Mauerbüro, Staubluft abschnappen nach Wassertropfen, und Wasser nur unter den hängenden Armen, den Dreck seiner fleißigen Angst, guckt ihn euch an, er traut mir nicht, weil ich Schmüser mir umgefickt hab, so wie wir ihn für uns brauchen, und hat Spaß gemacht, bis er unter mir schreit, aber der da schreit lieber schon vorher, von Terror schreit er und Hauptgefahr und schmutziges Handwerk von Provokateuren, – ach, komm, Schlosser, provozier dich mal selbst, dann könntest du nämlich bald leben!«, sie ging ganz nah an den hängenden Mann, ihre Hände berührten seine Hände, aber die Hände als Fäuste, »wir alle, gegen den weißen Dreck, und sollst keine Angst vor uns haben«, das sagte sie alles mit Liebe.

Niemand hier hatte Karo bisher so merkwürdig reden gehört, und auch wie schön sie war, sah mancher erst jetzt. Jonny war wieder aufgewacht und dachte an eine vom Mimbres River, im Zelt, mit Pferdehaarschlingen. Und Hanneken zittert versteckt, weil sie selbst so etwas nie bisher laut hatte sagen können. Und Schwarzen Hamburger hält sich am eigenen Haar, als wäre da die Hand noch

von Karo. Nur der Dichter teilte bedroht die Scham des verspotteten Schlossers, so was macht die aus Spielerei, das ist keine Frau, das steckt an, und ging nun als Erster hier weg.

Er wär gern so klar und stur wie der Schlosser gewesen, so böse und arm wie Hanneken, hatte aber weder das eine gelernt, all die Arbeitsjahre im Dock, noch das andere erlitten, »gib dich mir her«, hatte sich vielmehr hoch raus studiert aus Lederleim und Gerbgeruch und düsteren Schusterkammern in Mölln, raus hoch in die Lehrerstadt Hamburg, Wissen sei endlich Macht, aber »habt euer Wissen nicht mehr in den Händen, den Hass nur noch leer hoch im Kopf«. Wie sollte er das nun wieder zusammenkriegen, sein Wissen und seine Wut, das Ganze ringsum und sich selbst gegen heimliche schwärzliche Angst, gegen Witterung für Gefahr, Waldranddämmer und Fadenkreuz, und dann, im gerichtsmedizinischen Institut, das leere Zimmer, der Tisch, das weiße Tuch über alles. Denn das konnte er sicher schon wissen: Wer richtig mal Leben hat, nämlich sich selbst, der will demnächst nicht nur sein eigenes Leben, der hat was entdeckt, der sieht Land, unser Land endlich mal für uns alle, und auch den alten Arsch immer noch auf den Feldern und Städten, auf Gesichtern, Maschinen und Kindern, und wenn du das alles siehst und wirklich gepackt hast und nicht wieder loslässt, nämlich dich selbst, dann sind sie hinter dir her, dann haben sie vor dir Angst, dann wollen sie möglichst bald mal durch deine Augen schießen.

Karo war ihm noch nachgegangen. Der Schlosser hatte die schwächsten Stellen von Krischan beim Namen genannt, das war ihr schon gut und recht, aber kein Recht zum Flüchten und Spotten und Auseinanderreißen, sondern zum Schützen und trotzdem vorwärts, wir alle zusammen uns selbst. Sie lief unter einem Vorwand durchs Schloss bis hoch in die Dachbalkenbude. Pietsch stand im schwarzen Zimmer, gebückt am niedrigen Fenster, sah vorm Kinomond hinter fetzenden Wolken das Biegen der nassen

Blutbuchenäste im Park, »mach doch mal erst mal Licht an«, tat aber nur verloren stumm wie in tiefen Gedanken. Sie ging unzufrieden die fünf, sechs Schritt zu ihm hin. Sie versuchte, ihn anzusehen. Ohne sich ihr genau zuzuwenden, hob er ihr seine Kopfhörer über die Ohren, Detektorbastler war er seit eh und je.

Karo hatte früher schon mal bei Musik geweint, nicht aus Unglück, sondern aus Schönheit. Aber hier jetzt nachts nach dem Streit war ihr Trost nicht geheuer, und träumen wollte sie auch nicht, »mach Schluss, mach mal aus, mach mal Licht!«. Krischan nahm die Hörer zurück und wollte sich weiter verkriechen. Das Musikalische Opfer. Sie riss ihm die Leitungen raus.

Da sah er sie an. Da wollte er plötzlich stammelnd mit ihr ins Bett, ins Haar, in den Schoß, und Trost und alles vertrösten.

»Du Arsch, dann fick dich doch selber!«

Sie lief über feine Treppen nach draußen in lauter Regendreck.

Aber der Schlosser wollte mit seinem Fahrrad jetzt nur noch auf und davon.

Sie hatte ihm nichts mehr gesagt, ihn weder angeärgert noch auch nur einmal zärtlich ihn angefasst, nur »dass ich von dir was lernen könnte, und du hier von uns«, nur die ganz leichten Hände als Fäuste. Aber der stürzende Regen, Wasser erstickt, treibt dich weg, lockt runter, weit raus in offene Arme, verhextes Glück, »pass bloß auf, so wie dich eine hätten sie früher verbrannt«.

Karo kannte vom blassen Herrn Alex viele Geschichten vom Teufel, von Schauderschönheit und eiskaltem Samen, »lächel nicht wie der Pastor, hör auf!«, und fuhr ihm mit beiden Augen jetzt doch noch frech runter ins Hemd, »mich hat ja der Bock auch, der Schmüser, der Teufel, reichlich gefickt all die Zeit, bloß er ist gar kein Teufel, bloß ein ganz armer!«, sie lachte ihn freundschaftlich an. Ihr Zutrauen scheuchte ihn aber nur unruhig weg. Und als sie ihm gleich darauf, weil sie im Dorfland die Wege nachts besser kannte als er, quer auf sein Rad zulief, wich er ihr aus, ohne noch etwas zu sagen.

Aufschlag

Schwarzen Hamburger trieb noch die nächsten Tage müde und wild in den Fachwerkgassen von Mölln, warf nach Herrschaftsreitern mit Steinen, nach Mühlgrabenenten mit Schimmelbrot, hockte mit Kindern bei Eulenspiegel unter den Kirchberglinden und malte den Unsinn von dem derart klar, dass sie nicht lachten, sondern sich Waffen schneiden und biegen wollten gegen das Rathaus, die Schule, den Dicken im Pastorat.

Den Stall, den Sack zum irgendwo Schlafen hatte er hinter Krügers Lokal, Seestraße, Nachtjackenviertel, das Knükern und Knäkern der Teichhühner schön dicht am Ohr durch ängstliche Träume.

Das Stück Geld für den nächsten Tag holte er sich als Aushilfskutscher, Kiesfuhren, knarrend für Heitplatz, bloß leider keinen Mantel, kein Cape gegen Regen, er musste sich oft nach all dem Gezottel bei Krüger heiß volllaufen lassen, und sah überhaupt nicht gut aus, fast alles schon Nacht, kalten Qualm in den hängenden Ohren.

Erst als Karo da rein kam, Bier holen im Hindenburgkrug für Theophil Schmüser, schnappt er Licht in die starrenden Augen, alles Zirkus, egal, und nirgends zu Haus, aber »hat mich schon gleich gut gemerkt, die Frau, hat alles schon reichlich gelernt und verstanden, sieht nicht schwarz, sieht die nicht, sondern rot!« und »ich komm auch nachher noch mal her!«, und das flüsterte sie ihm schon zu wie einem Liebsten.

Und wurde nun für die beiden so was wie erstes Mal Glück, aber gar nicht so einfach, wie sich das sagt, sondern noch einfacher, denn Schwarzen Hamburger war kein Ganter, hat er noch nie gekonnt gehabt, so einfach den Arsch hoch gegen die Frau, sondern sachte mehr alles, vorsichtig, neugierig, »erst mal sehn auch vielleicht, was sie selber will«, und Karo war keine, noch nie, und das machte ihm Mut, die ihren Liebsten wegzaubern will aus Hass und Kämpfen

in Küche und Kasten, sondern »mitten im Schuss den schönen Kuss, das wär mir das Beste!«, ganz klar.

Sie redeten niemals, fast nie, von sich selbst, und doch schließlich nur, egal wo, vom Kampf, von sich selbst als ihrem Kampf, und was jeder an Träumen vorhat und Ficken und Fliegen und Arbeit und Zärtlichkeit, anfassen, fressen und stille Nächte und Trost und Gelächter, das war alles berstend mittendrin aufgehoben in Plan und Mühsal und Wegen gegen das Schwein, die Sau, den Ganter in jedermanns Kreuz, den alten Arsch auf allen Gesichtern, Maschinen und Städten, Feldern und Kindern, »alles unser Land, alles wir selbst«, und wenn sie auch manchmal genauso standen und lagen, tappten und schnappten und jappten wie jeder, lief, zielte, stieß doch das alles in einem Punkt, weit voraus klar, auf offener See, unser Boot, die Fahrt von uns allen, wir selbst, »und das fühlt sich dann alles« auch endlich mal an wie von Menschen«, denn nach unhappy Lucky Linda, nach Tränenmusik und Schlosserhexen, nach Aufstand und Stillstand und Rückstand hier öde wieder im alten Mölln war das Einverständnis der beiden nun schon wie beinah eigene Macht, und gar keine schmatzende Himmelsmacht mit hauptvollblut und wasistdas, sondern wir hier, die Hände, meine und deine, wir alle selbst. Und die eigene Sache zur ganzen machen und die ganze zur eigenen. »Und sollst auch mal sehn, wie schön sie da bald auch mal Angst vor uns kriegen.«

Seit Schwarzen Hamburger ihr das so vorgestellt hatte, nannte Karo ihn Roten Hamburger, und küsste ihm frech die schuppige Haut an Armen und Knie und sonst noch wo, »nämlich Schwarz ist ja mehr was für Tote«.

Auch mehr was für Schmüser, vielleicht, dem zitterten doch schon die schwarzen Füße, die faltigen Schenkel, der hatte doch längst schon gelb das Glück der beiden im Auge, aus matschigem Mühlgrabenwasser den Mündungsblick, nachts, in verdeckter Schussposition. Aber die beiden tun nur wie blinde Liebe, schlen-

dern nah gegens Brückengeländer, unter dem Schmüser im Dreck hockt. Und Karo lässt sich blitzschnell übers Geländer fallen. Und Roten Hamburger angelt die Waffe aus Theophils Hand, aus Entengrütze und Abwässerschlick, »man soll ja nie was verkommen lassen«, und dreht Schmüser um, bevor der erstickt ist, hebt das kleine Gesicht aus der Jauche in frische Luft, »zieh mal tief durch, steh mal auf, geh mal mit«. Sie führten ihn ab in sein eigenes Haus.

Er musste sie nun mit dem handlichsten Rüstzeug versehen, lauter tüchtigen Waffen, die ihm von Herrschaften anvertraut waren gegen das Volk, »geh mit, dann wärst du kein Knecht«. Sie ließen ihn alles zitternd genau verstehen, wessen Waffe von wem gegen wen geplant, und »jetzt hier bei uns, gegen die«. Schmüser kroch aber nur quiekend weg in sich selbst. Und da sagten sie ihm, dass, wenn er von nun an nicht schweigt, das Volk ihn bestrafen wird, »und pass auf, du verkaufter Mensch, ich weiß von dir viel ohne Hose!«.

Sie hatten ihn, während sie ihm die Lage erklärten, in seinen Stuhl gebunden, er weinte verbittert, als sie ihn schließlich dort sitzen ließen, schon wieder ein Mann im Stuhl, aller guten Männer sind drei, erst Schlosser zum Sterben, dann Leo zum Lernen, jetzt Schmüser fürs Waffenabliefern, was Recht ist, das soll auch Recht bleiben, aber wohin mit dem Recht.

Sie streiften bis Tönning und Heide durchs Land, verfolgt, versteckt, vergnügt, und schon manchmal beinah verhungert, aber »beim Landvolk oben die Westküste hoch ist sowieso mehr los als hier in der Gutsherrschaftsgegend«.

Als Schlosser paar Tage später in einer Zeitung vom Möllner Überfall las, teilte er nicht die Empörung der Zeitungsleute, war nur besorgt.

In Zennhusen, strahlender Wolkenberg über den Deichen, Windjaulen rüber vom Eiderwatt bis in Hühnerärsche und Kummerherzen, lebte Roten Hamburgers Bauernvater. Malven vorm Fenster

und Bullenbrüllen, und hinter Plünnengardinen Angst, die Frau von dem Alten lag über die Schuldenwut hier im Land, hier im Haus, schon stumm und lahm in der Bettenkammer, und der übrig gelassene Schuldenbauer Krosanke trank nur noch Schnaps, aß nur noch Tütenpudding mit Muckefuck drüber gekippt, wann holen die Steuergendarmen die letzten drei Viecher hier weg, wann fällt uns was ein, was wir gegen den Blödsinn von Abgaben, Asche und Amtsgericht endlich mal hinstellen können.

»Nichts hinstellen, sondern Bewegung machen«, das fraß sich durch alle kratzigen Hinterkopfknochen von Hof zu Hof, von Dorfkrug zu Kleinstadtrandpissbude wie Dunst und Geruch, aber Bratengeruch, Schnappen und Beißen und Reißen, »die wolln uns mit all unserm letztbesten Stück übern Deich, die Bürohengste, Tschakokläffer, Bonzenschnüffler«, aber nur meistens mehr mutloses Meckern bei vielen, weil im Büro saß ja auch Onkel Erwin, und unterm Tschako, »den kennst du doch auch, den Bruder von meiner Frau sein Schwager«, alles verwandt und verrannt auf eigenen engen Wegen, unter fahrig verdrehten Schildern nach da und nach hier und nach nichts.

Karo und Roten Hamburger stachelten überall kräftig mit an, und als einer in Wesselburen mit seinen Doppelhänden zerschlagen hatte, hochgestoßen und ausgerenkt und über die Tische geworfen, was da als Zeitungsfritze grauschlau sein Bier schluckt und rummotzt und rotzt, »alles nur Töffel, die kleinen Bauern, nichts um der Sache willen getan, alles nur mickrig aus kleinen Eigeninteressen, mal hier und mal da«, und herrenlos gegen die hingebrummt hatte, »klar sind wir überall, und klar für uns selbst, für was sonst?«, da hatten sie, auch wenn sie schließlich aufs Ganze wollten und nicht auf paar letzte Groschen und Stiere, diesen Ausbruch, diesen Durchstoß durch Kettentüren und Fenstergitter und Lügen blank unterstützt.

Am nächsten Tag war, wie längst jeden Tag, in der Presse Gejam-

mer für Ruhe und Ordnung, als seien die Griffel der Zeitungsschreiber in Händen der Polizei. Und die Leitungen hüben und drüben in ihren Kampfbüros, zwischen Führerbild, Spruchtapete und Taktikkartei, waren besorgt, für das Völkische hier und dort für das Volk, und ließen Aufrufe nieder auf die wütenden Bauern und Knechtehaufen, und waren sich hilflos einig, in Todfeindschaft oben fettig verhakt und verklebt miteinander aus lauter Angst vor unten lebendigen Leuten, vor Provokation und Gesetzlosigkeit, aus lauter Zwang nach geordneten Bahnen. »Kameraden, die dem Wirken von Provokateuren nachgeben, werden rücksichtslos und ohne Ansehen der Person von uns ausgeschlossen«, das brüllten oben die einen, und oben die anderen widersprachen streng, »das Interesse der Revolution verlangt, dass gegen das Nachgeben vor Provokateuren die schärfsten disziplinarischen Maßnahmen ergriffen werden bis hin zum Ausschluss aus der Partei«.

Aber ihr Jammerkommando blieb ohne Wirkung auf die, die den Jammer im Nacken, im Hals, vor den leeren Händen hatten, ihr Drohzeug blieb Affenpapier, von Arbeitsstiefeln weggetreten in steinigen Bauernwegboden, »und den Boden hier endlich für uns, und die Steine dem Schwein zwischen beide Augen«, ganz klar.

*

Aber da herrschte erst mal noch Ordnung, so was wie pfiffiger Heinzelmanneifer, bei Schlosser und seinen Leuten, als die zur Kampfredereise losjuckeln Richtung Westküste Nord, alter Hartgummilaster mit Anhänger dran, vierzig Arbeitsleute aus Hafen und Hallen mit lachender Faust überm Haar, rote Flatterfahnen und Hoffnungslieder, Männer und Mädchen und flotte Weiber zur Landagitprop frühmorgens durch nächtliche Sonntagsstadtstraßen, matt und glatt, »endlich mal raus da ins Grüne«, der Himmel noch sternig blauklar und kalt, aber »kommt heut noch Sonne, das wirst du schon sehn«, Rotfront.

Kuddel Mäuser springt Holstenplatz klamm hinten drauf. Fiete Krohn und die Witt packen haarscharf zu und schmeißen den winzigen Fuchs in lauter Genossenarme, da wird ihm schon gleich schön warm, »los, zieht ab!«.

Plättmädchen Adelheid Witt hatte mit ihrer Zwergenilona die halbe Nacht Tanz gehabt, »Mutti, ich auch, da sind Kühe!«, aber egal, wie gut sie das findet, mal so raus an die frische Luft und Genossen anwerben und Kuddel anfassen und für Ilona, das Straßenkind, auch mal was Buntes vielleicht und Blumen pflücken und Frösche drücken, »das weißt du nie, was da kommt, das ist Kampf, Schieter, musst du noch größer werden«, und hatte ihr eine gewischt, damit sie nun endlich mal still liegt und einschläft.

Aber am nächsten Morgen, als sie in Schnelsen noch mal Schluck Kühlwasser nachkippen müssen, fällt das Kind, als der Klapperzug hält, todkalt, aber heil, hinten raus zwischen Rad und Gesichter. Ilona hatte gut aufgepasst, hatte schon abends vorweg den Treffpunkt für morgen heimlich mit aufgeschnappt, und Jarrestraße im Dunkeln, da hatte keiner gemerkt, dass sie sich unter die Pritsche klemmt zwischen Ketten und Achse und flitzende Räder.

Noch mal zurück für das Kind, das geht nun nicht mehr, bis da oben, Zennhusen, ist weit genug, bald fünf Stunden Weg für den alten Pott, also los, erst kriegt sie mal Jackvoll gehaun, und dann, in paar Säcke gerollt, ins Führerhaus zwischen Fahrer und Schlosser, und der hat sogar noch Stück Apfel. Ilona grient hoch aus Tränenschluckauf, beißt ab, und starrt auf die Zitterzeiger, alles schön zauberig fremd, und sackt sachte weg in die springenden Sterne hinter der Windschutzscheibe.

*

Hinter den Deichen gabs keinen Stern, sondern schwadigen Druck, verklemmten Wind, die verschuldeten Bauern sammelten sich zwischen Bullentränke und Kiebitzknick zum Marsch auf die Stadt, dort war im Rathaus das Schuldenbüro, das dicke Buch mit den Zahlen und Strafen, was war da noch? Polizei mit Knüppel und Kniff um den Mund, und Leitungen hüben und drüben, hilflos verhakt, »rechts um, Kameraden, im Gänsemarsch«, und »Genossen, mal mehr Disziplin, wo kommen wir hin, wenn jeder«.

Jeder war auch der alte Krosanke und stolperte los, hat der Frau noch mal Muckefuck drüber gegossen und wundert sich, was die blank plötzlich aus der Kiste guckt, hat vielleicht doch was gespitzt, die Alte, ist aber krank, kommt nicht hoch, »na denn tschüs, bis nachher«, er musste noch vor dem Bauernmarsch seine beiden Kinder erst wiederfinden, »dem wollen sie durch seine Augen schießen«, wo war sein Sohn aber hin? Wo stachelt der auf? Wo stößt der sein schwarzes Indianermädchen, der Stier? Hier im Marschland sind Stiere jetzt nur noch zum Schlachten, »war ich selber dabei«, als sie gestern hier Schlachtplan getüftelt haben. Er suchte von Kammer zu Kammer, von Kneipe zu Kneipe, von Dorf zu Dorf seinen lieben einzigen Sohn.

Denn gestern war bei ihm Totenkopfratjen in Einquartierung gewesen, Wildlederhandschuh aus Zipfel und Schmiss, nach Regen scheint Sonne, mit Haken dran, »hängt ihn auf, den Bandit!«, und alles kein Spiel diesmal mehr, sondern lachte Krosanke aus Schlitzlippen an, »kennst du nicht, Alter, ist fremd hier, war einer von uns, der Bursche, schleppt überall Flintenweib mit sich ins Stroh, wer zotet, ganz klar, der verrät auch, kein Weiberkram, unser Kampf gegen Schmach, und kein Bauernfest, sondern Tritt gefasst, und nicht Hahnentritt hier und da, alter Sack«, sondern Ende gemacht mit Verrätern, unstete Fahrt, voller Morden*.

Krosanke war solcher Spott gegen Bauernkämpfe von hoch heraus Führungskräften längst nicht mehr unbekannt, aber wer war

denn der Bursche, den sie Verräter nannten? Auf Verrat stand der Ordnungstod, und hielten dabei noch, das kannte man schon, die Handschuh von Blutflecken rein, denn wer ihnen aus der Reihe kam, der eigene Mann tief unten beim Volk, und ließ sich nicht mehr kommandieren, den zeigten sie der Polizei, »die macht uns hier notfalls die eigene Ordnung vorweg«, den ließen sie greifen, wegfangen, niederschlagen, verschwinden, damit keiner merken kann, wo das braune Ding seinen Haken hat, »nichts übereilen, und Ruhe halten, mit Zuchthausgesindel kurzen Prozess«.

»Zuchthaus?«, fragte Krosanke erleichtert, »dann kenn ich den nicht.«

»Hautkrank, am Knie und am Arm. Minderes Erbgut. So fängt das an.«

Sie ließen ihn polternd allein, zeigten ihm nicht das Fotobild, brachten das den Gendarmen, »den greift«.

Und der Alte stolpert los, seinen Jungen suchen und retten.

Und die Alte saß in der Bettenkiste und hatte alles verstanden, regte auch plötzlich Arme und Knie. Aber die Zunge blieb lahm.

Krosanke kam in den Bauernmarsch vor der Stadt und hatte den Sohn nicht gefunden.

*

Rigo war an der Westküste bei Bauern und Bauernmädchen inzwischen bestens bekannt. Ein Hilfsmann, der keine Angst hat vor Bullen, war Knechten und Händlern recht. Und die Mädchen liebten die langen, langsamen Hände.

Bullen jagen und über die Rampe ins enge Ladeperch leiten, das ist nicht jedermanns Bier. Vor Rigo aber hatten die Bullen Angst. Auch wenn sie noch unter Wolkenbergen im Wattwind brünstig den Grasdreck mit ihren Hufen aufwarfen, sich selber ins Zentnergenick, aufs schmale Kreuz, an den Sack, in die blutigen Augen, Rigo hakte den Stock an den Ring und führte sie an der Nase rum

wie zum Spaß. Das rechneten ihm die Schuldenbauern hoch an. Und hatten auch Nutzen von ihm in anderen Schwierigkeiten. Schlich ein Amtmann frühmorgens den Kiebitzknickerweg, um einem Bauern Gerichtsbescheid anzuhängen, dann verlor der Büromann den Mut und die Amtsaktentasche und wachte verbeult erst zum Mittagsstechen der Schnaken im Klee wieder auf, die Schuldenakten verweht, keiner weiß, wo. Fuhren Banklümmel aus Neumünster und Kiel vor ein altes Haus, sich Kredit einzupfänden von alten Leuten am Deich, brannte Chefbankers Daimler vorm Strohdachhaus weg, und keiner sagt dir, wieso. Und als eines schönen Sommertags fünf Fahrradgendarmen das Vieh von Krosanke wegtreiben sollen, »gib dich her damit, oder verkauf dich!«, treibt einer rotbunte Bullen auf Grüne, Gatterholz hoch, heidieh!, die Grünen fallen in Wasserlöcher und Tränkewannen, jeder so gut er kann, keiner geht noch mal da raus, und den einen, den haben die Rotbunten krankgetrampelt, fast tot.

Aber dein Sterben, wann fängt das an?

Knochenrigo stieg beim Abmarsch zur Stadtplatzversammlung langsam durch all diesen Bauernhaufen, verrufen und halb schon verboten. Die Bauern hier waren mit ihm in einer misslichen Lage.

Sie sollten sich wehren, jawoll, gegen all diesen Staat, jawoll, aber nicht mit einem wie dem, jawoll, »bloß hör noch mal, Bonze, wie sonst?«. Das drückende Wetter hing ihnen schwül in Hemd und Socken. Rigo lachte sie zutraulich aus, »die wollen bloß an euch nicht die Hand schmutzig kriegen, die wollen unsere Hände in Ruhe und Ordnung, für wen?, für den weißen Kampf überall, und überall durch unsere Nasen den Ring, das Hakending an ihrem Stock, so nicht!«. Er hetzte sie unten nah zueinander, er wusste inzwischen bei Baulöwen oben und Bücherfritzen gut Bescheid, »die lieber nicht, wir selbst«.

Aber Ratjen hatte besorgt ein Auge auf ihn geworfen, auf die Hand in der Sackleinwandtasche der Mutter. Er kam im Gedränge

der vorwärtstrottenden Bauern von hinten an Rigos Ohr, »der Grüne vom Bullengatter ist tot«, log er ihm flüsternd ins Haar, »los, komm zurück, nach hinten, hier weg, neue Führungsorder, steh still!«.

Und damit Rigo ihm nun gehorcht und nichts hier am Platz provoziert, was der Leitung öffentlich Schaden macht, droht er ihm an, dass die Parteiführung in Berlin ihm erst helfen wird gegen den toten Gendarmen, wenn er die Bauern für heute hier lässt, trotten lässt, schwitzen lässt, jammern lässt, nur den einen nicht, »den aus Hamburg, der ist mit Wagen voll Pack unterwegs. Der Schlosser geht ab oder du«.

Rigo lief in die Bauernkolonne zurück wie ein Hund, die Kette am Hals. Er kannte den Schlosser von Pfennigbusch, alles Ausgelernte, ich nie.

*

Im Führerhaus war es zum Kotzen heiß. Schlosser studierte den Redetext für das verbotene Bauerntreffen am Kleinstadtmarkt. Der Text war schwierig und ellenlang, BL-Beschluss, Einschätzung bitte, der Bezirksleitungsredner war nicht gekommen, überlastendes Reden weither und hin, Schlosser würde ihn also gegen die Bauern vertreten müssen. Was müssen, und gegen was? Wie kam ihm das jetzt quer?

Die Straße, auf der sie fuhren, war schlecht, der Wagen, den sie gemietet hatten, war alt, die Textteile tanzten ihm in den Händen, stießen an seine Augen: Attentat niederschlagen auf Lebenshaltung der Massen, Bündnis knüpfen mit werktätigen Bauern und kleinstädtischen Mittelschichten, Kampf führen gegen Preis- und Steuerdiktatur der Monopole, Kulturkampffront errichten in agrarischen Großregionen, Reichslandbund effektiv einschätzen lernen. Er prägte sich alles das nachdenklich ein.

Er stützte unbeholfen den Kopf des schlafenden Kindes. Er be-

obachtete das Gesicht des Genossen am Steuer. Er tastete absichtslos, seine Hand am Kindergesicht, den Knauf der Waffe des Fahrers. Die war gegen den Rat der Partei. Die war gegen Bündniskampf, gegen friedliches Vorwärtsschreiten, gegen die Linie, an der du wissen kannst, was du sollst. Aber er wusste zu gut, was war. Er hatte dem eigenen Sohn nicht erlaubt, ihn zu begleiten. Obgleich der ja auch mal das schöne Land, ringsum durch Auge und Herz und Hand, ganz gut hätte brauchen können, mal raus zwischen Sofalehne und Ölgammelwand und Häuserstein, glatt und matt. Aber er wusste, was war, was überall war an Hoffnung und Wut, an wütenden Plänen, heute noch, weg da, Sieg Heil!, Rotfront!, und was dann?

Ilona lachte im Schlaf.

Welchen Weg, sich zu verständigen für unsern Kampf, gab es noch, außer Reden und Treue und Fahnen halten? Hinten, im Fahrtwind, auf Pritschen, nah beieinander, sangen sie Lieder, rote Lieder, von Rache, lachend. Er hatte jetzt plötzlich Durst.

*

Karo und Roten Hamburger tranken von letzten Groschen die letzten paar Flaschen Bier, ließen vom Grabenrand runter die Füße in Schlickwasser baumeln, Karo als Knecht in Stiefeln und Schweizerhemd, Gitterstreifen in rotem Stoff, schon Knast vorweg, längst Flucht. Denn seit sie in Unruhekämpfen, mal hier, mal da, mithalfen, hetzten und höhnten, waren Ordnungsleute auf ihrer Spur, zuletzt, seit der Schlacht gegen Griffelwichser in Wesselburen, mit zwei bissigen schwarzen Hunden, »bloß weg hier!«, alles nur Flucht. Manchmal Arbeit im Heu, oder Marktkisten laden, Milchkannen waschen, Schlachtvieh treiben, Wattgräben stechen, Flickarbeiten an Stall und Deich, Fluchtarbeiten, kein Kampf, keine Zuflucht im Kampf, nur versteckt und fast schon verreckt bei sich selbst.

Sie hatten sich eben erst wiedergetroffen, »den letzten Satz machst du besser allein«, denn zusammen laufen, der Mann und die Frau, das fiel schließlich ungünstig auf, das war den Schnüfflern ein griffiger Hinweis, »das Räuberpärchen, passt auf!«. Sie wollten zusammen jetzt weg nach Hamburg, allein für dich selbst bist du nichts, nur jeder für jeden das bisschen Trost, was du eben noch grade so bei dir hast. »Irgendwo sind da ja auch noch vielleicht noch paar mehr so Kollegen wie wir«, aber wo. Nur Beute für die im Büro. Und für dich und für mich nur Geduld.

In der Schwüle jetzt stachen die Pferdefliegen gleich noch zweimal schärfer als sonst. Roten Hamburger schlug eine tot und sah auf das eigene Blut. Und Heuschnupfen hatte er auch, alles rotgeschwollen und wütend krank, sie tauchte die Hand ins Grabenwasser und legte sie ihm aufs Gesicht, schön kühl über beide Augen, schön leicht.

»Lass nach! Lass mal sehn, ob der hält!« Sie sah ihn aufstehen und mit der Flasche winken und lachen. Und dass er Angst gehabt hatte.

*

Schlosser erkannte beide sofort, »gib Gas!«. Aber Karo und Roten Hamburger winkten mit Flasche und Faust nicht ihm zu, sondern den Leuten und Fahnen, »was gibts, halt mal an, wo ist hier was los?«, und der Fahrer wollte auch sein Schluck Bier, »hopp in!«.

Aus der stickigen Grabenkrautdünstung raus in den roten Anhängerwind, das tat beiden gut. Und als nun die Hamburger Kampfgenossen ihnen zuversichtlich die paar letzten Flaschen leer soffen, merkten sie erst, dass sie Hunger hatten, »schon ganz düster und drehig, die beiden, guck an, schick mal fix was von Emmi Stück Schmalzbrot durch«. Das erste Brot, sonst bloß Sauermilch und geklautes Gemüse, seit Mittwoch, und jetzt war Sonntag, der Tag der Herren, »und da wollten wir hier gern mal mitmarschie-

ren«, »wir auch, schon längst, bloß wenn du was nachhilfst, kriegst du geschimpft«, »wir helfen nicht nach, wir gehen voran!«, »sagt Jesus doch neulich erst auch«, »und als er dann aufwacht, da war er tot«, aber hat nun schon seinen dritten Namen, erst Schwarzer, dann Roter, jetzt Jesus, und lachten alle über ihn her, und war wohl auch mehr wie ein Witz gemeint, aber Karo gefiel das nicht. Schlosser vorne schon lange nicht, »die beiden haben uns grad noch gefehlt, und mitten dazwischen das Kind«.

Ilona war durch das Rückfensterloch nach hinten zu ihrer Mutter geklettert und dann weitergereicht auf den Hänger, »bei Männern, das mag ich noch mehr«, aber dann finster an Karo hoch, »du bist nämlich gar kein Mann«.

Das hätte verdammt noch mal schief gehen können, aber nicht mit Ilonas Koralle im Ohr, und nun war hier alles mal klar an Bord, so was hat Karo noch nie erlebt, kein Verdacht plötzlich mehr gegen überall Weiße, da müssen noch irgendwo mehr sein wie wir, hier waren sie, hier sind wir selbst, der Überfall war geglückt, das Kind auch endlich in ihren Zelten, zurückgeklaut aus den Hütten der Weißen, »und wird alles noch viel besser«, jetzt wär hier Musik vom Dichter mal was, alles Schönheit, wie du das sonst nur träumst. Sie riss von Kuddel Mäuser die Fahne weg und stellte sich, Schulter vors Ohr gegen nächsten Schlag, strahlend gegen den Wind, alles flackerndes flatterndes Rot und Schwarz, richtig Denkmal, und keiner lacht, und Ilona hielt ihre kleine Jacke vor Hamburgers brennende Augen, damit die hier auf dem Klapperwagen nicht immer noch mehr Zug abkriegen, aber Karo reißt den nun auch noch mit hoch und küsst ihn, den armen Liebsten, und am besten gleich Seiltrick und Salto mortale, und nirgends zu Haus? Nee, doch, hier!

Roten Hamburger stand wie als Junge an Bord, wo was los ist, da sind auch Matrosen im Bild, war Seemann gewesen, der Butt, die schön runde Welt, kommst überall hin, du selbst. Aber hatten

ihn gleich vor den Kesseln verheizt, und mit Krankheit in Dieppe an Land gekippt, »dein Pech«, und noch längst nicht dein Schiff, dein Traum, aber nie deine Welt. Seither war er arbeitslos, »das holen wir uns alle mal alles zurück«, das Schiff, deinen Traum, uns alle selbst, »und sollst auch mal sehn, wie schön sie da Angst vor uns kriegen«, aber hatte nun selber schon Angst, hatte Ratjen genau erkannt, und der ihn, genauso, auch, Verrätern geben sie keinen Pardon, na egal, erst mal sehn, hängt ihn auf, den Bandit, wer wen. Er hob Ilona ganz hoch, bis sie sich in der Fahne verstecken konnte.

Da erkannte Karo durchs Rückfensterloch die heimlichen Augen von Schlosser, war aber gar nicht erstaunt über nun auch noch dies, warf ihm lachend die Faust zu, »ach, komm, Schlosser, unsern Kampf!«, der nickte ihr vorsichtig zu, bückte sich aber dann unruhig gleich wieder weg in den langen, schwierigen Text. Sie sah suchend von Mann zu Mann, nahm einem die Flasche mit letztem Rest Bier, sprang vor bis ans Führerhaus, bückte sich durch, »komm, Schlosser, trink was, hast Durst!«.

*

Aber Krosanke und tausend Bauern hatten, bis sie am Marktplatz standen, mehr drin als nur die Elbschlossreste für Schlosser. Und als der mit seiner Marktrede – Landvolkfront, Preisdiktatur, Auftaktakt Einheitsfrontausschuss und mehr Disziplin – noch längst nicht zu Ende war, da hatte der Alte jetzt endlich mal ausgelitten, so kam ihm das vor, und schlug sich fluchend den Weg frei durch lauter wütendes Volk bis beinah ganz vorn unters rote Plakat, krankes Abziehbild von Kollegen war das, zwei Puppenmänner mit Hammer an, Sense dran, Hut auf, und dösen sich an, auf dem Bild, wie sonst nur Bezahlte im Kino, und reichen sich Bilderbuchfäuste, und drüber die Pfote von dem in der Mitte mit Rotfrontklamotten

am Bauch, und Gürtel auf eng, und bisschen erhöht, wien Pastor beim Kaisermanöver, Segenshand mit nichts drin, und dahinter gemalt eine Überfaust, aber was für eine, das guckt euch mal an!, meist mehr was fürn Kirchenfenster, denn wenn einer mit einer Hand Hände faltet, dann kommt da genau so ne Frommfaust raus, wie da, hinterm Rotfrontpastor, der Fingerklumpen, »so nicht!«.

Krosanke brüllte mit Bullenwut, fehlt bloß noch Sand an die Eier geschmissen, dass hier den Ordnungs- und Friedensschwindel schon längst schon mal keiner mehr hören mag, und muss das so brüllen, weil gegen links, da nölt nämlich immer noch ellenlang Schlosser, und gegen rechts oben erst recht, der Markt hier am Ort ist ein großer Platz, von rechts dröhnen Blankstiefelmänner, und Krosanke will das nun beides nicht mehr, nie mehr, und »hört euch so Scheiß nicht mehr an, Kameraden!«. Und weil die Blankmänner rechts, ganz klar, weiter weg von ihm stehn als hier links der Schlosser, unter Spruchband und Himbeerhammer, brüllt er nun alles das nur gegen den, »das kann man schon sehn, die wollen uns den Ring durch die Nase drehn, und der Stock, damit wir ins Gatter laufen, der steckt oben alles in einer Hand, und stechen euch ab mit derselben Hand, der da und der hinten auch, jeden, der gegen an geht, nur mal für uns, unser Land – nee, weg da!«, denn Schlosser gab noch nicht auf, brüllt gegen Menschen den strengen Plan, BL-Beschluss Agitation, Ordnungskampf gegen Agrarmonopole, alles schön stur und ellenlang klar, aber »machen uns nämlich tot, ihr Mörder, alles Papier und Befehl, alles nur immer der Hammer von oben, alles für Ruhe und Ordnung für die im Büro, und nichts, aber gar nichts für uns – weg da, du dösiger Affe!, wir holn uns jetzt alles selbst! Vorwärts, jetzt gleich! Drüben das Rathaus!«.

Bis hierher hatte die Polizei rings am Platz, Knüppel und Schwarzhund bei Fuß, auf billige Zwietracht gehofft. Als aber jetzt der schreiende Bauer ein großes schwarzes Stück Fahnenfetzen hochreißen wollte über das Volk und sich im Tuch verfing, da fanden

sie das die höchste Zeit und drückten nun knüppelnd und kläffend voran auf den alten elenden Mann, Planspiel 5/A, »greift den Rädelsführer!«.

Schlosser von seiner Spruchkiste her sah die Gefahr für Krosanke zuerst. Und wie damals in besten Weihnachtstagen sprang er den ganz weiten Sprung, aus Spruchpapier runter in lauter Wut, dem erstbesten Knüppelmann ins Genick, und wer genau auf ihn hinsah, sah jetzt in seinem strengen Gesicht die Freude, den Schatten von Glück.

Klar hofften welche, der Hund aus Papier springt blind gegen Bauernfäuste, »am besten, die machen sich selber tot«, flüsternd, aus blanken Kommandomützen, Hoffnung auf blutigen Streit, »Sieg Heil!«, doch dann, bevor ihre Knüppelschaffner, all die Brüder von meiner Frau sein Schwager, die wilde Fahne antatzen konnten, waren sie alle schon ausgesperrt, standen Bauern rings um Krosanke fest, und mitten im Kampfring der Bauern, Hände an Händen, Schultern an Schultern, Schlosser und Karo und Karos Liebster, »haha!, jetzt solln sie mal kommen!«. Und Krosanke reckt lachend im Freundschaftsnest seine lange Schwarzflatterstange. Und Emmi schnappt blitzschnell Ilona, »komm raus hier, Schieter, sonst brennst du noch an, mal sehn auch mal erst wegen Kühe«.

Denn Ratjen hatte den Blick für die Sehnsucht von Menschen. Wo ihm die vorkam, trat er gern höhnisch dazu. Er zerrte sich kalt durch das Volk bis hin an den Fotoreporter aus Kiel, »den Schwarzen dort neben der roten Sau, den krätzigen Hals, das blutige Auge, das gibt uns ein Pöbelportrait, wie ichs brauch, schieß hin, fang den Tölpel uns ein!«, und drückte den klapprigen Neugierschwätzer hart vor sich her wie ein Zielgerät, eine Waffe, ein Deckungsschild, bückte sich fast noch mit ihm unters Tuch, »hast ihn drin?, dann zieh ab!, der hält wunderbar still, zackzack!«.

Rigo, im Schatten von Ratjen, sah alles schleppend mit an, sah

aber alles auch jäh in einem einzigen hellen Schlag, den Totenkopfchef gegen alles Volk, seinen feindlichen Hohn gegen Schlosser, sich selbst und Genossen aber nicht schwach, nicht in Masken mehr, sondern mit Liedern, Lieder und Pauke und Wimmerholz, alles klar, und der Hals wieder leicht und frei, ich nie, »mach mal Platz! Mach dich weg, du alter Gamaschendackel!«. Er trat paar Gendarmen ins Knie, riss paar Biernasen blutig blass, paar Schulterstücke weg mit nie rotem Stern, und stellte sich ruhig prügelnd mit hin zwischen Jesus und Schlosser, und schrie den an, »ich soll dich erschießen, wolln die!«, und schmeißt einem Grünen die Faust ins Maul.

Und starrt Roten Hamburger an.

Dem peitscht was den Kopf. Den wirbelt was auf. Den stößt ein Haken. Dem reißt einer das Gesicht weg, Eisen durch Haare und Augen, durch Mund und Kinn und Nacken und Hals.

Und Karo fällt über ihn hin, weil sie ihn noch mal sehen möchte.

*

Später haben sie in den Büros noch oft verheuchelt gerätselt, »wem galt denn der Feuerstoß, warum gerade der, der Schlosser, nun ja, der Wehrwolf, erst recht, der Bauer, was solls – aber der mit dem Mädchen, der war doch fast nichts! – und von wem?«, und eiferten werbend an Kneipentischen und Redetischen und Schreibetischen für dies oder jenes Programm, »ein Opfer«, »mahnend«, »Sieg Heil!«, »Rotfront!«, und hätten doch aber wissen können, dass, aus Herrschaftsaugen, jeder von uns gemeint ist, der unten mit uns zusammensteht gegen die mit der Wildlederhand, gegen die hinterm amtlichen Fadenkreuz, gegen die in der Gummischürze vorm Tisch mit dem weißen Tuch. Aber keiner von ihnen achtete auf das Volk, keiner dachte mal langsam darüber nach, wie das kommt: Auf dem Platz war keine Panik entstanden, nur das knurrende

Wälzen und Reißen und Treten ließ unter den Schüssen jäh nach. Und liefen müde vom Platz, die Leute, jeder mit jedem da unten allein, egal, wer das ist, als sei nun doch nur erfüllt, was sie erwartet hatten, was jeden von uns erwartet, wenn. Denn durch Schrei und Flucht und Tränen und fliegende Fäuste ist keiner von uns mehr zu retten.

Den alten Krosanke mussten die Nachbarn stützen, den langen Weg, bis nachts, in sein schwarzes Haus. Auch er schrie nicht. Erst als er allein im Bett saß, neben der kranken Frau, fluchte er weinend laut, stand gegen Morgen auf, lief unter stürzenden Lerchen durchs Gras in den Stall, packte ein Huhn, riss ihm den Kopf ab und übergoss Gesicht und Hände bis an den Hals mit springendem Blut.

Erst als Ilona den Toten ansehen durfte, stand sie stockstill und schlug und biss niemand mehr. Und legte die kleine Jacke über den klaffenden Kopf. Und griff wütend nach Emmis Hand.

Erst als Karo in ihrer Steingrube neben dem Toten hinterrücks einen drohen hörte, »die ist das nächste Mal dran«, sah sie auf ihre Hände, stellte sich hin, ging den Mördern nach in das heiße Zimmer beim Wirt. Dort lachten Ratjen und seine Leute bei frischem Bier hinter bunten Geranienkästen. Sie fragte nach einem, der sie erschießen möchte. Sie fand, dass man so, den Tod im Rücken, den Stein am Fuß, nicht weiter mehr leben kann. Sie fand aber bei den Würgern nur frechen Schreck, den blöden Tod, das schaumige, sprachlose Maul, die hockende Angst auch vom Vater, öde im Kraut am See.

*

Der Schlosser fand sie, nachdem er sie überall hin und her hatte suchen lassen, ohne Angst, ruhig und klar. Sie sagte ihm, dass Roten Hamburger sicher noch leben würde, hätten sie alle hier in ihren Händen mehr Ordnung und Arbeit, in Händen und Kopf mehr

Plan gehabt und mehr Disziplin und Klarheit, wer wen. Sie zeigte ihm draußen im Weidenstubben das Versteck mit den Waffen aus Mölln. Sie übergab ihm förmlich alles von sich und fragte, ob sie nach Hamburg mitkommen soll, »ich könnte auch jede Arbeit«. Schlosser holte noch Kuddel und Adelheid Witt, »du kannst bei uns in der Wäscherei, auch für Aushilfe erst mal vielleicht«, »ist egal«, »oder bei uns mal im Leichenkeller, da kriegen sie oftmals keinen so leicht«, »ist egal«. Aber Schlosser sagte besorgt und streng, »du musst das besser mal richtig verstehn, dass du von uns was lernen könntest, und wir was von dir, was du bei Schmüser gemacht hast, weil wir das von dir brauchen, und überhaupt nicht egal«, »ist ja trotzdem alles egal«, sagte Karo, »ist ja trotzdem alles für uns«.

Und als sie zu Fuß die Stadt verließen, um draußen, zwischen Dörfern und Deich, am Pumpwerk heimlich den Laster zu treffen, lag Roten Hamburger kalt im Keller, saß Rigo heiß im Verhör. Sagte aber nun gar nichts mehr, denn Ratjen, dem Rigo als hungriger Hund monatelang an der Kette gedient, hatte den Ordnern den Tipp gegeben, »den greift, der wars, der trägt eine Waffe«. Und saßen die Herren nach erfolgreicher Hatz bei einer Ratskellerflasche, und der Hauptmann der Stadtpolizei, der ein geübter Feldjäger war, sagte nachdenklich in sein Glas: »Feuerstoß, hohlspitz, auf Punkt, und hat sauber gezeichnet, im Anschuss, das Tier, der Bandit«.

Der Hängerzug draußen rumpelte langsam mit stummen Genossen nach Süden weg hinter Schatten von Glück und Hundebellen. Und im Keller beim toten Jesus sagte ein Polizist: »In Ordnung, insoweit, letztendlich.«

Hunger und Kränkung

»Fang das ordentlich an, oder lass!«

Die Mutter hatte den Einrückkoffer nun eigenhändig und immer noch einmal gepackt. Sachen und Sächelchen sorgfältig aneinandergeschoben und zwischengesetzt und eingeschachtelt, wie der Doktor den Apothekerschrank, der Setzer den Arbeitskasten, der Soldat den Spind, denn wo ihr Glück vorkam, da kam ihr alles in beste Ordnung, und es kam ihr ja vor wie Glück, dass Leo, ihr einziger Leo, nun doch Polizist werden durfte, in lauter Hunger und Kränkung Essen und Bett und Geld, wohin er auch kommt, Arbeit für ihn und zuverlässig Respekt, selbst als der Mutter war ihr der Rücken gern krumm vor so einem Sohn, vorm Kofferkasten für diesen Weg. Sie wollte, dass alles nun gut gelingt, fand auch, nun wird alles gut. Fand beim Packen und Bücken aber ein Heftchen mit Zeichnungen und Notizen, das Leo gern bei sich behalten hätte, auch dort, auch Gedichte darin aus Unruhezeiten, aus Schülerzeiten im Pferdestroh von Verdun, als in Barmbek die blauen Bohnen sausten / und die Leute sich wild das Haare zausten / wars in Hamburg um allerlei schlecht bestellt / sterben mußt mancher Schupomann / und auch Kommunistenheld. Sie wollte aus ihm keinen Helden und brannte das heimlich weg.

Auch der Uhrenvater war fleißig gewesen, und er ließ seinen Sohn erst ziehen, als der Unsinn in all seinen Harmonien zwischen Ölfjord und Flurtür und Schlummerkiste noch einmal einwandfrei um sich schlug, es hatte ihn Nächte gekostet, nichts, ihm war alles nur Nacht.

Kein Wunder, dass Leo die Gegend, in die er nun kam, das Tor, das Haus, das Zimmer, das Zeug, den Gitterschatten noch in der Suppe, im Traum erst einmal bestens heiter und hell fand, allet paletti, Spruch aus Berlin, und da war er ja mal gewesen, schließlich.

Bei der Aufnahmeprüfung, die Wartetage, war reichlich Gedrängel gewesen, vielen Burschen gings ähnlich wie ihm, besser nicht länger mehr tippeln und hungern und hippeln und lungern, besser mit paar Mann lebenslänglich mit Aufstieg und Suppe und Socken, und für ihn, das war der Geheimtipp gewesen vom Dichter, nach drei Jahren Einsatzbewährung, Freistellung für Abitur, lernen und raus hier bei vollen Bezügen, Heia Safari, zackzack!, aber erst mal wohl selber Askari*. Denn sie hatten von ihm am Prüfungstag kaum Wissen verlangt, aber Körperkraft, nicht Gedichte und Bilderzeichnen, aber Hürdensprung, Salto und Lebenslauf, deine Hand durch kariertes Papier, »Zeilenlänge und Randabstand nach Vorschrift bitte genau gestalten«. Manche, die, so wie Leo jetzt, endlich in Ruhe und Ordnung wollten, konnten nicht richtig schreiben, waren, wie man nun sehen konnte, in einer Ordnung schon blöde verkommen, die sie zu schützen und einzuhalten weither sich zur Verfügung gestellt auf Leben und Tod und Not. Aber Leo fand erst mal nur günstig leicht, dass er was besser konnte als die.

Nur Ole machte ihm Angst.

Ole Olsen hatte mal Schmied werden wollen, war reichlich was älter als Leo, vor zehn Jahren schon mal Freikorps gemacht in Altona gegen die Roten, mit sechzehn damals noch von seinem Vater in Mördergruben geschleppt, »die Jugend muss von der Straße weg«, Straße frei, Fenster zu, Affe steht stramm, Brigadechef Ehrhardt* hat Sold und Kartoffeln. Ole schien allen stark wie ein Stier, er wurde auch hier jetzt sofort akzeptiert, aber das war nicht Leos Angst, sondern die Trauer aus kahler Haut, der öde Riss durch nacktes Gesicht, die Blässe, als trüge er einen Sarg, die schwere Zunge, wohl schwarz. Als er Ole das erste Mal sah, wurde ihm, was er sonst so nicht kannte, bange und kalt. Ole stand matt im Gegenlicht vor der Tür zum Meldebüro, den starken Nacken vorm Flurfensterkreuz, aber Leo dachte: Der hängt. Später vergaß er dies Bild, und Ole wurde sein Freund.

Sie krochen beide ins gleiche Zeug, auf Abruf Aufruf und Nummer, »hier!«, ein Wollmantel, »hier!«, eine Rockbluse, »hier!«, eine Tuchhose, »hier!«, eine Schirmmütze, »hier!«, ein Paar Schnürstiefel, »hier!«, ein Vorstecker, »hier!«, ein Selbstbinder, »hier!«, zwei Paar Strumpfsocken. »hier!«, und Handschuhe, braun, ein Paar, und Handschuhe, weiß, ein Paar, und Flanellunterhosen und Hemden nur für die Bootsbereitschaften im Hafen, für Straßendienst billiges Mako, das reicht, »hier, fang auf, kleiner Mann!«, »jawoll, passt«, und das Seitengewehr im Lederzeug wog schwerer, als er erwartet hatte.

Alles schön neues Zeug auf die nackte Haut, schön Makoarsch, Eisenfuß, Lederkopf, und der Kinnriemen kneift dir den Hals, und der Diensteid schnurrt dir aus Zähnen raus von Pflichten, Gehorsam und Reichsverfassung, die kennt nur noch keiner genau. Drum gleich nach dem Eid erst mal Nachhilfestunde, für ganz kleinen Mann das ganz große Wort von Wahrheit, Treue und Schweigen, von Eigentumsschutz und Berufsfreudigkeit und Zurückhaltung in, »wie meint der denn das?«, der Ausübung unserer Staatsbürgerrechte, schreib ich mir auf, les ich mal nach, erst mal sehn noch mal, glaubt man sonst gar nicht.

Leo stand in der ersten Zeit oft staunend vor spiegelndem Glas, alles an ihm so streng verpackt, so blank gekniffen verbiestert, das kleine Gesicht unter großem Zeug, der Kopf unter tösenden Worten, Staatshoheit und Persönlichkeitswert, entschlusskräftig Handeln und Führungsschicht und Präsentation der Gewalt. Würde und Wissen und Waffengebrauch, außer in Notwehr, niemals auf Kinder. Grenzwert beim vierzehnten Jahr. Jagd frei ab Lehrbetrieb, alles ein bisschen hart und neu, groß und auch zerrend schwer, aber wird er schon alles mal tragen lernen, auch der Baumkampprofessor hatte genickt, hat den Umwegdienst gutgeheißen, »wo du Pflicht tust, da hast du auch Sinn«, »der kluge Mann will, was er soll«, vorwärts, heia Askari!

Seine drei liebsten Afrikabücher hatte er bei sich im Spind. Dem Bettnachbarn, rechts, der sich Balthasar nannte, reichte er einmal ein Ausfaltebild, Bantukönig im Hochzeitsschmuck, schön bunt und sehr kompliziert und stolz, Balthasar glotzte das an, sagte dann »kagatogeri« und gab ihm das Blatt zurück. Leo klang das wie Bantusprache und wollte nun wissen, woher der das kann und auch, was das heißt, was der sagt. Aber das war Karatesprache und hieß Fingerstich gegen die Nieren. Balthasar grinste ihn an. Leo saß ganz allein.

Wachtmeister Meier vom Ausbildertrupp mochte die Stillen im Lande. Ihm war der Dienst in den Ordnungskräften, schon seit Weihnachtsgeschichte und Dachlukenkampf, ein bitter anständig einfaches Amt. Und beim Handhaben des Gesetzes aufmerksam mitzuwirken und im Unrechtsfall Strafbares rasch und gerecht zu erforschen, einzufangen und auszumerzen, das war ihm wie Essen und Trinken und Rente, und wollte vom Leben nicht mehr, dieser Mann, von seinem Leben zu schweigen. Leo fiel ihm im Übungsgelände, im Schulungszimmer bald auf, und sprach mit ihm gern in freien Stunden von Vorbild und Frische und Formungswert, von Selbstlosigkeit und Vertrauen, vom Glück im Dienst für das Volk, »und vom Volk sind wir beide, du auch, und eben als Polizei, denn in ihr fasst ja der Staat den Friedens- und Sicherheitswillen des Großen und Ganzen in eins, und niemals, denk daran, Kantfisch, nie! wendet sich das gegens Volk«, und Leo fragt sich: Was sagt er mir das, das hab ich ja gar nicht gesagt.

*

Aber wandte sich schon gegen Leos Vater. Die Eltern waren am Ende. Für Mietschulden über den Sommer hin sollten die Uhren jetzt weg zur Auktion, der Hauseigentümer wollte sein Recht, nichts sonst, den Zins, die Beute. Leo wusste seit langem Bescheid,

hatte Geld gespart und gepumpt, und hörte, als er nach Dienstschluss mal hinlief, durchs Treppenhaus runter den Vater noch kräftig schlagen und schreien. Als er dann aber die Wohnung betrat, stand all das schon ordentlich still, der Vater zitternd gefangen.
»Hier ist das Geld. Gehen Sie raus.«
Der Herr zählte nach, steckte ein und ging.
Der Wachtmeister machte die Hände auf, und der Alte fiel runter ins Sofa wie Sack.

Leo konnte jetzt sehen, wer wen, hätte jetzt ruhig mal klarsehen können, wer da wen schützt und wen schlitzt, bloß warum denn in was für ner Ruhe? Er rannte nur hastig auf und ab, »na, Vater, das hat ja nun grad noch geklappt!«, flink lachend durch sämtliche Gitter, denkt er, hängt aber klammernd schon fest, und die Mutter starrt auf die Handschuhhände und aufs Gamaschenbein, »bist unser braver Sohn«. Der Vater nimmt aber Leos Tschako, stößt sich den drauf. Schiebt sich mit dem die Augen zu, der Sohn soll nicht sehn, wenn der Vater weint, und der Vater will keinen, der lacht.

Vom Dienstplan her hätte Leo die Nacht zu Hause verbringen können, lief aber schon wieder weg, im Kasernenflur meckert kein Kuckuck.

Als Hauptbahnhof die Elektrische kommt, schnappt er sich schnell noch Stück Zeitung, Papierkorb, kostet kein Geld, aber trifft ihn noch einmal mitten aufs Herz: Der eine Tote, der kam ihm bekannt vor, der hat mal im Zoo gelacht, Schlüsselbund und Sandalenfuß, den hat er im Zeichenheft drin. Und wieso ist der tot? Lies das mal nach. Die schreiben dirs haarklein auf, die Schweine, und schreiben das einfach so hin[*]:

Die Kletterkünste von Messerstechern, im Wedding wie Tauben vom Dach geholt, im Schutze der Nacht das Apatschentum aus roten Giftmischerbuden, so üben sie Notzucht am Freiheitstraum, die Fledermäuse der Revolution, Zuhälterei, politisch getarnt, zielsicher fegt da die Polizei, Kopfschuss, Licht aus, die Straße frei!

Das war die Regierungszeitung.

Er sah sich den Toten vorsichtig an, die Augen lagen ganz leer, und am rechten Ohr standen Gamaschenstiefel.

Er hatte den Wärter anders gesehen, lustig, und klug, mit Gedanken, und niemals gegen das Volk. Meier schlief aber schon.

*

Auch von Roten Hamburger gabs ja ein richtiges Bild, Schiffsjunge, Leinen los, alles mein Boot, alles Fahrt mit Sonne durch beide Ohren, Blick voraus über Athabaskahöft bis Stade und Frisko und Bali.

Die lahme Mutter aus Kiste und Krampf kam doch noch mal auf die Beine. Der Hühnerblutvater, der blutige Sohn, das Pressefoto am Tage darauf, das Pöbelportrait gegens Volk, das Antlitz des Terrors, schreiben die Schweine, das will sie nicht, weil der ihr Sohn war, und sollen mal das schöne Bild von ihm bringen, nicht alles so krank und gemein, so nicht, ich lauf da jetzt einfach mal hin.

Sie schnürte sich weg in bestes Zeug und lief los, das Bild mit den leuchtenden Segelohren in der Kappe im fetzigen Haar.

Nummer eins war ein Griffelwichser, der hatte nur wenig Zeit, der sah sich das Bild kalt an, der hielt das mit Sonne und Bali und Lust neben das mit elendem Schrei, und redet kurz hochgestochen was hin von Historizität und Aktualität, »und ist außerdem ja nun auch schon vorbei, gestorben, der Fall, gestorben«. Der Sohn war jetzt zehn Tage tot.

Nummer zwei sah den mutigen freundlichen Sohn und das Kummergesicht der Mutter, hat Blick für Menschen in Not, leckt Blut. Volkstümlich hockt er sich hin zu der Alten in all diesen fluchenden Tränensack und quetscht ihr Geschichten vom lieben Sohn aus Herz und Hals und Händen und Haar, bis die Story ihm steht und sonstnochwas, und sieht nun klippklar und fängt sich das ein, die

freche Abfahrt, den Unglücksweg, die schiefe Bahn, den Abrutsch von einem Bauernsohn ins Mörderlager der Roten, sagt er. Die Alte kriegt zwanzig Mark.

Paar Tage später, an Bahnhofsbuden, die Zeitung mit all diesem Dreck, und zweimal ein Foto mit vorher und nachher, »geprägt von männlicher Zuversicht« und »gezeichnet vom roten Hass«.

Aber Omachen hat ja nun Geld im Sack, und ab, gleich von da, mit der Bimmelbahn, nach Kiel und nach Rendsburg und Hamburg, »der war nämlich gar kein so Mörder gewesen, nur die Angst, und der Schnupfen vielleicht«, »na schön«, Nummer drei war empfindlich klug, aber bitterlich ohne Macht hier in Kiel, da haben ganz andre das Sagen, und sicher nicht Freunde von Meuterwilli, vom Volk. Er streicht der Alten dämlich den Pelz, fühlt mit, wie die Katze ihr Junges sucht, sucht tierisch nach einem Weg für das Tier, »wir haben hier einen jungen Mann, ich möchte, dass der sie stützt«, und hinter der Hand »geh mit, wo die läuft, das gibt einen Riemen, der schlägt an das Herz«, und laut »der setzt das für Sie alles durch, dass das schöne Bild bleibt und das böse Bild geht, in den Bildarchiven in Rendsburg und Hamburg«, na denn.

Und schiebt nun der Jüngling mit Spesen im Kopf das Bauernweib kalt von Büro zu Büro, »was solls, ganz nett, ein exotischer Plan«, und in Hamburg erst wird er da plötzlich ganz geil, und Geld genug hat er ja mit für den Gag. Er mietet sich Neumarkt zehn Arbeitslose und sagt, er will das Archivhaus stürmen, der Bildredaktion den Arsch aufreißen, »alles klar, und Oma voran!«. Hat aber auch schon Tipp gegeben, zur Story gehört ja auch Kampfszenenfoto, Schnappschuss, die Kamera blitzt: Vorm Verlagshaus stehn fünfmannhoch Schupo, »tut uns leid, Frau Krosanke hat Hausverbot«, nur den Jüngling lassen sie ein. Und während die Alte mit all diesen Ärmsten sich wegschleicht, »gib noch maln Schluck«, und weiter bis sonstwohin, bis weit davon weg nach Berlin, »der war gar nicht so, der war auch mal schön, warum bringt

ihr von dem nur son hässlichen Scheiß, von oben die bringt ihr doch auch alles glatt mit Scheitel und klug und nett«, hat der Jüngling nicht nur die Alte verschaukelt, sondern in Kiel die Kollegen gleich auch, hat sich eigenen Vers und Plan gemacht, flott Reportervertrag unterschrieben, fürs Regierungsblatt hier in der großen Stadt, das Elend der wilden Zennhuser Frau bestens verkauft in den besten Kreisen, schönes Stück Geld. Und vorm Haus unten Sicherheitsstiefel.

Die alte Krosanke soll in Berlin, da gibts den Namen ja öfter, da wollten sie früher wohl schon mal von raus in Sonne und Freiheit und all unser Boot, wegen Stadtstreicherei von den Ordnungskräften gekascht worden sein, weggeklatscht als Verrückte, weggefangen für Sicherheit gegen das Volk.

Und ist auch noch ein Gespräch gelaufen, der Asylvater war ein Freund vom Major, Bezirkskommandant Moabit. Die beiden sollen noch manche Nacht vom Menschen gesprochen haben, von Mutterliebe und Psychologie, und haben auch leise gelacht.

*

Aber zeigen beim Lachen auch schon die Zähne.

Pass überall ganz genau auf.

Sie sollten, als Helfer und Freunde des Volkes, seinem Sicherheitswillen dienend, sich Vertrauen und Achtung erwerbend, auf Menschen aufpassen. Polizeiarzt Schwalm-Böhnisch lehrt Psychologie gegen Täterpersönlichkeit, Wahnfantasie, Aufruhr und Widersetzlichkeit, witzig die Wissenschaft gegen das Volk, im Schutz von Waffen, die Herren, noch, in der Ordnung von Gitterwinkeln, »polizeilicher Einsatz auch seelisch stringent, Knüppel kann völlig im Hintergrund bleiben, sofern nur im Volk das Wissen sich hält, dass er vorhanden ist«, der Zahn, die Natter, das weiße Tuch, da fängt dein Sterben schon an. Oder dein Kampf.

Aber Leo in seiner Rekrutenschulstube, dieser Schlaufips, uniformblank verpackt und geputzt, war vom Lernenwollen und Vorwärtsklettern so zugedrückt und blind verspitzt, dass Doktorstunden wie die hier von Schwalm ihm teuer waren wie fast schon nach Afrika raus, hier weg, wie fast schon Zipfel und Schmiss: Rechtsverletzung, Kontrolle und Schutz, Primitivreaktion und Affektaddition, ressentimentale Verbitterung, Humor und »wie schreibt man das, panta rei, schreib ich mir gleich noch mal auf«.

Und kommt nun dann doch schon was klarer ans Licht, »nie wird es so sein«, sagt Dr. Schwalm, »dass zweihundert Polizeibeamte im Einsatz stehn gegen zweihundert Ruhestörer. Meist haben wir doch nur an zwanzig Mann gegen so zehnfache Macht«, wer wir, hat die zwanzig Mann?, »was wär denn da nun wohl zu tun? Auch hier, meine Herren, liegt es seelisch. Denn Härte heißt hier die Losung, Härte in aller Entschlossenheit«, alles klar?, nee. Moment mal, für wen denn so hart, »ja, schauen Sie, wieder die Psychologie, nie unnötig fragen, die Masse nie unnötig reizen, viel besser, zunächst, durch Musik, einen Scherz, sie ablenken von der Idee der Gewalt, und dann zuschlagen, Leithammel fangen, piffpaff!«.

Das Volk der Herden und Hirsche.

Die Herrschaft als jagender Hirt.

Aber wer macht für die den Hund?

Leofips kroch nur noch fester ins Zeug, Rockbluse durchknöpfbar dunkelblau mit Umlegekragen und Brusteinsatzlappen, Umlage Halsteil fünfkommafünf und vorn etwa doppelt so breit, und beidseitig Kragenspiegel, und am Kragenrand Biese aus gleichem Grün, was lacht der denn so beim Reden?, und vorn am Kragenausschnitt, in der Höhe des dritten bis vierten Knopfes und auch des untersten Knopfes je ein Haken und eine Öse, und auf dem linken Bruststück sechs Knopflöcher und ein Knopf, und auf dem rechten sechs Knöpfe, und Ärmelaufschlag mit Biese, grün, und zwei Hüfttaschen jeweils mit Knopf, und in Hüfthöhe hinten zwei

blanke Knöpfe, auch Taillenhaken aus Weißmetall, die Knöpfe gewölbt, flach, glatt, alles Knöpfe, an wessen Bauch. Und aus all der Verknöpfung in Reih und Glied an Auswendiglernetischen nur eben noch jetzt Leos Hand. Die schreibt alles neugierig auf. Nur eben noch jetzt sein Gesicht, sein blankes Gesicht überm Dichthakenhals. Das sieht sich heimlich die Zähne an hinter dem Lachen des Doktors.

Aber da fiel ihm nur ein, dass er nachher mal zum Zahnarzt geht, alles umsonst, nämlich alles mit Vorteil, für wen, ist egal, erst mal sehn. Nur Ole hing matt vor sich hin, »wann schießen wir hier denn nun mal«, und Leo hielt ihn für dumpf und dumm, und gar nichts in Kopf und Gedanken bei dem, sondern alles nur aus Gewalt. Bis Atsche, der Vierte aus Stube zwei, Schießole an sein Versprechen erinnert, sie wollten im Puff mal zu dritt bei Yvonne, Vergewaltigung, nur mal so, gegen bar, und Leo hatten sie gar nicht gefragt, »der schreibt alles auf, den lass mal«, da hatte er erst gemerkt, wie Ole so Scheiß bei Yvonne gar nicht will, wie ihn Balthasar ankotzt und Atsche ihm Angst macht, und das Dreckreden von jetzt endlich mal Schießen, das stülpt der nur über den armen Schreck, den leeren Platz bei sich selbst. Das fand Leo alles nicht richtig gut, aber besser als blöde Fäuste schmeißen, und nahm ihn nach Dienstschluss auf Stadtgang mal mit, in seine Himmelstraße.

Bloß wer oder was war denn da jetzt noch seins?

Als Zwergenilona, patschkalt von schwarzem Novemberregen, quer von Rehmstuben her auf ihn zusprang, fiel sie mit ihren Witzeaugen mitten in Oles weißes Gesicht und rannte davon, kein Wort. Und noch nicht mal der Rettungsplan für die neun Uhren, der Schutz für den Vater, war seiner gewesen, sondern von Rigo war der, »und ich denk, der sitzt Marliring* wegen Mord«.

*

Sie hätten auch Rigo den Mord gar nicht anhängen können, der Zennhuser Grüne war ja nicht tot, nur ein Trick von Ratjen, um Rigo auf Schlosser zu hetzen, und die Kugeln durch Roten Hamburgers Haare und Hals waren bestimmt nicht aus Mütterchens Taschensack, »wie denn, der war doch von uns«.

Aber war doch von Ratjen ein Baltikumfreund, der Rendsburger Richter, Sieg Heil. Und Rigo hatte kein Wort gesagt, auch von Ratjen nichts für sich selbst, »für das Pack kein Wort von mir, nie«. Also weg mit dem Roten, zehn Jahre Zett, Lübeck-Marliring hat noch was frei.

Und wär auch erst bald noch was schiefgelaufen, Rigos Mutter steht nicht auf Rot, und auch wenn sie weiß, dass die Zeitungen gegen uns lügen, irgendwie bleibt da ja doch leicht was hängen, und das will sie nicht, weil »wir sind kriminell und nicht einfach nur rot, sonst kommt unser Kampf ja nie durch«.

Nachbar Klinsch muss sie erst durch paar Kneipen schleifen, bis sie klarsieht und alles in Ordnung hat, rot sieht und besser »von Ordnung kein Wort!«, »aber Planung, Sophie, der Junge muss raus!«, »aber wie?«.

Klinsch hat reichlich Verwandte im Land, überall nett Onkel Erwins, überall tüchtig auch Brüder, von all seinen Frauen die Brüder von Schwägern, und einer von denen kennt Kabelkästen, und einer fährt auch mal ein Knastwäscheauto, und einer ist Pförtner beim E-Werk, und alle sind lecker bewaffnet, ein Traum, und keiner lässt Rigo im Stich, kein Traum, sondern einfach mal tun, was wir wissen, Freunde, und sich nicht in Gelaber verpissen, denn von Rigo bis Marliring alles dein Krieg, oder alles dein Knast, komm, steh auf, ja, du auch, jetzt rede, Genosse Mauser.

Sie freuten sich später wie gute Kinder, dass niemand zu Schaden gekommen war, nur das Licht im Knast war erloschen, nur die Fernsprechhörer hingen lasch leer, nur der schwarze Rigo durchs schwarze Haus durch die schwarze Angst all der Schließer des

Herrn, und das Herrenhaus nicht mehr verschlossen, wie schön. Dann wolln wir mal weitersehn.

Denn seit Rigos Mutter vom weinenden Alten über den Tisch gefickt worden war, hatte sie bisschen was zugelernt. Der Alte war beiläufig tot, beim Angeln besoffen ersoffen, beim Warten auf Glück glatt ausgelaufen, schlapp weggekippt, geschafft, kein Kranz, »na denn Prost!«. In Kneipen mochte sie immer noch gern, und manchmal die Hehle für Klinsch, aber »guck doch mal«, Klinsch war Erzieher, »hier unten bei uns sind doch alle so ähnlich, da musst du mal langsam Sinn drin sehn, das Leben ist alles hier unser Leben, allein bist du nur was zum Weinen«, und lachten sich klammernd durch all diesen Dreck von Himmelstraße bis Hansaplatz, vielleicht noch lange kein Glück, aber lernten sich nach und nach selber, elend und frech von Keller zu Küche, alles ein Mann, nein: Männer und Frauen, wir selbst. Sonst wär das ja auch nie drin gewesen, dass sie Rigo nach Marliring nicht wieder greifen, dass er überall Wasser und Watte hat. Und sucht ihn schon bald keiner mehr, haben Wachpfoten voll mit ganz anderen Sorgen, kein Hund geht mehr gern allein auf Streife, Leute mit ohne Essen und Arbeit lernen viel schneller, als Herrschaften schnappen und schießen.

»Und was denkst du, hab ich dir Lehrer verboten? Dass du nichts lernst? Scheiß, erst recht! Lehrer, das hast du am besten beim Lernen, und nie bei den Roten, den Ausgelernten, alles oben, bei denen, und hinter Gebüsch, oder denk mal, was die da Tücher haben und Blumen und Büsche beim Redenhalten, und keiner sagt dir, noch nie, pass mal auf, was sie dahinter stecken und denken. Alles nur ganz kleiner Arsch für die, wenn du da hingehst und stehst und singst, oder was.«

Da hatte ihr Rigo von Schlosser erzählt, den ganz langen Sprung aus Papier in die offene Wut des Volkes. Und den Mörderbefehl von Ratjen.

»Klar, Ratjen, den hast du hier auch, der muss weg. Aber Schlosser,

kann sein, aber nee. Dem trau ich noch zu, der springt für Reklame. Kein Hass. Keine Lust. Schon mehr immer alles auf Zettel geschrieben. Mal sehn.« Und Rigo hatte sie noch mal gefragt, woher sie das Misstrauen hat, und die Mutter hatte gesagt: »Weil die Angst vor uns haben. Und wir sind Menschen. Das musst du dir mal überlegen.« Zum ersten Mal sah er sie stolz.

»Na, ist gut, nun lass man Kartoffeln kochen.«

Sie hatten nur alle kalt Hunger.

Und der Vater von Leo längst grau gehungert, längst dünn gehungert wie Pendelstabblech, und hätte schon bald wegen Angst vorm Kuckuck dem Meckerkuckuck den Hals abgedreht, hält den Schlag nicht mehr aus, Haus auf, Haus ab, und nie Harmonie in der Wut. Bis Rigo ihm mit Klosettdeckelhänden die lieben neun Uhren in Sicherheit stemmt. Denn das war sein Gedanke gewesen, »schmeiß her, die Ticker, die kriegen sie nie!«, und hatte die Lieblinge heimlich verteilt bis Weidenallee und Hansaplatz, damit bei Pfändung in Himmelstraße die Pfoten leer nur in Asche fassen, »und Uhrzeit bei dem und bei dem mal genau, das wär auch vielleicht mal ganz praktisch«, sagt Klinsch.

Und das waren ja nun nützlich für Opa Friedrich gleich paar kleine Scherze auf einmal. Erst mal Bewegung, wie längst schon nicht mehr, muss alles ja haarfein am Laufen bleiben und Pendeln und Schlagen und Jagen, auch über all diese Stadt.

Er hatte trotz Schrecken und Hungerbein schon bald sein Rad noch mal flott und machte Kurier zwischen dem und dem, überall rings seine Uhren, sein Glück, sein Pack, das ihn schützt, sein Schutz, der uns nützt, »und auch Erbsensuppe«, »sag bloß!«. Die hatte er lange schon nicht mehr gehabt, aber »guck mal, egal, wo du kommst, das bisschen Stück Futter, das reicht für uns alle, dich auch, los, lang hin!«. Also alles für alle mal bestens geregelt, Schutz und Kontakt, und Bewegung und Futter und Freude.

Bloß Schlosser macht sich Gedanken, »wir sind nämlich keine

Diebe«, denn der Leitungsbeschluss, weit hin und her, lief auf Einheitsfrontstraßenzellen, und da sollten sie keinen verschrecken, »als wenn wir nicht unser Mietgeld bezahlen«, das sieht bei Schustern und Schneidern schlecht aus, »und die solln wir doch zugewinnen«, und die Angst und das Unrecht und Elend von allen in ein und denselben Kampf einleiten, bis »komm, hör mal zu, das musst du doch sehn!« alle Straßenzüge vereinheitlicht sind, weil »mit links und Trick und Gewalt und Vergnügen hast du noch längst nicht den Kampf, den wir wollen«, »und wir, was wollen wir mal selber?«, »pass bloß auf!«, »wir sind keine Affen!«.

»Aber wohl mehr mal besoffen«, Schlosser stand stur und klar, den Mund schräg hoch gegen Wasser, das Herz gegen Hexenglück, los, ran, »hört mal zu«, nämlich Klassenfront durch die verschiedensten Schichten, und offenbar nur entschlossenste Kämpfer als Vorposten gegen die Großbourgeoisie, und Spontaneität und Draufgängertum nur bei rückständigsten Kollegen und linksopportunen Rattenfängern, stets im Dienste des Klassengegners, »ja, ist gut, halts Maul, hau man ab, du Sack«, nämlich doch nur geringschätzig spottend des Klassenkampfes vielfältigster Gestalt, und klar und egal und dreimal noch stur, »wir werden uns nicht provozieren lassen«, Rotfront. Das Wasser gluckst ihm schon frech und kalt und groß und hart bis runter im Hals, »schmeiß mal Kiste bei dem unterm Arsch, weil zum Redenhalten das geht nur von oben«, »sagt er ja gar nicht«, »gib ihm Kattun«, »nee, lass mal, ich will mit ihm reden«. Rigo zog Schlosser da weg.

Der ging aber nicht in Kneipen von Klinsch, »nee, stimmt, du bist ja kein Dieb«, Rigo brummte ihn zärtlich an, »aber denk doch mal aus, was richtiger ist: dass der Alte mit seinen Uhren bezahlt, oder dass er die Uhren behält. Da steckt nämlich Arbeit drin, von dem Mann. Und auch mit Liebe, das musst du mal sehn«.

»Hat Zennhusen dir nicht gereicht? Kopfschuss und Knast. Was Liebe?«

»Was machst du uns immer bloß Angst vor uns selber? Ich bin von Marliring raus.«
»Keiner ist raus, hör mal zu. Wir sind alle noch hinter Gittern. Denk das doch langsam mal nach. Für dich waren zehn oder acht oder zwölf oder zwanzig Kollegen mit Mut und Planung und Uhrzeit. Und alles versprochen und ausgerechnet und eingehalten. Und für uns alle? Was glaubst du, wie viel Genossen wir brauchen?«
»Aber nicht Schuster und Schneider?«
»Du läufst hier ja auch nicht mehr nackt wie bei Negern. Rechne mal durch, was du brauchst.«
»Ihr wollt am liebsten bloß alles nur rechnen. Komm noch mal mit bei uns rauf. Du sollst das mal alles mal einfach erklären. Du sollst nämlich nicht so stur sein, du Arsch.«
Der Ofen war kalt, das Zeug an Rücken und Beinen satt nass, und hatten erst eben was Heißes geschluckt, als Leo da rauf vor die Wohnungstür kam, »war gut für meinen Alten, was du gemacht hast«, wollte was danken, stand steif unterm Tschako, »ich mein nur, für später mal, wenn mal was ist«, aber Rigo kotzte das an, »hau ab hier, du Scheiß, sonst zieh ich dich aus!«, »nee, stopp mal!«, Schlosser hielt Leo fest, »dich kenn ich«, »das Schwein?«, »nee, lass mal, hör zu, der ist doch von hier«, »nee, Schließer ist der, ich nicht!«, »Ja du, und bloß alles du selbst!«, und zu Leo, »jetzt komm erst mal rein, du Fips«, aber Leo blieb klamm bei der Tür, und Rigo krächzte ihn an, »hast Schiss?«, »sonst wär er doch hier nicht bei dir gekommen! Was der sich für Ärger macht, wenn er hier hochkommt und auch noch versteht, was ihr dreht!«, und Schlosser fühlte sich plötzlich wie Fisch, alles Einheitsfront, recht gehabt, Pflicht tun und vorwärts! Und wollte noch schnell mal, jetzt gleich, und gelernt, und alles schön klar und stur, kleine Rede abschwimmen von Bündniskampf, von Beamtenschaft, alles, auch Schuporekruten, aufseiten der Arbeiterklasse, und Notwendigkeit des

gemeinsamen Kampfes unter Anleitung der Partei, aber »guck mal, der hat noch Verstärkung im Kreuz!«.

Im Treppenhaus war kein Licht. Und das bisschen aus Rigos Drecksalon fiel nun matt auf die grauen Backen von Ole.

»Wer ist das?«
»Komm hoch!«
»Auch einer von uns.«
»Von dir?«

Schlosser wars an den Händen, im Hemd, plötzlich klebrig kalt, kein Wasser mehr, keine Freude, nur Dreck, »zeig mal die linke Hand!«

Beim Abwehrkampf gegen Treiberknechte vom Bullenförster in Altona, zuletzt, als schon alles verloren war, mehr als zehn Jahre her, seitdem, war bei den Weißen die Lieblingswaffe Wohnungen stürmen, Hausdurchsuchung, Frauen und Kinder in Schränke jagen, Bilder und Betten und Essen zerschlagen, und im Schreck, am liebsten, gleich raus damit, Fledermäuse der Revolution, vom Balkongeländer zu Tode geflattert, »guck mal, die Oma!«, piffpaff, »schnickschnack«, die Bluthundregierung* weiß, was sie tut, alles »zur Sonne, zur Freiheit«. Da hatten Schlosser und paar Genossen eine Wohnung noch lange Zeit halten können, weil einer von diesen schaumigen Weißen, vorgestoßen von Unterführern, ein blassdicker Kindskerl mit fast weißem Haar, zwei Finger, schon blutig braunblau geplatzt, zwischen Tür und Türfutter kleben hatte, und hatten die Tür dicht verschlossen, und der jammernde Junge bei sich im Dreck, und die Finger draußen zerquetscht beim Feind. Und der hatte deswegen nicht gewagt, das Türschloss herauszuschießen. Und das war die Chance für die Flucht der Familie, Minutengewinn für Genossenflucht, übers Dach, in die dreckige Nacht.

Ole fiel polternd durchs Treppenhaus weg, bloß raus hier, »bleib stehn!«, »was hast du mit dem, den lass«. Aber Leo schob Schlosser

beiseite, »den kenn ich«, und wollte hier niemand mehr sehen, ging lieber den flüchtenden Ole suchen.

Rigo lachte verbiestert so hin, »na, Schlosser, was ist? Verrechnet?«. Schlosser horchte den beiden nach, zog ungeschickt an den nassen Klamotten, alles in Ordnung und sauber halten, wozu, und wie viele sind das. Er suchte die richtige Zahl.

*

Ole, der dicke, war spurlos weg, »von der Nacht wie verschluckt«, na dann schluck du mal auch, nichts hier zu Haus war seins. Die Himmelstraße lag still, von Rehmstuben schaukelnd paar Rachelieder, von Tischler und Milchmann Sorgengesichter, und schlichen den Schupo wohlwollend an, »pass auf, die Roten wollen dir ans Leder«, na gut, vielleicht Krischan Pietsch, der Lehrer, der hat ja sonst auch gut Bescheid gewusst, wie was läuft.

Aber Krischan hatte schon Gäste, »komm rein!«, Weinglas und Kammermusik und Papier, und rannten spottend durch lauter Gerede, wichtig durch Geistesgeschichte, Geisterstreit in Berlin, Flimmergetrommel, Nachrichtenzirkus, Tigersprung durch Zitate, Pietsch im Trapez weiß Bescheid, Zeitungschef Wolff verklagt Hochdenker Kraus, weil der öffentlich sagt, dass der Frechschreiber Kerr von Wolff gekauft worden sei, damit der gegen Theaterfuchs Reinhardt nie wieder klug was Schlechtes schreibt, alles hochgeschissen und rausgeturnt aus Straße und Stadt und Hungerland, und »schreib ich mir gar nicht erst auf, den Scheiß«, Leo lief hungrig nach Haus.

Die Mutter war noch am Küchentisch, Plätteisen und verknautschte Gedanken, sein Zeug gewaschen und Knöpfe gerieben, rund krumm gebückt für den braven Sohn, den Blick auf Gamaschenstiefel. Und riss den Vater heimlich am Ohr, »du lach nicht, wer bist du, und er hat Respekt!«, ach Mutter, ach ja, unser einziger Sohn, verkauft und versackt und verraten.

Leo kroch auch an diesem Abend zurück ins Kasernenbett, alles still hinter Gittern, kein Mensch. Denn Ole war doch noch mal hingelaufen, das Versprechen, das Spiel, das zerrissene Kleid, der Schrei, das grunzende Glück. Die Gewalt, für die du bezahlst.

*

»Schießt gut, strengt euch an, Munition kostet Geld, alles Steuergeld aus der Arbeit des Volkes«, Meier stand leise im Schatten der Schützen, kein Glück in den Augen, nur Dienst, Hebung von Feuerzucht, Wert der Gewöhnung, Steigern der Wirkung durch die richtige Wahl des Haltepunktes, Sorgfalt im Stellen der Feinvisierung, Schussabgabe bei zweckmäßigster Munitionsverwendung auf die Führer der Bande zuerst. Sie schossen auf Pappsilhouetten, Muster von Männern mit großen Mützen, Mützen, die auch ihre Brüder trugen, Arbeitermützen, nie gegens Volk. Drum nie mit dem Angriff allzu lang warten, denn ein noch schwankender Teil der Bevölkerung mag so nur fälschlich noch munter werden, heimliche Übung in Hafenmarkthallen, vom Wirtschaftselend in Stadt und Land frei leer gefegt, Krise, kein Schiff, kein Sack, Einschließung eines Unruheherdes, das Thema der Schupoübung, »und nur gründlich und dauernd geschulte Beamte sind dem seelischen Einfluss gewachsen, der in Unruhezeit auf sie einstürmt«.

Aber stürmten noch nicht, sondern übten erst noch, Schusswaffen und Explosivmaterial, Einzelfeuer, Abteilungsfeuer, Feuerleitung und Unterstützung, erhöhter Triebschub und, sogenannt, lebendige Kraft des Geschosses erbringen, gesteigert, bei gleichen Maßen, günstig vergrößerte Einschussöffnung und »jedweder Akt der Selbstbestimmung darf nur friedlich vollzogen werden«, und »bei voller Ausnutzung Merkpunkt zu b) kann Waffenwirkung sich hinführen lassen zu vollständiger Vernichtung«, aus der Arbeit des Volkes, schießt gut.

Und morgens, zuvor, noch der Segen von Schwalm, um allen Emotionen zum Trotz die rechte Stellung zum Kampf zu finden, Vorstarterscheinungen, Schweiß bricht aus, Druckgefühle in Magen und Blase, Hautfarbe im Gesicht lässt nach, Zustand der Leere, trotzdem. Denn durch gesunde innere Stellung zum Gegner, zum Kampf, keinen Zweifel an eigenem Können zulassen, vielmehr Kampfauftragsmaßgabe, Kampfmerkmale ohne Denkschwierigkeiten auffassen lernen, nur die Leistung zählt und bietet Erfolg, Schuss für Schuss sauber, entspannt und gesund, Schwalm-Böhnisch baut sich in Volksdorf ein Haus, aus den Steuergeldern der Arbeit des Volkes, schießt gut, dich Schwein demnächst auch.

Sie rückten spät abends zum Essenfassen ins schwarze Haus, Gitter und Grütze, Hammelfleisch, Bohnen und Nierenfett, Mehl, Essig und Lorbeerblätter, hier alles umsonst, mein Vorteil, für wen, egal erst mal, wirst du schon sehn.

Leo hing noch ein Weilchen am fettigen Tisch, müde am Dreck der Regierungszeitung, Professor C. Meinhof als Völkerkundler hält Vortrag am Rothenbaum, Was uns Südafrika zeigen kann, den hätte er gern mal gehört. Und auch bei Kultur, ein Mann wird geehrt, Aby Warburg*, ein Wissenschaftler, ein tapferer Vorkämpfer, unerbittlich, gegen Halbheit und Kompromiss, das Bild eines Kämpfers, dem Waffen nur echt und rein und fein bleiben durften, denn besser ist es, schreiben die Schweine, von den Höhen des Lebens zu stürzen, als zu sterben in niederem Grund.

Wie niedrig saß er denn selbst? Wie kämpf ich denn edel und rein? Der Verehrte, das zeigte ein Fotobild, stand fein und ganz frei vorm weißen Palais an der Außenalster, schön still. Also echt sein und tapfer, und reich. Auch er wollte Waffen der Wissenschaft, unerbittlich und treu, vielleicht aber erst mal das Wissen der Waffen, kein Affe, oder was bin ich, »marschmarsch!«.

Sie teilten ihn ein zum Kontrollgang, nachts, Kontrollsperre Elbbrücken Veddel, »da sind Lastwagen unterwegs in die Stadt, von

Leipzig zurück, alles rotes Pack, ich verlese die Fahndungsliste«. Und alles aus Geldern des Volkes. Aber guck mal, Meier tut nur seine Pflicht, und ich auch, und Atsche und Ole. Aber guck mal, als Leo auf Posten ging und gammelte da noch Stück rum, vorweg, feine Nacht, schön blau, und blinkerndes Licht von Masten und Türmen und Sternen, da kam Fiete Krohn da vorbeigetrudelt, Klapperrad, Boxcalf und nasse Nase, »noch mal los, Kamerad?«, »Scheißbrückenkontrolle«, »machs gut!«, und macht Fiete auch, nämlich fegt drei, vier Höfe in Wilhelmsburg durch, »los, rüber nach Harburg, nimm Windlicht mit, rot, die wolln uns Genossen wegfangen, die sperren die Brücken, die warnen wir ab«, alles ausgelernt, einstudiert, Leitung, na bitte.

Die Sperrhunde fanden im Wind auf den Brücken nur nettes Volk unter Lastwagenplane. Ausweise gültig, Lieder und Lachen, keiner zum Abschuss schon freigegeben, »haut ab, Mensch!«, »die haben uns angeschmiert«, »scheißkalt«. Aber Leo fühlte sich dämlich vergnügt. Und auch wenn er gar keine Ahnung hatte, dass Karo paar Ecken links vor der Sperre, von Genossen geschützt, geflüchtet war, Satz gemacht, Bahnhof, Personenzug, bis nach Hamburg rüber kommst du auch so, pfiff er im Wind, im Mannschaftswagen, kein Dach, keine Ahnung, kein Freund, den Schlager, der gerade die Mode war, nämlich Kinofilm, hallo, du süße Frau / fahr nicht allein / es könnte sein / du steuerst falsch / und grad vorbei / an deinem Glück, »ja Scheiß, die vom Film immer, Autos und Ficken, halts Maul, Kamerad!«, aber Leo war schon die zweite Tour durch, lad mich doch ein / ich kenn den Weg / ins Paradies / genau.

Diesmal sah er das Gittertor mächtig und kalt und sich selber lächerlich klein. Und er flüsterte noch von Bett zu Bett mit Atsche ein Stückchen von früher, Atsche war mal Gesangverein, Arbeiterlieder mit hundertzehn Mann, »aber bringt dir nichts, alles Theater, zu schlapp, auch mit achtstimmig machst du das Schwein noch nicht satt, ich bin mehr für langes Messer«, Atsche lag schmatzend,

schon fast in Schlaf, »welches Schwein?«, »ach alles, du auch, ich auch«, »dann lieber gleich Ruhe und Ordnung«, »egal«, »ich mach noch mal Schule, und später mal Forschung«, »ja, Dreck, bist was Besseres, nützt aber nichts, halts Maul, und schlaf gut«, »gute Nacht«.

Ganterschatten

Auch Jonny und Hanneken sagten zuerst, das nützt nichts, »sogar wenn sie auch noch was wächst, und Brille aufhat, und Bauzeichnen lernt für so Stadtbüro, und sonst noch was, in so Kleidern und Worten, die war mal von uns, und keine zum Untertauchen«.

Sie fanden dann aber die Tochter und Enkelin nachdenklicher geworden, auch schöner, auch zärtlich klug, sie hatten dafür kein Wort, sahen ihr mehr nur aus Grubenschatten noch nach, »gib nicht so an, komm, iss!«.

Schmüser hatte tatsächlich geschwiegen, lag oftmals krank, war auf Orgel gestiegen, Hilfsknecht beim Pastor Wächter, der war hochgefrömmelt nach Mölln aus Mustin, Orgelpflege im Kirchlein am Lindberg, dort machte ihm Herrschaft auch Angst, aber schön mit Musik, nicht so laut. Er mochte am liebsten nur schweigen.

Dass Karo dennoch heimlich nach Haus kam, war Jonny und Hanneken lieb, »was die erlauben, das binden sie fest«, und für Hunger und Fluchtweg und Kiste wegschieben kam die Mutter gern auch mal noch nachts noch mal hoch, den Schlafzopf verloren im Hemd, die Augen schon fern im Traum, das Herz noch ringsum in Hass, und brummig die Liebe aus Futtertrogpfoten, »treibst dich nur rum, komm, iss was und trink was«, sie fand sich vom eigenen Kind getrennt, auch stolz erhoben, auch fremdartig wohl, wie geschützt, aber trocken, in dürrer Furcht, »hast recht alles, Kind, aber

werden dich töten«, aber Karo sagte: »Wir sie.« Das sagte sie liebevoll klar, als ob das schon feststeht, wo und wann, alles aufgeschrieben und durchgerechnet, »du liest alles viel, fass mit an, wirst bloß dick«, war im Gegenteil aber dünner geworden, Hanneken konnte das sehr wohl sehen. Schlank groß, und so lässigen Schritt, und die Beine hart glatt bis ganz oben, »hast keinen Freund?«, »doch, Jonny und dich, wir alle«, na gut, aber konnte schon sehen, nämlich »irgendwas sagst du zu keinem«. Die Mutter stand bang allein, nur noch suchen mit graukrummen Zitterfingern im glatten Gesicht ihres Kindes.

Die Gutsmädchen spotteten über die Stiefel, altes Leder bis oben ans Knie, und flüsterten unter Eutern und Fäusten, »die hat in der Stadt einen Weißen erschlagen, dem hat sie die ausgezogen«.

Auch die Häuslerkinder, nur blass und stumm, standen ihr fragend im Weg, fassten einander starrend an, sie hockte sich vorsichtig zu ihnen hin, aber es kam kein Wort, hingen ihr nur von Weitem nach, wo sie ging.

Auch der Hausherr, der heimliche Vater, der Prügel- und Quetsch- und Steckdosenalex, immer noch ohne Frau, immer noch Schusshand am Dottersack, immer noch grau das alte Kind seiner weißen würgenden Mutter, auch er glitt nur fern vor ihr weg.

Erst der Ganter, der uralte weiße, sprang auf sie schreiend zu, Frostmorgen im Advent, die Gutsmädchen sollten zwölf Gänse schlachten, und endlich den Alten auch, seine Kraft schien erschöpft, seine Herrschaft längst taub, die Gänse, die er, im Stoppelfeld noch, nach alter Ordnung, getreten hatte, platt hingewälzt, zitternd, wasistdas, hatten nur faules Zeug gebrütet, weg damit, Kopf ab, Lederfleisch, Eintopf für Pack, für streunende Arbeitslose. Und war aber noch im Moment der Vernichtung längst nicht so kraftlos gewesen, hatte mit Schnabel und Flügel geschlagen, hochauf bis an Schultern und Augen, bis an die Messer der Mädchen, die liefen schreiend vor ihm davon, auch gickernd, als käme was über sie,

schmatzend, endlich, in Stoppeln und Heu, Glück von der blöden Kraft. Karo fand das nicht gut. Sie zertrat dem Ganter den Kopf. Der Dornstock stand noch am alten Platz. Alles noch. Nur nicht sie selbst.

Sie war in Leipzig dabei gewesen, als Zigtausend nur einen Atem hatten, alles einfache, furchtbare Wut, gebt uns Arbeit und Brot, sonst schlagen wir tot, aber schutzlos, nichts in der Hand, nämlich wieder nur »nicht provozieren lassen!«. Aber waren ja schon eingekreist, Bullenfahrzeuge für Ruhe und Ordnung aus den Steuergeldern des Volkes, mitten quer nieder mit Gummireifen in all diese hilflose Wut, drei tote Menschen, und ein Polizist, weil der, beim Prügeln vom Trittbrett her, mit den Stürzenden unter die Räder gestürzt worden war, komm her, Junge, alles dein Volk, deine Angst, und zerfahren, wie alle, zermahlen, zerdrückt, nah alles, tot, und ganz rot, zerfahrene Hände in Händen, unter Räder von Herrschaft geraten, und hat dir auch kein kluger Kopf und auch nicht dein blanker Knopf was genützt, du Schwein, du ganz und gar armes.

Einmal hatten ihr Hanneken und auch zwei stumme Mädchen vom Hof vorsichtig zugehört, »sie rüsten weiter, sie schließen ab, sie kreisen uns alle schon ein, euch auch!«, aber Hanneken hatte nur wieder gesagt, »vom Reden geht nie einer tot, und wenn ich schon immer nur hören soll, was die haben, und wir haben nichts, dann will ich mal bald schon gar nichts mehr hören, weil so Hasen hier schmeißen ja auch nicht die Fäuste, wenn Alex die Jäger und Treiber holt, aber stimmt, Karo, wollen uns töten«.

»Wir sie!«

Und lebten nur noch, wo Jimmy wohl steckt, in all diesem Tod, die Steine. Und Hanneken sah ihre Tochter denn auch oft einfach nur hocken wie Stein.

Einmal sah das auch Krischan Pietsch.

Der kam nur noch selten ins Dachbalkenbett, war nun tatsäch-

lich beinah schon Dichter geworden, Rotes Theater, ein Experiment, mit Arbeiteraufbauschülern, alles Vorhang und Büsche, Papier, Agitprop, Proletenleben erregend konkret, Protokolle, Befragung, alles todecht, dem Leben von oben her abnotiert, leidenschaftslos, die Sache selbst, ein Spiel, ein Versuch, mal sehn, ob das geht, unter Anleitung allseits von Leitungskräften der überörtlichen Kaderleitung. Er wollte sich nicht mehr fürchten. Für das Eigene hörst du leicht Spott und Verweis, was zählt, ist das Große und Ganze, Rotfront. Er wollte sich nicht mehr fürchten, Karo wollte von ihm was zum Tanzen, »in Kneipen, egal, da hängen die doch rum!«. Aber hing dann plötzlich doch selbst noch mal fest an Krischans Detektorkopfhörern, starrte versunken, Mozart, das Waldhorn, »ein Wahnsinn«, sie rührte sich nicht, halb wütend, halb weg von sich selbst. Pietsch dröhnte tröstend drauflos, »alle Schönheit und Wahrheit nur Wahnsinn, ganz recht, vor überall draußen, gesund und genehmigt, nur Lügen und Fratzen und Schrei«, aber lachte, als er das sagte. »Du sollst nicht lachen«, sagte Karo, und wollte nichts weiter mehr hören.

Ruhe stiften

Leo hat noch gut Pfeifen, denkt er, die Jahresprüfung als Bester geschafft, Überfalltrupp, neuer Wagentyp, Alarmhorn zwitschernd, acht Mann im Sitzen, vier Mann im Stehen. Leo am Haltegriff draußen vorn links, fast schon wie bei Mister Studebaker, bloß das Haar mehr in Leder gekniffen, und das Reden nicht hoch und weit, Praktischsein heißt die Parole, hat gute Erfolge gezeitigt, der Flitzer, hat Schlagkraft der Polizei und Eilfertigkeit beträchtlich erhöht, vom Publikum lebhaft begrüßt, Elemente nun rasch zu erfassen. Und das bringt gleich mal endlich auch Tempo ins Bild, denn keiner ist

enger dem Staat verknüpft, furchtlos und selbstlos das Große und Ganze, leidenschaftslos die Sache selbst, alles todecht im Innersten treu, zwischen Zeugnis von härtester Pflicht und dem Einsatz von teuerstem Leben, das Sinnbild der Selbstverständlichkeit, denn entschlossen Handeln erstes Gebot, Staatsschicksal hängt nicht von Ansichten ab, aber zuvorderst von Menschen, nicht von Denkweisen, aber von Taten, die Toten zählen wir später.

Zum Beispiel Großneumarkt, die Unruhestifter, wo kommt denn die Unruhe plötzlich her, das war doch bisher alles glatt gelaufen, durch Straßen der Ärmsten paar zig Jahre glatt aus den dreckigen Häusern gestolpert, an die feindliche Arbeit gehustet, aus den Eckkneipen freigeheult, aus den Fenstern geflucht, über Treppen gestürzt, ins Kreuz getreten, zur Kasse gebeten, zur Ordnung, zur Strafe, nett glatt, piffglatt die Ruhe der Treppen, die Ruhe der Fenster und Kneipen und Tränen, der dreckigen Häuser, der hässlichen Ordnung, die Ruhe für lebenslang, lebensglatt Tod, nicht dein Tod, Genosse, pass auf, sie greifen den Häuserblock an.

Der war seit Langem besetzt gewesen, seit vierzig Jahren vieheng besetzt von wütend schleppenden Leuten, besetzt von der Knechtung der Männer, besetzt von der Kränkung der Frauen und Mädchen, besetzt von der Wut der Kinder, von Erniedrigung und Gehorsam, dein Haus, dein Körper, die schön eigne Haut besetzt vom Jucken der Angst, vom Nässen der Heuchelei, von den Beulen der Eintreibebanken, vom Grind der Gerichtsbescheide, von der pilzigen Ordnung des Eigentümers, sein Rattenbiss, und dein Blut. Aber wollten nun nicht länger bluten, nicht länger mehr fremde Besetzung, hielten ihr Haus nun selber besetzt, mit Kindern und Frauen und Fahnen und Steinen, Stück eigene Sonne auf Stück eigener Haut, kein Groschen mehr für so viel Schatten.

Aber nachts war die Sonne dann weg.

»Dann machen wir selber mal Sonne!«

Von draußen her, aus den Feuerleitnestern, den Sperrpostenwin-

keln, den Scharfschützenaugen, sah das große dreckige fleckige Haus heute hell, wild hell aus wie Jahrmarkt und Feuersbrunst, Lachen und Krachen und roter Blitz, vom Hafen stieß Wind in die Fensterfahnen, »guck mal, sieht flott aus«, »na, klar, Mensch, mach zu, ohne Essen hast du kein Feiern«, und als Feier war alles gemeint.

Sie hatten gemeinsam die Miete verweigert, sie wollten, dass keiner mehr ausziehen muss, gekündigt, gejagt, geschasst, sie wollten, dass alle zusammenhalten gegen das Schwein, den Herrn, das Gesetz, die Miete steigt hoch und das Haus hier sackt ab, alles nass bis im Schrank, und Dreck, so nicht, und immer mehr Nachbarn krank und versaut, ohne Arbeit oder nur Arbeit wie Knast, platt hingewälzt, »gib dich her!«, so nicht. Sie wollten mal endlich den Scheiß nicht mehr machen, wollten mal endlich zusammen satt essen, wir selbst und Kartoffeln und Hering und Speck, und kein Groschen mehr für diese Kraken.

Das Haus war stampfend und dampfend besetzt wie ein Kaffeetourdampfer nach Stade, über Treppen und Töpfe Lachen und Lieder, Suchen und Rufen und Wiederfinden, »guck mal, was Kuddel schon blau ist!«, »guck mal, was Pudel sich freistellt!«, »lass lieber nach, nimm die Finger da weg, sonst kriegst du von Erwin nachher noch geschimpft«, »wo bleibt der Kartoffelsalat?«, »unterwegs!«. Was draußen gegen sie längst unterwegs war, fiel keinem einzigen auf. Das Leben war plötzlich mal viel zu schön für so Mörderscheiß, »traun die sich gar nicht«, »weil vereint sind wir stark«, »sagt Schlosser doch auch«, und auch sonst war reichlich Besuch gekommen. Erst mal die Mutter von Rigo, Sophie, die hatte das meiste angeleiert, über Uhrenwege von Opa Friedrich und sonstnochwie hinten und unten rum, »das Haus braucht Verstärkung, los, komm, ja, du auch«. So hatte sie allerhand angeschleppt, auch Klinsch und sein Lieblingskind Pudel, auch Kartoffelsack für all die Fresser, kleine Fahrradkolonne zusammengestellt, nach Tangstedt raus,

nachts, kein Mann, alles Frauen, und jede mal kurz zehn Stauden gegrabbelt, »das reicht, das muss, los weg hier!«, und ab, und Kuddel stemmt Tonne Hering ins Haus, direkt vom Ewer, da fährt sein Bruder, oder Bruder ist das von der Frau von sein Schwager, »frag nicht so viel, komm mit rein!«.

Aber liegt noch allerhand quer hier im Haus: nämlich Sophie und Kuddel und Fahrradweiber lachend für Feiern und Essen und Trinken, und Schlosser und noch paar so andere Schlosser für Lernen und Einheitsfrontstraßenzellen, »Genossen, da denkt auch mal drüber nach, wir sollten hier nichts provozieren«, »ja, ist gut, Alter, trink was, hast Durst«. Klar, Rigo war auch mit dabei, und brummt »steh mal auf, bist ja festgebunden!«, und lachen alle, das stimmt nämlich auch, weil Ilona und Kurt, der Bengel von Schlosser, haben den Einheitsfrontredemeister ans Stuhlbein gefesselt, nur so, »wir sind nämlich Indianer!«.

Und die Weißen von Hügel zu Hügel, Treibjagd auf Rot, bei drei bist du tot. Aber leben noch, futtern noch Fisch, sind uneins, »was ist, wenn sie kommen?«, »kommt keiner«, »das ist hier unsers!«, »aber bloß nimm mal an, was dann?«. Rigo und Kuddel und noch paar von Klinsch wollen kämpfen, »die pusten wir weg«, »da gehn erst mal paar mit von denen übern Jordan, bevor wir hier Mücke machen«, »und die Kinder? Und Frauen?«, »sag ich ja immer«, »besser nach Haus damit«. »Aber seht mal, da liegt doch der Fehler, Genossen«, Schlosser bleibt klar und stur, »die Frauen nach Haus, das wär doch kein Kampf, unser Kampf ist mit allen zusammen. Und keine Gewalt. Unser Kampf hat recht. Unser Kampf ist die Kraft der Massen!«. »Und draußen, die lachen dich tot!«, »draußen, die haben kein Recht, aber Waffen!«, »Massen ist Scheiße, das sind wir doch selbst!«.

Pudel macht sich an Rigo ran, »wer ist Scheiße? Ich auch? Komm, guck mal!«, und wollte für ihn noch mal schnell auf den Tisch, »los, tanzen, Genossen, tanzen!«.

Da hätte Karo was lernen können. Lernt sie auch noch. Bloß das Licht geht aus. Niedertreten das lachende Pack, noch mitten im eigenen Tod, von draußen schlägt Herrschaft kalkweiß durchs Glas auf Wand und Hand und Gesichter, Pudels Beine ganz silbern totglatt.

»Der Block ist umstellt. Jeder Ausgang mehrfach besetzt. Verlassen sie unverzüglich das Haus. Einzeln. Die Hände erhoben. Nacheinander. Jeder für sich. Auch die Kinder. Auf Gruppen wird scharf geschossen.«

Leo, auf Posten beim Lautsprecherwagen, starrte in all das gemeine Licht. So knallfallharthell hätt ich gar nicht gedacht, Schönfelderstrahlen*, einsatzbewährt, und hoffentlich, besser, passiert hier jetzt nichts, das Haus hier sieht aus wie bei uns, an Silvester, und mehr auch Kollegen, das meiste, und, flüsternd, »nicht schießen, Ole!«. Aber Ole steht da wie im Schlaf, wie im Traum. Leo huscht lieber mal hin.

Und da kommen sie einzeln raus, geblendet, kein Wort, kein Schuss. Schlosser zuerst, bleibt ruhig stehen. Sie werfen ihn weg in den Kasten. Kuddel genauso, und Klinsch. Sophie lassen sie laufen. »Flintenweib«, »notfalls mit Ofenzange«, »holst dir sonst leicht was bei weg«, haha.

»Später, du Büttel!«

»Der Nächste!«

Und Ilona weint, und das will sie gar nicht, elf Jahre alt, und hat solche Angst, auch wenn sie den Offizier gar nicht hört, der gegen sie über den Handschuh hin knurrt, »alles Brut, die kommt auch noch dran«.

Da läuft Leo von seinem Posten weg, einfach quer durch zu ihr hin, »komm erst mal mit, hier von weg!«.

Aber Lautsprecher: »Kantfisch! Zurück!«

Und Adelheid eiskalt raus aus dem Torweg: »Finger weg, Schupo, die ist von uns!«

Und Leo schleppen sie rüber zum Leutnant. Und Ilona nach Himmelstraße. Denn da ist kein kluger freundlicher Platz zwischen Mündungsfeuer und Aufschlag.

*

»Siehst du ja, kämpfen nicht, alles zu schlapp.«
»Wären ja sonst auch verrückt.«
»War ich doch selber mal zwischen gewesen, Gesangverein Halbe Lunge, mehr nicht.«
»Ach Scheiß.«
»Aber kommt noch ganz anders!«
Atsche, der Leo was klarmachen wollte, auch trösten, auch bitter sich selbst, dumpfe Hoffnung auf kämpfendes Volk, wusste nicht, dass er diesmal nur zufällig noch am Leben war. Er hatte sich in der Verhaftungsstunde frech raus ins Scheinwerferlicht gestellt, und Rigo, vom Fenster her, hatte ihn schon ganz nah bei sich, scharf im Visier. Aber Emmi, die kennt ihn, die war noch nicht draußen, extra noch nicht, solang Rigo da steht und starr noch hinter dem Vorhang lauert. Und haut ihm die Flasche aufs Handgelenk, weil »paar Wochen Gips find ich besser für dich, als lebenslang oder gleich Kopf ab«.
Balthasar, öde verärgert, »dass sie uns nicht zu Schuss kommen lassen«, wollte, seit der sich nachts »ganz geil über kleine Mädchen gebückt«, an Leo sein blödes Stück Traum loswerden, »Mitschnacker, oder was bist du?«, aber Meier verbot ihm das, »mitten im Einsatz noch menschliches Wollen«, bleibender Wert und Gefahr. Ole nannte das Reden von Meier »schlimmer als Hunde und Kopfschuss«, und Leo verstand ihn noch nicht. Er wollte die Tatsachen wissen. Was war in dem dreckigen Haus? Wer war verboten, und oder wer war gerecht? Schwalm gab ihm nachsichtig Rechtsbelehrung.

In Sprache und Lehre von recht und schlecht kam Leos Vater nicht vor, nicht seine Angst, nicht bestohlene Arbeit, auch kein Fest, kein Fleiß, kein Tanz, kein Traum von der Harmonie, und auch keine Tränen Ilonas, nur die ordnungsgemäße Wahrung eines Besitzrechtsstandes, nur der Anspruch des Eigentümers auf sein bedrohtes Rechtsgut, »das es jeweils zu schützen, zu wahren gilt. Zu wahren, hören Sie dem einmal nach, denn so hat ja Ihr Dienst, das wird Ihnen helfen, stets und zuerst auch mit Wahrheit zu tun«.

In Wahrheit also mit so einer Wahrheit für Leos Vater, für Leute in Arbeiterhäusern, kein Eigentum, also kein Schutz. So konnte er nun auch verstehen, wieso sie den Schutzmann Leo Kantfisch vom Nachbarsmädchen Ilona Witt rasch wegbefohlen, gefangen hatten.

Gefangen. Wer sagt das. Wo kam ihm das her. Wer war gefangen. Er doch wohl nicht. Er war doch ein Schutzpolizist. Wer aber, was war zu schützen. Und wer ist besetzt. Und wer stiftet Ruhe. Und wer die Unruhe in den Häusern, in unseren Häusern. Unseren Häusern? Wer wir?

Jetzt verstand er auch jenes Wort, das er am Tag nach der Hausbesetzung durch die Schutzorgane der Eigentümer überall in den Zeitungen fand, »unsere Sicherheitskräfte reichten kaum aus, um die von Hetze gepeitschten Leute endlich in Schach zu halten«. Unsere Kräfte dann also nur die der Schweine, nie aber die vom Volk, von Schlosser. Und meine Kräfte? In Wahrheit für dreckige Wahrheit. »Und ab nächsten Ersten«, lächelte Schwalm, »monatlich sechs Mark Kampfzulage«, für Kampfgeist gegen gepeitschtes Volk.

Er verließ das Zimmer des Lehrers unruhig laut, »alles klar, vielen Dank«, noch gut ein Jahr Dienst, dann hier raus, Abitur, dann Schulgeld für Wissenschaft. Lerngeld aber woher denn? Aus Polizeiamtsstuben? Welches Wissen werden die zahlen? Erst mal das Wissen der Waffen, pass überall ganz genau auf.

Wachsam bleiben

Er fand sein Haus, zwischen Gittern und Gittern, alles nur dunkel und eng, und achtete denn auch beim Flurbodenschrubben, Innendienst Stube 2, nicht auf die schön junge Frau, Brille auf, lässigen Schritt, die mit Zollstock und Handzeichenblock und Erlaubnis die Schupokasernen besichtigen durfte, Dienstauftrag, Baubehörde der Stadt, der Briefkopf schien durchaus auch echt, Nachbaukontrollen, Verschleißmerkmale, für die Sicherheit, wessen Sicherheit, ist von Amts wegen nichts gut genug. Und gleich auch paar dienststrenge Kleinigkeiten ins Taschenheft eingezeichnet: Fernsprechschaltkästen, Lichthauptschalter, Alarmstufenplan, und gern auch den baulichen Istzustand der Waffenkammern und -keller, Lage, Verschlusssystem, Zugang, mal festgestellt, kurz mal schön wahrgenommen, Wahrheit, jetzt mal für uns.

Karo hatte, trotz Leitungsdebatte, »so nicht, Genossin, kein Abenteuer!«, Briefkopf und Stempel bei einem Grafiker, den sie durch Krischans Künstlerkreis kannte, setzen und nachschneiden lassen. Und als sie im Schwalmschen Unterrichtszimmer ein vergessenes Übungsheft liegen sah, nahm sie das sachte für Schlosser mit, »kannst mal ausdenken, wie so was richtigrum läuft«, Verteidigung eines Häuserblocks: Rechtzeitig durch verdeckte Späher Verdachtspersonen beobachten lassen, Vorfeldabsperrung, Hindernisnutzung, Gebäude mit dort schon vorhandenen Mitteln zur Verteidigungsstellung ausbauen, Fenster, Balkone, Erker und Tore mit Teppichen, Tüchern, Matratzen und Kohlen absichern und verstellen, Vorhänge werden als Sichtdeckung zugezogen, Wasser ist gegen Brände bereitzuhalten, gleichzeitig allseits wirksam in Schussbereich jeglich versperrter Zugang und sämtliche Hindernisse, und Ausfallgelegenheit auch über Dächer und Hinterhöfe den Kämpfern bekannt, und sind vorzubereiten Äxte, Scheren und Hammer,

Stacheldraht, Lampen und Notbeleuchtung, Trinkwasser und Verpflegung, Munitionsreserven und Handgranaten, und je Stoßtrupp zwei Handgranatenwerfer, und je Stoßtrupp zwei Karabiner, und auch zwei Maschinenpistolen, »und die Herrschaft endlich gefangen, und weg damit auf Sammeltransport«, Elemente erfassen, auf gehts!

Aber Schlosser blieb stur und klar, »wir werden uns nicht provozieren lassen«, und legte die Beute von Karo vorsichtig tief weit weg, Zeug, das Mauern sprengt, schlingendes Wasser. Denn kaum war er aus der Haft wieder frei, lag er im Kampf gegen Zeitungsschreiber, Leitungsbeschluss, »klär das auf, da will uns einer ins Messer jagen, stell fest, wer das ist, wer den Einheitskampf stört. Der muss weg«. »Was weg? Wer denn weg? Das sind wir doch selber!« Wer wen.

Denn nicht nur Karo wollte am liebsten, dass diesmal endlich mal stimmt, was die Schweine da neuerdings Tag für Tag in Jammerschrift an die Leute hinschmieren von den heimlichen Plänen der Roten: Verdeckt hinter wütenden Fäusten, hieß es, kursiert zur Zeit ein Planungspapier, das es den Kadern zur Pflicht machen will, sich über Reichswehr und Polizei, Bewaffnung und Kampfleitzentralen die nötigen Kenntnisse zu verschaffen. Forscht, heißt es frech wie einst vorm Oktober, nach Gesinnungsfreunden in Uniform. Vorsicht, Genossen, rufen die Hetzer, ihr befindet euch mitten im Krieg, im Kriegszustand mit aller herrschenden Macht, seid klug! Das Heer der betrogenen Massen, die Millionen, vertrieben aus Arbeit und Brot, warten auf euer Kampfsignal, euer Wissen und euren Mut!

»Und genau das stimmt auch und werden wir machen.«

Aber Schlosser hatte gelernt und beschlossen, so was reden sei Provokation.

So wollen sie uns in ihr Messer jagen.

Dann nehmen wir besser die Messer gleich mit.

So wollen sie uns durch die Augen schießen.
Dann lernen wir, wie man noch schneller schießt.
So wollen sie uns ihren Kampf aufzwingen.
Wie denn, wenn unser Kampf läuft.
So wollen sie uns von den Massen abspalten.
Geht nicht, die sind wir selber.
So wollen sie uns zu Verbrechern stempeln.
Stimmt auch, dann brechen wir durch.
So wollen sie uns dem Gesindel gleichstellen.
Gesindel hält still den Kopf unters Knie. Wir nie.

*

Schlosser blieb in Ordnung allein auch in den schleppenden, fluchenden Wartehaufen vor den Arbeitsamttoren, Geldsuchefluren, Schreifallfenstern, Raustreibetüren, Neinsageschranken, knurrig klein gegen riesenhaft Hass. Und wenn er da planend und redend und schweigend mitten im Wust der Verzweifelten stand, gebt uns Arbeit und Brot, sonst schlagen wir tot, und Karo gleichzeitig lachend und hetzend ihre Leute da rausholt, Rottrupp für Training in Gruben, und Hoffnung macht und heimlich sagt, dass wir sie totschlagen wollen, nicht Frieden lügen und scheinbar nur Krieg, und er gleichzeitig neben ihr, hinter ihr, auch die Knechte der Schläger sah, wie sie Hass einkaufen und Schande und Angst zur Rettung der weißen Bande, wie sie Volkswut gegen das Volk verkehren, Hoffnungen gegen sich selber verstricken, dann fiel er in reißende todernste Angst, wie das klemmt und rennt und gar nichts erkennt, denn er wollte, dass alle ihr Leben haben, schön rotes Leben, wir selbst, aber keine verrückten Kämpfe und Tänze, dann lieber das Glück in kältester Ordnung. Rotfront.

Auf der Werft war er Fachmann für Präzision, Verschraubungen, Hammer und Keil, Nietungen, Zapfen und Achsen, Seiltriebe,

Sperrwerke, Transmissionen, und dazu noch, draus her, darüber, dahinter Lohnraubschiedsspruch, Verschärfung des Kampfes, Arbeiterrat, Bericht, Diskussion, Streikleitungswahl und Höchstaktivierung und Aufbau von Abwehrkampfkräften gegen all die bewaffnete Staatsgewalt, in Ordnung alles und Übersicht und Mut und klarer Beharrlichkeit, und schließlich auch alles Erfolg, denn schließlich, gegen die Waffen der Herrschaft, Einlenken, diszipliniert, Opfer vermeiden, nichts provozieren, gewaltig vernünftige Klassenkraft für zwei Pfennig Nichtlohnraub ohne Gewalt schon wieder fleißig und stumm.

Vorm Arbeitsamt Kohlhöfen, gleich beim Großneumarkt, hatte ein Junge mit Krummpuckelhoffnung und nichts in der Hand und im Magen zu lange auf Arbeit gewartet, wie hat einer Arbeit, woher, und dass er dann die mir geben kann, oder nicht, oder doch, wo hat der die Macht her, komm her, geh weg, steh auf, mach schneller, bist tüchtig, bist Dreck, geh weg, steh auf. Aber stand nicht gegen die auf. Stand nur leer in den Fluren, auf kalten Treppen, im Gitter all dieser Fenster und Formulare, alles nur zerrende Bilder, schwankender Wortewald, windige Ängste ums Herz.

Die Sonne draußen, nach stundenlang Graugang, Dreckbüro, Finsterspruch, schlägt ihn wie krachender Stein, er sieht nichts, will kotzen, schleudert die Arme nach einem Halt, der brüllt aber, schlägt aber, schießt aber: »Halt!« Der Junge hat sich vergriffen, fällt um, läuft aus, scharrt krumm, liegt stumm. Am Ohr paar Gamaschenstiefel. Denn dem Beamten liegt die Pflicht ob, sich bei Angriff oder Gefahr eines solchen dienstfähig zu erhalten.

*

Schlosser stand nun erst recht klar, »da hast du die Folgen von Provokation«, aber Karo ließ das nicht zu, denn »dann sind wir schon jedes Mal Provokation, bloß weil wir das nicht mehr ertragen, bloß

weil wir uns nicht im Stich lassen wollen, denk das doch endlich mal nach«.

Sie hatten alles genau gesehen.

Als der Junge, so blind und krank und verjagt, aus dem Ämtertor raus vor sich hingeschwankt war, gesucht hatte und geflucht und gebrüllt, und am nächsten Schatten sich angeklammert, an Haken und Hände und Knöpfe getappt, da war der Schatten ein Polizist, Schupodienst für die Ordnung an Ämtern, und dann war das alles schon Angriff für den, schon Chaos und Unrecht genug. Und zog seine Dienstpistole. Und von oben her sah einer nicht lange zu, Maurerkollege schräg rüber, im Baugerüst zwölf Meter hoch. Und der hatte nicht nur den Wachmann im Auge, sondern auch gleich die Wut im Kopf und den passenden Stein in der Hand. Und, ganz klar, auch bei Schlosser, paar Herzschläge lang, der Funkenschatten von Glück im Gesicht, die Verständigung, besser als Redenhalten und Treue und Fahnen und Ordnung, unser Stein, den jeder versteht. Und der Stein hatte bitter genau den Rücken des Waffenträgers getroffen, und die Kugel aus dessen Waffe die schreienden Augen des Jungen.

Und Schlosser sagte, »hätte der Baukollege nicht seinen Stein geworfen«, und Karo sagte, »hätte der Schupoarsch nicht seinen Colt gezogen«, aber Schlosser brüllte, »die ziehen nun mal!«, aber Karo brüllte zurück, »dann ziehen wir bald maln Tick schneller!«, und hatte jetzt keine Lust mehr. Hatte für diesen Tag keinen Mut, nun auch noch mit Ella Kantfisch zu labern, Witwe von Meuterwilli, Schwiegertochter von Opa Friedrich, Schwiegerschwester von Schupofips Leo, die stand nämlich in der Arbeitsamtschlange schon beinah fünf Stunden so Schritt für Schritt wie all die Tausend sonst auch, und Rita, die Tochter auf Zahnarzttreppen, bald zehn, hatte ihr Stück kaltes Essen gebracht, »das kann nämlich manchmal was länger dauern«, aber jetzt war hier Schluss, »Schluss da mit Schuss, hopphopp, zackzack!«, Balthasar und noch paar Einge-

teilte schoben das Volk von den Toren weg, »gehn sie mal los hier, nicht stehen bleiben, weiter da, vorwärts, nicht Gruppen bilden!«, und Ella schrie alle schlapp an, »stundenlang rumstehn und alles umsonst, und alles wegen Krawall von Kommune, da sollt ihr mal zwischenschlagen, nie Ordnung und Arbeit für mich und mein Kind, bloß alles Juchhei und Aurora«, und haut Rita blau, weil die Flecken am Kleid hat, vom Suppekochen, der Herd ist zu hoch, und weint, und sieht auf den toten Mann, reicht ihr schon längst, dass sie nicht einen hat, und schreit gegen alle und reißt sich am Kleid, und weiß nicht mehr, wie sie das machen soll mit dem Kind und nie Arbeit und nie mal Stück Rente, für Willi, für Kämpfer noch nie.

Schlosser ging noch ein Stück mit ihr mit, »der war nicht von uns, bloß Provokateur«, die wär doch sonst auch eine mit von uns, bloß verhungert und alles verschunden, und das will ich ihr bald mal erklären, »in Frieden alles und Arbeit und Brot, und Aurora heißt Freiheit, auf Russisch«. Aber Ella sah ihn kalt an: »Sabbel dich rund, kannst kugeln.«

Und ging nächsten Tag, ohne Arbeit, wohin denn, ins Gericht wegen Pohl gegen Lassally, und da sagte der Pohl, der als Polizist im Dienstzimmer des Herrn Regierungsrat L. auf den Dienstherrn ganz kurz mal abgedrückt hatte, »ich möchte euch alle erschießen, mich auch, uns alle, wen sonst, was denn sonst! Die Staatsführung muss mit Waffengewalt heruntergehauen werden. Aber macht keiner, alles legal. Ich bin gegen Rot, alles viel zu zahm, aber paar von denen sind tapfer, die sind mir nicht unsympathisch, die wollen so Herrschaften bald endlich mal mit Waffen aus ihren Amtsstühlen holen«.

Da dachte Ella in ihrer Wut, »vielleicht hatte Willi doch recht«, aber Schlosser dachte beim Zeitungslesen, »der Gegner nimmt jede Gelegenheit wahr, um uns zu denunzieren«. Seid wachsam. Das ist ein Befehl. Dann lieber kältestes Glück.

Atem an Atem

Von Glück war in Schupokasernen noch nie die Rede gewesen, nur Atsche meinte, »was wollt ihr denn noch, hat der Junge doch Scheißdreck schnell hinter sich«, dein Leben, »doch, Leo, deins auch, alles Quatsch«. Sie redeten über den Arbeitslosen, an Schatten geklammert, steh still, bist Dreck, und Schwalm-Böhnisch fügt munter hinzu, »ein Notwehrrecht gegenüber Beamten, die sich im Dienst befinden, ist jedenfalls ausgeschlossen. Paragraf einhundertunddreizehn, die Herrn. Gute Nacht«, piffpaff.

»Ich nicht.«

Leo misstraute dem Mann.

Und als sie, die Tage danach, neues Recht sich einüben lassen sollten, Planspiel Heft drei, Seite einhundertacht, Einsatz bei Plünderungen, da fragte er sich, nicht Schwalm, wenn wir Banken schützen und Kaufhaus und Schlachter gegen das hungernde Volk, wann schützen wir mal die hungernden Leute gegen das Pack, das sie hungern lässt? Ich bin nämlich auch gegen Plünderei, guck meinen Alten mal an, und alle nämlich, und alles nur Arbeit, und ausgeplündert und nichts in der Hand, »ich schon«. Er bohnerte sacht mit Kette und Werg und schwarzsüß duftendem Öl die Felder und Züge des Dienstkarabiners, Dienst klingt ganz gut, bloß für wen? Miete von meinem Vater rausdrehn, für wen, Hungerschlag gegen die Banken abbiegen, für wen, Häuserkampf gegen den Hausherrn einzingeln, für wen, den Jungen, der Hass hat, vor Amtsstuben wegnieten, »dreimal darfst du mal raten, für wen so was alles ein Dienst ist«.

Aber sehn erst mal, überall flink schlau pass auf. Und beim Begräbnis des Jungen erst recht. Leo war immer schon spitz auf Museum, »sechs Mann nach Ohlsdorf*, Kantfisch, du auch«, Zwischenfälle vermeiden lernen.

Fällt aber keiner dazwischen, bei denen, steht alles dicht und ernst unter Fahnen wie sonst zwischen Kerzen bei Konfirmation, und Lieder und Fäustewald, letztes Gefecht, und Brüder, das Sterben verlacht, bloß lacht leider keiner, alles verpackt, und aufmarschiert wie auf Brettern, auf Andenkenbildern, Ewigkeitswert, unter Glas im Museum am Rothenbaum, was rot?, nicht blutrot, bloß plüschrot und stramm, und Blick weit voraus, alles Gräber. Aber Leo fand das ganz gut, so ehrlich streng und erhaben, »nur haben die nichts in der Hand, die Kollegen. Bloß ich!«.

Er grinste den einen aufmunternd an.

»Haut dem Schupo aufs Maul! Der lacht uns glatt aus!«

Ja, Bruder, lach mal, das Sterben verlacht!

Aber Leo fällt zwischen Stühle, wird vorzeitig von der Bühne geschleppt, innendienstkrank für paar Tage. Und Bullenpredigt von Schleichredner Meier, »das hätt Ihnen ich nicht zugetraut, Lachen am Grab, wie kommt Ihnen das, Bolschewiken sind endlich auch Menschen«. Endlich ja, wenn sie mal tot sind. Gräber, Genossen, weit Gräber.

Leo sieht blass, eng weiß verwickelt, Nasenbeinbruch und Jochbeinriss, alles Matsch. Von nun an hat sein kleines Gesicht den Schatten, den Ernst eines gefangenen Boxers.

*

Gefangen? Schon wieder? Nun aber mal ehrlich: von wem? Sie hatten ihn nämlich, im Gegenteil, nach einer Razzia, paar Tage später, als Aufpasser abgestellt, »alles drei windige Burschen, pass auf!«, Rauschgift, Diebstahl und Zettelkleben, Widerstand gegen die Staatsgewalt, zugiger Hinterhof Utrecht-Straße, morgens, der Magen hängt schlapp bis ans Kinn, klammgrau die Nässe der Dämmerstunde in Jacke und Auge und Herz, und die Walther im Lederzeug zerrend schwer, »hat aber Spaß gemacht«.

Aber Leo hatte das seinen Kollegen nicht glatt bestätigen mögen. Er dachte, wie sich das alles schließt, wie sich das durch diese ersten zwei Jahre immer mehr ausübt und präzisiert, das Einkreisen, Abschließen, Einfangen, Abwürgen. »Notwehr«, »erst schießen, dann fragen«, gegen Stadtteil, Straße und Kneipenstube, Küchenstube und Kinderstube, für Ordnung war irgendwie alles egal, für wen. Für wen all die Einkesselei, der Topf, am Ende die Grütze, der Fraß? Oder bin ich ein Küchenjunge? Die ganze Gegend mit Netzen abfischen, in Kessel treiben, in Kisten und Kästen und Knäste eindrücken, wem schmeckt diese Welt noch? Mir nicht. Und was Elemente erfassen? Das lies mal vorher mal lieber mal nach, wie das geht mit so Elementen, nämlich Grundstoff, in welchen man Körper zerlegt, aber Stoff, der selber, »lies das mal nach«, aller Weiterzerlegung standhält. Sich ihr hartnäckig widersetzt, ganz kleine, ganz harte Kerne.

Die Gefangenen spuckten lachend aus, ohne auf ihn zu achten.

Er ging hin, die Handfesseln prüfen. Drei Mann aneinandergekettet, er selbst frei allein. Er schlich ans Hoftor, ob Ablösung kommt. Oder was bin ich fürn Stoff?

*

Überhaupt keiner, Knieficker, Pappkamerad, »und längst nicht mehr einer von uns«. Denn wo Rigo war, war keine Arbeit mehr, kein sauberes Bett und jedes Mal Essen, kein Zeug an, und längst kein Respekt, nur »alles Rebellen«, ganz klar, weil »das muss endlich alles bald anders werden«, er flippte nach hier und nach da und nach dort, »besser, du hast keinen festen Platz, dann packen sie dich nicht so leicht«, das Pack, seit Marliring hieß er nur Brumme, »geht keinen was an, wie ich heiß«.

Überhaupt all die Wärter und Namen und Fahnen, er legte sich nirgendwo fest, stand lieber jederzeit auf und lief los, »und wohin,

das ist dir egal«. Das warf Schlosser ihm einmal noch warnend nach, aber Rigo winkt ab mit Nilpferdehänden, »als Schaffner schaffst du das nie, dein Fahrplan bringt alles bloß hin und zurück, mit Linienbus kommst nicht nach Glücksstadt«, nämlich Glück alles schwarz und noch weit und verzerrt, aber »habt keine Angst, das muss!«.

Das saß ihm wie Haken im Fleisch, Hoffnung wie Biegen und Brechen, offenes Land aus finsterstem Punkt, »raus, wo wir alles mal selber machen«, all unser Land, aber alles verhängt, verführt, verbückt in Schleppen und Schlecken, Laufgang vom Fangen bis Türen verrasseln, Einschluss, die Menschen, all unser Volk, verplündert, verjagt und verschlossen. Aber was jetzt? Er wusste nicht, was. Er war nur immer dabei. Denn das Land hier wie damals er selbst: Westküstenmarktplatz, Knüppel und Kniff, Einkreisung, Hände hoch!, gebt alles her!, an Ketten die Wege und Fahrten, Fragen und Schweigen, Warten und Hunger und lauter Treppen, und Schlösser und Schlüssel und nichts, dann nackt unter Lampen, gib her, bist Dreck, dann in Grauzeug geworfen und vorwärts, der Weg immer enger und bänger, der Rasselgang, Schellengang bis vor die Wand, letzte Tür rechts, knack, aus. Genau dies und blind der Weg rings im Land, Gänsemarsch bis an den Umkehrpunkt, Einschluss für alle, »wie komm ich hier raus«, »das muss!«.

Alles Fragen und Reden in Elend und Wut bis hin gegen Gitter und Stein, an den Arbeitsplätzen, auf Puffmatratzen, in Sturm und Parteilokalen, aus Ämtern, Streikbuden, Hansaplatzbüschen wilde Kollegen, den Rücken zur Wand, »jetzt raus!, haut die Herrschaft in Dreck!«, Sieg Heil, »ist egal«, Rotfront, »ist egal«.

»Ist nicht! Halts Maul. Und trink erst mal was.« Karo ließ ihn nicht los. Sie saßen verhockt am Ofen bei Alma, Eckkneipe Große Brunnenstraße, Nebel vor Fenster und Tür, nass Nacht, Soho, wo komm ich hier raus, »sowieso alles kriminell«.

Sie hatten sonst kaum noch zusammen zu tun, bei Karo lief alles

verdeckt, und tagsüber jeden Tag Baubüro, Berechnung in neuen Maßstab umschreiben, Zeichnungen sauber kopieren, aber heut hier, die weißbraunen Schlägertrupps, Hetzschriften, Glasbruch und Prügeljagd, »hol ihn da raus«, »mal sehn, wie«. Denn Rigo stand nämlich schon Schild am Hals: Die Juden sind unser Unglück, und Karo wusste, dass Rigo nur lernt, wenn was mit ihm passiert, denn erst mal denkt er, »die meinen die Banken«, und Karo kann zehnmal sagen und fluchen, »die nie, das geht gegen uns und dich«, sagt Rigo trotzdem noch dreimal so stur: »Die Banken sind unser Unglück!«

»Das stimmt. Schreib das auf. Und häng das am Hals. Los, geh!«

Und Rigo schlönzt schlapp noch mal hin in den Haufen, neues Schild am Hals, schwarz auf packbraun: Die Banken sind unser Unglück. Zwischen Krummpuckelvolk gegen Juden.

Das guckt aber weiter nicht hin, das Volk, nur kurz immer dumpf in den leeren Sack, dein Leben, wir alle, versackt und verarscht, den Hungerblick wild in den Hungerblick matt der Passanten, alles umsonst.

Aber Karo war in der Nähe geblieben, »ablenken, falls du Ärger bekommst, irgendwas fällt mir schon ein«. Aber fiel ihr vor lauter so Wutgesichtern, »die sehn vor Hunger und alles Verrat schon selber bald aus wie die Bullen«, erst mal das ein, was später mal kommt, alles Gräber, Genossen, Gräber. Und starrte schwarz weit über Straßen und Stein in all diese armen Gesichter, verhangen, verfangen, versaut, »und werden sich nie wieder trauen, vielleicht«, aus Ekel nie wieder kämpfen, nie mehr die Faust hoch, wenn du das siehst, wenn du dich später mal schrecklich ertappst, gelinkt, gelenkt, alles abgelenkt, deine Rachefaust nur gegen schutzlose Juden.

Noch standen sie aber hart und still vor den Banken, das Pappschild am Hals, die Kette zum Würgen, der Preis.

Bis von Baggermenck schrägher der Doktordirektor mit Zipfel

und Schmiss, dieser Antreiber, Rausschmeißer, Anstifter, Eintänzer mattstramm durch all den Nebel marschiert kommt, Brille hebt und verhält.

»Sind Sie krank, Mann? Achtung! Den Unsinn vom Hals!«

»Hände weg, Vater, sonst knallts.«

»Einheit? Wer hat diesen Mann bezahlt?«

»Stopp mal noch, Männchen, du zahlst jetzt gleich«, und Einheit wär unbezahlbar.

Dem Chefaffen fuhr Rigos Hand ins Jackett, »spendier hier mal was, alles kalt«, und fand die 08, und warf die eins weiter, und schlug den Direktor an Augen und Herz, und hob den Schinder vom Boden weg hoch und hängte ihn gegen die Wand, von Kniehöhe aufwärts nur nasser Sack, »jetzt erzähl mal was, Hauptmann, was ist?«.

Das hätte für Rigo zu eng werden können, im Rücken hat er jetzt keinen Schutz, die Arme, den ganzen Zweizentnerkerl, braucht er zum Stemmen, egal, was ist, »was ist mit dem Schild, du Gehackter?«.

»Nur der Unterschied«, blutig matt, »dachte ich«, frech noch.

»Banken von Juden, nicht wir.«

»Doch, ihr!«

»Banken!«

»Und alles das Pack!«

Die Schilderkerls standen für Rigo Schutz, »schmeiß rüber, das Schwein!«.

»Der hat selber ne Bank!«

»Für wen hat er sonst die Kanone?«

Sie trieben den Herrn, bis er blass im Dreck lag, in Mottenburg half dem keiner. Und keiner mehr Schilder am Hals. Nur einer mit Brille sagt »Judensau« und bückt sich nach Geld bei dem Dicken. Aber Rigo lacht, »Blödmann«, und tritt auf die Pfote, und haut auf die Brille, und wendet sich weg, und bringt zwei Schilderkollegen

zu Karo, »zwei Mann von Ratjen geklaut!«. Und von Alma für jeden was Heißes.

Nächste Nacht Rehmstuben Ecke Himmel, Bullenpapier, die Regierungszeitung, das Klagelied vom Mörderkontakt zwischen Weiß und Rot, vom Aufstand der Massen und Raubüberfall und »guck mal, die haben schon Angst: Unterwanderung von nationalen Kräften«, Rotfront!

Und damit die Kollegen noch schnell was lernen, von ihm, und nicht nur von Karo, legt Rigo los und erzählt, wie der Sturmführer neulich, »von Ratjen der Mann, der sagt zu mir: Heute Nacht Hansaplatz, Klinsch und der Pfleger von Adelheid Witt, die locken wir weg hinter Scheibels Lokal, die gehn ab! Und ich sag noch, die nicht, sag ich, nie auf Kollegen. Sind keine, sagte er mir, laufen fremd. Na, was sag ich, bist doch kein Pastor! Nee komm, nicht so, das sind Funktionäre, da kämpfst du noch gleich gegen Moskau. Moskau, sag ich, sind auch so Kollegen, genauso für Freiheit und Brot. Nie, sagt er, Fremdherrschaft!, gegen die!, morgen Nacht, ruckzuck, Sieg Heil! Aber gegen die nie, nur bloß gegen Herrschaft, Rotfront!«.

»Da könnt ihr auch gleich mal klar einschätzen lernen, wie sie die Klasse spalten.«

Schlosser war froh, wie Rigo versteht, »und während der Gegner uns antreiben will zu konterrevolutionären Aktionen, und als Fremdherrschaft denunziert, was uns allen das Teuerste ist, das Land, die Stadt des ruhmreichen großen Oktober, hängt er sein Glück, seinen Sieg über uns, an die Herrschaft der Monopole. In Düsseldorf neulich, Geheimgespräche*«, er zog ein Papier aus der Hosentasche, »erlaubt mal, Genossen, ich les das mal vor, und hört mir noch eben mal zu«.

»Nee. Lesen kann ich allein.«

Das war Alfons, der eine der beiden, die mit Rigo vom Braunposten gegen Juden weg waren zu den Roten, und der redet hier

jetzt noch weiter, »drucken kann man ja viel, und was ich sagen kann ohne Zettel, das hab ich dann auch verstanden, und zwar war das neulich so: Ich sag zu Ewald, weißt ja, Sturm zwei, ich sag, wir machen Bestrafung. Wer im Werk oben oder im Rathaus, Polizeioberst oder Berlin oder hier, ganz egal, wenn er gegen das Volk steht, und hat er die Macht und alles Gewalt und alles bloß gegen uns alle, den pusten wir auf, den räumen wir weg, da machen wir kurzen Prozess, weil das Spaß macht, weil nämlich unten bei uns alles nie richtig Spaß macht, und weil, das kannst du schon lange erkennen, wer für das Volk ist und wer nämlich ganz genau nie. Und weißt, was der Sturmführer sagt?«.

»Wir sind keine Mörder, Genossen.«

»Genauso ungefähr das. Und das kann nämlich nur die Führung entscheiden, Kopf über Hand und der ganze Scheiß, und eben auch, wie das hier Rigo schon sagte: nicht die Bonzen bei uns, da gehn die nie gegen vor, da gehn die sogar noch für hin für Geld und Befehle und alles in Ordnung, und alles nur gegen was irgendwas Fremdes, oder wie denkt er sich das? Und ich sage noch zu ihm, was mir fremd ist, sag ich, das sind die von oben, die gegen uns stehn, und sag ich, das ist mir doch scheißegal, ob die von hier sind oder von Antofagasta, die Blutsauger, Antreiber, Menschenfresser, die mein ich, und am besten zuerst die von hier, von hier bin ich nämlich genauso!«

»Wir dürfen nichts provozieren, Genosse.«

»Ja, weiß ich. Du redest wie der.«

Alle sahen verbockt auf Schlosser, und Karo fand alles traurig verrutscht, und weil sie hier jetzt was feiern wollte, die beiden Neuen, und sowieso, »guck mal, Schlosser, Feste und Kampf, das darfst du nie auseinanderziehn!«, zog sie jetzt laut dazwischen, mit Pudel und Kuddel Mäuser, den hatte sie sich grad neulich erst aus Krischans Leitungstheater geklaut, Rote Raketen, egal, geschenkt, »los Pudel, mach, leg dich hin!«.

Das war so ne Nummer für Kneipentische, tanzen, da hängen sie doch rum!, und sie schoben die paar sechs Tische zusammen und drauf, Kuddel als Boss mit Zylinder im Puff, Pudel, mit unterm Rock keine Büx, als Arbeiter, wie der sich hinlegen muss und rutschen und klettern und lutschen und fleddern, und Karo als Zuhälterkönig, als Schleimscheißer von der Gewerkschaft, Pudels Schutz, damit der beim Arbeiten nichts passiert, Kuddels Freund, damit der von Pudels Arbeit auch schön geil lange was hat, und von beiden beim Ficken Stück Geld an Karo, Schmiergeld und Hoffnungsgroschen, alles ganz klar, so läufts, aus ganz armen Ärmeln geschüttelt, flott Trampellieder und blankes Bein, und Hass auf den Typ mit Zylinder, und Verachtung für den, der das hinhält und deckt, und Liebe, ach schön heiße Liebe, für den Arbeiterarsch von Pudel.

In Rehmstuben heiße Nacht.

»Jawoll, Mensch, so wirds gemacht!«

Pudel schmeißt Kuddel und Karo vom Tisch und tanzt noch mal schnell einen Solo.

Aber Schlosser fand das zu einfach, wohl heimlich Lust auf verhextes Glück, aber Schreck vor dem tiefen Wasser, und wollte an Rigo und Alfons und Jupp noch immerhin trotzdem paar Kenntnisse bringen, »wir müssen uns dem gesamten Parteikader eingliedern lernen, Genossen, in Einheitsfront gegen Faschismus vorstoßen, uns zu vorschnellen Handlungen durchaus nicht hinreißen lassen, und nicht etwa als ein winziger Teil unserer Riesenfront selbständig handeln, und damit Verwirrung anrichten« –.

*

»Ja, ist gut, und nun trink auch mal was.«

Karo war bei ihm sitzen geblieben, sonst keiner, die Bude war still und kalt, »alles Ficken«, er zerrte mit starrer Hand die Haut

in seinem Gesicht, zerrte auch noch mal das blöde Wort, »alles Ficken, das ist Schweinerei, kein Kampf«, aber Karo saß fast schon so bitter wie er, »aber Ficken wolln sie doch alle, und klar, das fühlt sich schön an, und wenn unser Kampf mal so schön fühlt wie Ficken, dann werden auch alle kämpfen«.

»Du bist ja verrückt. Dann liegen sie dir bald nur rum.«

Ihm lag die Hand aber, als er das sagte, schon grau und rau unter Karos Haar, auf der weißen Haut unterm Hals unterm Hemd, und der Kopf hing wie Stein, und die Hoffnung nur nah noch Atem an Atem, und am liebsten nie wieder ein Wort.

Und am liebsten hätt Karo den armen Kerl sich mitgenommen auf Zimmer, mal zärtlich die Arbeiterhose vom Arsch, mal still schön Stück Glück zwischen beide Beine, ging aber nicht. Sie ließ ihn nicht mit, kannte die einsame Frau von dem, dachte auch, dass er danach vielleicht plötzlich laut jammert und flucht, und war doch schon selbst nur knapp munter, »komm los, Genosse, ich hab noch was vor, und nachher, die vom Steinbruch, die ganze Verteilung, trink aus«.

Sie zog ihn forsch flott die Stufen weg rauf aus der Souterrainkneipe, »los, komm«, die Räder blank nass im Regen, eins kalt ins andre gelehnt, »grüß zu Haus«, »machs gut«, alles Arbeit, allein, aber Kampfarbeit, aber kaum Glück.

Sie winkten sich, paar Ecken weiter, noch zu, Schlosser gradaus und Karo nach links, jeder klatschnass den Weg, den er kannte.

*

Nur meistens nach solchem Reden von Schlosser fragte sich Karo, was der sich denkt, ob er denn überhaupt weiß und will, was sie als Posten bei Dezernat Waffen und Sprengstoff, doppelter Boden im Kampfgepäck der Partei, alles verdeckt und täglich und nächtlich zu organisieren hatte. Müsste er von der Leitung ja wissen.

Müsste er schließlich vielleicht auch nicht. Denn besser, du weißt nur dich selbst, und rechts und links deinen nächsten Mann. Denn sie kreisen schon ein und schließen schon ab, und einmal kommst du in Eisen, und würgen sie dich und reißen und fragen, und bist du schön stumm und dumm und bald tot. Wer tot, wer ich, wer wen.

Sie bäumte sich krumm über Lenker und Lampe, Hansaplatz war noch was hin, und dann Großneumarkt, dann Jarrestraße, aber was muss, das muss.

Je zwei Genossen als Taxifahrer, Hansaplatzstand und Großneumarkt, alles am Fleck, auf Punkt, auf Zeichen, Waffendepot im Kofferraum, Wagendienst für Transportkommando, Zwischenfall absichern, Watte machen, oder auch mal gegen Flitzer, ablenken oder mit Krähenfuß, oder auch mal für Fluchten. Einer von zweien war immer am Platz, zwischen nachts elf und morgens um vier, »alles todstill, Genossin, was ist?«, »alles kein Wetter für Hunde«, »ganz kalte Nase, das Kind, komm rein!«, »nee, Max, ich fahr noch Stück weiter«, »machs gut!«. Alle wollten sie alles gut machen, endlich was gut, auch den Tod.

Auch die nach Jarrestraße den Sprengstoff gepuckelt hatten, Kartoffeltransport vom Harz bis hierher, Steinbruchbude geknackt, die waren schon tagelang unterwegs, den Dreck und die Angst im Nacken, aber »Sprengstoff ist doch kein Dreck, Genossin!«, sie teilten die Ladung bis in den Morgen in Einkaufstaschen und Jacken und Büchsen von Harburg bis Meiendorf, Taubendachkammer, Werkbank und Schreberbude, »schmeiß noch was her für im Leichenkeller!«, Kuddel wie immer mitten dabei, Kuddel war Krankenpfleger.

Aber Karo zieht ihn Stück raus von da, »besser, hier sagt keiner, wer was wo, besser für alle zum Schutz«. Nur sie selbst muss sich alles merken. Und möchte viel lieber mit Pudel und Kuddel und allen und allen tanzen.

Kampftänze

Aber klar lässt der Regen auch irgendwann nach, irgendwann kommt auch mal schön wieder Sommer, aber nur schön noch dies eine Mal, zum letzten Mal bisschen schön, und am schönsten noch eben die Goldrostsprenkel auf Karos Eskimonase, sonst Einkreisung, Ordnungsschlag, Schließervergnügen, der Dreck von oben kommt blutig braun frech durch die Stadt marschiert, kalt durch die Augen geschossen. Aber Schließervergnügen immerhin: Krischan Pietsch hat ne Frau gefunden, lustig vollfett und kitzelig schlau, Lotsentochter aus Övelgönne, Rühmel sein liebstes Evchen.

Und Krischan findet hochinteressant, dass Evchen im Untersuchungsknast leitend die Schreibarbeit macht, Volksmädchen nie gegens Volk, Ausbildungsspruchmeier wird heimlich spitz, wenn er die demnächst mal trifft.

Und Evchen schmeckt schick, dass Krischan Pietsch dichtet und Chopin versteht und auf Schlössern liest und rote Raketen bis Rothenbaum schießt in Dichterkneipen bei Künstlerbier, unsere Lieder die sind wie Schwerter / und messerscharf sind ihre Klingen, bloß dass sie blöd nur in Ohren schneiden, und keiner Herrschaft den Hals ab. Aber lachen und quatschen und saufen die beiden, packen verloren des anderen Haut, laufen davon, alles Nacht, und schließen sich weg, und ficken sich wund, Feind steht im Land, was solls.

Krischan hatte ja nun immerhin auch schon so einiges hinter sich, gegen den großen Feind, gegen die winzige Furcht, gegen die stechende nässende schwärzende, gegen sich selbst all sein Trachten und Schmachten für all das Große und Ganze des Kampfes, notdürftig laut und blinkerfrech rot gegen Verzweiflungsnöte, Leitungstheater. Und so war ihm, der beiläufig etliche schöne Funktionstitel an sich hatte, nicht Lehrer, nicht Dichter, nicht Roter,

haha!, sondern hört mal, noch ganz was viel Geileres: Erster Leiter des zentralen Sprechchores unserer ruhmreichen Kampfpartei, und dann auch mal: Leiter, künstlerisch, des Arbeiterbühnenbundes, und endlich auch, richtig so schick mit Büro: Mitinitiator des antifaschistischen Schauspielerkollektivs, zur Herstellung breitester Einheitsfrontkämpfe, am liebsten, ganz klar, so Breitleinwandkämpfe, aber das kommt erst viel später, passt auf, jetzt erst mal Evchen Rühmel. Und war ihm, hieß es in Künstlerkreisen, ihr Kribbelköpfchen, ihr Strubbelfötzchen einstweilen Kampffeld genug. Trostacker, Schoßracker, stoß wacker hin, so stirbst du den liebsten Tod. Und Wissen ist Macht? Durchaus. Sie fand, er weiß gut Bescheid.

Und manchmal war sie denn vor seinem Wissen auch pummelig still. Das war, sooft er mit seinesgleichen, roten Lehrern und Dichtern, rotbunten Mädchen und sonstigen Blinkergelichtern »die Lage zu sichten«, »das Feld abzustecken« hatte. Da zeigte er herben Ernst, dünnen Überblick, bitteren Planungssinn, den Wissenshochflug eines Mannes, der fliegen will, ausfliegen, flüchten, schon jetzt, in den nächsten hohen Gedanken, um den Kampf zu vermeiden, den Tod, sich selbst, überlebensgroß überlebenskrank, feige und böse bescheiden, als einer, der meint, dass er jetzt schon, zuvor, Verantwortung trägt für danach, dem also der Kampf jetzt demnächst noch hier, nach Einkreisung, Einschluss und Augenschießen, nur »subjektivistischer Irrtum« ist, seiner Überschau doch wohl mehr unangemessen, und also wildhaftig zwar und stölzern »mit dem Herzen draußen die Kämpfer« begleitet, als sei all ihr Blut sein Blut, all ihr schwarzer Weg auch sein Weg, der aber lieber doch hoch hinaus ausdenkt, wirbelnd und zwirbelnd den Faden ausheckt, an dem er sich wegtasten wird, sich hochzerren, fesseln und binden, bis er für immer entkommt. Feinfingrig rote Gedanken, Denkstück für großen gebildeten Raum, mattgrünes Licht, ach Hoffnung: Denn, schrieb und sagte er Hörern und Lesern trotz Hannekens Spott, trotz Hunger und Schüssen und Ruhrclub-

verrat*, denn, pfiff er aus nackter Angst, allein gestützt auf verpflichtenden Sinn sozialkämpferischer Ideen, haben wir zu bedenken, wie wir zu retten imstande wären rotes Gedankengut durch die Epoche, die vor uns sich auftut, durch Drangsal und Illegales. Denn, sah er blank voraus, das Verbot der Partei ist wahrscheinlich, wenngleich sie keinesfalls daran denkt, den Umsturz von sich aus einzuleiten, vielmehr den scheinrevolutionären Appell an die Arbeiterschaft nur deshalb fortsetzt, um ihr Gesicht zu wahren, um gegenüber dem wütenden Volk die Führungsrolle zu halten, ein Spiel freilich, welches der Bourgeoisie längst genug Anlass gibt, den ganzen Spuk zu verbieten. Denn, wies er schaudernd nach draußen unten, die Massen sind herrenlos wild, und stärkste Triebkräfte kommen ihr nur aus nacktestem Existenzkampf, der sie jeder Erniedrigung zugänglich macht, ein ekelerregendes Schauspiel.

Volkskämpfe als Theaterspuk. Sie setzten das Stück lieber ab. Und so denn, warf er sich öde auf, bleibt uns als revolutionärem Kader nichts als doch immerhin dies: Die Tatsachen deutlich auszusprechen.

Weder Sache aber noch Tat, aber Gründung des Rotkämpferclubs, lauter Rotkäppchen gegen den weißen Wolf, na dann vorwärts, der streift eben Handschuhe an, der probt eben Gummischürze.

Und lachten und lächelten kopfschüttelnd kalt aus ihrem Mittelwegstucksalon herunter auf Karos Kneipentischtänze, »hat ja was Peinliches nachgerade«, »seht das mal an, sieht fast komisch aus«, »wärs nicht so kläglich dumm«, »tanzen wie Zirkusbären, die Töffel«, »hinken!«, rief Krischan, »hinken!«. Und sorgten sich fein empört gegen Hungerschläger aus Ratjens Haufen, höhnten verzittert »der Mob!«, »ohne Kopf das!«, »das kann ja kaum lesen und schreiben!«.

Und laut aus den teuren Radiokästen heulte die Herrschaft nach Ordnung und Zucht, nach Haussuchung, Heiland und Handbeil.

Da horchten die Kämpfer beim Tee doch lieber der Lesung aus Krischans Geheimmanuskripten. Dynamitstückchen nannte er die, Stückwerke allerdings, die weder sprengen noch sengen. Fanden auch drum nicht weiter zu deuten, dass Krischan für Evchens Ehenest um die Ecke verzogen war, von Rothenbaum rüber nach Mittelweg, war ja auch nur ein Sprung, die Kneipen blieben ja roth.

Zur Trauung sprangen sie in ein Taxi mit Blumen und Freunden und gutem Gefühl, offener Wagen und wehendes Haar und will ich dir überall folgen. Die Sonne lacht brütend weiß. Und sie spielten noch munter auf Rot. Und als hätten sie nicht schon Angst, zeigten sie winkende Hochzeitsfäuste, als ihnen vor der Lombardsbrücke ein Verkehrspolizist durchs Bild huscht, wollten ihn necken, den Ordnungsblödel, wollten mal sehen, was der macht. Der winkt aber freundlich zurück, »verklemmt, verlegen, für Bütteldienst selbst noch zu dumm«, meint Pietsch, und küsst Evchens Pummelfaust, und die Faust und ihr Schoß und sein kluges Gesicht sind vom Schleier schon weißlich verdeckt.

Leo merkte nun aber, dass sie ihn gar nicht erkennen wollten, und sah ihren offenen Spott.

Er stand sonst ganz gern im Verkehr, Signalstab und Trillerpfeife, und einmal war auch sein Vater gekommen, zu Fuß, um das anzusehen, allseits Bewegung und Reichtum und Lärm, doch aber harmonisiert, kein Unglück und keine Toten, und sein kleiner, sein lieber Sohn, in der Mitte mit Handschuh und Pfiff, gerettet, Mutter, gerettet, Leder ums Kinn, ums Kind. Das tat ihm aber auch weh.

Heiraten, so wie Krischan Pietsch, war Leo vertraglich verboten, sechs Jahre ehelos Dienst für das Volk, »wüsste auch gar keine wen«. Aber dass sie ihn neckten, fand er nicht gut. Oder was bin ich fürn Stoff?

Jedenfalls nicht der fürs Curio-Haus, Saalbetriebe für Bessergestellte, da hatte er Krischan zuletzt gesehen, wusste er gar nicht, war Meiers Idee, Gründungsveranstaltung, demokratisch, für Be-

amte und Angestellte, »da gehn Sie, Kantfisch, mal mit, da denken Sie mal drüber nach«. Meier als Mann der Regierungspartei wollte den Marsch gegen Mörderstiefel auf Ruheundordnungspantoffeln, gegen Ratjens Bande still Anständigkeit, und der neue Club, hieß es, wollte das auch, »für allerbreiteste Schichten«. Und Leo saß nun mittendrin in dem Saal, Knöpfe blank zu bis fast hoch ans Ohr, und ärgerte sich über Krischan, aber ärgert sich tausendmal anders als Meier, kriegt einfach klare Wut.

Denn Krischan mit seinen roten Raketen flunkert da plötzlich ein Feuerwerk ab, das frech in die Augen springt, »Hasstanz der Arbeitslosen« und so, aber bitte sehr, ohne Nuttengeruch, ohne Gänselieselmanieren, alles bühnenreif linksgeficktes Ballett, Staatsopernhäschen mit Höschen an, Leitungstheater auf Weltniveau, Anspruch und Spruch und bengalisches Licht, knallrote Künstlerdämpfe, und will überhaupt keiner sehen, den Knall, alles brav Molche mit Schlips aus Büro, und Rot macht die krank, alles Angst vor Blut, der Fisch unvergessen, das Mutterbett, der Ruch von Messer und Scheide.

Leo fand Kampftänze sonst nicht mal schlecht, nichts gegen Afrika, aber so hier, bei Kellnern mit Fliege, bei Schnick und Schick und Geflüster und Wein, nur lächerlich und vergeblich. Wenn einer, meinte er, kämpft, soll er kämpfen, oder stillschlau den perfekten Trick, denn Dichterwut macht unten keinen satt, schießt nämlich oben nicht tot, und wenn schon Theaterbretter vor lauter so bang verschlafenem Volk, dann besser gleich Wandsbeker Briefträgerchor, vor dem ihr des Tages Jammer verschlafen und vergessen dürft, denn von Knallfröschen wacht niemand mutig auf, und werden auch weiße Würgepfoten nicht wirklich jetzt abgefetzt.

Aber Meier meinte es anders, fand »Hasstanz vergiftet das Menschenherz«, und »es sollte doch anständig gehen«. Als er mitten im Tanz den Saal verließ, ging Leo ihm unruhig nach.

Alles Verwandte

Das kannst du nämlich auch anders sehn, alles nützliche Kleinarbeit, Wachdienst, St. Georg, Schmilinskystraße, und musst du dir auch mal was menschlich bei denken, nicht immer gleich groß die Hassmütze auf, die rutscht dir die Ohren bloß zu, sagt Meier, und deckelt dir deine Augen ab, und dann tappst du, sagt er, weil du nichts siehst, und schreist, weil du keinen mehr hören kannst, und dann bist du bald nicht mehr Kollege, sagt er, und allein bist du alles nur Arsch. Und das stimmt. Das war ihm bisher nie so klar geworden, und »am liebsten allein«, so wie früher sonst immer, das war alles gar nicht so einfach mehr, »raus hier und weg und vorwärts«, vielleicht, aber hier hast du deine Kollegen, nicht bloß Ole und Atsche und Balthasar, nee, alles hier, alles die eigene Gegend, und rennen und pennen und stemmen und klemmen genau so wie jeder, ich auch. Und auch wenn die Leitung dich extra stellt, das täuscht.

Klar hatten sie Dienstvorschriften: bei Amtshandlung sich bestimmt zu zeigen und kurz entschlossen zu handeln, vom Verdächtigen stets den Ausweis zu fordern, und Höfe und Wirtschaften, Gänge und Schlupfwinkel, Aufläufe und Versammlungen jederzeit streng zu beobachten, und zu schützen Ware und Eigentum, insbesondere Kassen und Banken, und ist Rauchen zu unterlassen wie auch der Besuch von Vergnügungsstätten, von Läden und von Privatpersonen, und ist Posten und Streifen verboten, Privatgespräche im Volk zu führen, und »wer vorsätzlich einen Gefangenen, dessen Sicherstellung ihm obliegt, entweichen lässt oder Befreiung fördert, wird mit Gefängnis bis zu drei Jahren«, alles ganz klar, das läuft, lies mal nach, OVG von Dezember 05, »dabei ist jedoch zu berücksichtigen, dass Beamten, deren persönliches Leben durch Amtshandlungen direkt betroffen wird, wozu auch das Vorgehen gegen

Verwandte dringend zu rechnen ist, sich der Amtshandlung zu enthalten haben«, wer sagts denn, alles Verwandte. Oder war Pudel etwa nicht seine Schwester, und Klinsch sein Onkel, und Schlosser sein Bruder? Alles Brüder und Nichten und Urgroßväter von dem Bruder meiner Frau sein Schwager, und Meier die Lieblingstante.

Meier war in der Kaserne geblieben. Leo war jetzt im praktischen Dienst, Schupofips Leo, der Minilöwe, lachend, nie gegen das Volk, Dienstanweisung: Verstärkung der Wachen, Einkreisung, Einschluss und Fangen, kommt aber immer drauf an, wer wen, wer wen fängt, und wer wen verstärkt, und wer wen heimlich bewacht. Wär ja gelacht, dachte Leo, außerdem doch bald vielleicht wieder Schule, nach drei Jahren Dienst Abiturweg frei, Afrikaforscher, und nicht mehr Askari, oder was bin ich fürn Stoff?

Was schleppen die Schwarzen im Schatten der Weißen durch Nächte und Sumpf all so Packen im Nacken, und guck mal, was schleppen wir selbst? Er sah hier im Wachbereich lauter Leute ihr Leben schleppen von Wand zu Wand, ihr Leben wie fremden Sack, gegen Lohn, Putzlappen, Weißkohl und Angst, und machte den Freund und den Helfer.

Eine Oma zahlt keine Hundesteuer, hat sie nicht, nur noch den fipsigen Wolfgang, alles ihr letztes Liebstes, der Schlingel, weiß nackter schlappflotter Schnüffelbruder, und jetzt ist der weggefangen, vom beamteten Hundefänger genetzt, »fünf Steuermark, Oma, odern Stück Seife!«, die Oma schreit laut nach der Polizei, und Leo macht den Fall glatt, Antrag, formlos, für Härtefälle, und Oma drückt ihm Stück Kirschkuchen rein, schmeckt aber leider nach Fisch, war Wolfgang wohl schon mal drübergegangen, hat ihm bloß nicht geschmeckt.

Ein Schrotthändler zahlt keine Autosteuer, Leo muss ihn an Pflichten erinnern, »gib man gleich her, oder Stempel abkratzen«, »seid ihr verrückt?«, der Schrottsammler zahlt, »und Quittung?«, »das geht in Ordnung, Mann«, »ja, Ordnung, das seh ich, ein Elend

alles, Hauptsache ihr habt die Wache warm, hau bloß ab, du Scheini!«.

Im Altersheim sind die Fäuste schon matt, oder steif, sieht aus wie Gespensterwut, und manchmal muss Leo da stundenlang hoch und den Urgroßvätern Papier vollschreiben, ellenlang Formulare, für jedes Mal Jahr zu Jahr Rente, »damit ihr dran denkt, dass sie nett zu euch sind«, die Alten kichern sich tränig krumm, »weißt Bescheid, mein Jung, hast ganz recht, mein Jung, und als Wachtmeister geht dir nix ab«.

Einmal springt eine Frau aus dem Fenster, aber das war wohl nichts, nicht mal für Tröstung für paar Minuten bewusstlos für so viel Jammer, sondern zwischengerutscht zwischen Wand und Wand, Lichtschacht, aber nie Licht gehabt, »das edelste Licht brennt uns innen«, bloß der Pastor lässt sich nicht blicken. Leo muss hin und ihr aufwärts helfen, aber hier oben, guck dir das an!, er schmeißt ihr Decken hin, knüttelt die dicht, hüsert das sachte hoch bis ans Fenster, sackt die Mutter ins Leben zurück, aber was für ein Leben, guck dir das an: alles grindig verschissene Kinderchen, der Vater ist längst über Jordan gerückt, und Flaschen, das Zimmer voll Flaschen, das einzige Zimmer, dies Küchenbettscheißhaus, gläsern von Flaschen und Scherben. Und hat wohl gelernt, die arme Frau, wer im Glas sitzt, der soll nicht mit Steinen werfen, und wirft nur noch mit sich selbst, aber leider nach unten, nach unten.

Und einmal die schöne Inge.

Die hat Nudeln geholt oder sonst was zum Mampfen, schön sanfte Haut, und grient ihn noch an, glatt rüber ins offene Wachtstubenfenster, und knickt sich den Knöchel kaputt, nicht Glatteis, nicht Regen, und auch nicht Banane, mitten bei Sonne, son Glück! Leo hoppt in, »das war ja nun Pech! Tut das weh? Ich bring Sie nach Haus«. Und humpelt die Hübsche an seinem Arm und seufzt so zärtlich und schmiegt so matt, und Pudel am Hansaplatz guckt

schon ganz fühnsch, die mag nämlich Leo auch, mit fast schon mal Abitur gemacht, und trotzdem verlässlich geblieben, aber Leo traut sich noch nicht. Roten Hamburger wüsste, warum, erst mal sehn, was sie selber will, und so nah, um das zu entdecken, kommt er einstweilen nicht ran, alles Dienst und Knöpfe und was? Er wusste nicht sicher, was.

Er hatte ja nun auch viel zu tun mit Wachbucheintragung, für jeden Dreck Uhrzeit und wer und wo und Unstimmigkeiten und Auffälligkeiten und Sonstiges. Die Wachberichte waren ihm aufgehalst, und zwar war das keine Zufälligkeit, sondern das war der Herr Moritz. Der wollte aus Leo was machen. Er selbst war im Dienst nur dick geworden, ein borstiges Unglückstier, vergessen von allen Leitungskammern, durch die du nach oben entkommst. Seit vierzig Jahren in Uniform, und mit Gartenlaube bei Habichtstraße und zwei einzigen toten Jungs, verscharrt bei Luneville und im Oderbruch wegen Hetze gegen den Krieg, und war still geworden und klug, und nachdenklich bis zum Ticken. Der hatte hier nun als Wachhabender die Wachtmeisterbude wie ein Schipper sein Schiff, das Viertel wie ein Bauer sein Land, durch all die Mauern und Menschen und Kämpfe Stimme wie Schulmeisterknüppel, aber Musikschulmeister, am liebsten mit Bienen im Garten, aber hier war fast nie Garten, nur Dreck, das gemeine Leben, die Last. Und er. Und neuerdings Leo. Und Atsche und Ole und Balthasar. Vor Atsche warnte er ihn. Vor Ole grauste es ihn. Gegen Balthasar sagte er lieber kein Wort. Und mit Leo lief er gern Streife.

Einmal, als Leo traurig schlich, »alles Netze, die sind nur gefangen«, sagte Herr Moritz, »die fädeln sich selbst, die legen sich roten Faden. Pass mal auf Pudel und Inge und Klinsch, alles Meldedraht zwischen Kuchen und Keller, und Zimmer und Puff und Knast«. Herr Moritz hatte mal Verse gemacht, als Jungmann Pläne, hier raus, draußen hoch, »die Sonne steht hinter der Mauer«, war aber tief drinnen sitzen geblieben, tief unten dick mit Überblick, und

sagte, sooft er was klar verstand, klar was im Grundsatz entdecken konnte, Unrecht und Lügen und Liebe und Kämpfe, »heureka!«, laut vor sich hin. Und weil das wohl was aus Griechenland war oder sonst wie was Feineres, nannten ihn alle hier keiner Moritz, sondern, mit Achtung, Herr.

Und einmal, als Leo von Afrika redet, von alles erforschen und Schwarzen und Weißen und Pack im Nacken, »warum?«, da sagte Herr Moritz zu ihm, »das Pack im Nacken hat Waffen, und die Hände der Schwarzen sind leer«.

Und einmal saß er bei ihm in der Bude, bei ihm und der lautlosen Frau, Freiwache Habichtstraße, und freuten sich über »alles Verwandte!« und »wenn du allein wärst, dann bist du wie Arsch!« und soffen sich dick, die ganze Nacht, und Frau Moritz dachte, schon streng zubett, dass Leo ihr Sohn sein könnte.

Leo, mitten im schärfsten Suff, hörte zum ersten Mal Beethovens Sechste, Herr Moritz hatte ein Grammofon, und Beethoven war ihm der Allergrößte, und für so laue Sommernacht hinterm Hochbahndamm im Pflaumengarten bei Bier und Freundschaft und Electrola, da stand er auch dreizehnmal hin und her auf zum Plattenwenden und Nadelwechseln, »da würd ich am richtigsten stehen bleiben«, sprach er mit Lehrerernst, »denn so was wie solch schöne Kunst, da brauchst du zumindest Respekt«.

Aber Leo hatte an einer Stelle, als in der Musik das Gewitter losgeht, so sacht und süß und hastig und düster mit Pauken und Bläsern und schwarzem Blitz, plötzlich bloß Lust auf Lachen. Herr Moritz starrte enttäuscht vor ihm weg, aber Leo sagte, »das weiß ich ja auch nicht, das ist bloß alles, hör mal, Herr Moritz, das ist bloß alles so schön, und wenn das stimmt, was die da machen, wenn das alles wirklich mal wahr ist, Herr Moritz, dann stimmt das auch, wenn ich jetzt Hass hab«, und erzählte von seinem Uhrenvater, dass der schon bald nicht mehr leben möchte.

Da dachte Herr Moritz auch, dass Leo sein Sohn sein könnte,

und legt den Gewittersatz noch mal auf, und legte den Finger über den Mund, »das sind die Oboen, nun hör das jetzt erst mal«.

*

Aber auch diesen Sohn scharrten sie weg, wollten sie, gleich nächsten Tag, unter lauter Papier, lauter neuem Gesetz vergraben, »und haben sie sich auf Zimmer zwölf um acht Uhr morgens einzufinden«.

Leo musste ins Stadthaus stiefeln, warten in heißen Zimmern, schon jetzt, Fliegen in wirrem Zickzack, dann Bescheid und zurechtweisende Belehrung wegen des Antrags auf Dienstbefreiung für weiterführende Schulen, Urteil von oben nach oberstem Maß, zum Schutze der Inneren Sicherheit, aus friedenstiftendem Auftrag des Staates, in wohlerwogener Einzelfallhärte das Sicherheitsstreben des Bürgers achtend, seinen Auftrag an unsere Ordnungskräfte mit Hinblick auf schaffendes Eigentum und in Sorge um jedermanns Glück, so fordert das Volk von uns Recht, »und in der Tat haben Sie recht und Glück, der Gesetzgeber gibt Ihnen allen Weg frei für den gehobenen Dienst am Volk, auch ohne das Abitur, steckt doch in Ihnen, so weit wir hier dies abwägend zu erkennen vermögen, das Rüstzeug zum Polizeioffizier, die Dienstvermerke der Vorgesetzten sind alles in allem vorzüglich, was will uns da Forschung und Lehre, haha, der kluge Mann will, was er soll. Ihr Antrag ist abgelehnt. Das Gesetz über Sonderausbildungswege seit dem 1. Juni gestrichen. Jeder Mann wird jetzt draußen gebraucht. Gehen Sie an Ihren Platz zurück. Tun Sie, wie bisher, die Pflicht. Wir danken Ihnen, nein danke, der Nächste«.

»Du Sau!«

Das sagte aber nicht Leo.

Sondern Atsche schlug kalt auf Rigo.

Dem waren die Hände gebunden.

Drei Schläger vom weißen Marinesturm aus dem Sturmlokal Danziger Straße hatten Rigo hier angeschleppt, »den schenken wir euch, der steht auf der Fahndung, heißt Brumme, Bankraub am Pferdemarkt, auch wegen Kommune, schlagt das mal nach, ihr habt doch so schlaue Bücher!«.

Im Fahndungsheft stand: Karl Eugen Brumme, unständig, Jahrgang 06, Sonstiges: Vorstrafen, Faustfeuerwaffen.

Leo, von Amts wegen Wachhabender, sobald Herr Moritz unpässlich war, und der lag ja noch dick im Büdchen, sah Rigo nicht gerne an, sah aber gleichgültig aus, als er sagte: »Atsche, was schlägst du den Mann?«

»Ach, der soll nicht mehr reden, der redet zu viel, der redet, dass er nicht Brumme heißt.«

»Der redet sich raus!«

»Nix redet der raus!«

»Der redet schon bald überhaupt nix!«

Die Sturmlokallümmel lehnten im Fenster.

»Stehn Sie nicht rum. Kommen Sie rein.«

Das taten die Burschen ganz gern.

»Zeigen Sie mir Ihre Ausweispapiere. Atsche, notier dir die Herren.«

»Und der?«, sie meinten den blutigen Rigo, »der auch mal bitte, Herr Scheini!«.

»Seien Sie vorsichtig. Ich bin im Dienst.«

Als die drei dreckweißen Ausweislappen vor Leo nah auf dem Diensttisch lagen, ging er wie amtlich rüber zu Rigo und bog ihn vorsichtig hoch.

»Wo haben Sie Ihre Papiere?«

Rigo quetschte den Blick aus den Augen erst hoch auf Leo, dann runter nach links auf die Außentasche in seinem Hemd.

Leo ging zu den drei Schlägern zurück, »Sie haben den Falschen hier angeschleppt. Sie bleiben jetzt hier für das Protokoll, Atsche,

fang schon mal an. Für Anschuldigung und Freiheitsberaubung und Körperverletzung und Nötigung. Und Balthasar bleibt bei der Tür«.

Während Leo das sagte, hielt er den dreien den Ausweis von Rigo langsam von Mann zu Mann hin: Karl Ludwig Kasten, Jahrgang 07, Himmelstraße 6a, mit Bild.

»Die Sau!«
»Die Karte ist falsch!«
»Und immerhin heißt er ja Karl!«

»Du musst nun auch«, sagte Leo zu Atsche, »ins Protokoll aufnehmen wissentlich falsche Anschuldigung«, und zu Balthasar sagte er, »pass gut auf, wer lügenhaft seine Kollegen verpfeift, der flüchtet auch meistens lieber«.

Die drei blieben wohlweislich stumm. Auch sagten sie nichts von den Schlägen von Atsche, und dass er sie anfangs noch aufgehetzt hatte. Sie brauchten einstweilen den Bullen noch für geglättetes Protokoll. Und später vielleicht noch mal anders. Sie wollten ihn jetzt nicht verstören.

Rigo hing immer noch krank im Stuhl, die leeren Hände am Lehnenholz fest. Und Fahrzeuge gabs keins auf solchen Wachen. Fahrräder nützt nichts, wie kommt der hier raus, und alles ganz schnell, bevor sie ihn doch noch schnappen. Noch mal ein Zufall, noch mal das Glück, draußen der Lieferwagen mit Inge vom roten Buchladen Borgeschstraße, Leo brüllt raus und läuft hin, »wir haben hier einen Verletzten. Nehmen Sie mir den mit bis nach Haus, bis rüber nach Winterhude?«. Sie legten ihn vorsichtig zwischen Kartons mit lauter Büchern von Lenin.

Leo ging ruhig zu Atsche zurück, Innere Sicherheit, abwägend Rüstzeug, Auftrag an unsere Ordnungskräfte, so bekommt das Volk von uns recht, haben Sie Glück, tun Sie die Pflicht, alles die eigene Gegend, ich auch. Und nie für die Stadthausschweine.

*

Und von Zufall wollte er nach und nach weg, denn jeder Mann wird jetzt gebraucht, in Sorge um jedermanns Glück, auch ohne das Abitur, und Forschung und Lehre und Afrikawüste und Masken und heimliche Schriften und Tänze und Schwarze mit Waffen von Pack noch im Nacken, das alles gab es hier auch, alles ringsum die Stadt, und Herr Moritz hatte wohl recht gehabt, die fädelten sich längst selbst, die legten schon überall schön roten Faden, Stolperknoten mitten im Netz, und von Hand zu Hand unser Messer, um das Fanggitter zu zerschlagen. Wann.

Von Hand zu Hand abends und nachts, das Viertel durchkreuzt mit Pfiff, Warnpfiff, Decknamen, Kellerklappe, Selbsthilfewarnsystem gegen Herrschaft, Windlichtsignale bis Veddeler Brücken, Fahrrad und Fensterwink, Häuserschutzstaffel – ausgelernt, einstudiert, Leitung, das klappt, Inge traut keiner was Heimliches zu, aber Inge hält all das am Band, und lacht, wenn sie will, mit schön großem Mund, mit Lippen für lauter versunkene Küsse, Kissenküsse auf fliegendem Teppich, kommt so leicht keiner rauf, und aber auch wen sie hochziehen will, hochwerfen lachend an diesen Mund, das hält sie noch alles geheim.

Und bitter geheim, von Hand zu Hand, mit Mördern scheinbar im Bunde, mit Ratten und Ratjen und Rathaus, mit Zipfel und Schmiss und Wassermann, die Nachrichtengang von Klinsch.

Klinsch hatte dreizehn Mädchen laufen, drei in den obersten Kreisen, Pudel und Maja und Pia Maria, bestens zu teuersten Preisen, für Peitsche und Senatorenstoß, für Jägergerammel und Reedergestammel, für Standortfeste im Beisein von Damen, für Spiegelnummern vor Rokokorahmen, für den Überdruck von Offizierspolizisten, für Beißen und Lecken in schwarzen Kisten, für alles, was Schutz sucht vor Ehefrauen, für jeden, der Geld schmeißt, lässt Pudel sich hauen, und kommt ihr ein hängender Waldrandbaron – »na mal sehn erst mal, Schatzi, das kriegen wir schon«.

Sie horchten das Oberpack sorgfältig aus, und unten, die anderen, das Pack, die Marinesturmschläger von Danziger Straße, die Sturmführertypen vom Hansaplatz, und die Reichsbananen*, Regierungsdackel, die Tanten von Tante Meier, schräg rüber vom roten Verkehrslokal, von Kampfbude Willibald Scheibel.

Das war für Klinsch ein gefährliches Spiel, jeden Freitag mit Ratjen bei Weibern und Wein, er tarnte sich elend geschickt, aber nie nur aus Laune, sondern Lust und Verstand, er hatte verstanden, was läuft, wer wen, nur mach das der Leitung mal klar. Wie hart auch und klug er die Mädchenbande als Horchposten gegen die Weißen stellte – die Leitung mochte ihn nicht.

Und Leo noch mitten dazwischen.

Einmal stand er vor Scheibel Posten, nicht wegen Scheibel, nur Straßendienst, und von Steindamm kommt brüllend ne Ratjenkolonne. Flugblätter gegen die Roten, für Arbeit und Brot und Deutschland erwache, jawoll Kamerad, Sieg Heil!

Paar Reichsbananen, paar rote Genossen, paar Blankstiefel treten bei Scheibel durchs Glas, schon hast du hier offenen Kampf. Und einer reißt einem die Flugblätter weg, die Hetzblätter gegen das Volk, und schmeißt die nach hinten durch Scheibels Scherben, »los, Fiete, mach mal den Ofen an«, und die Schläger wollen hinterher, das Pack, »Licht aus, Messer raus!«.

»Halt!«

Leo hat seine Walther am Finger, die Trillerpfeife im kleinen Gesicht, trillert Alarm, »und keinen Schritt weiter! Gehn Sie zurück vom Lokal!«.

Die Kläffer gaffen und kriegen von rückwärts, und Straßenschlacht breitet sich aus, zieht Stück weiter rüber nach Hansaplatz. Leo sieht einen Reichsbannermann mit Händen krumm überm Bauch. Der schreit. Jetzt aber fix, nur bloß was?

Leo macht ruckzuck kehrt, die Walther gegen Genossenlokal, bei Scheibel keiner mehr raus, ein Toter nämlich, das reicht, der reißt

uns sonst noch mehr Leute rein, »zurück!«, es wird scharf geschossen!«, sechs mal neun Gramm wie gegen uns selbst, aber was muss, das muss.

*

Und das hatte Schlosser ja immer gesagt, auch noch, als Leo gedeichselt hatte, dass Rigo seinen Verfolgern entkommt, bei Rigo war sowieso nichts klar, der sprang nur aus Hass in das alles, »das schwankt, Genossen, das ist bestechlich, seid wachsam, das ist ein Befehl«, was blieb ihm auch andres zu sehen, die Walther gegen Genossenaugen, Vertrauen ist gut, Kontrolle ist besser als gar nichts.

Erst als Leo den Fotografen hatte, den oben von Hansaplatz 3, wurde klar, dass Schlosser sich diesmal täuscht, dass Leo schon weiß, wer wen.

Der Fotomann hatte aus Hobbyvergnügen den Straßenkampf auf paar Platten gebannt, den Wahnsinn der Spaltung durch all diese Leute schön lebensnah eingefangen, fürs Regierungsblatt all das Elend der Stadt. Wenn nicht Leo da dienstlich hochgemusst hätte.

Die Kampffotos schwappten soeben weichblank im Kartoffelschüsselfixierbad, »darf ich mal sehn? Ist ja toll gemacht«, »ist das Opfer denn auch wieder hergestellt?«, »nee, Hilfe braucht der, im Prozess«. Wer der, das sagt Leo nicht.

Der angeschossene Reichsbannermann hatte mit Schaum vorm Regierungsmaul Genossen ans Messer geliefert, Inges heimlichen Liebsten auch, einen Rotenbuchladenschüler, der als Mordbrandschatzschütze von den Zeitungsschweinen mit Bild und Geifer und Herrschaftseifer schon schuldig durch alle Blätter gezerrt war, »macht endlich Schluss« mit Gesindel.

»Kann man genau erkennen, wer wen.«

Auf dem Hansaplatz stand ein Denkmal, dicke Göttin mit Locken und Spieß, und drunter, drumher, das Springpiescherbecken,

da hatte ein Mörder leicht drinnen Platz, der Fotomann hatte noch nichts entdeckt, fand mehr die Szene dramatisch bewegt, »glücklicher Zufall«, technisch gelungen. Leo erkannte die Chance. Und von Zufall wollte er weg.

Er redete noch mit dem Hobbymann ein Stück über feine Fotografie, Brennweitenblitz und Pressepreise, Fachgespräch unter Fachidioten, »Sie könnten draus lernen, das ist wohl wahr, ich gebs Ihnen gern auch mal mit, aber bitte noch nicht an die Zeitung«, sein Geld gab er nicht gern her, war nur gerührt von sich selbst, Leo ging bald da weg, stillschlau den perfekten Trick.

Die Fotos hatten exakt erfasst, was nur von oben zu packen war, den Schuss aus der Denkmalwanne, den Schützen bis ins gehackte Gesicht, und den gekrümmten, verwundeten Mann, gleich danach. Auch hier kein friedlicher kluger Platz zwischen Mündungsfeuer und Aufschlag.

Leo gab Schlosser die beiden Bilder für den Prozess noch nachts. Inges Liebster kam nächsten Tag frei. Schlosser fragte sich aber danach, »was macht der das als Polizist für uns?«, aber Pudel legt sich nun Leo zurecht, »erst mal sehn, was der in der Hose hat«, und stolziert danach wippend um Schlosser, »weil Genossen was mit Genießen zu tun hat, sonst alles bald nur noch Krampf und kein Kampf«, aber Schlosser fasst Nutten nicht an, Beschämung noch hinter der Ordnung, Einzelaktionen schädlich und falsch, sich mitreißen lassen nicht würdig, sicherlich breiteste Bündnisfront, aber vorsichtig bleiben, »das schwankt«. Und studierte weiter in Nächtestunden das kleine geflickte Buch, er lernte die Sprache Lenins, und seine Mutter starrte ihn an, und seine Frau lag verschwiegen allein, alles Arbeit und Lernen und Stehbier und Kampf, denn wir sind keine Diebe und Mörder und Ficker.

Aber wenn sie uns hinterrücks ficken, gegen uns stehlen und morden, was dann.

*

Nicht nur Pudel warnt Leo vorm finsteren Ole, wie sie dem inwendig alles erschlagen haben, alle Lust und Laune geklaut, wie der kniend nachts gegen den Vater schreit, wie der Angst hat ums kleinste Tier, sich selbst, wie der spritzen kann nur bei Bestrafung. Auch Klinsch macht sich Sorgen um Leo.

Beim Herumhocken mit den Mädchenschlägern im Sturmlokal Ecke Hansaplatz, die Roten gehören verbrannt, Kamerad, kam ihm seit der Fotoaffäre die Untatenrede schärfer ans Ohr noch als sonst, klarer von allseits befohlen die blutige Einkreisungshatz, bullig gequetscht aus Hassredenschreihals, dumpf mit der Hungerzunge gelallt, »der Schlosser muss weg, läufst ihm quer, stichst ihn ab, morgen Nacht Rehmstraße Ecke Himmel –«.

»Das geht nämlich alles noch schlimmer los«, sagte Klinsch, »sie fangen schon ein und schließen schon ab, sie wollen uns töten, dich auch«, und machte dem Schupofips vorsichtig sorgenvoll düster abtastend klar, nur mal so, schön Sonntag, schön Sommersonne, beim Glockenläuten aus Innenstadt, »brauchst ja auch mal was für Innen, zum Denken«. Sie saßen bei Anglern am Feenteich, und Klinsch machte dem Jüngeren klar, dass er in einer finsteren Zeit seine frechen Augen aufmacht, auf Drohplätzen seinen Weg machen muss, und dass, was er lernt, ihn vernichten kann, denn »mitten im Krieg nie friedlichen Platz, und hast du jetzt Pech, weil jetzt weißt du Bescheid, jetzt bist du schon einer von uns. Nämlich denk mal, wenn du was lernst, und läufst hier und tust, was du weißt, das brennt dich, das macht dich gefährlich, da wollen sie dir am Hals. Tust mir schon leid, kleiner Löwe«. Aber Leo tat sich nicht leid, sah neugierig runter ins Feenteichwasser, schön blanke Fische im Schwarm, »das sind nämlich mehr, als du denkst«. Aber Klinsch zeigte ihm die Angler.

Und als hinten, nicht weit, der Streifenschupo auch mal Stück Sonne schmecken wollte und hinter den beiden still stehen blieb, hörte Leo sich einen Ton leiser sprechen, und »brennt schon, hast

recht gehabt«. Aber Klinsch, der gern Heftchenromane las, nickte versonnen in sich hinein und meinte das rote Sonnenlicht auf dem gekräuselten Wasser.

Feuer frei

Nach dieser heimlichen Feenteichsitzung wurden Schlosser und noch paar andere Schlosser auf all ihren Wegen parteilich geschützt. Arbeit für Dezernat Waffen und Sprengstoff, Karo kennt Mann und Mauser, Doppelbegleitposten rund um die Uhr, für den Weihnachtsschlosser gehn Rigo und Gerd, der war nebenher Journalist, aber rot, der lief sowieso die Stadtgegend ab, und wo was rot brennt, da macht er Berichte, aber Rigo brummt ihn nur unruhig an, »mit neun Gramm schreibst du noch schärfer was auf, als mit teuer so achtzehn Karat«, er fand den Montblanc zu dick und zu schick, und Gerd ließ das erst mal so stehn. Aber Hunger hatten sie beide, fast immer, und all die andern Genossen doch auch, alle arbeitslos meistens wie alle, und Watte machen, Parteischutz, PS, ganz klar, tippelst dich ab und hältst dich bei munter, und Valentinskamp, im Leitungsbüro, alles die besten Kontakte, bist gleich ganz anders mal angeschrieben, bloß »anschreiben kannst du beim Milchmann machen, für Kämpfer brauchst du Achile!«.

Das war die Rede von Sophie Kasten, Lauflöcher in die Taschen genäht, Heimarbeit mit Perspektive, die will nicht, dass Rigo vom Fleisch fällt, ihr Jungchen, »zwei Zentner mit Knochen sind nicht zum Verschenken, der Stier ist von mir, und braucht Futter, der Mann«, und sorgte mit ihren Kartoffelweibern und all diesen Opa Friedrichs mit Dietrichs für Futterring für die bewaffneten Posten, abwechselnd da mal und hier mal die Mampfe, Sattessen, selber gefädelt, für jeden, und »iss was, und gib nicht so an!«.

So rennt Schlosser diesmal noch heil durch die Maschen, rennt aber wie ein Verrückter, hat Angst um Genossenleben, um Männer und Frauen und Kinder und Ordnung, warnt ab gegen Provokation, rennt sorgenvoll todernst stur ums Leben, nicht um sein Leben, aber um unser Leben, um rotes Leben für alle.

Auch wenn du sagst, du bist friedlich wie Hase, hochrote Ohren sind schlechte Tarnung, die zählen noch nicht mal bis drei, piffpaff, auch wenn du dir deine Zipfelmütze bis über die Zähne ziehst, umso weniger kannst du die Schweine beißen, umso leichter fangen die Schweine dich weg.

Sie blasen schon in der Palmaille zur Jagd, trampeln und trommeln und trotten, obgleich Schlosser alles versucht hat – Dringlichkeitsantrag aus Rathausbänken, Intimspruch bei Oberbürger Max Brauer, Aufruf und anschließend Aussprachabend bei Chefbulle Eggerstedt, Stadthausbüro, lauter Fliegen im Zickzack, der verbietet aber den Aufruf, um Recht und Ruhe, um innerer oberer Sicherheit willen jeden Gegenmarsch der Proleten, nicht den Lockruf der Sturmlokalschläger, nicht den Auftritt der lachenden Stiefel, und hält Schlosser lügnerisch hin, und Schlosser starrt ihn verächtlich an, und sucht einen Weg für die Leute, das Leben, von Büro zu Büro, alles Ordnungseintänzer, kein Mensch, und »trotzdem, Genossen, nicht schießen, überzeugen ist Heldentum!« – antifaschistische Einheitsfrontarbeit voll Selbstbeherrschung und Mut, und schöpferisch gegen Sektierer, und dringend geboten nur Selbstschutzbewegung, Blumentopf, Fahne und Leunabrikett, keinen Angriff, und nichts provozieren.

Da marschieren die Weißen noch extra gern, Werbemarsch durchs Abruzzenviertel*, Zehntausend Prügler, geprügelt, und Feiertagsmädchen mit Fresspaketen, in denen statt Mettwurstbrot Waffen stecken, weil für einfach mal satt die Beiße fährt kein Drahtzieher ganz bis nach Düsseldorf, kein Ratjen, geheim, und keine Baronin, aber für Eisen durch Haare und Hals, dein Hals, Genosse,

dein Haar. Und auf Zettel geschrieben von Einheitsfront was und von Massenlinie und Kämpfergeduld, das nützt jetzt keinem mehr was. Wo habt ihr die Waffendepots?

*

Leo war einer von denen gewesen, die, unter Leutnant Kosa, zum Schutze der Schläger ausrücken mussten, Verstärkung für Altonas Polizei, drückend bewaffnet für Schlachterordnung, Dienstvolk für Schlachtordnung gegen das Volk, von Mottenburg runter bis große Freiheit, Stahlhelm, Gewehr und Maschinengewehr, auch Hunde, auch flotte MPs. Und als Meier, der in der Kaserne blieb, Balthasars Dobermann hinken sah, sorgte er, dass der im Zwinger blieb, denn »der Hund ist des Menschen Helfer und Freund, und wo wir ihn überfordern, da verderben wir seine Bereitschaft zum Dienen, denken wir doch an uns selbst«, und Balthasar knurrte, »dann gib mir MP«, und wedelte, als er die hatte.

Und Schwalm-Böhnisch rüstet auch innerlich auf, plaudert schnuppernd von Mann zu Mann, der Hund hat die Ängste des Menschen studiert, kennt die Märchengesichte von Mutterbrunnen und Tränenteich und Strudelschlund, Druckgefühle in Magen und Blase, Vorstarterscheinungen, Denkschwierigkeiten, und winselt die Sorgen der Männer glatt, und schnüffelt den Ledermannsstachel stramm, »ihr kennt doch die Gaunergegend, seit Jahren für uns dort ein schwerer Stand, Politverbrecher mit Unterschlupf in baufälligen Bordells, stoßt den Damen nur tüchtig die Röcke hoch, unter jedem ein Galgenvogel, verhetztes Gesindel, frisch drauf!«.

Sie marschierten unter Regierungsauftrag zum Schutz der Mörder an Ordnungsplätze, Häuser und Dächer und Straßen besetzen, Absperrung Bürgersteig rechts und links, Abdrängen von Passanten, Abriegelung von Seitenstraßen, Abkämmtrupps für den Angriff von rückwärts, Abfluss schaffen für Massenansammlungen,

und ob Karabiner quer vor dem Leib oder niedergefällt schon im Anschlag, entscheidet der Offizier, auf jeden Fall Achtung verschaffen, Achtung für Marschsäule, weiß.

*

Und der Strudel holt klatschend über den Rand, soll Angst machen und schon die ersten vernichten, was nicht festhält, wird abgerissen.
 Balthasar fühlt sich endlich besoffen. Er schießt den ersten Feuerstoß schmatzend halbhoch gegen nackte Atlanten, Balkonträger wie in Himmelstraße. Der Blick weit voraus platzt weg, der Steinbart maunzt einer Mutter ins Knie, »jetzt ist Schluss, Genossen!«, daneben, Balthasar ist ein trainierter Mann, geübt aus den Geldern des Volkes.
 Und die Werbetrupps geben sich »Feuer frei!«. Und die Eltern in Fenstern und Läden und Straßen werfen sich leer über Kinder, rote Fahnen sind leuchtender Angriffspunkt, keine Waffen sind das gegen Weiße.
 Der berüchtigte Richtersturm 2/31 schmeißt Zuschauer um, tritt Hunde weg, fällt Wohnungen an, springt Türen ein, Hubert Richter zeigt seinen Dompteuren, fernab in stillen Büros, wie er auf Hopp und Peitschenknall durch jedweden Feuerring setzt, »wir sind eine Truppe und kennen als solches nur letzte Vernichtung des Gegners. Schmeiß mal den Butsche, Othello!«. Er patscht den quietschenden Käfigzeisig vergnügt ins verschissene Flurklosett, spuckt nach und zieht weg und lacht vertan die verlorenen Kinderchen an, von denen aber keins weint.
 Auch draußen weint keiner mehr.
 Wer schießen kann, schießt, bloß wer kann? Die Genossen haben kaum Waffen, nur Wut, und den nackten Mut der Gerechten.
 Große Freiheit, ruckzuck, »die kommen nicht durch!«, Barrika-

denbau aus der Lameng, aber kaum was dahinter, nur Treue und Traum, Sanitätergeschrei aus den Höfen, Scheibenschießen auf rotes Tuch, »runter den Lappen!«, Glas scheppert, Mörtel bricht, fallende Fahne, ein Leutnant tritt drauf, will reißen und schlitzen, und fällt auf die Prügelschnauze, aber leider wars nur ein Stein ins Gesicht, das reicht nicht, Genossen, das kommt noch mal hoch, und was dann.

»Dann müssen wir bisschen Theater machen«, Alfons ist mitten dabei, allein, dicht ernst unter Fahnen, das Sterben verlacht, den Blick frech geduckt auf die Hände, Jagdhände für dein Recht, aber wohin mit dem Recht? Alfons holt Zündhütchen aus der Tasche, die Waffe dazu ist verschütt, »na dann tun wir mal so, als ob, Hauptsache, es knallt noch mal was«, Stein in der Faust wie die ersten Menschen, das Feuerchen blitzt, aber kalt, aber leer, aber knallt, »gleich noch einmal«, das hallt übern Stein, schlägt Funken und zündet nichts an, der Mann. Der arme Mann. Schon erschossen, piffpaff. Und nichts in der Hand, nur den Mut, nur bisschen so was wie Hohn am Mund, und wird wohl auch wissen, warum. Denn als später sein armer letzter Kampf im Leitungsauftrag gesungen wurde, gequatscht, gedruckt, gebunden, verkauft als Kraft der Klasse und sonstnochwas, da konnte man das nur zynisch meinen, verräterisch matt aus verdeckten Büros, denn Alfons lag jämmerlich kalt allein und gar nichts zu machen, und gar nichts zu singen, und gar nichts zu retten erst recht nicht mehr, denn Fahnentuch ist kein Revolver, und Spruchnase kein Maschinengewehr, und Ohlsdorfer Hundertmannkämpferchor noch lange nicht Feuersbrunst. Und auch der Ausweis später im Schränkchen, auf plüschrotem Filz, Museumsglas drüber, mit Foto noch drin als Blutrottenführer, und drüber geschrieben so steif und froh: Ich habe gesucht und gefunden – den Spruch hat ihm einer aus Büchern gesteckt, den musst er von Zetteln ablesen, fürs Schulheft früher mal auswendig lernen, gegen den Mann mit dem Stock, denn ohne Zettel hätte er wohl

eher so ungefähr so was geschrieben, nee, hat er nur einfach gemacht: Gegen Bonzen gekämpft und nichts in der Hand und hab davon was gelernt. Und das reicht erst mal für unsern Tod.

*

Leo stand still bei dem toten Alfons, ins Sperrzeug der Barrikade gelehnt, der Kampf hatte sich Stück weiter getreten Richtung Michel, Großneumarkt, brüllender Marsch, Ordnung und kleine Schüsse, schon fern, und die Häuser hier dämmrig starr, Eimer und Schrank und Hand, Katze, Waschtisch, Deichsel und Fahnentuch, hängende Tür und schwarzes Glas, und lehnender Leo, und hockender Atsche, und der Tote als einziger Mensch.

Atsche saß gebannt und sah ihn sich neugierig an, kauernd im Nest beim Bruder, »hat hinter die Ohren gekriegt, der Kasper, und guck dir mal an, wie er lacht«.

»Von den Nerven, zuletzt noch, das zuckt. Genau so doch, wenn du weinst.«

»Wenn du weinst hier, lass nach, sonst kriegst du aufs Maul.«

Aber Atsche sah nicht zu Leo hinauf, nur dem Toten auf beide Hände, »hat er Lappikram losgemacht, statt die richtige Arbeit, der Lump«.

»Und du? Und ich?«

»Ich bin mehr für langes Messer.«

»Dann geh man gleich mit im Richtersturm.«

»Kann ich ja noch.«

»Das sind Arbeitermörder, Atsche.«

»Na dann guck ihn dir gleich noch mal an, den Butt«, und schob seine Hand unters Totenhaar, hob den Kopf wie ne Mutter beim kranken Kind, »ein Löffel für Mama, ein Löffel für Papa, ein Löffel für Väterchen Stalin, und an dem ist er dran verreckt, der mag nämlich keine Kämpfer mehr leiden, bloß Frieden und Futter für seinen

Verein, und trommeln ihn trotzdem noch hoch, den Mann, und soll er ihm tapfer was Schönes singen, Kampflieder für die Bürounterhaltung – das sind die Mörder von dem hier im Dreck, blasse Backen, sonst hat er nichts mehr«, und tätschelte matt das kalte Gesicht, »jetzt weißt du Bescheid, Kollege«, und legte den Kopf wieder vorsichtig hin, »und lügen uns alles so friedlich an, und kriechen den Bonzen im Arsch, ich nicht«.

»So wie jetzt, mit dem Zeug an, in Uniform, bist schon im Arsch mittendrin.«

Atsche schmierte von seinen Händen das Kopfblut von Alfons sorgfältig in ein dreckiges Tuch, »ich krieg Arbeit für Herbst im Schlachthof, so Blödsinn hier mach ich bald nicht mehr mit, lieber Kopfschlachter und kein Gedöns, gegen Bullen hilft nur Gewalt, und auf rotes Tuch lass ich die bald mal tanzen, wenn ich mal Zeit hab, nachher«. Da hoben sie beide den Kopf.

Aus der verschlossenen Häuserwand stieß jemand ein Fenster auf, einer im Stubenlicht, ganz allein, und sah wohl unten nur Schattenmänner, und wedelte Arme zur Seite weg hoch, zum Gruß, zur Sicherheit, »hallo! – Gut Freund!«.

Aber Atsche war gründlich geschult, aus der Arbeit des Volkes, allem seelischen Einfluss gewachsen, strengt euch an, Munition kostet Geld.

Und wirklich genügt aus Atsches Auge ein Blick, aus seinem Finger ein winziger Zug, aus seinem Gewehr, seinem Dienstkarabiner vom Volk für das Volk, ein einziges kleines Stück Vollmantelblei.

Der Fensterfreund hängt übers Fensterbrett raus wie der Teufel am Spielbudenplatz, von den Zuschauern endlich verraten, verjubelt an den Gendarm.

Leo steht vollkommen tot.

Atsche springt weg über ranzigen Stein, lachend von Mauer zu Mauer, der Teufel ist vor ihm her.

Sein Lachen gefiel Leutnant Kosa, der schnitt ihm den Weg ab

im Hinterhofeck, hatte alles gehört und gesehen, hatte sich kurz nur für Zwischenfick zu ner Bardame abgesetzt, der lief mit Atsche von nun an mit, der wollte sich so einen Abtöter merken, »Mann, renn Se nich so, is doch allet jebucht – hier rein!«.

*

Auch Leo hätte längst rennen sollen, und hatten ihn dann auch fast totgeschlagen, all die Kollegen aus starrenden Fenstern, aber ein Arzt hier, ein altdicker Langer, war in Wohnküchen gut bekannt und so in Respekt bei jedem und allen, aus Liebe und Trost und tagundnacht Reden und Helfen und nichts in der Hand als sich selbst, dass die Ärmsten ihn aufmunternd Gustav riefen, ein mutiger trauriger Mann, der schleppte Leo, bevor sie ihn tot hatten, zu sich hinter die Bücher, »der wars nicht, ich habs genau gesehen, fasst mit an, sonst geht er kaputt«.

Wars aber selber schon fast, und klug, und wollte doch keinen verkommen lassen, fesselnde Trauer, die hielt ihn wach, und nützlich nächtelang hoch, zum Reden und Pflastern und Ängste Vertreiben und alles stur schleppend Durchdenken, Proletengespräche am Küchenstein, wie lang unser Leiden schon dauert, und wie kurz unser Leben nur ist.

Gustav half rettungslos jedem von uns, nicht wie sonst diese Bullen in Weiß und reich, »da suchen Sie sich einen anderen Arzt, was halten Sie ihren verhetzten Schädel in Händel, für die Sie zu blöde sind«, oder »bücken, erst mal, der Mann! Elvira, den Gummifinger! So strafbares Pack wie Sie trägt Geheimnisse noch am finstersten Ort«, oder ruft gleich, wo er nur hinflicken soll, »Sie gedulden sich bitte ein Augenblickchen«, den Schlägerchef von der Kripo an, Platzkartennachbar im Opernhaus, das gleiche verhackte Gesicht – so nicht.

Sondern Gustav macht sich Notizen, neulich, zum Beispiel,

Großneumarkt: Zwanzigsten Mai, zwölf Uhr, Menschen auf Bürgersteigen, Polizisten beginnen zu schlagen, zehn rotten sich, Rücken zur Wand, vors Amt, schießen direkt in Menschen hinein, drei Verletzte, ein Knieschuss, ein Bauch, einem Kind steckt die Kugel vorm Adamsapfel. Karl-Muck-Platz: Bullen wie Vieh, ziehen im Laufen ihre Pistole, schießen auf hundert Meter Distanz, sieben Uhr dreißig, am Abend. Zu mir gebracht, am 17. Juli, circa zehn Schussverletzte, an zwanzig Schlagstockverletzte, Wunden von äußerster Brutalität. Am gleichen Tag, vorher, zur Mittagszeit: Mädchen, wohl fünfzehn, mit ihren Eltern, höre den Vater noch sagen, besser, wir gehen mitten auf Fahrdamm, das könnte das Sicherste sein, im nächsten Moment fällt das Mädchen um, Steckschuss im Oberschenkel, angeblich auf der Flucht, fast alle Schüsse von hinten. Und drei Tage später, ausführlicher: ein unvergessliches Bild, drei verbindlich grinsende Polizisten, Karabiner im Anschlag gegen Etagen, erfüllen blutigen Dienst mit der Heiterkeit von Athleten, die wissen, dass sie kaum Gegner, sondern nur hier mal und da in ein paar Köpfe und Beine zu schießen haben, um ihren eigenen Krieg noch ein bisschen zu prolongieren.

Gustav kann Leo fast alles erklären, und Leo kann ihn fast alles fragen, nur der alte Blick aus fleckigem Kittel schwappt oft nur träge noch hinter ihn hin. So viel Trauer, wo hat der die her?

Gustav hätte gern Achtung gehabt vor dem Mut und der Tatkraft des Geistes. Das Goethejahr steht ins Haus, die Dreistigkeit jenes Buchmachermeisters aus Lübeck, Davos und sonst welchen Fluchten, der bei zwölf Millionen Schlägerwählern, Tollwutwählern, Hungerwählern sich über den Schnellzug nach Prag beschwert, weil er umsteigen soll, in Straubing, und der, welch ein peinlicher Zufall, in Düsseldorf, vor Industriekriminellen*, die schmalen Schreibhände hebt, und in Weimar nur knapp den Fasanenkopf, und »eigenartig berührt der Vermischung von Goethe und Hitlerismus« aus Rotarierblickwinkel zuschaut, Dichterrührung,

und sonst überall die Kugel, das Herrschaftseisen, im Hals eines Arbeiterkindes. Vielleicht war es das, was ihm mitten aus Liebe und Klugheit so sauer zum Hals heraushing, was den Guten so traurig macht. Oder einfach die Sorge um Menschen.

Denn als Leo da später rausgehinkt kommt, hat er mit Gustav schön nachgedacht, auch was das für wen und gegen wen ein langanhaltender Brauch ist, das Menschenglück zu verkaufen, und das Unglück des Menschen auch, »und die Kampfplätze, lies das mal nach, nur Tummelplätze des Irrtums«.

Leo schnappt draußen schwankend nach Luft und Sonne, hinkt los, will weg zu Pudel und Klinsch. Aber Millerntor zieht ihn einer am Rock, »komm mit!«. Parteischutz im Schatten, »du warst doch dabei, du bist doch von uns, wie heißt er, der Fenstermörder!«.

Leo sagt ihnen nichts. Hält sich an ihnen fest und schweigt. Kriegt also noch mal die Fresse poliert, von Genossen, tut doppelt weh. Und kriecht dann nach Himmelstraße.

*

Dass Schlosser schließlich der einzige war, der dies Schweigen verstehen wollte, war auch für Leo erstaunlich. Und sein Staunen machte ihm Mut, mal zu sagen, zu stottern, was er bloß manchmal erst eben so dachte und fühlte und hoffte –

» – das konnten genauso gut Spitzel sein –«

» – das geht nämlich erst, wenn wir die Gefängnisse haben, wenn du Richter machst oder ich oder er, das kann man ja alles lernen, aber für uns mal gelernt, für Menschen, dann soll er Bestrafung auch haben, –«

» – das stimmt nicht, Schlosser, das gibt es gar nicht, über den Kämpfern, über dem Krieg noch so Plätze und Stuhl oder Richtigkeit. Nur wir, oder die, oder nie! –«.

» – Das ist gefährlich, auf Leben und Tod, sowieso, alles was du

hier richtig machst, aber besser, wir sterben, wie wir das wollen, und niemals mehr so wie die. Und für so halbe Tour, Schlosser, so Doppelkram, Halbzeug und Mogeln, da sind wir Kollegen zu schade für, musst auch mal denken, was Menschen sind, da lässt du dich nicht gern für schwach verkaufen, das kriegen die von mir nie! –«

Schlosser kam noch auf Frauen zu sprechen, auf Pudel, sie saßen in Ellmenreichstraße, Treppenhaus, Flurfensterklappe, Pudels Kolleginnen hatten gewarnt, »Razzia! Haut ab!«, und da saßen sie nun, Schlosser musste sich hüten, und hier gabs einen Fluchtweg durch Bodenklappe, die Stadtdächer tragen dich weit, und wollte trotzdem von Pudel nichts wissen, »das ist nämlich mehr schon bald gar keine Frau mehr«, und wollte, dass alles sauber bleibt, Richterspruch, Liebe und sonstnochwas, aber »Dreck«, sagte Leo, »sind wir doch hier, du auch, ich auch, jeden Tag schon verkauft, unser Leben, das ganze Leben! Und nicht nur mal eben so Titten und Bauch und Beine breit mal für Gehackte, da musst du doch mal drüber denken!«. Aber Schlosser sagte, schön stur, in Angst, »mens sana in corpore sano«, und das war ja nun nicht ganz die Sprache von Lenin, und auch nicht ganz neu für die Ohren von Leo, »das jammern sie bei den Trommlern schon längst!«, und erzählte von Ella Kantfisch.

Die hatten sie raus nach Billstedt gejagt, in die Jute, in Lauge und Gift und Hatz, die rennt morgens blassmüde weg von Rita und abends zwei Stunden todmüde zurück, der klauen sie die letzte Kraft aus den Knochen, der trampeln sie letzten Mut aus dem Herz, der lügen sie Scheiße in ihren Kopf von Dankbarkeit und Betriebsgemeinschaft und günstigem Lohn, »und alles nur Hohn! Und hör mal, Schlosser, nun hör mir mal zu, wer ist wohl schlimmer verkauft, schneller todkrank, tiefer gesunken und härter gekränkt – Pudel? Oder all die?«.

»Bei Pudel pass auf, da steckst dich leicht an.«

»Ach Scheiße, dann geh ich zu Gustav. Aber hör mal, Schlosser, die Krankheit von Ella, da ist Tripper nur bisschen Schnupfen, da hast du Millionen, alles die Pest, alles die Angst und die Ohnmächtigkeit – da lass uns mal Pillen für drehn!«

»Der Jung ist noch mehr wie ein Kind, aber gut«, sagte Schlosser zu Adelheit Witt. Die war froh, dass Kuddel noch lebt. Das hatte sie Schlosser zu danken.

*

Kuddel Mäuser war Pfleger in Altona, Wohnkeller, gleich links rum, Hospitalstraße hundertsechs, nicht viel Licht jeden Tag, aber friedlich alles, ganz kleiner Kerl, und stramm hoch und frech und sehr dünn, und lacht. Kuddel weiß, dass die Falle klemmt, bloß einmal schnappt sie ihn doch.

In der Hetznacht, als Atsche und Kosa sich trafen, als Leo blutig bei Gustav versteckt lag, »Fenster zu, Licht aus, die Straße frei!«, da hatten die Weißen sich Kuddel gefangen, »wo ist das Depot? Komm, zieh ab!«. Sie drücken ihm ihre Flinten ins Kreuz, sie stolpern ihn los bis Rathenaubrücke, in der Dunkelheit langen sie an, »da müsst ihr die Böschung mal runter«, Matsch alles, glitziger Rattenstein, bis hinter den Pfeiler nur schwarzer Schutt, »da liegt unser Zeug, nun mal los«.

Er weiß, für Blankstiefel ist das kein Weg, haben Angst, die Banausen, treten ins Kreuz, »hol das selbst, wir warten, zieh ab!«.

Das Letzte klingt Kuddel wie Schießbefehl, den dreht er sich besser gleich richtig rum, rutscht los, bricht weg durch Holunder, stoppt knapp überm Schwappwasser unten noch ab, kriecht hinter den Pfeiler, hat Augenblick Schutz, packt den Deckel der Kiste, ein ruhiger Griff, die Waffe schön schwer in der Mausepfote, und paarmal, leicht angestrichen am Pfeilerstein, zieht Kuddel ruhig mal ab, rauf mit dem Rotz ins Stablampenlicht der Herrschaft. Und

kommt oben bitter mit sechs mal neun Gramm klar an, das fällt auf, das zeichnet sich ab, das fällt um, was Recht ist, das soll auch Recht bleiben, aber wohin mit dem Recht?

Kuddel springt ab und schwimmt weg, die Falle war also doch nicht ganz dicht, Kuddel hat meistens Blick für die Wahrheit, aber wohin mit der Wahrheit? Genossen, denkt er, kennt er hier nicht, alles Gärten für Bessergestellte, aber scheißdrauf, die kannten ihn doch. Wer richtig rum schießt, den kennt man. Und wird sachte von Küche zu Küche gehuscht, von Mutti zu Mutti, der kleine Verbrecher, bis alles wieder schön trocken und glatt war.

Und morgens gleich wieder Kranke rumschieben, Betten aufschütteln und Pfanne auskippen, alles schon wieder prima in Weiß, so lütt und freundlich wie der, »das glaubt ihr doch selber nicht«, nämlich alles nur scheinbar, dass ich am Rhein war, Rotfront!

Aber Vorsicht, Kollegen, mal mehr Disziplin, wir sind schließlich nicht allein auf der Welt, wo kommen wir hin, wenn jeder gleich schießt, wir sind nämlich keine Mörder, war »Selbstschutz geboten« oder war nicht, Leitungsdebatte, »Einschätzung, bitte«, Kuddel kriegt auf die Finger gehaun, solidarisch, »das musst du verstehen«, bloß Finger sind nun mal Finger, nicht dass Kuddel Lust auf Klavierspielen hat, warum nicht, aber, »guck doch mal hier, die brauch ich doch noch, und den hier erst recht«, und hebt seine Pfote und krümmt seine Kralle, ja die, die du sonst nur zum Drohen hast, »bloß das glaub ich euch nicht, Genossen«.

Kuddel glaubt nicht an ellenlang friedlichen Kampf, obgleich Schlosser noch immer das Wichtigste wegschweigt: Er und Karo und noch paar Genossen hatten Schutz für Mäuser gemacht, als die Bande ihn abschleppt ans Brückenloch, Taxibegleitung mit Max und Konsorten, einer bleibt immer am Ball, Kampfbällchen Kuddel, Pisskuddel, Rotkuddel, sachte an Pfeiler gestrichen. Und damit dann auch Recht blieb, was unser Recht war, und immer noch ist, Genossen, los, kommt, sprang das wie Schatten aus Schlossers

Gesicht, als er im Taxi die Mauser hochhob gegen Stablampenlumpen am Rathenauwasser, als er durchzog, und Karo und Max, damit die Weißen den Kleinen da unten nicht doch noch in Gitter und Kiste schießen.

Kuddel war also heil geblieben, weil Schlosser geschossen hat. Der muss sich jetzt aber paar Wochen verstecken. Die Schläger hatten ihn doch noch erkannt. Wer richtig rum schießt, den kennt man.

Nur schweigt er das weg gegen jeden.

Und Adelheid weiß nicht, wohin mit Schlosser.

Aber Lona sagt einfach: »Bei Leo.« Ilona ist jetzt schon hübsch zwölfeinhalb. Aber Leo hat keine Wohnung. Aber Herr Moritz die Beethovenbude.

Fäuste auf den Ohren

Im Windschutz hinter den Bahndammbüschen war alles ungewohnt still, Gartenblumen und Wurzelbeet, Einmachbeeren und Zuckerbienen, leuchtend stumm hinter Glas, Schlosser fiel anfangs oft mitten am Tag mitten in schwebenden Schlaf, taumelig zahmer Fisch in künstlich gesondertem Wasser. Denn bisher war alles nur Arbeit und Kampf, und für Sonntag, oder auch nur mal Stück krank, wär im Dock, im Parteihaus, im Kampflokal ohne ihn einer zu wenig gewesen, seid wachsam, das ist ein Befehl. Nun saß er wach nur bei sich allein, und wartete, dass die Papiere kommen, der Bart wächst, die Brille passt, wann fängt dein Sterben denn an. Und studierte Berliner Parteimaterial, und wütend Regierungszeitung, und machtlos die Meldung vom Testpilot Bertram*, einem Mann, der für ein Flugzeugbaugroßunternehmen in Asien und im australischen Busch den Salto mortale versucht und dabei nun fern

verschollen war. Was schrien da die Zeitungen Tränen und Stolz über dergleichen Unglücksvogel, über Glücksritter für das Kriegsgeschäft, Schlosser sah schon die Bomberstaffeln, die Ordnung der Junker von Junkers, Flug in die Hölle, Nordsüderkundung, Werbemarsch für das Weltmachtgeschäft, aber schreiben nicht das, sondern schmieren nur hin den Tricklügentraum vom Fliegen, und nichts vom kämpfenden Volk, von den Kämpfen der Völker kein Zeitungswort, keine Freude erzählt, nur Ekel getropft und Sorge geträufelt und Angst getrampelt blattauf, blattab, Herrschaftsdruck gegen besseres Wissen. Sagt aber alles verkehrtrum auch klar. Denn wo diese Schweine die Toten zählen, von Chaos und wütenden Bränden jammern, von Hunger und flüchtenden Nonnen greinen, da kannst du verstehn, dass sie Fortschritt meinen, da steht unsere Sache gut. Und nur wo sie aber die Kämpfe loben, wo sie froh von erfolgter Befriedung schreiben, von Ordnung und Ruhe eingekehrt, endlich, da haben wir einen Kampf verloren, da sind die Genossen am Ende. Denn wo immer sie einen Kämpfer beschimpfen, da meinen sie einen von uns. Und wo sie einen Toten beweinen, da ist ein Weißer verreckt.

Das weint aber noch zu selten, Genossen, das ist noch immer am Rotz nicht erstickt. Schlosser horcht unruhig Habichtstraße, auf nasse Amseln und Hochbahnzüge, nach Schienenplan vorwärts, er wusste, was läuft –: antifaschistische Einheitsaktionen, Reichseinheitsausschuss Berlin und Halle, Einheitsfrontdelegationentreffen und, vorbereitend, Aktionskomitee für Massenbewegungsaufbau, für Maßregeln, Ausschalten und Protest.

Aber erst, als ihm eines Nachts Karo, Männerzeug an gegen Schatten, mündlich und schriftlich Meldung anschleppt von Genossen in Hafen und Straßen, Lageberichte, Bekämpfung, Beschlüsse, Betriebsprotokolle vom Arbeiterkampf, da fand er sich rasch zurecht, machte sich gleich an die Analyse, Auswertung, Vorschläge, Hinweisermutigung, alles kleinklar auf kariertem Papier, und am

liebsten gegen das Reden und Sagen und Fragen und Fluchen und Suchen die Fäuste auf beide Ohren gedrückt, aber »nun hör auch mal zu, Genosse, paar Tage Zeit hast du sonst ja doch nie«.
»Das stimmt. Fang an. Was ist los?«
Am meisten Redezeit hatte die Mutter von Schlosser, beide hockten sie da in der Enge der Fluchtgartenbude, »endlich, mein Jung, hab ich dich hier mal fest«, und starrte ihn liebevoll an, die Alte, alte Genossin mit Menschenaugen, »hol auch Liesbeth vielleicht für paar Nächte«, »dann finden sie mich, auf der sind sie drauf, und außerdem Arbeit genug, das weißt du«, »und kein bisschen Liebe mehr übrig, das weiß ich«, »das stimmt nicht, sonst wär unser Kampf doch schon tot«, »aber glaubt euch von denen längst keiner mehr, den Kampf«.
»Keiner von wem?«
»All die Straße.«
So hieß bei Lottchen der Platz, das Volk, wo sie jeden Tag lebenslang selber war, Steckrübenkiste, Kartoffelsack, Tonne mit Kraut und Handschuh mit Finger ab, Frostbeulenfinger und alles per Du auf der Straße vorm Grünhökerkellerschaufenster, aber nicht nur die Finger verbeult, auch schon mal manchmal die arme Wut. Hat ja auch nie leicht aus Büchern gelernt, schwer alles schwarzer lachender Kopf, aber trotzdem in Ordnung die Jahre, Mühe gegeben und Kinder gelacht und Kisten geschleppt und Broschüren studiert, Bebel und Arbeiterbildungsverein Rosa und Karl und Teddy und Stalin, Hände weg von der Sowjetunion, aber Hoffnung nicht nur auf Papier, »die muss auch mal was in die Pfoten kriegen«, die Hoffnung. Sie wär immer gern mal nach Kiew gefahren, nach Leningrad oder Odessa, von Kronstadt war ihr hier nichts bekannt. Disziplin, seid wachsam, Genossen, aber trotzdem mal schön rot auf Achse, schön neue Welt mit Genossentransport, Grußadresse internationalistisch, im Auftrag der kämpfenden Arbeiterklasse, Erfahrung und Fahnen und Freundschaft austauschen, war aber hier

nie frei weggekommen, Kindskinder, Mietkampf, Gemüsekarre, Kopf und die Pfoten nur mitten im Dreck, aber klar geblieben und freundlich und stur, »ich kann die SA-Schläger manchmal verstehn«.

»Die Mörder.«

»Die wolln so wie wir! Die sehn uns bloß alles allmählich wie Hohn. Und kriegen schon Hass wie für alles umsonst. Und schießen uns weg. Und das ist dann schon so, als wenn sie sich selber schießen und schlitzen.«

Sie duckte sich bisschen vor ihrem Sohn, aber gar nicht aus Angst, nur für klein bisschen Sprung, denn das springt ihn jetzt an, was sie sagt –

dass er oben in all den Bullenbüros auch so schon längst Mörder heißt, auch wenn er mit Mördern nichts hat –

dass nämlich die in den Herrschaftszentralen nie unsern Angriff erst abwarten müssen, um offen gegen uns loszugehen, sondern dass sie, wann immer sies gegen uns brauchen, mit eigenem mächtigen Griff sich das passende Recht schon verschaffen –

und dass er auch mal erkennen könnte, wo die Linie für Einheit längs läuft, ob oben in all den Leitungsbüros, oder unten vor leeren Händen und Tellern, ob im Keller oder Etagen, dass nämlich dichter zusammengehört, was Hunger und Elend hat, als das mit den höheren Posten –

und ob er denn wirklich nur Vereinheitlichung meint, das Bündnis von Organisationen, oder die Einheit des Volkes, die Bindung in Angst und Wut, weil beides zusammen wird nie was. Büropakt oben und unten der Ausbruch, das verkommt in Blut und Papier –

und dass sie in seinen Augen jetzt sieht das Misstrauen gegen den Menschen, die Sorgenliebe von Lehrern und Pfaffen, das Zittern, »sei still, jetzt rede mal ich!«, und dass auch nur recht sei, wenn er jetzt aufsteht, so wisse sie doch, dass er zugehört hat, und solle mal als Kommunist überlegen, ob das nicht Menschenmisstrauen

sei, alles von weither auf Linie zu bringen, und ob nicht gerade in dem, was so schön nach Kampfplan und ordentlich Klassenkampf schmeckt, nach vernünftig alles studiert und verstanden, diese Anspruchsverpflichtung auf Massenarbeit, auf Massenbewegung, auf Massenaktionen und massenhaft Höchstaktivierung, ob das nicht schließlich doch Misstrauen sei gegen das, was die Menschen mal selber wollen, »wir alle selber, und können wir auch!«, und genauso vielleicht doch auch umgekehrt, »guck mal die einzelnen Kämpfer bei uns, Kuddel und Rigo und Jupp und Klinsch, du sagst immer: Vorsicht, das schwankt, aber guck mal mein Jung, vielleicht schwankst du selbst, und alles nur Angst vor dir selber, wenn du rausfühlst, heimlich, dass unser Kampf, der ist nie richtig deiner von selbst, aber alles von oben Parteikampf, und von Kuddel kriegst du den nie so genau, und denk aber auch mal, wie viel Vertrauen, und alles nur frech, denkt er, aus sich selbst, und doch alles aus uns allen!«.

»Kuddel wär zehnmal schon tot ohne uns.«

»Und du ohne Rigo schon zehnmal zehnmal!«

»Und Gerd. Und organisiert. Auf die Uhr!«

»Aber unsere Uhr doch! Von Sophie die Uhr! Von Pudel und Leo Kantfisch! Von unten, Genosse, versteh das doch mal!«

Schlosser kroch hinter die Ohrenfäuste, und Lottchen sah starr auf die Händehaut, über Fingerknochen weißblank gezerrt, weißkalt. Schon alles bald tot. Sie hätte jetzt gern mal ihre Hände schön warm auf seine gelegt. Aber das kannte man nicht in Kellern, hätte ihn also vielleicht nur erschreckt, und sie wollte, dass es ihm gut geht.

*

Herr Moritz, der ihn noch nachts so fand, setzte sich lange Zeit stumm zu ihm hin, leise geschlichen, und horcht, und dachte auch über sich selbst, und sprach dann, als hätten sie längst gesprochen,

»habe ich Sie denn da richtig verstanden, in Thüringen, sagen Sie, und auch in Sachsen* ging man nur vorgeblich in die Regierung, um Arbeitern Waffen zu geben? Und tatsächlich tat man dann nichts?«. Er rülpste vorsichtig hinter die Hand, »Sie werden, ich kenne Sie, eins mit mir sein, wenn ich sage, das liegt doch bei uns, die Verantwortung steht nur bei uns, und nie bei den Bündnisministern«.

Schlosser hob nicht mal den Kopf.

Herr Moritz saß schwankend so hin.

Aus St. Georg war er nun fortdispensiert, Alters wegen und Alkohol, aber noch halbtags Streifendienst, da ließ man ihn großzügig gehen. Er lief am liebsten früh morgens in Parks, an Uferböschung, durch Grünanlagen, Vogelstimmen und Liebespaare, Obdachlose, in Regenhütten Pfeilherzen in das Holz geschnitzt, kleinfeine Obszönitäten geritzt, er huschte das mit seiner Stabtaschenlampe vorsichtig auf und ab. Und die Walther an der Koppelkette hing schwer gegen Übeltäter.

*

Karo kam auch mal, aber für kurz, Schlosser hatte sich alles notiert. Er las immer nur noch Zitate. Sie fragte: »Sie kreisen uns ein, schließen ab, wann schlagen wir endlich mal los?« Er las: »Es gibt keinen Zweifel, dass die Idee des Sturmes im Bewusstsein der Massen heranreift. Sieg des Faschismus nicht unsere Schwäche, sondern die Schwäche der Bourgeoisie.« Sie fragte: »Was heißt das, Idee des Sturmes?« Er las aber: »Deutlich zeichnet sich ab Periode der Arbeitervorbereitung zu kommenden Klassenkämpfen. Da ergibt sich die Perspektive des Heranreifens der Voraussetzungen für revolutionären Aufschwung. Wer sich hinreißen lässt von Verzweiflungsstimmung, ist unwürdig eines Genossen.« Karo sagte: »Würde ist Scheiße. Wir brauchen Waffen. Wir haben Waffen. Wann schlagen

wir los?« Er sagte: »Kommunisten sind Menschen besonderen Schlages. Aus besonderem Material geformt. Wir sind die Armee des großen Strategen, die Armee des Genossen Lenin. Und da gibt es nichts Höheres als den Namen des Mitgliedes unserer Partei.« Sie fragte und sagte: »Was Höheres, das wolln wir hier unten schon längst nicht mehr, das ist die Sprache der Weißen. Wir wollen auch keinen besonderen Schlag, sondern zuschlagen, jagen, vernichten, das Pack. Nicht mehr Selbstschutz und Notwehr und Häuserstaffel. Sie fangen uns weg! Wann schlagen wir los?« Er las: »Die Neigung zum Terror hängt ursächlich auf das Engste zusammen mit der Tatsache, dass Terroristen von Anfang an abseits von Arbeitern stehen.« Sie fragte: »Auch Rigo und Kuddel und Pudel und Jupp und ich? Und warum wohl abseits. Schlosser? Massenhaft Arbeiter abseits – warum!« Er las einsam laut: »Es gilt als gesichertes Wissen die Massenhinwendung zum Kommunismus, also Hakenkreuz, Herrschaftsausflucht, also Weiterflucht in imperialistischen Krieg, also einziger Ausweg fürs Proletariat schließlich die Revolution.«

Karo stand blass vor Rechenexempeln. »Ach, Schlosser, ist das denn dein Leben?«

»Mein Leben ist die Partei. Und deins auch. Und sicher kein Abenteuer.«

»Dann werden sie uns vernichten.«

»Unser Kampfresultat ist nie gleich Erfolg. Sondern, um sich greifend, die allseitige Vereinigung aller antifaschistischen Kräfte.«

»Dann werden sie uns vernichten.«

»Mich oder dich vielleicht. Die Klasse ist unzerstörbar.«

»Das glaube ich dir nicht mehr.«

Karo ging vor ihn hin, nah bis an seine Jacke, »wir gehen nicht unter in Niederlagen, aber in Kämpfen, die wir nicht kämpfen«.

»Die Partei kämpft mit einem klaren Programm.«

»Sie wollen uns töten, Schlosser!«

Schlosser nickte nur vor sich hin, als habe sie ihn verstanden,

»ein großer, gewaltiger Kampf der Arbeiter und der Bauern sowie aller übrigen Werktätigen«. Karo ging weit von ihm weg.

»Du liest ja noch immer nur ab. Was siehst du denn überhaupt selbst? Bis Mottenburg, oder bis Moskau?«

»Von Moskau bis Mottenburg.«

»Von Moskau ist Mottenburg ziemlich klein.«

»Aber hat seinen Platz im Gesamtgefüge.«

»Wir sind aber kein Gesamtgefüge!«

Er war betroffen von ihrem Gesicht. Er stand auf und ging um den Tisch, hielt sie mit beiden Armen, und sagte, als wär da kein Widerspruch mehr, »jeder an seinem Platz seine Pflicht. Und dann lass mich man jetzt noch was tun«.

Das wär ihm der liebste Schluss gewesen nach all diesem schwierigen Tag. Karo hat aber nach all den Jahren Ohren noch für Gantertöne. Und bleibt noch in seinen Armen still. Und sagt dann an seinem Hals vorbei, »kannst du dir eigentlich denken, Schlosser, dass die Massen Faschismus wollen?«.

»Nein.«

»Drum fällt dir auch nichts mehr ein«, sie nahm ihr Gesicht vor sein Gesicht, schön nah, aber nichts, »aber uns!«.

*

Allzu viel konnte Schlosser von dem, was er tun wollte, nun nicht mehr tun. Er saß noch bei Hellwerden über Papier, Schulungsnotizen für Lehrlingskader, Grundlagenarbeitskreis Stufe II. Klassengebundene Rechtsbegriffe im Betriebsgesetz über Eigentum, die Sonne kam weiß durch Heckenlaub, die Katze strich sanft durch Stachelbeergras nach Mäusen und badenden Meisen, heller Oktobertag würde das werden, zuletzt noch mal schön hell warm. Er dachte zum wievielten Mal nach, und schrieb das zum wievielten Mal auf, dass der Eigentümer mit was ihm gehört wohl machen

kann, was er will, solange wir ihn das machen lassen, und hatte das Bürgergesetzbuch dabei, und klopfte die Paragrafen aus nach Staub und Dreck und Knoten und Schlingen. Die jungen Genossen sollten verstehen, wie Gesetzestext scheinbar paar Maschen frei lässt, und doch dahinter der Haken, und Gegenwehr nie mit Gewalt, und das war der Kern der Gewalt. Er fluchte, zum wievielten Mal denn nun schon, über den Schwindel in den Gesetzen, nach denen Eigentum dann nicht eintritt, wenn es gestohlen ist, aber war doch längst alles gestohlen, Raubgut aus all unserer Arbeitskraft, die reichen Maschinen und schönen Sachen, alles von uns sich weggeklaut. Aber sichern sich auch schon im nächsten Text hohnlachend gegen uns ab, denn, schreiben sie, wieso von euch denn geklaut? Gestohlen heißt nur, was gegen den Willen des Eigentümers genommen wird. Und hatten wir denn nicht die Jahre, all die Proletenjahre, den Willen zur Arbeit gehabt, auch den zur bestohlenen Arbeit? Du musstest ja leben, na siehst du, na schön, da sind sie schon wieder fein raus, Sie brauchen bei uns ja nicht wühlen gehen, wenn Ihnen an Ihnen der Diebstahl nicht passt, bitte sehr, dort ist die Tür, weil die wissen, du brauchst Kartoffeln und Bett, und drohen auch gleich noch scharf hinterher, nämlich nimm bloß mal an, du findest das nicht gut, du willst unser Eigentum wiederhaben, all dein Leben und unser Recht, Rotfront!, dann stoppen sie, nicht mit Gewalt, Sie Rüpel! Wenden Sie sich an unser Gericht! Und die legen sich dich dann in Schwarz zurecht, wieso hat man Ihnen denn was gestohlen? Sie kannten doch Ihren Lohn, oder nicht? Sie wussten doch Ordnung, Gesetz und Vertrag, oder bitte sehr, können Sie lesen?

Schlosser, während er dachte und schrieb, fischte und siebte und Stirnhaut rieb, fluchte gegen das Unrecht wie eh, Fäuste auf Tisch geknallt, Pfiff auf zwei Fingern gellt, aber dann lachte er streng, wollte auch jetzt nicht ins Messer jagen, Linkssektierer nur Provokation, aber »Scheiße, wir wollen doch alles!«, aber Scheiße, wir

sind noch zu schwach, und Gewalt ist nur die Gewalt der Massen, jetzt wird erst mal still was gelernt, »los, schreib auf!«, er redete arm mit sich selbst.

Da hörte er draußen am Budenholz das Zeichen, durchs Türschloss den Pfiff. Er schob ganz sacht den Vorhang Stück weg. Wie weiß die denn hier den Turm?

Krieg

Sophie weiß aber, das weiß man ja längst, viel mehr, als Schlosser so meint, und macht ihn nun munter, bringt weg von Papier, alles Krieg bis Billstedter Jute, und sagt ihm, »da werd ihr gebraucht, da ist sonst bald alles egal und vertrickst, schick mal dein Stamm auf die Straße!«.

Schlosser mag längst seit den Regenhemdnächten im Busch von Zachun von Indianern nichts hören, »wir reißen hier keinem die Haare ab«, »ich weiß wohl, mein Jung, bloß schön Friedenspfeife«, das war mit Hanneken damals im Spaß, aber jetzt hier redete Sophie Kasten, Delegierte vom Jutestreikrat, das hat Schlosser gar nicht gewusst, »und ich denk, du bist mehr so auf freier Wildbahn, und Rot alles nur für Büro und Bekloppte«, »hat alles schon reichlich Kloppe gekriegt, und da stehst du dann besser vielleicht mal als Stamm«. Schlosser fing plötzlich zu lachen an, das tat er fast nie, das war neu, das war gut, das war Krieg, den sie beide verstanden hatten.

Sophie macht Lagebericht: Der freie Streik in der Billstedter Jute gegen Gifte und Lohnabbau hatte nicht nur die Gewerkschaftsbonzen als Zuhälter, Hinhalter, Herrschaftsverwalter klar rausgestellt in den Wind, sondern nun auch den Werkschutz entdeckt als Waffenbüttel und Spitzel, das war nun von allen Kollegen gepackt: Aus

Werksicherheitsdiensten, sie kannten die Schnauzen, kamen Schläger und Lügner ins Blauzeug geschleust, aus Freikorpsresten und Stahlhelmcliquen Scheinproleten, nur für Verrat, »und alles mit Püster und auf Befehl, und wir? Wo ist das Depot!«.

»Rede mal erst mal noch fertig.«

»Bin ich schon alles, bloß alles vertüdelt, das hältst ja noch nicht mal mehr mitten im Kopf aus«, nämlich jetzt war zwar der Waffenkampf gegen die Streiker kalt aufgedeckt, und im Streikrat alles am Toben, und keiner verlässt hier die Bude, Kollegen, wo bleibt der Kartoffelsalat, die Bullen lassen uns sonst nicht mehr rein, und die Streikposten nichts in der Hand, paar Eisenteile, paar Knüppel. Und die Streikbrecher werden rangekarrt, Schupoabdeckung, Schläger von Ratjen, Arbeitslose mit Waffen und Hass, »aber musst du mal drüber denken, Schlosser, die kommen da trampelig angeschissen und sollen jetzt mal fix gegen uns und alles, und drehn sich bloß immer im Kreis, die Jungs, und gar kein Verlass für die Herrschaften mehr, bloß alles gegen die Bonzen, schrein sie!«, und meinen Gewerkschaft und Gelddirektor und Streikleitung auch gleich mit weg, »die jagen sich bald mal noch selber mit hoch!«.

»Und stehen die bei euch jetzt, die Arbeitslosen?«

»Die stehn überhaupt nicht, die wirbeln bloß rum, da weiß schon bald keiner mehr richtig, wer wen!«

»Das kann eine Falle sein. Denk mal mit nach. Und wenn dann der erste Schupo tot umfällt, dann waren es nur immer die Roten.«

Aber Sophie lachte ihn zutraulich an, »mach mal Muckefuck lieber, nicht Sorgenpaster, und Falle ist mehr was für Mäuse, und du musst sowieso gleich hier weg mit nach da, da ist Kampf, die warten auf euch«.

*

Im Schloss von Zachun war die Wochen zuvor von Abwarten nicht mehr die Rede gewesen. Ratjen war Gast, mit paar Rotwildjägern, Mansfelderfahrung* ist Trumpf, und im Schatten von Ratjen, adrett in Zivil, der Atschemäzen, Leutnant Kosa.

Aber um Atsche gings nun noch nicht, noch nicht mit Stadthausgeld, Ketten und Zangen die Roten ausrotten, K. z. b. V.*, noch nicht, »noch, noch!, Herr Leutnant, wir müssen, so leid es uns allen hier tut«, psstpsst!, »noch mehrgleisig fahren«, haha.

Mit dem einen Zug gegen die Arbeiterkämpfe, ganz klar, ganz grundsätzlich, gar kein Pardon, die Strolche sind unfasslich renitent, Eigentumssicherung vorrangig stützen, also Waffen ein bisschen und warmes Zeug für die Helfer in Hungerklamotten, »das wär auch mal was für die Damen, vielleicht«, Kränzchenbazar von Salon zu Salon, kriminelle Energie von Zachun bis nach Bonn.

Mit dem zweiten Zug gegen die Arbeitereinheit, »Herr Ratjen, Sie machen uns Sorgen, Ihr Gesindel kumpaniert, wie uns scheint, oft blöde nur mit den Roten, die Sie uns wegbinden sollten. Wenn wir Sie stützen, so wie bisher, was hält sich da gegen uns aufrecht, mein Lieber? Nie Angst, dass es Sie selber mal trifft?«.

»Nein, nie.«

Ratjen lächelte einsam so hin das Stieglitzmadonnenlächeln aus dem Schlafzimmer seiner gebildeten Mutter, er kannte die Sehnsucht des Menschen, »sie toben nur, weil sie nach Ketten suchen, und denken, sie kämpften die ab, und möchten sie aber nur haben. Und Ketten, Baron, die letzten Ketten, die feinsten, haben nur wir«.

»Das klingt mir ein bisschen zu – sag doch mal, Mutter –«

»– zu böse, ich kenn dich. Er schreit oft im Traum. Sie sagen es uns besser menschlich praktisch, wir sind hier nur schlicht die Leute vom Land, – aber bitte, fahren Sie fort –«.

Ratjen sah Alex wie Fussel auf Frack, »Wir lernen die Täuschung all dieser Menschen für uns gerecht zu nützen, je schöner sie hoffen,

desto hässlicher werden sie hassen, sich selbst, denn sie meinten ja mal sich selbst. Wir jagen das dermaßen zueinander, wir mischen das alles so gegen sich auf, dass am Ende die Suche nach Ordnung und Vater alle, fast alle, befähigen wird, unsere Absichten streng zu befolgen. Der Rest wird vollkommen vernichtet. Kapital ist jetzt jüdisches Kapital, Bonzen sind ihre eigenen Bonzen in den Gewerkschaftspalästen, und Lügenherrschaft, da halten wir hin die Schwatzbude in Berlin. So denken sie, kämpfen sie für sich selbst, und kämpfen dann doch nur ...«

»... fürs Große und Ganze, für dieses arme, herrliche Land«, das sagte still und schnell die Baronin, denn Ratjens Zögern war ihr nicht lieb, »ich glaube, das ist uns nun klar«.

»Aber achten Sie dennoch aufs Volk, mein Lieber«, das sagte ein Alter mit Leunaschreck*, »das liebe Volk ist nicht immer so dumm, wie wir es hier gerne hätten, ich möchte auch sagen: Wie es selber es braucht, damit Segen liegt auf seinem finsteren Tag. Und selbst, wo es dumm ist – es hat eine furchtbare Hoffnung«.

Drum schnell lieber nun den dritten Zug, den praktischen mit Spezialgepäck, Leutnant Kosa schleppt Passendes bei, »wir könnten doch das, was der Kaiser schon hatte, jetzt über mich neu installieren. Streikbrecherwerbung – ich bitte Pardon – die Werbung von Gutwilligmeinenden über die Ämter der Polizei, verschwiegen und dienstlich und, wäre das möglich, mit Handgeld zuvor aus den Spenden von hier?«.

Der Abend wurde erregend konkret. Was gemeinsam seine Interessen erkennt, das redet und rechnet rasch richtig. Herr Alex macht still den Kellner. Und weil ihn das Wort von der furchtbaren Hoffnung an Karo erinnert hat, geht er hinauf in sein Flintenstübchen, um ängstlich zu onanieren.

*

Aber auch wenn sie Schlosser auf Mordverdacht fahnden, ihn wegmachen wollen als harten Kern, als Bandenchef von Terrorbanditen, das gabs ja auch damals schon, lest das mal nach, das Dreckdeutsch der weißen Angst, zog er Stiefel an, stiefelte vorsichtig los, Bart an und Brille auf, Krümelpfeife, wien Mückenforscher aus Ivalo, und Rigo und Gerd als Sicherheitsschatten, Watte bis Gastwirtschaft Schmidt, Vogelweide, nach zwanzig Uhr, die Häuserschutzstaffeln pfiffen das durch, Rauchzeichen gegen die Weißen, sagt Karo, Beratung für Unterstützung in Billstedt, die oder wir, wer wen. Und sicher nicht nur mit Pferdehaarschlingen.

Schlosser fordert auch jetzt Disziplin, »keine Knallerbsen, jetzt noch nicht. Das könnt ihr später noch alles mal zeigen, was ihr so alles könnt. Schießen ist einfach, was klarmachen schwer«, und Partei noch nicht stark genug, also erst mal »die breitesten Schichten auf geistigem Wege gewinnen helfen«, sonst Auflösung hier des Selbstschutzverbandes noch jetzt. Und fordert für morgen draußen in Billstedt anleitend ausdauernd Streikunterstützung nach Maßgabe der Betriebsanalyse, und gleichzeitig hartnäckig Einflussnahme auf hungerverwirrte Arbeitslose, auf rübergekarrte Herrschaftshelfer, »die haben oft nur auch die Wut so wie wir, Sophie, mach mal Bericht«.

Und wollte dann aber doch gleich noch mal den alten Berlinbeschluss lesen, elf Monate alt, Rote Fahne, an all diese Ratjenbande im Land, »ihr gehört zum werktätigen Volk und nicht zu denen, Kollegen, die euch gegen das schaffende Volk schicken wollen, kämpft mit uns in einer Front!«, aber Vorlesen wollte auch jetzt keiner hören, sondern Jupp denkt an Alfons und alte Zeiten, »hör zu, Schlosser, wie ich das weiß, noch von mir: Um einem, der Hass hat gegen die Bonzen und Unrecht und Hunger und all den Scheiß, um dem noch Stück mehr noch was klarzumachen, darfst du ihm nicht die Waffen schlechtreden, weil sonst denkt er, du willst ihn verschaukeln. Weil sonst sagt er, du bist verrückt. Weil er sehen

kann, was ihn bedroht. Mitten im Krieg dein Kampf ohne Waffen, das darfst du nie machen, Schlosser. Das sind keine Schulkinder nämlich, die Besten, sondern das sind mehr Soldaten, nicht so an sich, aber weil da der Feind steht«.

Aber Karo boxte ihn heimlich zurück und sagte, und sagt das für Schlosser, »das ist mehr im Großen bestimmt, aber jetzt jedes Mal, heute und hier, musst du genau erst erkennen, was wie, und morgen, da draußen, und alles am Wirbeln, und Fluchen und Suchen und alles nur Toben, da bist du genau der Genosse, von dem einer lernen kann, dass er nicht durchdreht, sondern dass er zusammensteht, erst mal, genau so wie Alfons und du vor der Bank für damals mit Rigo gegen den Dicken. Sei hart, auch mal gegen dich selbst!«.

Und Schlosser lacht noch mal einfach hin, wo Karo das so gesagt hat.

Und Rigo sagt, was er von Maja weiß, dass die Streikbrecher Geld bei den Bullen kriegen, und auch den Transport bis nach Billstedt raus, und auch warmes Essen von Rothenbaum, »das macht noch mal allerhand klar, das müssen wir bloß mal erklären für die, wer wen und der ganze Scheiß«. Und Schlosser lacht gleich noch mal. Und von Knallerbsen sagt Rigo lieber nichts.

Schlosser hakt wieder mal ab für jeden, was er so praktisch braucht gegen Bullen, Ausweis mit ordentlich angemeldet, paar Groschen für Telefon dabei, aber sonst wie keine Adressen, paar Nummern nur sicher im Kopf gedrückt, und vorher das Zimmer zu Haus schön klar, kein belastendes Material unterm Bett, und bisschen Papier und Stück Bleistift vielleicht, und bei Festnahme nichts, kein einziges Wort, nur Name, Beruf und Adresse, »und keiner lässt einen im Stich, alles klar, wir helfen uns selber, Rotfront!«, und alles mit nichts in der Hand.

*

Leo kommt auch an die Front, nur ordnungshalber die andere Seite. Sie hatten ja alles geübt, Planspiel B5, Sondereinsatz, massiert, gegen ausufernde Streikbewegung, je schärfer das Mittel, je rascher Erfolg, bei den Roten Aufruhr mit Endzweck, Errichtung von Rätestaat, Russen und Sachsen, piffpaff. Sie zogen die Jungen raus aus den Wachen, Lageeinweisung in der Kaserne, Meier steht blass, ohne Glück, bitter anständig einfaches Amt, und vom Volk sind wir beide, du auch, und niemals gegen, nur Dienst, schießt gut.

Meier hängt krank wie Lügenkasper. Balthasar füttert den Dobermann. Ole hat staubige Bäckerbacken. Leo wird eingeteilt, Muniwart Kantfisch, und wartet den richtigen Augenblick ab, wo sie alle noch mal beim Scheißen sind, beim Essen, beim Schlagstock einputzen, und weiß auch noch selber nicht ganz, wieso, aber holt, schon heimlich, wie einer von uns, ohne Eintragung, Abhaken, Zuständigkeit, paar Hundert Schuss Pistolenversorgung, und lacht kein Wort, nur Frost. Und Meier, der ihn sich fürsorglich ansieht, zeigt nach draußen in Schmuddelwetter, »wird kalt, Kantfisch, ziehen Sie was unter«.

*

Am Morgen danach, noch Nacht, saß Nässe in allen Ecken. Das wird so ein stiller Oktobertag, wo die Amseln unten im Nebelbusch, Stadtpark oder auch Wandseböschung, noch mal ganz schön das Flöten versuchen, leise, aber geduckt und dick, weil der Alte in Schwarz hat längst kalte Füße, trotzdem, was sein muss, muss.

»Pass auf. Sei mal still.«
«Steck weg!«
»Da kommt einer längs.«
»Jetzt, morgens um vier?«
»Keine Bude, vielleicht.«
»Oder Streife. Mal still!«

Die Schritte waren noch weit, und langsam, und hielten auch manchmal inne, der Nebel trug alles so matt. Rigo und Jupp wollten jetzt nicht da weg, Max hatte zugesagt, dass er sie mitnimmt nach Billstedt raus, von Eilbektal, Wandseböschung, Grünanlagen am Flüsschenufer, Nähe von S-Bahnhof Friedrichsberg, aber da fuhr jetzt kein Zug, alles still, alles tröpfelig kalt und schwarz, das Parkhäuschen bot ihnen bisschen Schutz, sie liefen das Jahr durch im gleichen Zeug, halb Jungmännerstolz, halb alles kein Geld für irgendwas Warmes mal kaufen.

»Lass den man kommen.«

»Der töffelt vorbei.«

»Der friert genau so. Der tut nix.«

Sie hätten noch leicht da weglaufen können, aber nun sag doch mal selber, warum, alles mal erst unser gutes Recht, oder was bin ich fürn Tier?

»Rigo, der kommt glatt hierher!«

»Ist da denn jemand?!«

Was nun.

»Nun schrei mal nicht so. Komm rein, Opa, hier. Alles schön trocken und mollig.«

Sie konnten den Rufer in Nebel und Schwarz noch nicht sehen. Sie hätten auch leise sich wegducken können. Sie dachten aber, so Opa mit Brand, der kann hier genauso, wie wir.

Aber die Stabtaschenlampe.

»Eh, Alter, mach aus! Das tut weh!«

»Ist gut, und Entschuldigung auch. Nur so klein bisschen Dienst nebenbei.« Jetzt waren drei Leute gefangen, bloß einer dachte, dass er noch frei ist, und hockte sich dick auf die Budenbank, schön sauber vorher noch Tuch unterm Arsch, und redet gemütlich von Amseln und Schnaps und von später vielleicht auch mal bessere Zeiten »für so junge Menschen wie euch«. Und sie hätten ja immer noch wegrennen können, immer noch letztes Mal schnell noch mal frei,

aber hör mal, Genosse, wie komm ich mir vor? Frei sind wir hier doch genauso gut, bloß der nicht, der Scheini, der Knecht. Und reden nun selbst auch so bisschen was hin, von nie keine Arbeit und Vater schon tot und Mutter nun auch schon am Blödeln, und reden so Scheiß, und geben was an, und Rigo macht extra noch einen drauf, und lügt was, aus Bock, von Markward Benthin, von Spiegeleiern mit Quark und SA, und dass da noch Ordnung und Essen war, und »wenn wir mal siegreich sind, wärn wir ja blöde!«, alles schon knapp wie besoffen, nur so, und raucht auch noch frech eine Trommler.* »Dann zeigen Sie mal die Papiere, die Herren, aber hopp!«

Der Stier stand plötzlich mit Licht in der Hand, »hier schön auf die Bank damit, so ist das gut, und nun noch mal eben mit Arm an die Wand, Ordnung muss sein, und keine Musik für so falsche versoffene Töne. Heureka! Was sitzt denn da in der Jacke?«.

Aber die Kugel schlug quer durch den Kopf, und schnappten sich die Papiere zurück, und rissen ihm noch die Walther weg von der schleppenden Koppelkette, und Max rast mit ihnen davon.

*

»Jetzt mach aber Ende mal, Stuhlmann! Der Alte wird plötzlich dienstlich, der Sack, na dann werden wir das doch wohl auch! Oder was bin ich fürn Tier?«

Sie hatten in Billstedt noch mitgekämpft, aber der Schreck, und noch nicht mal ein Schrei, das trieb sie wild weg in den Schutz von Genossen, Versteck überm Tiefstackkanal. Und hockten alle. Und Schlosser im Stuhl. Was nun?

»Ihr seid doch nicht, was die oben, den Dreck, alles gegen uns sagen und schreiben.«

»Doch. Noch besser vielleicht. Noch viel schlimmer, am besten. Sonst kommt unser Kampf ja nie durch.«

Und am schlimmsten der Schatten von Glück.

Schlosser war überzeugt, dass Rigo geschossen hatte, aber alle drei sagten: »Wir.« Und Max rief plötzlich entsetzt, »und das kann ich auch bald nicht mehr packen, Genosse! Wir fahren jede Nacht fürs Dezernat, jeden Weg überall mit Musik im Koffer, und klar, alles für die Partei, bloß wer ist denn nun die Partei? Das sind wir, unser Kampf, und du doch auch längst! Erzähl doch mal selber, Rathenaubrücke, paar mal Durchzug für Kuddel Mäuser, du auch!«.

»Das ist eine Denunziation. Der Gegner nimmt jede Gelegenheit wahr, um uns zu diffamieren. Seid wachsam, Genossen. Das ist ein Befehl!«

Nun saßen sie alle todkalt.

Aber Schlosser hatte Beschluss aus der Leitung, dass er und keiner das war mit der Mauser, und Kuddel kriegt auf die Finger gehauen, »da würde uns keiner verstehen, die Massen, vergesst das nicht, würden Verständnis nicht haben«.

»Jetzt scheiß aber mal auf die Massen, Genosse, ihr habt ja bloß alles Verachtung für uns! Überall Krieg, und alles geschrieben, und alles gelernt und verstanden schon mal, wie war das denn früher bei uns in Leuna, Beamte und Meister schon weggefegt, über Arbeit haben wir selber bestimmt und immer die Waffen hart bei der Werkbank, überall Schlupfwinkel, frag mal in Mansfeld, Sprengstoffkampfgruppe bei uns im Gedinge, nur Krieg gegen all den Krieg. Dann aber sachte und dann brutal, Spezialbüttelpack wird eingeschleust, alles weggefangen, die besten Genossen, und hingehalten und totgespalten, gebt her, was ihr habt!, und Schnaps und Verträge! Und haben wir alles mal weggelegt, weil Frieden klingt immer ganz gut. Aber niemals, nie wieder, das darfst du nie denken, von Frieden mitten im Krieg! Und jetzt frag ich dich, sag mir das mal: Wo einer im Krieg steht, Schlosser, und kann unsern Kampf nicht verstehen – was ist denn das wohl für einer? Der will nämlich Krieg nicht verstehen! Der will nicht so schnell in die Kiste sprin-

gen, der lügt sich den Krieg lieber weg, aus Angst! Und klar doch aus Angst erst recht, wenn du ihm nur paar Briketts hinhältst, paar Notwehrvereine für Deckung und Flucht gegen all die Granaten von Danner!«

»Für euch sind Beschlüsse genauso bindend, wie für alle anderen auch.«

»Wo macht ihr denn die Beschlüsse?!«

»Wer ihr?« Wer wir. Wer wen. Diese Frage als Riss durch all unseren Kampf. Aber Schlosser lässt das nicht zu, er weiß, wie sie jetzt die Fahndung anschmeißen, draußen auf Wachen und Zeitungsbüros, und redet hart runter in Rigos Nacken, »keine Zeit verlieren, rück die Walther raus, die muss weg aus der Stadt, noch heut Nacht, mit Kurier«, »die bleibt hier, die ist gut, die brauchen wir noch. Halt die Pfoten weg, Stuhlmann!«.

»Sei still, Rigo!«, Karo sprang auf, jetzt half nur noch Theophil Schmüser, die Ratte, »sonst wird das gefährlich dumm, was du machst«, und sie erklärte allen, was sie gelernt hat, als sie bei Schmüser tat, was der wollte, aber nicht nur so geredet von Fahndung, nicht nur so hingesagt, Bullen sind schlau, sondern hat ganz genau die Wörter für alles, haarklein die technischen Mittel und Tricks, die sie haben im Wissenschaftsinstitut, diese Bullen mit Brille und Name ist Hase, gegen Waffen von uns, gegen jeden von uns, gegen Schräubchen und Schrämmchen, Verbrennungsrückstände, Stahlrandvermessung und Dreck, mikroskopisch, »die Waffe, die reißt dir den Kopf weg, Genosse, gib her!«.

Alle drei gaben sie her, an Karo, »ganz klar, das sind Gründe, die kann man verstehen«. Sie verstanden nur, wenn ihnen was passiert, und passiert ihnen nur, was du durchrechnen kannst, was du nachmessen kannst und alles erklären, kriegst du Lust und fühlst du dich trotzdem noch stark.

»Wir haben noch was zu beschließen, Genossen, für Rigo, so geht der bald alles kaputt, der muss mal Stück raus an endlich mal

Arbeit, der ist schon am längsten verschüttet von uns allen«, und blitzte Rigo schön an, »mach kein Theater, wirst satt!«.

Nun hätte bestimmt auch noch gegen Karo Rigo den Tanz gemacht, aber Karo hält ihn sich fest. Sie hatte, als Schlosser die Strafrede ablässt, an Rigo ein Zettelchen durchgeschoben, ROTFRONT!!!, das reicht, Rigo geht freiwillig ab nach Ohlsdorf, Heckenschere und Urnenschaufel, Rigolen und Teppichkrepp rings in der Grube, und Tannenschnippel in matschigen Grund, damit du nicht siehst, wie die teure Kiste unten in Grundwasser klatscht, und das Krepp, damit du die Würmer nicht siehst, wenn die schon eben mal gucken, wer kommt. Rigo hat Karo verstanden.

Den Tipp für die Grube hatte Karo von Pia Maria. Die hatte am letzten Erntedanktag den Friedhofsdirektor mit Peitschen getröstet gegen den dauernden Tod.

Und Rigo liest, als er Grabsteine wäscht, einen Spruch, der ihm gut gefällt: Es ruft verklärt der Geist hernieder / trauert nicht, wir sehen uns wieder. Er ändert den bisschen ab für sich selbst: Und denkt daran, wir sehn uns wieder! Er denkt sich aber nichts weiter dabei, dass drüben ein Dünnmann im Lodenrock die Einstiegsklappe aufschließt zum Bankdirektorfamiliengrab, Stammhaus der Speckstößerbande, Opa von Alex mit Geld für Zachun. Nur der ihm nachsteigt, der scheint ihm bekannt, der ist ihm zum Kotzen vertraut, dieser Knecht, so alles adrett in Zivil. Und denkt sich brummig, die räumen schon auf, damit sie nachher bald gemütlich liegen, Rotfront.

*

Schlosser wusste bis jetzt noch nicht, wen sie am Morgen erschossen hatten, kannte aber die Dienstwagen gut, mit denen die Kripo Verbrecher sucht. Das Gartenhaus war umstellt.

Er tastete sich unterm Schutz von Gerd durch fremde Gärten zu-

rück, holte Barmbeker Bahnhof die Nachtausgabe, der tote Herr Moritz war erst zu Mittag im Schutzhüttendämmer gefunden worden, »das ist nun noch vielmal so schlimm und verkehrt, wie alles, was ich gedacht hab«, »wo kannst du denn nun noch hin?«. Schlosser horchte auf irgendwo Züge, aber da fuhr jetzt kein Zug, Hochbahnstreik war nun jetzt auch.

Sie liefen bis Große Brunnenstraße, »in Altona kennt dich nicht jeder«, aber halb durch die Stadt bei Nacht, aber kannten viel Wege durch Höfe und Plätze, und auch wohl die Fahndung in Altona noch alles nicht ganz so spitz, und Gerd sagte, »lass mich man machen, trink erst mal was, und dann schlaf. Ich bin bis Mittag zurück«. Jetzt war schon bald Morgengrauen.

Während nun Schlosser mal schlafen soll, gibt Gerd an Routinekurier: Ein Mann zur Entgegennahme von Auftrag um zehn Uhr zehn Bahnhof Schlump. Und als der da hinkommt, von Fremder zu fremd, Vertrauen ist gut, kriegt er durchgesagt: Sichere Wohnung beschaffen, und bis zwölf Bahnhof Bahrenfeld. Und klappt alles. Aber nicht schlafen. Denn während Schlosser mal schlafen sollte, las er zuerst all den Zeitungsdreck, Meuchelmord, Mundschuss, Musikliebhaber, Raubzug von rotem Gesindel, bezahlt, Aufschrei der Menschen in dieser Stadt, Schutz für den Bürger nun radikal, und höhnend vom Billstedter Jutestreik, dass die Streikfront auch von den Würgern aus Moskau nicht aufrecht erhalten wird, Abbröckeln schon erkennbar, haha, und nölen von vier statt elf Prozent Abbau, hätte man nur das Vertrauen gehabt zu dem zuständigen Verband, aber tragen die Leute nun selber die Kosten, verwirrt von chaotischen Hetzern, verführt vom Janhagel* der Gängeviertel, macht endlich Schluss mit der Fratze des Terrors! Sieg Heil!

Schlosser wusste jetzt nicht mehr genau, wo er noch einen Stein finden würde. Wer sich nicht festhält, reißt ab.

Da warf ihm, ohne dass Schlosser das wusste, Sophie gleich paar schöne Brocken hin. Sie brachte pünktlich nach Bahrenfeld den

Uhrenringfahrplan von Opa Friedrich, ohne dass der davon wusste, aber Schlosser hat jetzt seine nächste Chance, »kranker Russe, von Bord abgekommen, fass an, sonst geht er uns hier noch verschütt!«. So wurde Schlosser die nächsten Wochen weitergereicht von Uhr zu Uhr, auf Glockenschlag Harmonie, und konnte sogar bisschen Russisch, der Russe, da kannst du mal sehn, mit Lenin geht alles, und hörte vor allem gut zu, und sah den Mut und den sturen Griff und die Lust und die Treue von Leuten, die er bisher gar nicht kannte. In der Wüste im Schatten Schluck Wasser. Trotz alledem: ein Wahnsinn alles! Das Leben von Menschen ist doch kein Dreck! Was wären wir denn sonst Kommunisten? Er saß reglos vor Zeitungsbildern, Massenandrang und Lügengeheul am offenen Grab von Herrn Moritz.

Nicht hinlegen

Leo ganz vorn am Grab, eng streng, die dürre Witwe am Arm, ich hatt einen Kameraden im Ohr, und Pressebildblitz durch die Augen geschossen, »Sie waren der beste Freund des Ermordeten, werden Sie ihm Genugtuung finden?«, »ich werde mit Ihnen nicht reden«. Nur Kommandorede des Kommandeurs, »für die Menschen in dieser Stadt«, von Treue, Musik und Gartenhausfrieden, von tagtäglich kleinem Dienst, für aber das Große und Ganze, und der Pastor nölt frech von deutscher Frau, Gattin, die uns ihren lieben Mann, Mutter, die uns ihre Söhne geopfert, »gefallen den Fronttod nach außen und innen gegen den Ansturm neidischen Feindes«, Mutterkuchen des Herrn, Brüllrede aus der Macht, schmatzend Worte und Tränen, Bullengejammer von Herrschaftsgroschen, kann dir die Hand nicht geben, derweil ich eben lad, lädt aber niemand hier durch gegen Pest. Leo wünscht schwarzen Blitz.

Es hätte im Eilbektal ebenso ihn treffen können. Und er kam sich auch vor wie tot. Er ließ sich einen Tag Urlaub geben, Bummelzug, vierter Klasse, Sierksrade, Fußweg für Eimer und Brombeerkannen, finster nur weg ins Duvenseemoor, dort soll es ja Waffen geben.

Aber Waffen gegen den Tod, das Leben ist nämlich kein Dreck, sonst hätt ich ja nicht meinen Hass, weiß Gott, ich hasse Gewalt, nur haben sie mich dann ja schon, nur hätten sie dann ja mich, wie sie uns brauchen, denn alles nützen sie schlau nur für sich, mein Glück, damit ich dran häng, meine Klugheit, damit ich mir Fluchtwege such, meinen Frieden, damit ich nichts unternehm, meine Liebe, damit ich erschreck, meinen Schreck, damit ich gehorch, meinen Hass auf Gewalt, dass ihnen die ihre bleibt, meine Angst vor dem Tod, dass ich endlich mal jetzt aus ihren Pfoten Stück Leben nehm, das fremde, den Sack, und nicht meins, aus all unsern Händen, ich selbst. Solange sind die geschützt vor uns. Unsere Angst vor dem Tod ist ihr sicherstes Land.

Aber dennoch, ich hasse Gewalt.

Aber dennoch, was heißt denn das schon?

Er grub unters Gras, in Haselbuschboden, sein Messer fuhr vorsichtig tief, mal sehn, wie viel ich da rausschaufeln kann, ohne die Wurzeln zu kappen. Die Drahtwürmer, Larven und Tausendfüßler sah er sich neugierig an. Die lebten wahrscheinlich von Wurzeln. Und sag mal, wovon leb denn ich?

Hat denn jemand gesagt, dass du lebst? Das willst du erst noch, aber hast du noch nicht, noch nie, nur unter Gewalt – unter der Angst und Kränkung des Vaters, unter dem Hungerbückpuckel der Mutter, unter den Stricken am Lernstuhl für Pietsch, unter dem Schatten der Gitterstäbe am Baumkamp, im Zoo, in der Schupokaserne, unterm Lügen von Meier, unterm Lächeln von Schwalm, unter Atsches besoffener Mörderwut – unter Waffengewalt du selbst?

Ich sag ja, ich hasse Gewalt.

Aber denn was für Gewalt?

Ihren dauernden Tod gegen uns, ihr Todesdrohen als Herrschaft gegen Vater und Mutter und mich und alle, Arbeitstod, Hohntod, Hungertod, Lerntod, Ordnungstod, Wuttod – weiß Gott, ich hab gegen das Hass! Ich wer? Ich selbst. Denn ich hab gegen das nur mich selbst, mein einziges Leben gegen all diesen Tod. Sonst hab ich noch gar kein Leben, erst vollkommen nur gegen die, wir, jetzt!

Und morgen bist du dann tot wie Herr Moritz.

Und jetzt sind wir aber nicht tot. Und das Leben ist nämlich kein Dreck, sondern jedenfalls unsere Gewalt, unsere Waffe gegen den Tod. Und die fürchten sie schlimmer als alles. Und die brennt uns, sagt Klinsch, und macht uns geheim. Aber das tut mir nicht leid.

Er bog die Buschäste beiseite. Er war aber diesmal allein.

*

Schlosser sah ihn verwundert an, »Herr Moritz war für uns ein guter Mann«.

»Es gibt keinen friedlichen Platz.«

»Es hätte dich ebenso treffen können.«

»Kann auch noch. Jeden. Dich auch.«

»Auf meiner Seite ist klar.«

»Auf meiner genauso«, es ärgerte ihn, wie Schlosser seine für sich nahm.

»Wo stehst du?«

»Für uns.«

»Und wenn Moritz dein Vater gewesen wäre?«

»Der ist mein Bruder.«

»Und jetzt ist er tot.«

»Die Toten drohen uns mit dem Tod«, Leo sah Schlosser prüfend an, »die Zerstörten warnen uns vor der Zerstörung.«

Schlosser sagte, »mach kein Theater«, und wollte vom Trickreden weg, »bist du gern draußen im Moor?«.
»Nicht so gern. Auch immer aus Angst.«
»Bist du bei euch denn allein?«
»Ja.«
»Und Reichsbannerleute? Bündniskollegen?«
»Bevor die den Kapitän erschießen, gehn die mit ihm noch ins gleiche Boot.«
»Warum willst du ihn denn erschießen?«
»Er ist gegen uns bewaffnet.«
»Schießt du den ganz allein?«
»Am liebsten natürlich nicht. Aber sicher kein Bündnis mit Deserteuren. Das wär ein zu mieser Tod.«
»Das klingt bisschen reichlich stolz.«
»Unseren Tod bestimmen wir selbst. Und vorher noch ein paar Sachen.«
»Denkst du denn oft an den Tod?«
Aber Leo lachte ihn an und trank aus, »ich dachte an eine Theatergruppe. Das war dein Tipp von vorhin!«.
Schlosser dachte: Der schwankt. Und sagte später zu den Genossen, um sie vernünftig auch anzuleiten, »so haben wir einen Stützpunkt verloren mitten im Lager des Gegners, Moritz, der hätte noch lernen können, ohne den falschen Schuss«.

*

Als Leo sich lachend, dass Meier sich wundert, »das hätt Ihnen ich als dem Freund von Herrn Moritz denn doch wohl am liebsten nicht zugetraut«, im Stadthaus Genehmigung holt für Laienspielgruppe der Schutzpolizei, und gaben ihm gnädig grazile Freiheit, »erfreulich der menschliche Schönheitssinn in sonst nur so grobdrätig harter Zeit«, und nennt den Verein auch noch Schwarzen

Blitz, als sei er von Ratjens Bande, die haben so Zeug ja am Ärmel, die Burschen, und rennt auch noch rüber zum Blasorchester und holt sich da einen Bullenbläser, der ihm abends Oboe beibringen soll, und plant als erstes Stück Rattenfänger, »aber so mehr was für jetzt, gegen Scheiß«, und das kann ja für jeden was Passendes heißen in all diesen Mördertagen, und als also Leo, schon mitten im Strudel, alles nur frech und lustig macht, schlurft Karo blödschwarz wie reiche Witwe an Speckstößers Grabkammerschlösschen. Rigo ist auch nicht mehr weit. Sie bringt ihm seine Waffe zurück, »damit du auch anständig Zeug anhast, siehst ja sonst aus wie geräubert, du Arsch«. Sie hockten sich hinter Schaufel und Stein und lachten und aßen Äpfel satt. Hanneken hat was geschickt von zu Haus, »da musst du auch bald mal mit hin«, »bald mal. Wenn das mal unser ist. Erst mal am besten jetzt jeder allein, ganz kalt, als wär da nichts mehr. Dann sehn sie dich nicht, dann bist du ganz klein, dann fassen sie meistens daneben«, »und dann beißen wir sie durch die Hand!«.

Rigo sah sie schön lange an, »schön alles flink im Kopf bei dir, das hat mir schon immer gleich zugesagt«. Aber Kuss wollte Karo nicht haben.

Und während sie nun mal die Speckstößergruben näher in Augenschein nahmen, größer als alles früher zu Haus zwischen Küche und Ölgammelwand, klärten sie kurz noch eben mal ab, was das im Ernstfall, heute jetzt hier, bei Einkreisen, Abfangen, Niederschießen, Terror der Weißen gegen das Volk und Lobliedern längst auf den lieben Tod, alles wohl nützlich noch soll: Parlamentsaktionen in Land und Gemeinden, Massenprotest gegen Waffentransport, Koordinationsperspektive für Abwehrstreik, Kampfaufmärsche der Arbeitslosen, Grenzlandtreffen nach hier und nach da, Höchstaktivierung der Bruderkraft gegen antisowjetische Hetzkampagnen, interparteilich Verbrüderungsmarsch in Hamburg, Stettin und Danzig, regelhafte Berichterstattung an Presse und Radiostationen,

Durchführung Antikriegsaktion der Sportler und Künstler und Kriegsversehrten, unter der roten Freiheitsfahne vorwärts für Sieg Liste 3, nieder und nieder und lebe und lebe und »lebt aber bald alles nur noch tot«, »nur wenn wir ihnen die Hände abbeißen«, »dann nicht!«.

Rigo hatte Stück Werkzeug dabei, um die Steindeckel aufzukanten, »bisschen staubig, die gammeln schon lange hier rum«, »wird alles verpackt wie für Weihnachten«, »schön Ölwatte mit Guttapercha drum«, »aber lieber nicht für zu lange, du Arsch!«, »nur immer für gleich, jetzt, heute noch!«.

»Willst noch paar Äpfel?«

»Bis dann.«

Karo schlurft schwarz übern Kies.

Der Tag heute war für sie Feiertag, alles allein, aber trotzdem fein, sie hatte, mithilfe von Pietsch, erstes kleines Stück Traum erfüllt, Luruper Weg, in der finstern Bude, eigenes Grammofon, schon bisschen was älter, schon dachbalkenalt, weil Evchen will Mittelweg lieber was Neues, und hat sie ja auch verdient im Büro, Knastgeld für schicke Musik. Karo hat endlich, heut Abend von Steinway, von alles erspart seit der Sommerzeit, aus jeden Tag Arbeit im Zeichenbüro, das erste große Konzert gekauft, das Tripelkonzert vom Meister von Moritz, auch schön mit Oboenton, aber alles auch sehr kompliziert. Sie hatte sich Tütensuppe gemacht, Stück Senfbrot kurz nachgeschoben, und Langstiefel runter und fürn Ofen was extra, und horcht auf den Ofen, und starr auf Oboen, und draußen auf Mutter mit Kind, im Treppenhausscheißhaus für zwölfmannhoch, und fühlt sich schön, und hat kein Kind, und hat aber viele Genossen.

Friedensordnung

Aber lebte schon bald keiner mehr, heimliche Absprache, offener Mord, Stadthauskeller gedeckt und gestützt aus Düsseldorf und Zachun, aus Pöseldorf und aus Bredeney, Ordnungserlass gegen furchtbare Hoffnung, »und der Rest wird vollkommen vernichtet«, und egal und vergeblich und nur noch verhöhnt, was Schlosser und sonst noch die vielen Schlosser schreiben und reden und flitzen und spitzen. Wo dem Volk die Augen aufgehen, da geht schon die Herrschaft in Anschlag auf Augen, piffpaff.

Denn die leben alle zu gern. Das sollen sie aber nicht. Das geht den Beutern an Herz und Hand. Das soll endlich Frieden haben.

Und Friedensordnung im neuen Jahr gleich erst mal für Doktor Gustav, den legten sie hinter die Tür. Den suchten sie, weil er Verbrechern hilft, ihm sei es egal, wer kommt, sei aber stumm gegen Richter und Stadthaus. Und weil er, schwarz früh, noch alles in Schlaf, nur nackt stand und sehr erschreckt die Tür gegen Schusswaffen warf, schossen die gleich schnell mitten durchs Holz, durch Gustavs Haare und Haut, erst schießen, heißt es, dann fragen. Die Zeitungsbullen schreiben danach ganz geil was von schwul und Matratzen und gar nicht was anständig Zeug im Zimmer, nur Bücher von Marx und Freud, und sei »auch wohl selbst nicht rein deutsch« und Beileid an Gustavs Sohn in der Schweiz, so direkt sei es gar nicht gemeint gewesen. War aber so gemeint. Die Ordnung meint Haut und Haar.

Und Friedensordnung für Sophie und Jupp und gleich noch paar andere Kämpfer, macht endlich Schluss mit Gesindel, notfalls die Fackel ins Auge. Und Fackeln gabs ja nun reichlich*, durch alles Land, gegen jeden Platz brüllender Fackelmarsch, die Bande hat Auftrag aus Düsseldorf für endlich den inneren Frieden.

Jupp saß mit Sophie und noch paar Genossen in Bleicherstraße,

Brigittenstübchen, »wo ist Felix denn hin?«, »der ist beim Friseur«, »schön Scheitel auf zum Erschießen«. Aber es lacht hier nun keiner mehr. Sie hockten und horchten auf brüllenden Tritt. Sie wollten jetzt alles gut machen. Und weil die Partei sie gerufen hatte, jeden in sein Verkehrslokal, und die meisten erfahrene Genossen waren, dachten sie sich, jetzt gehts endlich los, jetzt schlagen wir vorwärts, jetzt offen rot Krieg, aus Häusern und Plätzen und Großbetrieben, unser Leben gegen den Tod. Alles gut machen, auch den. Und waren so weit ja auch klipp und klar, alles eingeteilt, Stadtbezirke, Verbände von 1 bis 9, nur der 5., die Rote Marine, reicht quer durch die ganze Stadt, und klar alles bitter mit Leitung, mit Pol. und Org. und T. und WT und WS-Dezernat und Gaukassierer, und klar auch die alte Frau OSNA, Organisationsschutz und Nachrichtendienst, was sein muss, muss, und klappt wie geölt, und ölen und ordnen an Waffen und Wünschen, und horchen auf brüllenden Tritt gegen Menschen, und warten auf den Befehl.

Kaltlange Nacht bis zum Morgen, kälter und auch noch tiefer kalt als all die gedrohten Messer. Das reißt dir Löcher in deine Geduld, Kräfte aus deiner Kampfdisziplin. »Felix sagt, Heiliggeistfeld!«, »die stehn schon für Fackelmarsch gegen uns!«, »los, hin!«, »gegen an!«, »wir probieren schon mal durch!«. Keiner hält die zurück, die Jüngsten, und keiner sieht die lebendig je wieder, Hand Gottes gegen paar Arbeiterhände, kartätsch.

Jupp will jetzt Rache wie alle auch, und Sophie schleppt Brot und Verbandszeug im Sack, und im Brotkasten reichlich neun Gramm, aber »alles mal eben Moment mal, Genossen! Was war das für Schießerei?«. Schlosser schiebt jeden ganz klar und stur zurück an den Kneipenplatz, er kommt wegen Flugblattverteilung, und »haltet euch an den Beschluss!«.

War Warten denn aber Beschluss?

Das Flugblatt kam heiß aus der heimlichen Mangel, »lest das mal durch, das muss raus, gleich jetzt«, von Terrorherrschaft und

Wirtschaftsdiktator, Betrugsmanöver des Generals, »was hast du von dem denn sonst noch erwartet?«, und Lohnraub und Mordpest und Arbeiterklasse und legt die Betriebe still, wählt Einheitsfrontkomitees, und informiert und überzeugt und schreibt mit Kreide an Wände, und schützt und findet euch. Schließt euch zusammen, schlagt zurück, zeigt die Kraft und fallt in den Arm, schlagt aus der Hand, zerschlagt, sabotiert, und es lebe es lebe es lebe es lebe, der Kampf.

»Bloß welcher Kampf solls denn nun heute mal sein?«

Schlosser sah Jupp schon ratlos an, aber streng und alles in Sorge, »keine provokativen Einzelaktionen, nicht hinreißen lassen, Sektierertum, Aufklärungskampf auf Massenbasis, überzeugen, Genossen, durchdringend! Die Beschlüsse also unserer Partei mit neuem Leben erfüllen!«.

Sie horchten alle und saßen stumm, draußen längst Augenschießen, und hier alles Kisten Papier, und Sophie denkt mal die Wörter von Schlosser, horcht auf so winzigen einfachen Satz wie Beschlüsse mit Leben erfüllen, und fragt dann, mehr stumpf, ins verschüttete Bier, »was soll denn das, Schlosser, was ist das denn sonst, die kommen doch von unserm Leben, Beschlüsse, oder was denk ich woher, und was alles jetzt mal von uns ist, das kann ich ja gar nicht mit mir nun noch auch mal – was hast du gesagt – erfüllen?«.

Sophie stand auf, gab Zeichen, ging los, »vom Reden geht keiner tot«. Aber Schlosser in seiner Ordnungssorge machte den Fehler allen vorweg, den Angriff gegen uns selbst, »bleib stehn, Sophie Kasten, hört mir jetzt zu: Auf Leitungsbeschluss, vorsorglich, Auflösung achter Verband, Neukonstituierung jetzt gleich, Sophie gibt Leitung ab«. Mitten im Angriff Eingriff von oben, »damit kein Unglück passiert«. Aber Jupp packte Schlosser am Kragen, »Genosse, son Arschkram, das meinst du doch gar nicht, das Unglück bist du doch selbst!«. Schlosser stieß ihn zurück, »auf Menschenleben kommts dir nicht an, hau ab hier, hier ist nicht SA!«, und teilte

die Flugblätter kantengerade, elend geschickt und treu, für jeden jetzt sorgfältig aus, und andere, nach und nach, halfen ihm auch, weil »das siehst du von unten nie so genau, das weiß die Partei am besten«.

Wussten allerdings nicht, diese Leute, dass Schlosser eben an diesem Tag für Scheidung von Liesbeth beim Anwalt war, ein Unglückstag für den Mann, aber das duldet er nicht, als Genosse lehnt er das endgültig ab: Liesbeth war mit anderen Genossen, wie Lottchen das immer mal wollte, nach Kiew gefahren, Fahnenreise, und einer von ihren Reisegenossen hatte danach nicht nur in Hamburg in Reden und Diskussionsbeiträgen, sogar mal auf eigenem Flugblatt, seinen Schreck von der Reise erzählt. Seine Wutfragen und seine Hoffnungswut. Der war nun für Schlosser Verräter, bloß Liesbeth will ihm den Namen nicht nennen, »der hat was gesehen, was du nicht kennst, da müssen wir drüber denken«, »du deckst einen falschen Genossen!«, »der meint die Genossen von da überall, das lass mal, Internationalismus, der lässt nämlich keinen im Stich«, »aber du!«.

Er stand nun, zwischen all dem Papier, in der Kneipe, trotz Helfern und Zutrauen und Ordnung, todfern, verschlossen, allein, da fängt dein Sterben längst an, aber »Leben ist die Partei«.

Jupp hatte schon vor den Fackelzügen als Elektriker da, wo aus alten Tagen er den Anführertreffpunkt kannte, Uhlenhorst, alles mit Garten und Weiß, das Quartier für die Oberratten mit Eildraht ins Stadthaus bis rüber Berlin, die Post spielt bei denen mit, Genossen, den Auftaktschlag vorgewärmt, über Karo die Bude mit Sprengstoff garniert, die Theke, zwei Sessel, Telefontisch und Billardeck, Sterbehaus für die Sieger. Der Wirt hatte aus Ratjengeldern und sonstwoher von Nutznießerkraken den Schlägersalon mit fein alles Lämpchen für Mörderfest ausstaffieren lassen. Da hatten die Jungens von Jupp gut die Zeit zum Fummeln und Schmücken und Ticken. Die Zündung lief über Scheißhausdraht, weil, wer den

zieht, kann durchs Fenster weg, über Höfe, durch Küchen gehuscht.

Sie liefen nun, jeder allein, dorthin, die Schläger feiern den Sieg gegens Volk, ringsum alles brüllend matt, und sicherten sich die Abfangplätze, die Treiberposten und Fangschusswinkel, hier eine Ecke und dort einen Busch, für danach, wenn das Pack, was trotz Angriff noch lebt, kopflos das Weite sucht.

Sie hatten auch zwei Maschinenpistolen. Und Sophie war für den Draht. »Für Püstern ist meine Hand schon zu schlapp, aber Schlinge legen, das geht noch.«

Ihr ging das dann alles auch leicht von der Hand, Arbeiterhand gegen Arbeitermörder, der Lieblingsdraht tickt seinen Funken, der Salon fliegt heulend in Wolken weg, der Meuterest rennt um sein Leben, verreckt gegen Hoffnung auf Menschen.

Die Hoffnung danach blitzt bisschen zu frech. Die Kommandogenossen, drei Mann und vier Frauen, verlassen den Hinterhalt etwas zu früh, springen sich an und lachen. Bleiben bloß plötzlich alle am Fleck, sacken mitten im Glück aus sich weg.

Denn das hatten sie vorher nicht überprüft, das hatten sie sich nicht genau gedacht, dass Herrschaften, wenn wir die Arbeit aufnehmen, noch zehnfachen Hinterhalt gegen uns stellen, hinter Ecken noch vielerlei andere Ecken, hinter Büschen noch Dickicht und Kraut, hinterm Arbeitsplatz noch, aus Gruben und Hecken, ihr geklügelter vorletzter Schlag: Das Schlupfwinkelhaus der Überführer war aus Leitungszentralen, aus den Geldern des Volkes, von mobilen Zivilen sauber geschützt, und so hatten sie, als sie die Plätze besetzten, jeder den Mörder schon im Genick, und hatten nun diesen Frieden.

Und Friedensordnung nun endlich auch für Kuddel und Adelheid Witt, Ilona kann Emmi sich gerade noch schnappen, und weg mit dem Kind hinter Wald und Feld in ein Grenzdorf bei Schneidemühl, »mal sehn auch mal erst wegen Kühe«, bloß Ilona ist jetzt

schon dreizehn. Sie wird das nicht wieder vergessen. Sie hat sich den Frieden genau gemerkt, die Innere Sicherheit, an der lauter Mütter erstickt sind.

Denn Adelheid, die so schön lachen kann, hatte plötzlich nicht richtig mehr Luft, Straßenfahndung Von-Sauer-Straße, »zeigen Sie mal die Papiere!«, sie stehen vor Leuten vom Richtersturm, Gummigesichter, kein Wort dringt da ein, der Pritschenwagen zum Abtransport für gefangenes Volk gleich dabei.

Wer nichts auf Papier hat, ist hier nichts mehr wert. Ich muss zu dem Kind, und muss auch noch erst die Kiste da weg, von Bleicher nach Habichtstraße, und krieg überhaupt keine Luft mehr, Kuddel! – »hier reden Sie nicht!«, und »wirds bald!«. Und Kuddel weiß auch, dass er gar nichts mehr sucht, dass er für die gar nichts finden will, das kriegen die von mir nie, nur so teuer wie möglich verkaufen. Und stehen beide wie alles auf Takt plötzlich ganz still vor den weißen Masken, und wie im Schreck alles klar: Ich müsste ihn finden, sonst wär ich verloren, ich muss ihn nicht finden, ich bin schon verloren, jetzt muss ich mich nur noch selber finden, und »jetzt!«. Sie sprangen beide auf Kuddels Gekrächz, auf Taktschlag hinter das Pritschenholz, die Waffe schon jeder im Riss, und sprangen weiter und schossen und sprangen durch Sommergärten und Bauplatzschutt und dreckiges Flintenschießen, und unter sich Boden und finsteres Land, und hinter sich Pfiff und Maschinengelichter, und vor sich Geflimmer, was rechts, was links, »nach Alma!«, und trennen sich.

Adelheid rennt durch ein großes Haus, aus der Hintertür stürzt sie in zwei Gesichter, »gib auf, du Ratte, lass nach!«, vier Augen aus Feldern und Zügen, Adelheid stellt sich gegen den Stein. Die Kälte der Hausmauer kriecht auf die Haut. Sie schleudert die Hand mit den Schüssen.

Die Hausklinkersteine splittern ganz leicht von all den Kugeln durch Adelheids Kleid. Ein Stückchen Mauer kriegt bisschen Blut.

Das schrubbt aber einer, zwei Stunden danach, mit Imi schön wieder sauber.

Kuddel fangen sie Bonnepark, schlagen ihn aber fast tot, bevor sie ihn weg nach Fuhlsbüttel schmeißen, dort ist ein besonderes Zimmer. Auch dort wird jedes Mal nach dem Verhör alles fleißig hell wieder abgeputzt, »die Schweine bluten wie Tiere!«, »besser kacheln, demnächst mal, Herr Obersturm«, »Schnauze, Sie Träne!«, »jawoll!«.

Und Friedensordnung, piffpaff, schon bald auch für Jonny Wolf. Die Schlossleute hatten ja Grund zum Feiern, sesseltief Planen und Reisen und Üben hatten sich ausgezahlt, endlich in Innerer Sicherheit wieder Anspruch auf festen Profit, endlich die Roten schachmatt. Und als sie ihr Fackelfest hielten am Hang, am runden Hang überm See, in Schnee und Glühdampf und weichem Pelz, nahm ein Knechtsmädchen eine Fackel und warf die ins Scheunenstroh. Das Mädchen wirbelte tot. Im Stroh lagen viele Schuss Munition gegen Stadt und rote Fabrik. Hanneken brannten nur bisschen die Füße. Sie sah die Flammen so gern.

Jonny nutzte den Flackertanz, das Rennen und Flennen der Feiermörder, so gut er konnte für sich, für uns, ein uralter Mann mit uralter Wut.

Mit seinem Patenjungen aus Butz, den Jonny von Anfang an Mangas nannte, kroch er durch Eiswald nach Lucky Linda und band dort auf einen Schlitten, in Fischkästen weggetarnt, die Schätze aus seinem Versteck, »die brauchen das jetzt in Schwerin, oder sie brauchen das nie«. Sie tasteten sich auf das biegende Eis, in Hakendorf kannte er einen Schmied, »der leiht uns ein Pferd bis Bantin, an die Bahn«, der kürzere Weg, nach Westen hin, war von Schlosskolonnen verstellt, von Gut zu Gut Mannschaft aus Knechten.

Hinterm Herrschaftswald knatternde Feuersbrunst. Jonny lachte. Und sah plötzlich Schatten. Er wandte sich lauernd zurück.

Aber das war sein eigener Schatten. Das war seine krumme Gestalt im Licht.

Die Flammen halfen den Heckenschützen. Die Stiefelgäste und Pelztiermädchen schossen erstaunlich gut. Denn »gegen Scheunenbrand sind wir versichert, vor Gesindel schützt nur Hand Gottes«.

Aber Gott spielt ja auch gern.

Sie kannten nämlich nach Nordosten hin die Rinne im See, die nicht zufriert, und schossen nun vorsichtig so, dass die beiden ein bisschen abbiegen mussten, vom Weg weg, den Jonny sich abgesteckt hatte, »Stück weiter ist alles vorbei, die lassen uns nur unters Eis«, »vielleicht ist da doch schon zu«, »vielleicht«, »sonst legen wir uns auf die Kisten«, »das tun wir auch, Mangas, wir geben nicht auf«, Jonny zog mitten im Heckenschießen den Jungen an sein Gesicht.

Die Schüsse streuten ein Gitter um beide. Das Gitter war viel zu schwer für das Eis. Und die Kisten zu schwer für das Wasser. Aber klammerten sich an ihr Zeug, die beiden, bis sie an Kälte erstickten.

Das Pack aus den Uferparkhecken fand im Morgengrauen das Landzungenstück so geheimnisvoll glitzernd schön, dass sie es Paradies nennen wollten, und hatten ja auch vertrieben, dass Ordnung bleibt in den Gärten Gottes, »piff!«. Was war denn das noch für ein Schuss? Sie fanden Herrn Alex erst Stunden danach zwischen Walduferteinen und Erlenholzschlingen, er hatte sich selber den Kopf durchgeputzt, hat bisschen Neuordnung vorgemacht, war wohl der Klügste von allen.

Und Friedensordnung auch für Verrückte, wir nehmen mal einen, den kennen wir gar nicht, der Unbekannte hatte nur Angst, dass sich alles entsetzlich nur weiß verbreitet, und nichts mehr dagegen in Rot, trotz wieder mal erstes Frühlingsrauschen, ihm war der Kopf ganz vergnügt, er wollte ein Großstadtregierungshaus in Feuer und Flammen sehen, das sehn dann die andern schon auch, und alles geht endlich voran.

Er lief nun schon viele Tage voran, von Clausthal bis Henningsdorf, von einem Kontakt zum anderen Kontakt, von einer Versammlung zur anderen Versammlung, vom Aufruf für Zettelkleben bis ins Leitungsbüro für Massenstreik, bloß die Massen waren da gar nicht. Der Unbekannte war ganz allein, »kein Platz im Büro für Verrückte«, alles Ausgelernte, kein Feuervogel, und wenn sie ihn fragten, wie er denn heiße, dann nannte er sich plötzlich schon selber U., so fremd war ihm all dies Stillehalten und Knöpfeschalten und Kampfverwalten, »so gehn wir doch unter, Genossen! So werden sie uns doch vernichten!«, »die Partei, die weiß, was sie tut, hau ab!«, »seid wachsam, agent provocateur«, das klang schon wie bald, ach wie bald, aus Paris, er wollte aber im Lande bleiben, es gab ja noch andre Parteilokale, mal sehn.

Da lallten welche, mit Blut an den Pfoten, mit falschem Blut, aber meinten die Herrschaft, die Bonzen, Barone und Banken, und lallten, dachten sie, herrenlos: Ihr winseltet feige vor Mammons Thron / wir schürten das Feuer der Revolution / ihr habt euren Leitspruch, was immer das ist / Hurra Nationaler! Verreck Sozialist / Nur merkt euch das eine, ihr Herren von gestern / wir lassen uns nicht unsern Kampf verlästern / wir führen uns selber, die ganze Nation / und niemals ihr Herren der Reaktion! Das mochte U. sehr gerne hören.

Da zog ihn aber ein Führer beiseite, der kannte die Sehnsucht des Menschen, der hatte bei U. den Klassenhass, den Mut und die Angst verstanden, der lockte ihn schnell da weg, ins Büro, wo andere Führer, brav in Zivil, in Arbeitermütze und Faust in der Tasche, auch nur rot taten, als ob. So als seien sie seine liebsten Genossen und stolz auch auf endlich hier ihn, »die Partei wartet längst auf einen wie dich, du Teufelskerl sollst für uns Weltzeichen setzen, Rotfront!«. Denn so ist das mit Provokation, lieber Schlosser, die brauchen sie von uns nie, die machen sie sich längst selber zurecht. Die warten nicht erst, bis wir reizen. Die reizen wir, weil es uns

gibt. Und was tun wir, da es uns gibt? Wir schwindeln uns lieber nun nicht mehr ein, es sei da ein freundlicher friedlicher Platz, und wir kämen noch sauber davon.

Und die Schwindelbude brennt ab.

Jetzt haben sie oben in Beutebüros endgültig freies Messer, »die Roten stecken die Welt in Brand!«, Plakatherrschaft aus Berlin an der Ruhr bis hinter die Wälder von Schneidemühl, »reicht nun dem Führer die Hand!«, oder Kopf ab, egal, wer kommt.

U. kriegt so viele Gifte zu schlucken und wird schalldicht schon beinah tottraktiert, dass er nur kurz noch mal zu sich kommt, als sie ihn unter das Messer binden. Da ist es dann aber zu spät. Der Henker hackt runter nach Fahrplanzeit, alles pünktlich, wo kämen wir hin.

Auch Atsche muss ja in Frieden kommen, selbst Kälberstechen macht ihn nicht satt, »die wehren sich ja nicht, die Biester«. Ihm krochen Schmerzen aus seinem Nacken, wenn er nicht hier und da, alleingelassen im Kachelkeller, ein Tier auch totquälen darf. Er habe das auch Leutnant Kosa geklagt, vertrauensvoll unter Männern, und Kosa erinnerte das, und holte ihn zu sich in neuen Dienst, in Hamburgs reizvollste Truppe, wie die Bürgerpresse das niedlich nannte, K. z. b. V. oder, Stadthausdeutsch, Kommando zur besonderen Verwendung, mobil im Einsatz auf schnellsten Wagen und auch waffentechnisch auf neuestem Stand, für Sicherheitsfrieden und Freiheitsruhe, auch feiertags unermüdlich, aber dankbar, wenn Publikum hilft, wenn der Teufel kommt, sollen sie »Kasper!« rufen, Kosa weiß dann Bescheid, bloß der Teufel steckt oft im Verein. Denn das war im Moment überraschend: Fußballergruppen, Amtsleuteclubs, Wanderstrolche und Liedernest, alles nur Tarnnetz für die Naiven, Schlupfwinkel für Politverbrecher, heimlich Schluck Wasser für Fluchtgenossen, Kosa räumt böse auf, und Atsche höhnt in der Fuhlsbüttelstube, bis der Teufel die eigene Scheiße frisst, bis sein Boxcalf ihm ranzig vom Rücken tropft, bis

der Tod Atsche Frieden gibt. Ihm ist es egal, dass keiner redet. Kälber kennt er genug.

Und Friedensordnung, dachte Krosanke, hol ich mir besser gleich selbst. Er war ja nun auch schon alt und versoffen, die Muckefuckmutter lag kalt in Berlin, da gab er lieber gleich freiwillig her, paar Flinten, die er gesammelt hatte, für welchen Kampf denn nun noch, und sein lieber Sohn war ja tot, sie hatten ihn rings nur verhöhnt. Im Tönninger Stadthaus, »gib her, bist gut Freund«, lachten sie über ihn laut.

Aber als dann, im Märzregen, Karo da ankommt, nachts, ganz dünn, ganz blass, ganz hart von der furchtbaren Kälte im Land, aber immer noch Trick, in Krankenschwestermontur, die Wuthaare unter der milchigen Haube, als sei sie vom lieben Ganter gefickt, da heizte er doch noch mal kräftig durch, »das mach ich, wer bin ich, das bin ich ihm schuldig, jeden siebzehnten Tag von jetzt«, »oder wenn du im Briefkasten Leerumschlag findest, dann gleich. Und das dank ich dir vielmals für alle!«.

Der alte Indianer hielt auch sein Wort. Karo hatte, mit vollem Wissen, ihn für seinen letzten Kampf geheuert, denn irgendwann fliegt so was immer mal auf, trotz alledem, was sein muss, das muss, Roten Hamburger hätte das auch so gemacht, und fühlt sich mal an wie von Menschen, auch dann unser eigener Tod. Denn Krosanke wird mit seinem Boot jetzt nachts Genossen retten, auf Zeichen bis dänisches Fischerboot, drei Meilen ab vom Land.

Auf seiner letzten Fahrt, zum Glück schon wieder allein, wurde er von einem Freizeitboot, flott von den weißen Inselhäusern, Schönfelderstrahlen am Bug, paar Hundert Leinen vor Land gestoppt, eine stille, grünmilde Nacht. Die Häscher in Weiß fanden unten im Boot die Mütze von einem Genossen, Andenkenmütze von Fahnenreise, Hände weg von der SU. Sie nahmen Krosanke ein Stückchen mit, sein Boot schon am Strick, am Heck. Sie kannten weit draußen ein Sandbankterrain, dort mochten sie sonst den

Sonnenaufgang, dort schossen sie ihren Gefangenen tot und zündeten Feuerchen an. Und waren nicht nur besoffen von Geld und Macht und Schnaps, sondern rassisch auch interessiert, Friesenforschung, Boden und Blut, und kochten daher Krosankes Kopf für die reiche Sammlung des einen, der hatte schon manches aus Afrika, als er noch Farmer in Kamerun war und dort oft sein schwarzes Arbeitstier nur tot noch in seinen Feldern fand. Das räumte er sorgfältig ab. Sie ließen auch hier den Rest von Krosanke nicht achtlos für Möwen im Sand, sondern banden ihm Eisen in seine Hand und senkten ihn weit draußen ab. Die Insel lag wieder friedlich rein. Nur weit draußen das treibende Boot. Unrecht als Unglücksfall.

Und dann auch Friedensgedankenordnung endlich in Dichters Gehirn, Krischan Pietsch hätte sonst ja sein Evchen verloren, die wollte auch jetzt nicht weg vom Knast, wo doch gerade jetzt jeder gebraucht wird in Deutschland, »und auch die Kritischen, so wie du«, ach war das ein geiles Huscherchen, er strubbelt sie immer noch gern.

Als Schlosser ihn eines Nachts flüchtig besuchte, fand er den Dichter gebückt, aber froh, der hatte im Kopf was Neues am Laufen, und bat den Schlosser, ihm zuzuhören, denn »Zeit zum Denken muss jedes Mal sein. Sonst verkommt uns die höchste Idee, und du bist doch gescheit, hör zu:«, denn er quälte sich reizend allein, ob nicht Wurzelwerk hinführt zu beiden Kämpfen, zur roten Hoffnung, zum braunen Hass, »zuinnerst das kämpfende Blut, nicht wahr?«, Schlosser ging zitternd dort weg. Nichts machte ihm solche Furcht, wie die Möglichkeit der Studierten, schier jedes, auch den gemeinsten Dreck, noch ins Interessante zu wenden. Er hastete weg von da. Er wollte Verräter vergessen.

Genau das wünschte sich Pietsch. Vergessen, dachte er, sei er verborgen, vergessen die Arbeiteraufbauschulkämpfe, vergessen die Dynamitknusperstückchen, vergessen das Oleanderplakat für Sacco und für Vancetti, vergessen am liebsten die Roten Raketen,

»ach, tote Raketen, mein Gott, ja, ich weiß es, was soll ich denn aber jetzt tun?«, die Tatsachen deutlich noch auszusprechen, war ja nun nicht mehr so ganz die Zeit, vielleicht den verpflichtenden Sinn zu retten? Doch, ja, denn das passt so und so.

Und was so geht und so, und vielleicht auch noch so, das gibt uns den inneren Frieden, Genossen, und in Frieden setzt er sich hin und ordnet auf vielerlei Zettelzeug die Rückschau auf all sein Leben, auf all die paar Jahre, die jeder kennt. Ein Radioheini ist interessiert, wer tot ist und immer noch weiterlebt, den mögen sie gern für das Volk. Der hat schon die Ruhe, die nützt. Aber Achtung, Dichter, sie holen dich doch, denn wer sich erinnert, ist noch nicht ganz tot, die Mörder sind längst nicht so dumm wie du, statt Zettelchen haben sie Kärtchen, alles der Reihe nach.

Denn erst mal, rein praktisch, die Friedensordnung für Reste von kämpfendem Volk. Bevor sie Inge und ihren Liebsten endgültig in ihre Ordnung bringen, bitten sie über Presse und Funk »die Bevölkerung um Verständnis, dass künftig in schwierigen Situationen die Ordnungsbeamten noch strenger als bisher auf eigene Sicherheit achten«. Und dann lauern sie beiden auf, Sonne auf Stadtbummelstraßen.

Inge und Liebster waren schlimm dran, fast alle Leitungsgenossen gefangen, vor knapp vierzehn Tagen erst in Berlin die wichtigsten weg in Ketten, da war das Herz ihnen schwer wie Sand, der soll aber nicht zerrinnen, auch jetzt nicht, sie hatten den Auftrag erfüllt: Kurzdemonstration am Sternschanzenplatz, trotz Verbot noch lange nicht tot, das war gegen all die Messer und Mächte das letzte kleine Gesicht der Partei gegen all die einzige Fratze. Die Genossen kommen geschlönzt wie Passanten, aber Fahnen im Hemd, Transparent im Jackett, Flugblätter unter der Mütze. Dann plötzlich alles minutenformiert, einer springt auf die Schultern des Stärksten, redet in all die Gesichter und Wände, Höfe und leere Hände – vom revolutionären Kampf der Arbeiterklasse, vom Nie-

dergang der Bourgeoisie, von Ketten und letztem Gefecht. Und Hoffnungsblitz und Schauderschweigen, und Regen von lauter Gedrucktem von der Bahnbrücke runter ins Nichts. Und Ende und weg hier und nichts war, und der Platz liegt so blöde wie vorher da, das klappt. Aber nur wegen Inges und Liebsten Arbeit – Absichern Nebenstraßen, alle Fernsprechzellen auf Punktzeit besetzen, auch in den Kneipen, am Telefon, bleibt einer von uns fest dran, und dass keiner die Demonstration mitmacht, der hier aus dem Viertel stammt – das war alles von beiden pünktlich besorgt und »jetzt los, jetzt weg hier, jetzt erst mal Schluck Bier«, Sonne auf Stadtbummelstraßen.

Sie laufen gegen vier Mann Zivile und sterben sofort, ohne Wissen wieso. Und nie wieder Kissenküsse, nie wieder fliegender Teppich.

Die Leichen werden verschleppt, ohne Standortmarkierung und Zeugenermittlung, der Krankenwagen verabredet nah, piffpaff. Anderntags droht der Pfaffe an ihrem Grab, dass Jugend ohne geregelte Arbeit sehr leicht zu einer Gefahr werden wird für den Innenbestand unserer Ordnung, und schreiben die Schweine die Tage danach von Schusswechsel und gebotener Pflicht und Dank an unsere Beamten, für Ordnung in dieser Stadt.

Karo hat erst mal noch Glück.

Sie läuft noch mit Pudel Stück Hauptbahnhof, aber Razzia gegen Versittung, Nuttentransport ins UG, saubere Straßen für Arbeiterblut. Karo hat keinen gelben Schein, ihr Glück, kein Politverbrecher, »mit Tripper bist du jetzt immer fein raus«, und mit Pudel zusammen erst recht. Sie kämmten sich in dem Schaukelwaggon fast alle plötzlich die Haare und fluchten über so Dreck und Mief, »alles Steuergeld, und kein Pfiff in der Sache, immerhin, das müsste doch gehn!«.

Aber was geht denn jetzt noch?

Gerd hatte, mehr noch für Pressearbeit, in Munster Lager zu tun,

»schreib uns, wie sie die Bullen umrüsten«, und Gerd fuhr auch Tatsache hin, Lodenmantel und Kräuterbuch, aber sicherheitshalber, im Sammelsack, Pistole und Handgranate, »kann ja sein, dass sich was ergibt«, aber sagte das lieber keinem.

Er hatte auch bald alles fertig notiert, hier eine Durchsicht und da einen Schnack, »die Lapo wird mächtig aufgestockt«, »geht demnächst auf Schützenpanzer«, »und Flugausbildung, geheim«, »jau, jau!«, »kiek an!«, »sag bloß!«, »un nu komms du!«, aber fahrradelt lieber schon bald von da weg, in Rahlstedt warten die Drucker.

Aber dann kann er es doch nicht lassen, ein Schuppen am Zaun, im Mond, so nah, und offen, und alles schön Kisten, Machtmittel gegen das Volk, und stellt den Zünder auf längste Zeit und schmeißt und rennt und stolpert und brennt, im Schuppen war Zeug für Flammenwerfer, aber er wälzt das knapp aus.

Aber fast alle Haut schon verbrannt, und Fuß gebrochen, »da liegt das Schwein!«, sie schleppten ihn zum Kommandanten. Und obgleich er gar nicht mehr reden konnte, schon meistens alle Gedanken versunken, kaum Schmerzen mehr, alles schon Nacht, und obgleich in Munster ein Krankenhaus war für brandverletzte Patienten, und obgleich ein Arzt kam und sagte Bescheid, dass Gerd sofort in die Aufnahme muss, »sonst stirbt dieser Mann Ihnen unter den Händen«, schmissen sie ihn in ein Wachfahrzeug und polterten ihn nach Hamburg zurück, und vorm Stadthaus ist er schon kalt, ermordet auf Absprachewegen, verkommen für Ordnung in diesem Land, Sieg Heil.

Als Schlosser davon erfuhr und las, wie sie schreiben und suchen und hetzen und fluchen, »die Reste vernichten, nun aber erst recht«, da löste er, Gastwirtschaft Rodegast, nun auch diesen Verband erst mal vorläufig auf, und die Order kommt aus Berlin, dass Leitungsgenossen erschossen werden, in deren Verbandsgebiet »noch ein einziger Schuss von uns kommt, die Partei darf nicht ausgemerzt werden, unser Leben ist die Partei«.

Fiete lebt immer noch, trotz Fuhlsbüttler Stuben und Atsche und Tränke und Tränenmutter, die schicken sie ihm mit Weichmacherorder fast jeden Tag, aber die redet mit ihm kein Wort, aber weint, weil sie Fiete, ihr Kind, nun bald schon gar nicht mehr wiedererkennt, aber Fiete schweigt trotzdem bis Schluss, nur der Schluss ist noch lange was hin, und paarmal schnippelt er sich die Adern, kurz unter der Hand, wo du denkst, alles weich, das müsste auch gehn mit Kyriaziblech, aber lebt erst mal über das alles noch weg, muss wohl, »das liegt nicht bei mir, unser Leben ist die Partei«. Aber nie, denkt er, Frieden, wie ihr das wollt. Sondern Krieg, von mir nur noch Krieg!

Nur Evchen in ihrem Knastbüro, Aufnahme, Abgang und Überstellung, mag so was gar nicht gern hören, und manchmal spricht sie für Friedensordnung den Angeschleppten Stück Mut zu. Meier wird richtig noch mal was spitz, als er da warten muss, Hände an Heizung gekettet, und glaubt alles gar nicht so ganz, »und ist ja auch erster April«, haha, und mit anständig, nie gegens Volk, kann dir auch jetzt nichts passieren, »endlich mal einer mit positiv«, sagt Evchen und schnippt ihn mit Apfelkernen, dass er Hunger hat, sagt Meier nicht.

Auch Hunger, einfach, nach Anständigkeit, denn das war doch der Grund, und nicht Rote Zellen, »das müssen sie mir doch glauben, die Herren!«, dass er, erst sechs Wochen her, den Ministererlass gegen strafbares Treiben, Aufruhr und Ordnungsdelikte, im Kasernenverband, für Unterrichtsstunden, zergliedert hatte für kritisches Denken, »Mitdenken, selbstverständlich doch, ja!«, wie Herr Minister es wünschen: Auch nur Anschein vermeiden von Duselei und falsch verstandener Vorsicht, schärfste Mittel, rücksichtslos Waffe, zum Schutz nationaler Bevölkerung, gegen bindungslose Banditen, Unterlassung von Maßnahmen schwerwiegender als Fehler im Ordnungsvollzug, ich erwarte, ich hoffe, ersparen zu können den Eindruck einer Verfolgung von innerfriedlichem

Zweck, Ausübung Pflichten mit Waffe gedeckt, äußerste Schärfe nach links gegen drohend perfiden Verfall.

Perfide war Meier, denkt er, noch nie, nur wem dienen denn Treu und Glauben, das hätte er gern mal studiert, auch mal mit Kameraden, und sicherlich niemals widers Gesetz, »das müssen sie mir doch glauben, Herr Führer«, sondern pflichtschuldigst diszipliniert, wenn auch vielleicht im Gewissen frei, »oder wie seh ich das falsch«, und oder was war gewiss? Unser oberster Herr sind Gesetz und Ordnung, und frei gewählt, und nie gegens Volk, »das hat doch Herr Heimannsberg* auch gesagt!«, und die Reichsgewerkschaft war doch gesetzlich, oder was ist das Gesetz?

»Dass du aufstehst, wenn ich hier reinkomm!«

Meier kriegt paar an die blassen Backen. Seine Hände in Heizungsketten geschnürt, wann dürfen sie mir die denn brechen? »Steh wieder auf, und bleib stehn!« Sein Mörder ließ ihn noch warten. Und plauderte was mit Rühmels Evchen, als sei Meier gar nicht mehr auf der Welt, aber weiß schon, warum er das witzig erzählt, von einem Minister von Meiers Partei, vom Noskestamm eine Regierungspflaume*, eingemacht für die Bredeneys, und nun sauer und nichts mehr wert, entlassen für Friedensordnung, »aber weht uns übel noch an, der Furz, ob wir ihn nicht im Amt lassen könnten bis demnächst, ersten Oktober, weil er dann endlich, das schlaue Schwein, die günstigste Rente erreicht, na scheißdrauf, wir geben ihm Urlaub bis da, da kommt das Würstchen noch mal zurück und fragt uns mit Küssmichdiehand, ob wir ihm nicht doch vielleicht auch noch bittschön die Umzugskosten ersetzen! Das sind die Vertreter des Volkes, mein Kind«, und drehte sich satt nach Meierchen um, »dann wolln wir mal Baden gehen!«, und Meier lacht noch verschmitzt, an den Händen ists ihm nun leichter, die Heizung war glühend heiß, und für Scherze von jungen Kollegen hat er immer ein offenes Ohr.

Aber ist paar Stunden danach schon tot. Er hatte gar keine Aus-

kunft gewusst, wie beim Kälbchen mit Stempel und alles Gesetz, so schwach und so stumm und so dumm. Nicht mal Leo war ihm in Sinn gekommen, nur ganz zuletzt, wie heftiges Glück, die großen Brüste von Evchen.

Fallen stellen

Leo war längst aus der Stadt, aber amtlich, nicht Flucht, im Gegenteil, Munster Lager, zur Lapo*, mit Fortschritt und Ausblick, trauschlau den perfekten Trick, »mich fangen die nie!«, das war Karo, die kennt er noch immer nicht, aber alles der Reihe nach. Erst mal schön neu Uniform, mehr schon wie Feldgrau, Tick mehr ins Grüne, und hartes Training, EK-Offiziere*, für übergeordneten Notstand, Kadertrupp für inneren Friedhof. Bundesgenossen für Herrschaftscliquen, die in der Klemme sitzen, für Schutz der Regierung, nannten sie das, und ordnungsliebendes Volk. Und richtige Trampelstiefel. Und Waffen, geheim, wie noch nie, auch lautlos, mördermobil.

Leo hatte da, als sie ihn fragten, klipp und klar zugesagt, klipp wegen Waffen und klar wegen Deckung, »da findet mich keiner so leicht«. Klinsch hatte müde abgewunken, er hatte zu gar nichts mehr Lust, »im Irrenhaus wirst du bald selber verrückt«, er ließ alles elend, wies war, und schipperte weg nach Alaska, Pelztiere, Waldwind und nichts. Das war für Leo zu wenig.

Als er bei Sophies Beerdigung noch mal eingeteilt war gegen Zwischenfälle, traf er sich anderntags abends im Kino mit Rigo bei Luis Trenkers Rebell, und danach noch Stück Weg zurück bis nach Ohlsdorf, Rigo hatte sein Maulwurfszimmer im Gärtnerbüdchen bei Halle VII, Leo in Uniform, Rigo denkt, kann ja nicht schaden, wenn sie mich jetzt mit so einem sehen, dann greifen sie besser da-

neben. Und erst, als Leo ihm paar Tage später für Speckstößergruben paar Päckchen bringt, lag allerhand Eisen rum bei den Grünen, mattblank und messingspitzrund, da fing er an, ihm fest zu vertrauen, und Leo haut ihm die Flasche weg, und Rigo haut Leo mal endlich mal richtig für alles von früher aufs Maul, und dann halten sie sich aneinander fest, ein Stein am anderen, sonst reißt du hier ab.

Sie redeten später in sehr langer Nacht die Pest und den Schrecken noch einmal durch, und ob nicht gegen die Fackelmärsche Aufstand und Blutbad und Niederlage richtiger Kämpfen gewesen wäre, als so, mit Flugblatt und Ohnmacht und Ordnung, und doch alles jetzt nur in Ketten und tot, denn »wenn du kämpfst, auch wenn sie dich allemachen, kriegst du das nie wieder raus, da warst du nämlich und alle dabei, und bleibt dir noch hinterher fest alles drin von der Kraft von der Arbeiterklasse, das lebt nämlich immer, egal und wie, und wird auch, für später, von keinem vergessen«, »und wenn du nicht kämpfst, das auch«. Rigo dachte zuerst nur an Sophie, »und wenn Sophie jetzt lebt, und wär nichts gewesen, was dann? Jetzt kannst du die Wut nicht vergessen. Sonst schon. Sonst musst du sogar. Guck doch bloß auch mal bei Ella!«.

Das war für Rigo noch schlimmer als Sophie, als Rita da vor zwei Wochen sich hinstellt und sagt, dass sie nun nicht mehr kommt, mit vierzehn schon klamm und still, denn Ella hat sie verkauft, runtergeschimpft nach Harvestehude* als Kochhilfe bei der Standarte, weil das sicherer ist, und doch alles Ende, und festen Lohn, wo hast du das schon, und eckst du nicht an, und gekämpft wird ja doch nicht, und solche wie Willi hast du nie wieder, war ja auch dumm genug, der Kerl, oder besser gar nicht dran denken, »irgendwie durch muss ja jeder«. Aber Rigo sagt, »durch, sag ich, wo denn? So kommst du nie durch. So bist du bloß bald durchn Wind überall, weil jetzt traut dir doch bald keiner mehr, weil für Arbeiter, sag ich, sind die noch nie, bloß alles tot, an der Leine, da schmeißen

sie dir ein Stück ab, und da wirst du erst recht von kaputt!«. Rigo weinte, als er das sagte.

Aber Leo sagte: »Bleib klar. Das kannst du nie wissen. Bleib vorsichtig dran. Das kann noch mal gute Gelegenheit sein für Wege.«

»Fang man nicht jetzt hier noch an wie Schlosser.«

Leo sah ihn schlau an.

*

Denn bald war noch besser Gelegenheit, als Grüner bist du für alles gut, Treibjägers sicherste Meute, Leo hatte goldrichtig gesetzt, wird eingeteilt für Wachtrupp UG, Herrenhaus am Holstenglacis, ihn fröstelte, als er das erste Mal durch lauter Türen geschlossen wurde, sagte sich dann aber kalt: Riecht hier nicht anders als sonst überall, nach Putzlappen, Weißkohl und Angst.

Der Dienst war weiter nicht schwer, an Lederzeug tappen nur immer die Faulsten, zwei Stunden Dienst und zwei Stunden Pause, und jeder hatte sein Mauerstückchen, alles fast wie zu Haus. Posten I die Rückfront Justiz, da stiefelten sie über hohlen Grund, Verbindungsgang unterirdisch vom Gefängnistrakt an den Richtertisch, damit ihnen, denken sie, keiner entkommt, mal sehn. Posten II töffelt innen vor Wallanlagen, auf paar Schritte nah am Frauenhaus, da gingen sie alle am liebsten. Posten III das finstere Nordhofstück, oben das dreckige ZKH*, unten, im Mauereck, Richtplatz für Mörder, heimlich versteckt, kein gutes Licht, da haben sie wohl ihre Gründe.

Auf Leo war prima Verlass. Er zeichnete nach und nach alles klar auf, als Buntmodell mit Nischen und Lampen das ganze Gewalttheater, er malte ja immer schon gern. Und saß auch beim Stamm in der Bude im Mief, Kartenspiel, Mösenwitz, Augenpflege, Meldebuch, Fußpilz und Waffenöl, und schön lauter große Schlüssel. Die Wachbude lag zum Sievekingplatz, aber hintergedrückt hinter

Riegel und Schloss, Wachstube, Tages- und Schlafstundenraum, und manchmal ein schweres Kistchen, plombiert. Und manchmal saß Leo da ganz allein und hörte Gefangene rufen.

*

Auch Karo saß jetzt allein, aber hielt sich die Ohren zu, schlug manchmal sogar mit Fäusten und Hacken gegen die Eisentür, damit sie das Rufen nicht hört. Und diese furchtbare Orgel.

Zwar war ihr nach jenem ersten Schreck, wenn du plötzlich weißt, dass du Angst hast, dass die Männer hinter dem Tisch dir wie Übertiere vorkommen, und dein Widerstand scheint dir wie Lausdreck und nichts, denn keiner hört, wenn du schreist, keiner greift ein, wenn sie schlagen, und draußen, als wenn da nicht einer fehlt, die Sonne, die Stadt, das Wasser, da fühlst du dich machtlos wie Gras – zwar war ihr nach diesem Schreck die Sicherheit doch noch zurückgekommen, dass die Büttel nur treten und toben, weil du mehr weißt, mehr hast, mehr bist. Die wüten ja nicht gegen Gras, nur gegen all unsere Kraft. Denn das macht ihnen andauernd Angst, was sie, noch in unserm Tod, wie in Spiegeln erkennen können, die eigene Unterworfenheit, sich selbst bei der Arbeit gegen das Volk.

Zwar war sie noch wirklich mal froh gewesen über all ihre Nuttenkollegen, ihren Witz, ihre Lieder, ihr Wissen. Denn die waren hier ohne jeden Respekt, kannten die Kundschaft aus Rathaus und Stadthaus, aus Pöseldorf und St. Jacobi, diese Schrumpelangst, diese Hängelüge, dies Blauwasserzappeln beim Beten und Treten. Da waren ihnen Männer in Ketten noch lieber, und sie pfiffen und keiften und geilten durchs Gitter, wenn Gamaschenkolombo auf Hofgang schleicht, und erst recht, wenn der Neger kommt. Und als mal ein armer Sittenstrolch so bleich und allein an der Mauer steht, stößt Pudel Karo lieb an, »guck mal raus, den kenn ich, der

ist sonst ganz nett, der hat süßen Einbruch gemacht«, Karo sang auch schreiend und jammernd mit ihnen das kranke Lied vom fallenden Großstadtblatt: Es gleichet die Großstadt dem lebenden Baum / der hoch emporragt im irdischen Raum / dem seine Blätter an Ästen und Zweich / sind Menschenkinder, teils arm und teils reich / und wenn so ein Blättchen im Baume erwacht / gleicht es den Reichen, denen Sonnenschein lacht / doch weiter nach unten dringt kein Sonnenstrahl / dort sind die Blätter teils farblos, teils fahl / doch draußen im Westen steht ein Palais / Marmorzinnen bedeckt weißer Schnee / die Herrin des Hauses, so lieb und charmant / füttert die Spätzchen mit eigener Hand / und drunten im Hof, in Schnee und Eis / sitzt kältezitternd ein hungriger Greis / ihr kleinen Schreier, für euch sorgt der Herr / ach wenn ich doch auch ein Vögelein wär / doch bin ich ein Mensch nur und habe kaum satt / vom Baume der Großstadt ein welkendes Blatt / da sieht ihn die Herrin im wallenden Kleid / Vater, mich kümmert dein bitteres Leid / aber der hebt nur die Augen so matt / nein nein ja, ich sterbe, mein Konto ist glatt / vom Baume der Großstadt ein welkendes Blatt.

Und wenn sie draußen im Hof die Männer an Krücken sahen, den gequollenen Kopf, die verbundenen Hände, dann wussten Pudel und Karo, dass das Genossen waren, wagten sich aber nicht weit, denn als Nutten konnten sie hier überleben. Sonst nicht.

Zwar hatte sogar bei den Wachteln mal eine was richtig verstanden. Beim Einschluss nach Hofgang blökte sie Karo scharf an: »Was drängeln Sie, Wolf? Zurück da! Als Letzte!«, und als Karo dann als die Letzte stand, flüsterte ihr das Mädchen zu: »Ihr kriegt morgen früh einen Spitzel!«

Und weil keiner mit der Spitzelin sprach, keiner, die stand nur so da wie nicht da, vier Tage kein Wort, kein Danke, kein Blick, einfach gegengegangen, wenn sie im Weg steht, wie Luft, fuhr man sie weg am fünften Tag, schreiend, ins Lazarett.

Zwar hatte sie auch noch den dämlichsten Fall von Genossenschaft gut überstanden. Als paar Mädchen bald zur Entlassung sollten, hatten sie ihr gesagt, »gib uns was mit, wenn das muss«, denn sie achteten Karos besondere Lage merkwürdig streng. Und Karo hatte ihnen vertraut, saß weg für die Nacht und machte Kassiber WS-Kuriertreff, damit die wissen, wo es lang geht, denn die Treffkontakte hatte nur Karo und all den Verteiler im Kopf, Abschnittskurier und Gebietskurier und Unterbezirkskurier, an Schlosser, für Neubestimmung.

Das Verschlüsseln dauerte lange. Plötzlich holen sie sie raus. »Wolf zur Vernehmung ins Stadthaus!«, und war so nun doch noch politisch. Denn eine von Krischans Raketen, erregend konkret mit Weltniveau, Staatsopernhäschen mit Höschen an, rot, so fein alles hochrot vom Rothenbaum, verschaukelt nach Holstenglacis, die fand »so etwas ja ganz unerträglich, Genossin im Nuttenbau!«, und forderte was von dem Direktor, wahrscheinlich auch Opernplatznachbar vom Vater, und hatte der wahrscheinlich halbgut gemeint, mehr bringen die Krüppel ja nie, und hatte Karo da rausrufen lassen. Die Zettel kann sie verschlucken.

Nun saß sie mitten im Eis. Sollte Kontakte nennen. Wusste, wenn sie dir »Brille ab!« sagen, dann wollen sie dir ans Gesicht. Hatte verdammt nur noch Angst plötzlich wieder, Angst, dass sie Namen sagt. Aber die furchtbaren Lügner.

Da fiel ihr die Rettung ein. Sie sagte, dass sie nur paar Decknamen weiß. Theo und Hans und Willi, und das war auch in Wirklichkeit so, das T von Theo stand für Tonndorf, das H für Bezirksleitung Hoheluft, und das W für die Leitung in Wandsbek, aber nannte die Stadtteile nicht. »Na, dann beschreib mal die Kerls, von oben bis unten, haha!« Und damit sie nun jedes Mal im Verhör die Genossen gleichmäßig falsch beschreibt, denkt sie für Theo an Theo Lingen, für Willi an Willi Fritsch und für Hans ganz einfach Hans Albers, und konnte so ganz klar reden, noch nach Tagen und

nachts die gleiche Beschreibung. Und konnten nach solchen Kinogesichtern keinen Genossen finden.

Aber das Zimmer Luruper Weg, »kommen Sie mit, hopphopp!«, in Handschellen vor das eigene Bett. Sie fanden nur bisschen privaten Kram. Seid wachsam, das ist ein Befehl. Sie hatte schon längst kein Zeug mehr liegen, aber »Sie lieben Musik?«.

»Die Platten tun nichts. Die lassen Sie bitte.«

Aber sie kannten die Sehnsucht von Menschen, und lasen langsam die Titel und Sätze, und einer summt Nachtmusikanfang, und brachen die Platten, Stück für Stück, auf ihrem Viehknie kaputt, im ganzen neunzehn Stück, und alles aus Karos Arbeit.

Die Nachbarn oben und unten im Haus, die horchten, und horchten auf Radiostimmen, und sackten weg in den feinen Dreck, in den Ätherdunst, alles in Weiß, wo die Lumpen im Apparat nachheulten, was ihnen Herrschaft einhaut, vorheulten, dass niemand aufsteht und kämpft, Friedensordnung, und lecker bezahlt. Die feinen Lumpen sind teuer, dann fällt ihnen auch was ein.

Zwar hatte Karo den Kopf aus der Schlinge. Sie hatten bei ihr nicht das Kleinste gefunden, aber saß nun erst mal allein, Isolation, »die kriegen wir schon«, aber machte Kontakt zu der Sonderwachtel, denn Pudel kommt morgen raus und nimmt den Verteiler mit für Kurierdienst, verschlüsselt, zu Alma, was muss, das muss, und genauso fand Pudel das auch.

Aber sie wurde, schon fast am Tor, schon schön wieder alles mit Puder und dufte, noch einmal zurückgepfiffen, Fotzenkontrolle, »bei der passt was rein!«, »das magst du doch gerne, hopp hoch, haha!«. Und dann hatte Karo den ganzen Tag, durch alle Gänge das Schreien gehört. Pudel soll sagen, woher und wer. Und schreit solange nicht tot. Und schreit sich noch immer nicht tot. Und muss erst springen, und stürzt sich im Mittelgang, ringsum nur Gitter, kaputt. Karo hatte den Schrei gehört, die Orgel gegen den Schrei, den Sturz und das endlose Ende, dieses verfluchte Ende.

Sie dachte, »jetzt kriegen sie mich«. Sie hockte und hörte das Rufen, hörte das endlose Ende rufen und hielt sich die Ohren zu. Auf den Orgeltasten sitzt Schmüser, minutenlang einfach zehn Töne satt, und dreht sich was Scharfes zum Rauchen. Er war mit dem Möllner Pastor, dem Wächter, als dessen Helfer und Orgelspieler, Schmüser lernte ja gern für die Herren, nach hier mit umgezogen. Und um die »Menschen hier nicht so zu quälen«, hatte der Pastor den Mördern empfohlen, Musik durch die Gänge zu schicken.

*

Als Karo, nur paar Tage später, ins Geschäftszimmer runter zu Evchen muss, »Sie können gleich raus, ist eben gekommen, hier ist ein Stuhl«, und »kennen wir uns nicht?«, da stellte sich eine Überwachtel noch quer, »das gibt's doch gar nicht, die Wolf doch nicht!«, aber da wird Evchen richtig mal böse, »ich hab die Akten, nicht Sie!«, aber »ich hab die Schlüssel, nicht Sie!«, aber »hörn Sie mir jetzt mal gefälligst zu, und das Essen ist auch schon abbestellt, und das steht hier doch alles im Formular!«, und da glaubte die Ober das auch.

Karo steht kalt in der sonnigen Stadt und will gar nicht richtig gehen, und sucht sich im Rücken die Wand. In der Straßenbahn hat sie kein Geld, »dann stell dich man einfach mal hin, mein Deern. Ich seh schon, woher du kommst«. Und Karo fällt plötzlich ein, was die Schließerin noch so hingesagt hat, »dann holn wir uns jetzt mal aus Hammerbrookstraße, die Alte oben in drei«. Woher weiß denn das Aas, wer dran ist? Sie dachte das hin und her durch. Und wusste dann, dass sie nicht hinfahren darf, um die alte Genossin zu warnen. Denn so stellen sie uns ihre Fallen, sobald sie von Freiheit reden.

*

Leo hielt aber für möglich, dass sich, für eine gewisse Zeit, selbst in Fallen noch leben lässt, sofern nur einer schlau und geduldig den Schnapparatismus studiert. Fachschieber, Anbiss und Abzugsfaden, Hängestabfeder und Schloss. Als sie also als Lapomannschaft nach Munster Lager verladen wurden, Hannoverscher Bahnhof, viertel Mark Sold, Geheimübung an Spezialgerät, Terrorbekämpfung, die Friedensordnung, da schliefte er gern mit ein.

Ole, der müde, der schwarze Mann, der, sagt er, froh wäre hinter den Mauern, »hast du dein Geld und siehst weiter nichts«, folgte ihm schleppend nach. Das war nun so fast schon seit einem Jahr. Seit sie den Werbemarsch schützen mussten, den Terror gegen das Volk, gegen Männer und Kinder mit leeren Händen, als Mörderatsche geflohen war, hallo, gut Freund, piffpaff. Seither fand Ole, er sei Leos Freund, und hatte wohl Angst ohne ihn, auch um ihn, und Leo ließ ihn so machen.

Dann lagen sie in den Biwakzelten, müdegescheucht und waffengeübt und hassgefüttert und arm, und Ole weinte nicht mal im Schlaf, sondern mit offenen Augen, aber, dass keiner was hört, Stück Kissen im riesigen Maul. Leo fasste ihn vorsichtig an, »komm, Alter, Stück durch die Heide laufen, schön Mond«.

Sie kannten beide die Gegend. Später nur Leo wohl noch, der war ja schon immer verrückt auf Karten, hatte alles gelernt und studiert. Aber Ole schwieg immer noch. Hustete nur mal klumpig was raus, egal, was Leo ihn fragt. Also weiter, was reden muss er. Wer stumm ist, der ist schon fast tot. Aber alles so bang und silbern weit, nur manchmal unbestimmt Schatten, nur einmal ein schreckendes Reh.

»Besser, wir drehn langsam um.«

Aber sobald die Postenfeuer, ganz weit noch, schon wieder zu sehen waren, zog Ole an Leos Zeug wie ein Tier, »ich muss dir noch was erzählen«, und drückt ihn zurück, von den Feuern weg, nur bisschen Schnaufen und Schnalzen, kein Wort.

»Was ist mit dir los. Ole? Mach!«

Der redete immer noch nicht.

Das ging so die ganze Nacht, und wo ein Haus stand, irgendwo fern, da zerrte Ole ihn knurrend weg, und wo sie mal ein Stück Straße erwischten, da sprang er weit ins Gebüsch.

Für Leo war das längst finsterer Fall, er lief mit Ole auch längst schon im Kreis, das Biwak, da finden wir nie wieder hin, aber Ole ist das egal, nur hält er sich manchmal jetzt an ihm fest, als wenn er besoffen läuft, und schnappt dann bloß »ob du noch da bist«, und schnappt dann den Mund wieder zu.

Erst als sie vom Biwak Suchtrupp losschicken, es gab in der Nähe ein Moor, und rufen und schießen und blasen Trompeten, da fällt Ole Leo an.

*

Wäre Ole bewaffnet gewesen, und nicht nur mit seinen kranken Fäusten, dann läge jetzt Leo tot im Dreck wie all die anderen Genossen. Aber sie fanden ihn nur betäubt in der Nähe von Stacheldraht, am Rande vom heimlichen Heidelager, in das sie aus Stadthäusern hier und da die roten Gefangenen neuerdings schickten, Starkstrom und alles vergessen. Und Ole stand über ihm, schaumig nass, und zeigt durch den Draht mit stoßenden Armen, und lässt sich nur binden, sonst geht er nicht mit. Er hatte Leo, nicht Leo ihn, die lange Nacht durch geführt, um ihm sein Unrecht zu zeigen.

Paar Tage später ging Leo mal hin, in den Gittergarten von Alsterdorf, aber Ole blieb weiterhin stumm, flocht nur mit seinen Bäckerpfoten ein Muster aus lauter Draht, die Handhaut schon blutig zerpickt. Und der Arzt, ein Blondi mit Hühnerblick, aber schlau, mein Lieber, schön schlau, der hatte für Leo Momentchen Zeit, und erklärte ihm, als sei er selber schon irre, ohne Umschweif den Sinn dieses Hauses, mitten im blutigen Unsinn den Sinn, »kein Witz,

Herr Kollege, kein Witz, wir sind von der gleichen Firma, Ruhe machen und Gitterstäbchen, wegfangen, was nicht mehr passt. Ein kleiner Aufenthalt in einer Anstalt, bei Ihnen dort oder bei mir, zur Vorbeugung, wo man sich ausruhen kann, wo alle Leute so nett sind, und wo man Tabletten schluckt oder Blut, nichts ist geeigneter, sage ich Ihnen, um Gedanken zurechtzurücken, Piffpaffmühle dort, Klippklappsmühle hier, wir wollen doch nur das Allerbeste, und das wollen uns nicht alle geben. Wir sind gutherzig, aber nicht weich. Keiner soll frieren und hungern. Wir haben, für jeden Landstrich bemessen, den obligatorischen Schlachthof. So auch für jeden Asyl. Man will nicht irgendwas essen. Man will nicht mit irgendwem leben. Und hier wird auch nicht einfach das Weite gesucht, hier wird eingesperrt, endlich und basta! Die Gesundheit geht schließlich vor. Die Irren sollen auf der Hut sein, respektive, um Ihren Bereich zu nennen, die Roten, wohl unterm Hut! Brauchen den aber nicht mehr. Sitzt ja nicht recht ohne Kopf, und der Kopf war krank, der wird abgemacht, schlingzick! Ach und doch auch hier bei uns, was haben wir nicht alles schon abgemacht! Alles, was böse macht, husch weg ins Eimerchen, Körbchen bei Ihnen wohl drüben, nicht wahr? Unser Dicker dort hat da noch Glück, denn sicherlich haben die Eltern ihm längst gesagt, dass er wirklich nicht nett sei, dass er im Kopf eine Krankheit hat, dass er doch endlich zum Arzt gehen soll, oder zur Polizei. Sehen Sie, eins nach dem anderen, nun ist er friedlich bei mir, ach Frieden, und kostet ihn nichts! Das kommt uns noch einmal teuer zu stehen, wenn man bedenkt, wie dringend stattdessen wir für das Geschäft von Mercedes doch Autobahnen längst brauchen – oder für feldgrauen Grenzverkehr? oder für Jagdfahrten der Polizei? – suchen Sie sich, was schmeckt. Immerhin wollen wir danken, dass man in all dieser Dollarkrise auf die gutalten Mittel zurückgreift, auf die Falltür – sagten Sie Fallbeil? Das meinte ich, als ich Kollege sagte. Gute Nacht«.

Zwar trauerte Leo um Oles Zerstörung, »aber Blondi, den merk ich mir mal«. Aber als er dann wieder im Mauerdienst stand, stand er nun ganz allein. Die Öde war weit und breit. Die Schatten der Höfe. Die Verdeckung all der Gesichter.

*

Als sie nun an jenem Ostermontag aus der Deckung all dieser Gesichter, saß Schlosser gebückt über Wahlanalysen* für eine Zeitung in Prag. Er hatte versucht zu erkennen, die Perspektive für uns herauszuerkennen und aufzuschreiben und vorwärtszuschicken, aber der beste Bezirk in der Stadt war noch als einziger Neustadt, alles andere lag unter Schlägern, in Eppendorf zwölf gegen vierzig, Rothenbaum nur sieben gegen fast fünfzig. Selbst in Eimsbüttel achtzehn nur gegen vierzig, zwar am Kiez noch dreißig gegen kaum mehr, aber im stadtnahen Bauerngebiet nur vier noch gegen stark sechzig.

Was haben wir falsch gemacht?
Er suchte die richtige Zahl.

Als sie an jenem Ostermontag aus dem Schatten all dieser Höfe, hatte er eben gelesen, wie sie sich selber verraten*, der Centralverband Deutscher Staatsbürger Jüdischen Glaubens beteuert den Vaterlandsauftrag und wehrt sich gegen jede Verbindung zu der verfolgten Partei. Und der Richterbund, dieser Lumpenclub, der gibt der Presse lang und schlapp seine Huldigung an die Mörder, von je her, sagen sie, national und voller Vertrauen, nachdrücklichst, und hoffen auch, dass der neue Geist in der Rechtspflege Niederschlag findet. Niederschlag hatten die meisten gefunden – schon tot. Und im Reichstag der Mann der stärksten Fraktion verwahrt sich gegen die Unterstellung, in Einheitsfront mit Verfolgten zu sein. Jeder nur für sein bisschen Leben den dauernden lieben Tod.

Da fängt dein Sterben dann an.

Als sie an jenem Ostermontag aus dem Schatten der Höfe, aus der Deckung all dieser Gesichter bewaffnet über ihn herfielen, war er nicht überrascht, hatte gegen sie aber nichts in der Hand. Sie ließen ihn nur im Stadthaus, bis er bewusstlos war, rührten ihn aber sonst nicht an, hatten noch viel mit ihm vor, karrten ihn weg ins UG. Als er dort später ans Gitter kroch, sah er in Bäumen der Wallanlage wirr eine riesige rote Fahne. Die blieb dort wochenlang für ihn hängen. Die war für sie nicht zu erreichen.

Im Hof sah er einen bewaffneten Mann, verschnürt hinter Leder und Haken, der Wachmann sah zu ihm auf. Und schrieb, als suche er was im Stein, ein Wort mit dem Schatten der Hand an die Wand, SCHLOSSER, schrieb dieser Mann, und hob dann wieder den Kopf. Sie nickten einander zu. Er richtete sich jetzt auf. Er konnte Genossen erwarten, die er nicht kannte.

III

III

Mörderwochen

Am Tage, als Schlosser verhaftet wurde, landete um sechzehn Uhr fünfundfünfzig, nach fast vierhundert Tagen Nordsüderkundung, der Testpilot* der Junkerswerke, der Unglücksvogel fürs Kriegsgeschäft auf einer bunten Wiese, alles rings blind glitzernd still. Er sah sich frei und endlich daheim, »ein glückliches, ganz neues Land«, sagte er zu den Reportern, und gerettet war er ja auch, nach Salto mortale an wüsten Küsten kam ihm das Leben vor wie geschenkt, und viele von denen, die er jetzt traf, fanden das auch für sich: gerettetes Leben, Glück, geschenkt, am Ende des Märchenbrunnens, nach Ekelreise durch schlundige Augen, nach Sturz durch rote Höhlen und Tiere, die glückliche Wiese danach, Arbeit und Brot. Ordnung und Frieden und Ruhe, gerettet, zerstürzt, beschenkt, verloren. Und Glückslieder auf die Ohnmacht.
   (Keine Ahnung, wo Kuddel jetzt steckt.)
   Denn endlich wieder ein Regiment, das die Verantwortung trägt, endlich, sozusagen bei Nacht, frei für ein neues Lebensgefühl, gegen das Chaos perverser Scherze, gegen internationale Seelenlosigkeit, herostratisches Zerstörungsgefasel, die Nacht frei gegen sich selbst, Wunderglück der Vernichtung, das Märchenglück finster verdreht: Wo der Frosch in der Nacht durchs Schloss hüpft und will zu der Schönsten ins Bett, und soll ihn doch an die Wände schlagen, damit alle Schönheit erst kommt, da packt der Frosch unser liebstes Kind und würgt es und trampelt und schmeißt, bis er sich auf es hinwälzen kann und Licht an im Schloss und Musik und Gelächter, der Froschkönig will auf die Wiese kommen, er

kann den geplanten Platz nicht finden – wir warten im Nebel. Um Mitternacht lässt er uns sagen, er kommt – wir warten im Nebel. Und als der neue Tag aufkriecht, erscheint der Führer nach lauter Nacht in niedergehendem Regen, Lichtbild aus anderer Welt, und glücklich schon, wer nur Fingerspitzen, ein herzliches Wort hat schon manchen, im Ehrenspalier seiner ihm bis zum Tode, Wogen des Jubels, Liebe und Treue, Herzblut, strömend, des Volkes, Stunden danach noch, gellend, für endlich Arbeit und Brot, gegen Negermusik und die großen nackten Kaufhausschwänze der Juden.

Und keine Kaschemmen, sondern das Heim, kein Geldsack mehr, sondern Rucksack, keine Vorrechte, nur noch Volksrecht, und nie wieder Streit, alles Glauben.

(Kuddel hat selber Schuld.)

Sie glaubten sich lieber beim lieben Vater, der macht alles heil und glatt, bunter Abend für Arbeitslose, es jongliert Fred Ray, tanzt grotesk Nelly Hildebrandt, und es zeigt ein Sporttrupp der Polizei, wie man auf Schultern tritt, Hände und Hälse, und Staffellauf der Sperberaner Proleten rund um den Stadtparkwald, und Kundgebung für das Kraftfahrwesen, Weihestunde am Denkmal Carl Benz, mit Herzog von Mecklenburg, und im Hörsaal der geistigen Fakultät Vortragsreihe für Freizeitstunden, die Disziplinierung des Geistes, und im Hafen Barkassenturnier, der schnellste Prolet kriegt Fähnchen, und geben viele nun doch ihr Bestes unter den fast roten Fahnen, Auftrieb auf Werften, Dank an den Führer, Kampf gegen Spekulantentum, der gute Weg, trotz allem vorwärts, Deutschland ist über den Berg, der nächste Fasching heißt Friedensfasching, Schicksalsgemeinschaft, Einheit und Heimat, Gewissheit und blinder Gehorsam, und das Fest für Presse und Film und Funk läuft unter dem Titel Lachende Kunst, und in Paris von Professor Lahy und auch noch gleich von Lord Marley die Einrichtung von Untersuchungsgesellschaft zur Terroraufklärung in Deutschland,

Bildentwurf einer Tollhausszene, geschmiert von notorischen Auslandslügnern, Sieg Heil.

(Wann Kuddel wohl wieder mal rauskommt.)

Aber jenseits der Glitzerwiese erschoss an der Alster ein Studiendirektor zuerst seinen Sohn, dann sich selbst. Fällt ein Hauptmann in Oben Borgfelde grußlos vor eine Straßenbahn. Brennt in Hamm ein Kino ab wegen Choral von Leuthen*. Und oben im Obersalzbergwald* fangen sie einen SA-Mann, der hatte falsche Papiere dabei, Pistole und Morphiumspritze.

Aber wenn sie jetzt schreiben, der ist ein Bandit, dann meinen sie nicht den Innenminister. Und wenn sie jetzt brüllen Gewaltverbrecher, dann jagen sie nicht den Vorstand von Siemens. Und Komplizen sind nicht die Masken im Rathaus. Und schießwütige Desperados noch längst nicht die Polizeipräsidenten. Und Terrorgruppen noch nie in Zachun, und erst recht nicht in Düsseldorf. Sondern alles für Arbeit und Ordnung und Brot.

Guck doch auch Ella Kantfisch.

Die hat jetzt mal Kerl im Bett nicht wegen alles bloß Unterschlupf und Hunger auf trocken Stück Brot, sondern Hunger nur noch, einfach Menschenhunger, auf die schön warme Haut und das Glück von Ella, und satt und in Arbeit, schön geil, Nietenklopper bei Blohm & Voss, U-Boote ist doch egal, vor drei Jahren letztes Mal Arbeit gehabt, und jetzt alles Sicherheit. Denk da mal drüber nach. Wir sind nämlich keine Affen.

Drum gingen die beiden auch anderntags los, mal Moorweide volkstümlich Fahnenweihe für Alarmbereitschaft der Polizei, »da ist Leo vielleicht sogar zwischen«.

Der Platz war feierlich hergerichtet, Kanzel und Ehrenfläche, von Weitem schon klingendes Spiel, aufrüttelnd dröhnten die Klänge des Marsches, und wartendes Publikum, massenhaft, brach in freudigen Zuruf aus beim Vorbeimarsch der Ehrenbereitschaft, überall stürmisch gefeiert das disziplinierte Bild.

Nach dem Choral sprach Herr Pastor Ottmer, »was morsch war, das ist zerfallen, wer Hoffnung hat, jubelt dem Herrn, doch immer noch sind die Geister der Tiefe am Werk, durch Glaubenskraft sind wir zurückgerissen vom Rande des schäumenden Abgrunds, Männer der Sicherheit, schützende Kräfte, habt Dank!«. Dann traten die Fahnen einzeln heran, und der Geistliche weihte sie mit den Worten: »Gott hat uns nicht die Furcht gegeben, sondern die Kraft zu Ordnung und Zucht, Amen«, und »nun reiße die Fahne hoch in den Wind, und trage sie stolz, und denke daran, wo du auch stehst: Du wirst gebraucht!«.

Glück, Geschenk, gerettetes Leben – die Moorweidenwiese bebt von Gebrüll.

(Aber Kuddel war immer schon eigen.)

*

Noch am Tag, bevor sie Kuddel in den Nordhof führten, heimlich, kein gutes Licht, wurde das UG für paar wirre Stunden so was wie ein verrücktes Hoffnungshaus, gestürmt von einer Banditenmannschaft, die so rum und leider auch so rum passt, »mach mal die Schotten weg, Alter, sonst knallts!«, SA-Proleten suchen Proleten, Nachbarn aus Rehmstuben Ecke Himmel, »erst mal nachgucken, ob denen auch nichts passiert«, »ja, ruf man mal an bei deim Oberrichter«, »die Sau hat uns gar nichts zu sagen!«.

Sie nahmen sich einfach paar sperrige Schließer für die Besuchszeit mit durch, »mach keine Mucken, sonst fällst du um, jetzt hat hier das Volk mal das Sagen«.

Neun Männer, verschissenes Braunzeug an, hatten sich mal Gedanken gemacht, wen sie jetzt alles verschleppen, »ins Schulungslager«, sagten die Führer, aber Schule war für die meisten Proleten nur Beschämung und Prügelwort, »da gucken wir jetzt erst mal nach, nicht dass ihr uns die Kollegen verheizt«, »halts Maul,

Mensch, den kenn ich besser als du, klar ist der von der Kommune, aber immer noch keinmal einer von euch, gegen Büttel, da war nie Verrat bei uns, und Erwin doch auch und alle«, »genau doch auch der Bruder immer von meiner Frau sein Schwager, wo habt ihr den denn hier sitzen, zeig her, oder ich mach dich kaputt!«. Und während sie draußen hoch in Büros am Flattern und Wirbeln waren, war schlimme, erschrockene Ruhe im Knast, die Gesuchten waren schon halb tot. Aber trotzdem noch Schnaps und Trommler, »lass man, wir holen dich hier raus, ich sag das in Harvestehude Bescheid, oder ich kenn mich nicht mehr!«.

Bloß kannten noch immer nicht viel, diese Schläger, auch immer noch nicht sich selbst.

Der Oberführer kam eigenhändig, Stab an den Hacken, die Waffen frei. »Männer!«, sie sprangen und buckelten hoch, reckten sich ordentlich hin, und einer schreit pflichtschuldig »Achtung!«, und alle stehn zack an der Wand, und er meldet nach Vorschrift die Lage, »Neun Mann, Sturm sechs, bei Krankenbesuch, ein Mann zur Zeit auf Abort, keine besonderen Vorkommnisse«, und knurrt aber doch dann noch, »alles ein Scheiß, Obersturm«. Der Führer lächelt ihn an, »für Krankenbesuch die 08? Fangschuss ist Führungssache«, und »gebt mal die Dinger her, damit hier kein Unglück geschieht«, und geben ihm her, und geht um die Mannschaft rum ans Bett, und erschießt den zerquälten Genossen. Die Mannschaft steht starr stramm stumm.

Zehn Monate später* wurden alle neun Männer rechtmäßig liquidiert, Kiesgrube, Kneipe, Kanal, ordnungshalber, für Düsseldorf, damit die Geschäftsrichtung stimmt.

Kuddel, der nicht mal wusste, dass das sein letzter Lebenstag war, hatte noch frech gedacht »läuft! Die Falle schnappt noch mal auf!«, und hatte gehofft und gehorcht, das Ohr an der Eisentür, Schritte und Rufen, Lachen und Gehen und Kommen. Aber waren zu ihm nicht gekommen, »zum Tode verurteilt? Da wird schon was dran sein. Das wird ja die Führung wohl wissen«, peng, aus.

Das war schlimmer für Kuddel als vorher alles. Adelheid hat er tief weggegraben, sonst wirst du ja gleich verrückt. Und denkst du, sie holen dich raus, kommt aber keiner. Wo seid ihr?

Als sie nachts kommen und sagen, er stirbt gleich, hält er sich nur noch, er selber, an seinen Händen fest, die ganzen Stunden bis Morgengrauen, und schreibt keinen Brief und hat keine Hoffnung und war ja auch nie ein Held gewesen, nur einer von uns Menschen, die das gemeine Leben nicht wollen, bloß endlich leben, jetzt. Und ruft auch nicht Sieg die Mauer entlang, bis in das enge Eck, sondern weint und geht vorwärts.

Und damit das Weinen drinnen und draußen nicht doch noch vorwärts kommt, kommt Anordnung aus den Pressebüros ganz oben für unten die teuren Lumpen: Bitte sehr, wenn wir Hinrichtung melden, dann hinterm Namen des Deliquenten nicht ewig dies Arbeiter Arbeiter, wir sollten hier falschen Eindruck vermeiden, wir schreiben in Zukunft, es stehen zur Wahl, Verbrecher, Terrorbandit, Psychopath, Desperado, Gewalttäter, Mordbrenner, Messerstecher, wir geben, wie folgt, ein Beispiel: Karl Mäuser, Altona, Terrorbandit, durch Handbeil.

Als Rigo das Grab zu hatte, holte er rote Farbe und schrieb Hasselbrock, wo alle zur Arbeit längs fahren, an graue Wand über Geleisen, BEWEINT NICHT DIE TOTEN ERSETZT SIE!, und meinte bestimmt nicht zwei Hilfspolizisten*, Leute von Atsches Art, Armbinde, weiß, für Vernichtung von Kämpfern, die ihn grad noch beim letzten E bisschen um Feuer baten, sondern gab es ihnen blitzschnell, wer uns hindert, der lebt gefährlich, und legte die bei-

den ins Bahndammgebüsch und malt noch das Ausrufezeichen, denn er wollte ja schließlich mal Lehrer werden, ein guter Lehrer, der lernt, wenns passiert, und wusste jetzt, was er bald tun wird, und konnte bloß Karo nicht finden, »wo hat sich das Aas denn verkrochen? Wird nämlich Zeit, dass wir leben«.

*

Karo suchte zur gleichen Zeit den komischen Polizisten, von dem Schlosser ihr paarmal erzählt hat, bloß nie Adresse und Namen, und Pudel hat auch nichts gesagt. Und jetzt sind fast alle schon tot.
 Und sonst gab es keine Partei? Doch, in Treue verborgen und diszipliniert und tätig. Aber für Karo kein Glück.
 Sie hatte sofort nach ihrer Haft Kontakt zu Schlosser gesucht. Aber ehe sie den wiedergefunden hatte, war der verhaftet gewesen. Die Genossen zögerten auch. Denn warum war Karo denn wieder frei, und die anderen fast alle tot? Sie wusste es nicht. Und das hätte Verrat sein können. Seid wachsam, das ist ein Befehl. Und als sie dann doch Verbindung zu einem, den sie kaum kannte, herstellen konnte, mitten in all der Verfolgung, Erni nannten sie den, da war das finster beinah in Ketten und Ende gelaufen. Unterwegs zum Treff war ihr ein Radfahrer blöde bekannt, einer aus Kinderzeiten, von den hübschen einer der Knechte, macht her, dass die bleibt, das Aas. Und überall gab es zivile Posten. Sie hatte den Eindruck gehabt, dass der Knecht dort einem im Regenmantel ein Zeichen gegeben hatte. Aber Erni nahm sie so mit, wie verliebt, »dreh dich nicht um, mein Deern, und nun sieh hier mal keine Gespenster«, aber dann sah er die selbst. Sie hatten versucht, den Dreck abzuhängen, Finten und Torwegschatten, Dammtorbahnhof und sonst welche Tricks, und waren schließlich um Ecken gerannt, ums Leben, bis in ein Taxi, und Vorsprung nur sechzig Meter, aber das war geglückt. Aber das war für Erni ein Zeichen, »Genossen, die ist unter

Wind«, und hatte auch den Verdacht gesagt, sie habe den Schatten vielleicht ja auch nur gegen ihn extra bestellt. Karo hatte also schon bald keinen Genossen mehr finden können. Erni hatte, das war seine Pflicht, nur streng die Parteiarbeit abgeschirmt, Org und Pol und T und WS, Mut, Entschlossenheit, Opferbereitschaft, Flugblätter, Zeitung und Klebezettel, und Säurestempel herstellen lernen, mit dem du in Schaufensterscheiben reinätzt, dass die »KPD lebt!«, und das Brett aus dem Dachlukenfenster, Pack Flugblätter raus übers Dach, und innen, am anderen Ende vom Brett, ein Eimer, der langsam leertropft, und nach zwanzig Minuten – bumms, regnet es lauter Papier, und wenn du erwischt wirst, Schläge im Stadthauskeller mit Ketten. Das alles hatte Erni nun streng gegen Verrat abgedeckt. Nieder mit dem Faschismus! Aber Rufen war das im toten Trakt, im ödbunten leeren Wiesenfeld voller Volk mit Tänzen und lauter Toten.

*

Von dort kam jetzt die schlimmste Gefahr, denn die älteste Waffe der Schweine schwemmen sie dir schon mit erstem Futter liebevoll in dein Kreuz, haben sie dir schon beim ersten Schritt zärtlich in deinen Kopf getreten, »denk doch nicht nur an dich selbst«. Rücksichten, tückisch, statt vorwärtslaufen, und gittern dich leis in Ängstefragen, und kommen dir die Fragen von allein dann schon auch: Was hast du denn etwa Recht, wenn du doch nur noch allein stehst? Sind die denn alle verrückt dort im Feld unter Sonnenzack, Arbeit und Liedern, und nur du, in dir selber allein gelassen, siehst finster alles noch klar? Könnt es nicht, bitte sehr, umgekehrt sein?, »du siehst jetzt manchmal so anmaßend aus, versteh mich nicht falsch, ich meine es gut, wir kennen uns auch ja schon lang«.

Pietsch war zwölf Jahre älter als Karo, Bäuchlein inzwischen, und manches studiert, und hatte sich für paar Sommerwochen ins

Dachbalkenstübchen verkrochen, gegen Evchens Brust und Feindes Lust, um über den Tod nachzudenken, Radiogedanken, Du und der Tod, Serie, Glück gehabt, zweitausend Mark, seine Tischrede für den klugen Herrn Alex hatte nicht nur die Baronin gerührt, auch ein Reichssendermann war zu Gast gewesen, wie praktisch. Und hatte auch längst den Singsang auf tote Genossen geübt, und sooft sie nun in den Zellen und Kellern einen von uns vernichtet hatten, fand er rasch feinliche Strophen für den, schnaufend empört, am liebsten für Frauen, für Geistesmenschen mit Weltniveau – ach, die Sau! Und las nun Miltons Paradise Lost, vom Schönsten las er auch vor, unter Trophäen, halblaut, vom Tod aller Sünde als des Todes Tod, und von unserer nützlichen Furcht, Vernichtung mit Vernichtung zu vernichten, und hatte auch endlich das Buch gefunden, er war bis Marburg deswegen gereist, von dem Professor Robeck, der fast vor genau jetzt zweihundert Jahren sich in der Weser ertränkt und ein Traktat hinterlassen hatte, ein Lob auf den freien Tod.

Karo waren das alles Gespenster. Sie sagte nur, »wenn jetzt einer von uns draußen gegen die stirbt, dann wollte er nur gern leben. Du aber hier in der weißen Bude, du lebst ja schon alles wie tot«. Er lachte sie unsicher an, »ist dir denn dieser Tod nichts wert? Denkst du nicht wieder auch hier nur an dich? Was haben wir denn für uns selbst, als den großen, langsamen Tod? Ich meine, fast alle sterben wir lieber all unser Leben lang, als dass wir je leben und stürzen wie ihr«, und Karo wär längst hier weggerannt von diesem schlaumüden Knecht, dann fick dich doch selber, du Arsch, aber war schon heimlich von ihm verschreckt, hatte das selbst schon so ähnlich gedacht, seit Pudel, seit alle so tot: Mach Schluss mit dem Kampf, sei friedlich und still, dann hört hier das Morden vielleicht doch auch auf, dann stirbt endlich keiner mehr so gemein wie jetzt jeden Tag, jede Nacht, in Kneipen, im Knast, in Bahngebüsch, das Leben ist doch kein Dreck. Aber was denn? Stirbt keiner mehr?

Was für ein Trick, was für Lügengedanken! Die sterben ja jetzt hier jeden Tag, mitten in ihrem Leben, die leben sich jeden Tag tot, für Maschinen und Wege, Pläne und Zahlen und Worte und Sachen, die gar nicht ihre sind. Was denn? Kein Morden mehr? Die sind doch schon jedes Mal Mord, sobald sie die Hand auf uns legen. Die leben doch von unserem Leben, die haben doch selber sonst keins. Und sagte zu Pietsch aber nur, »sie machen uns Angst vor unserem Tod, damit sie uns länger haben. Wir wollen uns aber jetzt selber haben. Und, weiß ich nicht, wenn man dran stirbt, dann jedenfalls nicht ihren Tod«.

Pietsch wollte weg, hatte alles studiert, wusste das alles noch besser als Karo, hatte eingeübt, beigebracht, vorgespielt, Hasstanz und alles ist Krieg, solange wir sie nicht geschlagen haben, wollte aber nicht schlagen, wollte aber nicht Krieg, wollte aber nicht sich, lieber den sicher dauernden Tod als einmal, jetzt, heute noch, eigenes Leben, und suchte nach Radiotönen, fand aber Reden und Reden. Karo horchte und saß dann schön klar und gar nicht mehr so allein. Denn erst wenn du plötzlich verstehst, dass das, was die Lumpen da reden und schreiben, gar nicht, wie es tut, vom Volk kommt fürs Volk, sondern ohne das Volk, nur als Ohrenversausen, als Säuseldunst gegen die Wut des Volkes, dann stehst du nicht mehr allein, dann senden sie dir keine Angst mehr ein, dann sind doch nur sie allein, gegen das Volk, nicht wir. Uns gibt man nur nicht den Sender. Den müssen wir uns erst noch holen. Und als sie den Redner drohen hörte, jammernd, als tät es ihm weh, als meint er es mit uns gut, »unsere Friedensliebe hört beim Terror auf«, da lachte sie laut, »unsere auch!«. Sie fragte Krischan, den müsst er doch kennen, von dem hat Schlosser doch paarmal gesprochen, »dieser Scheini vom Hansaplatz«.

Pietsch kam drauf, weils ihn nach Evchen juckte, und die hat ihm von einem erzählt, der im Wachbudenschlafraum Oboe übt und sonst wie Theater macht, und da hatte er den mal besucht, den

Schüler, »war aber recht bedrückend«, fand Pietsch. Karo winkte flach ab, »so ein Affentyp, danke, das war wohl nichts«, sie musste, nachdem sie den Namen jetzt hatte, drauf achten, dass Pietsch ihr glaubt, wenn sie sagt, dass der nichts für sie sei, »und auch noch als Schließer, gegen Genossen, hat Schlosser wohl recht gehabt, kein Verlass auf so Büttelstrolche«. Aber Karo bedankte sich noch.

Pietsch hielt seit März, seit Mörderwochen, ein Sittichpärchen im Käfig fest, Reisekäfig nach hier und nach da, ein Herumtreiber mit einem Käfigvogel, den er durch Stäbe nur immer sticht und den Leuten weithin erklärt, »als Denkhilfe für die Verhältnisse«, er mochte als Dichter Symbole, »Futter und Spiegel und Ketten«, er sah sie verbiestert an. Und als er mal Pissen ging, hob sie den Käfig vom Haken und ließ die Butsches durchs Fenster weg, »die Verhältnisse ändern sich, Pietsch«. Er schien aber anders berührt, »jetzt werden sie totgepickt. Vernichtet von ihren Kollegen. Denk mal darüber nach«.

*

Sie hatte mit Verrat schon zu tun gehabt, Erni hatte fürs Ganze auch recht, sie wusste ja, wie man Scheintreffs anlegt und beim ersten Mal nur mit leeren Kartons, und die zerschlagene, versteckte, zerrissene, mutige einzige Partei hatte jetzt offengefleddertes Zeug, den furchtbaren leeren Fleck, in den sich die Falschen hockten, und spähten und warteten, wer was tut. Früher bekämpften sie das mit der OSNA, aber wo war die denn jetzt, irgendwo zwischen Prag und Paris, zwischen Stadthauskeller und Ohlsdorf. Sie musste nun selber verstehen, wer wen, und beobachtete Leo zehn Tage. Er schien ihr vollkommen allein.

Waren ja nun auch fast keine mehr da. Moritz erschlagen, Meier erschlagen, Atsche war Mörder, Ole war Blöder, Krischan war Dichter, Pudel, hieß es, war ausgewandert, und Blondi ließ sich von ihm nicht mehr sprechen, und Balthasar züchtete Hunde auf

Mann und, was schlimmer war, saß in der Freizeit als alte Frau im Park, auf Alsterdampfern und Ämtern, kam als Räucherfischheini durch Kneipen von früher, stand nachdenklich unter Anglern, an Haltestellen und Kinokassen, hockt im Warteraum eines Armendoktors in Barmbek oder St. Pauli, am liebsten aber Großneumarkt, da fing er die meisten, die letzten Genossen, Zivilspäher Balthasar Schmidt, sein Sohn ist später mal Richter geworden, Menschenverräter, Sieg Heil. Aber Leo wusste das nicht. Er ging ihm nur aus dem Weg.

Einmal lief er nach Stadtpark zum Schwimmen, Spielwiese, Käfer und Ball, schön alles Mädchen und Männer, Kinder, Nivea und Apfelsaft, »Frieden, langsam, es geht wieder aufwärts«, warum lag denn er nicht auch satt, er mochte die Leute gern, er war doch genau so von hier und wie die. Aber er sah den missachteten Gruß, nicht missachtet, noch schlimmer, verlacht. Er hatte Transportbegleitung gemacht, Grüne Minna von Fu nach UG, »Politischer, kurzen Prozess, falls was ist«. Grindelhof hatten sie Stopp, der Knastwagen windet sich durch, lauter Tiefbauer halbnackt am Schaufelstiel, und starren den Dienstwagen an. Ohne sich umzuwenden, konnte Leo in einem Innenspiegel den Gefangenen hinter sich sehen. Der hob die Kette Stück hoch und zeigte nach draußen die Faust, grüßt euch, Genossen, die Fäuste bereit, und Leo hatte gesehen, wie die Tiefbauer, die in der Nähe standen, lachten und auf das Fensterchen zeigten, wohl auch die Hand mal aufhoben, aber nur so, »guck mal, der Affe, der spielt sogar jetzt noch verrückt!«, und die Handbewegung, die jeder kennt, die dreckige, müde, verächtliche Hand, »mach mal kein Scheiß hier, hör auf«. Leo tat so, als sei ihm was hintergerutscht, drehte sich um und grüßte ins Gitter. Fiete bückte sich über die Kette, öffnete zögernd die Faust, tastete mit den Fingern nach Fingern, zeigte die leeren Hände. Der Wagen kam wieder flott. Wer aber war gefangen, draußen die an der Schaufel? Oder im Handeisen der?

Leo lag Stadtpark zwischen den Leuten, mochte die gern, alles schön warme Haut, aber wer macht die so zahm, so zuversichtlich am Strick. Erst gestern war er Kolonne begegnet, Ausschläger Weg Richtung Veddel, paar Hundert Gleichschritt mit Hacke und Spaten, arme Klamotten und Blick voraus, da laufen zwei Dicke, der Spitzentrupp, Messer am Gürtel und Jägerschritt, schick alles blank in Schlachtersack, irgendwo erster Spatenstich, und endlich alles geregelt, Arbeit und Essen und Dach überm Kopf, und die Richtung wird dir gesagt, und für Schwimmwiese Volkspreiskarten.

Aber die toten Kollegen.

Aber die hinter den Mauern.

Aber wer ruhig im Knast mitläuft, dem sind die im Knast schon normal, und wer nicht sein eigenes Leben will, der hat auch nicht Schreck vor Toten, denn »sterben müssen wir alle ja mal«, alles schon elend verwandt: Wecken, das ist der Brummer um fünf, Aufschluss, da kaust du von Mutti das Brot. Arbeit, da bist du schon froh, sonst drehst durch. Arbeitsbelohnung, das kennst du ja auch, hast du verdient, und mehr nicht. Freistunde, wenn du mal rumhuschst für Bier. Hofgang, das ist dein Dreh durch den Park, sonntags, paar Schluck frische Luft. Und Einschluss, wenn Mutti die Betten aufschlägt. Und Licht aus, das muss, sowieso. Und die Sonderfälle genau doch: Sonntagsbesuch mit Tischtuch und Reden, wenn Erwin mit seinem Schwager mal kommt. Ausführung, wenn du Kino hast. Hausstrafen, wenn du nicht artig warst, Vorwarnung, Lohnabzug, Kündigung. Und Bunker, wenn du dich schnappen lässt, pass besser auf, »pass bloß auf!«.

Klar hast du bisschen mehr Spielraum, hier draußen, Biersorten, Mädchen, paar Umwegminuten, bloß am Ende doch jeden Tag Einschluss. Und denkst lebenslang, geht auch anders. Gehst aber lieber nie anders. Und außerdem, was denn, so Spielknast mit Bier und Blumen und netten Mädchen, wer weiß, das machen die auch noch mal bald, und dann? Will jeder im Knast, am liebsten? Ich nicht.

Aber die vielleicht. Er sah sich um. Und sah, dass alle sich freuten, und wollten auch morgen wohl einfach nur hier sein, weitermachen wie jetzt, der weiße Vater wird wissen. Und wenn du hier kommst und holst sie raus, und die schreien und rufen: nee komm, lass nach, ich bleib lieber hier in der Grütze! – und nieten dich um, was dann?

Dann ist auch gut. Dann will ich nicht leben.

Ach und trotzdem, ein Scheiß, aber ist nun mal so, er wollte am liebsten so sein wie die. Das hatte er wütend mal miterlebt, an sich selbst. Er hatte, erst paar Monat her, mitten in Hatz und Blut und Tamtam, Großfahndung gegen Genossen, für Schlosser, weil das das Sicherste war, Material an Treff überbracht, bei Menck die Gegend, alles finster und nass, »du stehst Punkt neunfünf vor Zooschaufenster und hast das Papier in der Hand, ganz klein, und wenn einer hinter dir stehen bleibt und sagt ›in Sibirien gibts keine Kolibris‹, dann sagst du ›bald aber Kohlengruben‹ und gibst ihm das Material nach hinten, und drehst dich auf keinen Fall um, ist besser, du kennst den nie«. Das hatte auch alles gut geklappt. Aber er hatte auch Angst gehabt. Alles so leise Jagd überall, kannst du nie sicher mal sicher sein, und wenn sie dich kriegen, Kopf ab. Er zählte noch die paar Takte bis fünfzig und ging dann bis Hauptbahnhof Altona. Und da, wo das Licht war und Uhrzeit und amtlich und Leute liefen und Mädchen lachten und Hunde pinkelten, alles erlaubt, da war das mit ihm dann passiert, da hatte er sich so wohlgefühlt, plötzlich als wenn du nach Haus kommst, die Treppen hoch, und riecht schon dunkel nach Kuchen. Er wollte so sein wie die.

Aber was denn, wie was? Kuchen, gegen den liebsten Hunger? Alles erlaubt, wenn du tust, was sie sagen? Lachen, wenn du dich nicht mehr wehrst? Lieber gefangen fürs Leben, als die Hände frei gegen den Tod? Und das war ihm jetzt wie zu Haus? Sehnsucht nach Umkehr und Rückkehr. Wie tief hatten sie ihm das eingestrei-

chelt und vorgesungen und untergejubelt, dass er jetzt sein wollte lieber wie tot, als endlich mein Liebstes, mein Recht, unser Leben.

Er wollte am liebsten so sein wie alle, aber nicht so, nicht verrückt.

Und die Massenlinie, Genossen?

Nichts mehr. Nivea. Oder wir selbst.

An dem Tag, als in der Zeitung stand, dass sie Schlosser gefangen hatten, war Leo, in aller Sicherheit, zumute wie selber gefangen. Und lief und stand und schlief und dachte: Wie kommen wir da wieder raus, wie reißen wir das für uns auf. Und nichts sonst. Sie wollen uns töten.

Aber sie lachten so nett, warfen paar Bälle, gingen zur Arbeit, standen auf Posten, standen mit Mädchen, in Uniformen starr, ganz stolz, »und bald auch für jeden ein Auto, sagt er«, »und nach Trontheim mal hoch mit so eigenen Dampfern«, lügt aber alles, wo kann ich bloß hin, ich find mich hier nirgendwo wieder.

Er fühlte sich manchmal auch krank, das gab es sonst bei ihm noch nie. Morgens, beim Wecken, suchte er wirr, wo er sei. Auf Kreuzungen in der Stadt, alles flott Leben und Treiben und Leiden, und quer sein Weg, kein Weg, da musste er schnell von dort weg, er fand, die Häuser im Kreuzungsviereck, die hohen wilden bewohnten Häuser bebten zerrend und schwankten, wankend strotzende Mauern, unwirklich alles wirklich, und die Wirklichkeit ihm desto furchtbarer fern, je länger er zögert, sie anzugreifen, »wo ist einer, der hier nicht mitlügt? Ich kenn mich sonst selbst bald nicht mehr!«. Dabei gings ihm doch nur wie jedem, der sich, wo er steht und hinsieht, wiedererkennen will, »wie bin ich denn sonst, und wer, und wo, das lügt mich noch alles mal blind, verdammt!«. Aber zum Reden war keiner mehr da. Er redete schon vor sich hin.

Obgleich ihnen streng verboten war, im Knastgelände zu fotografieren, er fing jetzt geschickt damit an, er wusste noch gar nicht, warum, er hielt sich das nur genau fest.

Er rückte im Stadtparkbad bisschen beiseite. Ein Opa wollte drei Enkel knipsen, »sitz mal still, pass bloß auf, sei mal nett, kriegst gehaun, kriegst auch nachher nochn Lolli«. Sah aber wieder das Mädchen. Die saß immer irgendwo, wo er saß, stand, wo er stand, und fuhr, wo er fuhr, und neulich sogar mit paar Kindern, spielt sie in Wallanlagen, als er da Außendienst macht. Seit wann sind die denn auf mir drauf. Seit wann sogar auf Spezialpolizei. Klar kannst du in der Falle Stück leben, nur der Abzugsfaden bleibt meiner, und egal, was für Eskimoaugen, da leg ich mich glatt mal daneben, allerhand wilde Figur, die Frau, vielleicht ja auch alles nur Zufall. Und von Zufall wollte er weg.

Trau schlau wem

Sie waren sich nicht mehr ganz unbekannt. Sie hatten schon miteinander gekämpft. Karo hatte am ersten Abend, als sie herausfinden wollte, wen der nach Dienstschluss trifft, gemerkt, dass er sie ganz gern loswerden wollte. Das fand sie ein gutes Zeichen.

Da war also etwas, das ihn bedroht. Und bedroht waren jetzt nur noch gute Genossen, oder vielleicht paar Diebe, aber das passt ja wohl nicht. Besser gepasst, so wie der da ankommt, bevor du mal seine Augen siehst, hätte das übliche Gantergrinsen und »hallo, kleine Frau, so allein?«. Aber die Augen waren richtig, der hatte schon mal was durchgeschleppt, und Schreck gehabt, und nachgedacht, schön Sonne, aber mit nachts, und aber bestimmt nicht mit Zack. Sie schob, und wollte das lieber nicht merken, die andere Frage beiseite, ob der an ihr gar nichts findet. Ist egal, wir brauchen den dritten Mann, und sonst kann er mich sowieso mal. Und ärgert sich über private Gedanken – Leo war ihr entwischt.

Aber das ist ja das Angenehme bei so blödem Dienstpersonal,

die müssen jeden Tag pünktlich aufs Töpfchen, und hatte ihn also schon wieder im Griff, Wachablösung am Sievekingplatz, Punkt zwölf, sie hatte sich auf eine Bank gelegt, vormittags bräunt ja am besten, und manche mögen ja Sommersprossen, der arme Kerl in dem dicken Zeug, selbst Schuld, vielleicht kommt er her, müsste er eigentlich, Ordnungsverweis, aber darf er wohl nicht, mehr so Hundearbeit, wie kann man so was bloß machen. Sie hatte schon wieder Hunger. Sie hatte aber fast gar kein Geld mehr. Sie musste sich bald noch mal Arbeit suchen. Aber jetzt erst mal der Scheini.

Sie lauerte ungern vor der Kaserne, da lauerten schon so viel andere, Friedensordnung, Bevölkerungsschutz, hat der denn sonst kein Zimmer, oder ne Freundin, so sieht er wohl aus. Scheint aber nicht ganz doll.

Sie war froh, als sie seine Eltern hatte, einfach so betteln, »mein Mann ist politisch«, da merkst du schon schnell, was läuft. Und bei Friedrich liefen die uralten Tränen aus Angst um lauter viel Tote jetzt, »und einer, das ist doch wohl schon genug, mit Willi das ganze Theater, und Leo, da weiß man nun auch wieder nicht, ob er sich hält, was die ihm jetzt sagen«, aber Karo hörte das gern.

Leo fand das nicht gut, dass die Eltern mit Spitzeln über ihn reden, »mit politisch, das ist doch nur Trick, so kommst du bei uns doch bei jedem rein, weil wir lassen von früher mal keinen verrecken, aber das wissen die auch, diese Schweine«, »Gott, Leo, nee, sag so was nicht, da gehst du doch schön für in Zeug!«, und wollten auch gar nicht verstehen, die Alten, dass so was jetzt möglich ist, dass für die Solidarität was zum Töten ist, »wo kommt das bloß alles noch hin!«.

Aber Leo denkt sich, die knöpf ich mir vor, morgen drehn wir den Spieß mal um.

Bloß kannte sie gar nicht mehr wieder.

Erst Tage danach, als sie frech wird und an der Kaserne so längs stolziert mit Reithosen an wie von Falkenstein und Samtkappe und

mit Gerte, und schlakst da so frei als bessere Tochter, wo paar Offiziere längs kommen, und plinkert auf die, auf die Mützengrußpfote, da sah er das ganz bisschen Hinken. Das mochte er schon vom ersten Mal, er mochte auch Leute, die bisschen stottern, da merkst du, da ist was los, und bisschen gelitten macht klüger.

Er nahm sich mal zwei Stunden frei beim Alten und denkt sich, die scheuch ich bis Pinneberg. Hat aber Pech gehabt. Sie springt ihm weg auf ne Straßenbahn, bei dreißig Sachen, wie ne Verrückte, und weiß, das Täubchen, dass er das nicht darf, als Scheini muss er ja brav sein. Sie schneidet ihm nur noch durch die offene Tür eins ihrer schlimmsten Gesichter. Und da dachte er, so eine ist das. Und wenn sie die auf mich angesetzt haben, dann dreh ich die für uns um, so Lachen beim Kampf hast du selten, und sicher nicht bei den Schweinen. Was Pudel wohl macht. Die soll ja nach Wien sein. Sagt Maja.

*

Karo spielte hart durch, obgleich sie jetzt wieder das Rufen hörte, »Sie gehn wohl öfters zu Nutten«, und Leo dachte, was zittert die so, und spielt aber auch noch nur blöde das Männchen, »unsre Arbeit hat eben auch nette Seiten«, und Karo wär fast hier weggelaufen, aber sie war von dem Rufen kaputt, sie kam gar nicht richtig hoch, und hielt sich die Ohren zu.

Sie waren von der Schwimmwiese weg nach Borgweg in ein Café gegangen. Leo wollte nicht, dass es ihr schlecht geht, er mochte die Hände und Haut und alles, und alles plötzlich so krank und still, »wir könnten der mal ne Postkarte schreiben, alte Bekannte, noch immer nicht tot«, und Karo dachte, sie wird verrückt, aber wollte den dritten Mann, wollte wissen, wer Leo ist, »die ist jetzt in Amsterdam, Emigrant. Traun Sie sich denn so ne Karte, von hier? Ich hab die Adresse im Kopf«, »ganz schön frech!«. Aber Leo war froh, dass Karo den Kopf wieder hoch hat, und holt die Karte, und

schreiben beide, und reden noch Stück von dem und von dem, und guck mal, die geht ja ran, die erzählt was von Schlossers Frau, und dass sie die gestern getroffen hat, und was die so alles erlebt hat, inzwischen, »weiß ich genauso, bloß nicht sehr schlau, dass Sie sich da noch so sehen lassen«, »wir machen hier alles in Ordnung, nur wer uns hindert, der lebt gefährlich«, »gehn wir noch bisschen ins Kino? Waterloo läuft mit Rühmann, Lachende Erben, das passt doch«. Sie wusste nicht, wie er das meint, aber besser hier erst mal weg, die Postkarte macht mich verrückt.

Aber Kino hat Leo nicht vor. Er war überzeugt, das mit Schlossers Frau, das war von der Schnalle ne Falle, und jetzt kriegt sie zurück, aber voll, ich bin hier ja schließlich amtlich.

Als sie im Taxi sitzen, sagt Leo, »mal ruckzuck nach Stadthaus!«, und zu Karo sagt er ganz kalt, »da können sie dann bisschen deutlicher werden von Schlosser und Schlossers Frau«. Karo denkt, der Idiot hat Glück, ich hab die Mauser von Kuddel nicht mit, jetzt haben sie mich also doch. Und denkt an Pudel und bleibt ganz klar und fummelt die Postkarte vorsichtig rückwärts zwischen die Taxipolster, sonst machen die da im Stadthaus bloß was weiß ich noch was extra. Aber Leo zeigt durch nichts, dass er gemerkt hat, was sie da macht, aber lacht schon jetzt lauter Küsse für die, denn jetzt ist ja alles ganz klar, wenn die Spitzel wär, wär ihr die Karte egal, eher noch was gegen mich.

Und Ballindamm, Neuer Wall, »alles schon da, bitte recht sehr, zwo zehn«. Und jetzt treibt Leo den Kampf zu weit, das hat Karo ihm nie vergessen, aber Mann, ich hab Glück, jetzt gehts los, macht doch Spaß, er zieht Karo hart am Handgelenk die Stufen hoch bis vor das Tor, und dann hält er sie fest und schnappt er sie sich und küsst sie ganz stur mitten vorm Henkerhaus, »denkst du, ich bin verrückt? Los komm, das Kino geht los!«.

Das wurde für beide der Spruch jedes Mal, wenn was sein muss, wenn es jetzt los geht.

Aber Kino muss ja nicht sein.

Sie holten bei Pia Maria zwei Scheine und sprangen ins schöne Hotelbett, gab ja noch allerhand sonst noch zu feiern, aber feierten erst mal sich selbst.

*

Rigo sah gern, wenn er Zeit hatte manchmal, und kommt da gemütlich vorbei, die hell gewordene graue Wand, von der sie die Schrift zwar fast weggeputzt, fast, kannst sie auch jetzt noch sehen, wenn du mal Augenblick stehen bleibst, dabei die finstere Miethauswand aber unten schön hell geschrubbt hatten, »von unten kommt uns ein Lichtelein«, dachte Rigo und, »guck mal, Advent, Advent, erst eins, dann zwei, dann drei!«. Er hatte zwischen Taxus und all dem Schmuck und Spruch reichlich jetzt auch mit Pfaffen zu tun, und fand das ganz niedlich verrückt, was die sagen, und sah drum so manches mehr christlich still, ruhiger und mit Gewissheit, »denkt daran, ich komme wieder!«, und »will meinen Tröster auch bei euch lassen«, hatte er schon, in Speckstößergruben war schon so allerhand eingetroffen, und da werden wir euch bald mit trösten, und »siehe, ein großes Erdenbeben, und wälzte den Stein davon weg«, die Jungs, die holen wir da raus, und guck mal, was Jesus noch alles soll, »reiß ab, wo Schloss und Riegel für«, vor sollte das wohl auf Richtig heißen, und machen wir einfach mal selber ab, bloß brauchen wir noch paar Mann mehr, und alles nur, die nicht so heiß sind, dann greifen sie besser daneben, und das Sicherste ist jetzt das Beste. Wird nämlich Zeit, dass wir leben.

Er mochte Mäuse und Maulwürfe gern, für die war das hier Eldorado, und lachte freundlich, wenn er dran dachte, dass die mal bald an Herrschaften knabbern, auf Ringfingern turnen, durch Hände beißen, er schlug nie so Trippelfix tot, und warnte auch seine Schaufelkollegen, »lass nach, die sorgen für Ausgleich!«.

Meistens hat er den Frieden hier satt, und extra noch, wenn sie, den wievielten nun schon, Genossen in armer Kiste anschleppten, und alles nur heimlich und kleinste Besetzung, ohne Musik und Feierfahnen, nur noch die Trauer und leere Wut, und manchmal nur noch der nackte Mut, stellte sich einer ganz nah ans Grab, bückt sich, »passt auf, Jungs, der springt hinterher!«, und hebt die Faust wie son alten Säbel, und ruft in die Kuhle, »der Kampf geht weiter!«. Klar geht der weiter, bloß wie? Und bestimmt nicht mehr lange mit dir, wenn du noch bisschen so weitermachst. Denn Rigo fand das verlaberten Mut, sich jetzt da so aufzustellen, überall Spitzel, das weiß der doch auch, und nichts in der Hand gegen die, nur Krümelchen Sand in die toten Augen, sonst nichts.

Und erst recht doch nicht so, wie neulich der Lehrer, der war wohl ein Roter gewesen, geht klar, und soll er auch bestes Andenken haben, aber der Spruch übers Kistenholz, »widmete all sein Wissen und seine bedeutenden Fähigkeiten dem Kampf um gerechten Frieden gegen Faschismus und Krieg«. Friedensschrei gegen Faschismus, jetzt? Das war ja wohl alles verkehrte Welt. Friedenswidmung mitten im Krieg? Das ist ja noch nicht mal die Kiste wert. So nicht. Denn Rigo und jeder sah doch auch schon, wie sie so Redner bald wegfangen werden, friedlich weg mit ihnen ins Lager, da blieb er lieber stumm und eiskalt, dann patzen sie besser daneben. Und dann.

*

Karo hatte ins Volle gegriffen, und wenn schon, dann Leo ja auch. Und Rigo kannten ja beide ganz gut. Wer richtigrum schießt, den kennt man.

Erst mal Arbeit suchen für Karo, Zeichenbüro war Sense, für Gefängnis waren die zu fein, »Ihr Verständnis voraussetzend«, aber Emmi hatte ja Erwin, den Bruder von meiner Frau sein Schwager,

in Barmbek als Putzer laufen, Hochbahnzug waschen auf Abstellgeleisen, »bist du schön draußen, das frischt dich!«, und Leo dachte an Lona. Die war mit Emmi zurück aus den Wäldern, Emmi sagt, »geh mir doch los, was hab ich mit Kühe, wenn ich gesund bin«, und sagte, »die kriegen mich nie!«, und das war ja nun was für Karo. Aber achtete, auch vor Emmi, darauf, dass sie vor der nie drei sind, besser du weißt jeder nur dich selbst, und rechts und links deinen nächsten Genossen, sonst drehn sie das irgendwann aus dir raus, und mit Leo, das war ja normal, »als Liebespaar bist du wie jeder«.

Um klar zu denken, wie was wer wo, fuhren sie an einem Septembersonntag mal raus, mit dem Rad, ins Grüne, Wimpel am Stock und Gitarre am Hals, »lass die ruhig mal denken, sind Blöde, die mögen sie lieber, als rot«. Sie fuhren hin und her nachts, nur zu dritt paar Stunden bei Borstorf im Stroh, »auch besser für Rigo, sonst liegt der allein, und wir brauchen jetzt alles zu dritt«.

Genau so zu dritt in der Sache Knast. Alle drei waren sie genug auf der Welt, in dieser Welt durchgekrochen, um zu wissen, wie Knast deren Herz ist, deren Faust für die Macht von Menschen auf Menschen, und Menschenfangen, und keiner greift ein, der Anfang von Beutergesetzen, und dass sie sich unser Leben nehmen, steh auf, komm her, kannst gehn, bist Dreck, damit sie ihr Leben noch haben. Und so wussten sie zweierlei, dass kein Genosse mehr sterben soll wie Pudel und Kuddel und Gerd, sein Leben verlieren für die, und dass, wenn man Knast aufreißt, Faust auftritt, Herz aufspießt, man sie nackt macht und alles entdeckt, und Nebel weg von der Mauermacht, und Mut für alle uns Menschen: Die sind gar nicht groß, wir sind gar nicht klein, wir können zusammen uns selbst, wir leben.

Sie machten sich aber auch klar, dass sie, wenn sie den Knast angreifen, die schlimmste, letzte Wut auf sich ziehen, »die letzte wär gut, die schlimmste wieso? Schlimmer als tot haben sie nichts mehr

im Sack«, und Leo erzählte von Gustav und Meier, wie sie die fast wegen nichts gleich am Anfang vernichtet hatten.

»Und tot bin ich, will ich mal sagen, wenn ich sie nicht raushole.« Das sagte Rigo stur und klar, und dachte, auch er, an Schlosser. Sie dachten alle an den. Aber sagten nicht, wer, nur »das muss«. Sie waren froh, dass sie nun nicht mehr allein standen, sie lachten und fassten sich an, erzählten sich was von Genossen, die den Krieg jetzt machen und keinen Frieden, von Dörflern zwischen der Ruhr und der Rhön, die Steinbruchsprenglager plündern, und auch was von Indiokämpfen an der englischen Bahn von La Paz nach Peru, das wär was für Jonny gewesen, »die Weißen sagen helfen und Bahnbau, und meinen töten und gebt euch her!«, aber die Indios wussten Bescheid, hatten Kasernen besetzt, hatten die Waffen nicht hingelegt für Futterweiden und Feuerplätze, »los, kommt!«.

*

Sie hatten sich alles eingeteilt, sie fanden, »wir haben nicht mehr viel Zeit«. Leo war für den Knastbereich, Fotos und Skizzen, auch innen, »das musst du mal sehn, wie das geht«, auch die Leitungen, Telefon, Licht und Wasser, und Lage der Zellen und Tageseinteilung, auch nachts, wann welcher Schließer wo, und dann Schlüssel. So viele wie möglich, zuerst mal die wichtigsten, Außentore und Durchschluss zu Höfen, »damit wir uns freier bewegen können, falls sich noch plötzlich was ändert«, und die Entwaffnung der Wachen der Lapo, »kriegst du das alles hin?«, »das muss«.

Rigo wollte als Jungchen von Sophie, als Stier von der Lauflochmutter, das Wasser zum Schwimmen klar machen, für den Moment, wenn die Fische springen, Rückzugswege, sichere Quartiere, er hatte, mehr als Leo und Karo, Kontakt zu einfach nur Leuten, »und noch nicht alle heiß und versteckt, wie bei euch, von hier bis nach Mecklenburg«, wahrscheinlich bis hin nach Schneidemühl,

»fahr ich mit Lona mal längs«, aha, »soll da fix Pilze geben, und ist ja wohl jetzt so die Zeit«.

Und für Giftpilze notfalls Karo. Sie würde das dreckige Feld der Weißen, Kontakt nach da, Finte nach hier, Nachricht und Abwehr und Irreführung, Rohschlüssel, Masken und neue Papiere, sorgfältig still bestellen, »von Baronin bis Pia Maria«, und vorsichtig doch noch die Stützkontakte, »wenn sie das überhaupt machen, so was«, zur illegalen Partei. Und alle drei öffentlich nie zu dritt, höchstens mal Speckstößergruben, und jeder macht draußen die brave Arbeit, Grabschaufeln, Hochbahn und Wacheschieben, »wer rumhängt, da passen sie auf«, wer drinhängt, da denken sie, klappt.

Aber klappt längst nicht alles so einfach, wie wir das brauchen könnten.

Obgleich Leo bald Evchens Freude hat, die ihr kam, wenn ein Mann sie mochte, und zeigte ihm allerhand Akten – »ich mach mir ein eigenes Dienstarchiv«, und glaubte dem Fips, der wollte ja vorwärts, das wusste sie von ihrem Mann – und schäkerte ihn an paar Schließer ran, Kollegen, und schnell mal ein Blick, eine Frage, ein Foto aus Händen im Rücken, nicht leer, und hielten ihn auch im Wachstubenmief für den Allerverlässlichsten, macht schon auch hier bald die Stellvertretung, wenn der Wachführer mal unterwegs ist, und hatte sich auch schon die Musterplättchen aus Knete zurechtgelegt, damits schnell geht, wenn er die Stube mal frei hat für Abdruck machen von Schlüsseln, und auch schon mal was genauer beizeiten die schweren Kistchen beguckt, aber die waren plombiert mit so seltsam gedrehtem Draht, »ich kann überall nur glatten kriegen«, da ging das für Karo schon los.

Auch das Ding mit den Akten von Evchen, sicher, das war gar nicht eingeplant, aber Anweisungen für den Alarmfall, Bereitschaftsstufen, Unterrichtstexte, Fernsprechverzeichnisse sämtlicher Dienstanschlüsse von Lapo und Stapo und Kripo, und schön auch so Satz Formulare, die du vielleicht mal zum Durchkommen

brauchst, wenn sie dich nach deinen Vollmachten fragen. Karo nahm das mal mit zur Partei, als sie den nächsten Kontakt wieder hatte, aber dann half ihr das auch nicht. Zwar freute den Knirps das Papier, aber nur wieder für das nächste Papier, er wollte daraus für die Rote Fahne, die kam jetzt aus Prag angeweht, zusammenstellend mal informieren, weltweit, auf Tod und Leben geschleppt von lauter Verteilergenossen, wie der Faschismus schon zittert, wie er innerlich schon die Ordnungskräfte militant gegen uns aufbaut. Aber sie wollten auf keinen Fall die Rufnummern jetzt für falschen Alarm gebrauchen, die Alarmstufen nicht für Störung und Angriff, keine militärischen Unterrichtstexte, um selber, für jetzt, die Waffen zu lernen, »wir sind keine Abenteurer, das würde uns alles nur mehr noch gefährden«, sondern Abschnittskuriere und Abschnittsberater, Bezirksleitung, Reichsversandapparat, Anlieferstellen, Materialeingang und Abschnittsanlaufbüros, Handapparat mit Schallsicherungsmaßnahmen, Breitstreu- und Hand- und Klebezettel, Belegexemplare und Rücklaufsendung, und Beratung, Ordnung und Konsolidierung, Risiko und Prinzip, für das Reichsmaterial, über Grenzen geschleust, an Abschnittskuriere geliefert, drei, und zwei reichen weiter an jeweils vier, und der dritte an drei Gebietskuriere, die wiederum zu versorgen hatten vier Unterbezirkskuriere, die dann in Stadtteile ausgeschickt wurden für lauter Literatur, die sie so dringend brauchten in Straßenzellen und im Betrieb, und alles mit äußerstem Mut.

Das war aber trotzdem nicht gut. Denn von Karo mochten sie nicht mal mehr die ersten anderthalb Sätze, »wo habt ihr die Perspektive? Wie steht euer Kampf denn verknüpft mir dem Verständnis der Massen? Kleinkrieg in lauter Einzelaktionen missachtet die weltweite Tagesordnung: Demokratische Masseneinheit!«. Aber Karo fragte mal nach, wer denn wohl mehr die Achtung hat und Verknüpfung zu diesem Volk, die, die es, anleitend, über Papiere, in den Kampf hinein führen wollen, »wann?«, oder die, die dies

Volk grundsätzlich für unseren besten Genossen halten, selbstentdeckerisch und solidarisch für jeden, der jetzt den Kampf macht.

»Willst also sagen, was wir hier machen, das sei kein Kampf?«
Doch sei das Kampf, »aber unsers doch auch, wir gehören doch alle zusammen!«.

»Entschuldige, was zusammengehört, das ermittelt sich aus der Gesamtperspektive, aus schrittweise, planvoll Aufbau von antifaschistischer Einheitsfront, und da passt das nicht rein, was du sagst, von Waffen hecken und Schlüssel verstecken. Wo wollt ihr denn überhaupt rein? Und wer?« Doch das sagte Karo hier nicht. Sondern ging weg, »ich denk drüber nach«.

Ihr waren die Rohschlüssel eingefallen, das war jetzt viel wichtiger, zumal ihr das keiner mehr ausreden konnte, dass wir Genossen nicht in der Vernichtung des Gegners lassen, und dass die weiterführende Perspektive, die Leitungsgedanken, erst und sicher aus diesem Kampf kommen werden, und aber nie dieser Kampf aus lauter Leitungsgedanken.

Jetzt erst mal der Kampf um die Schlüssel. Sie hing schon wieder, Lappen am Stock, an dreckigen Hochbahnfenstern. Wer kommt denn da über die Geleise? Viel kann er von uns ja nun nicht mehr wollen, in zehn Minuten ist Feierabend. Aber das ist ja ein Mädchen. Jetzt mach hier mal aber Schluss.

Die Wachtel hatte das fein geteimt, genau die Minute vor Arbeitsschluss, im Knast lernst du Pingelordnung, aber, zum Teufel, auch richtig rum, »ich denk, vielleicht könnt ihr mich brauchen«.

»Warum du?«

»Wer sonst.«

Karo hatte gedacht, dass auf ihre Frage jetzt ellenlang falsch was von verfolgten Verwandten kommt und von Wut und Verzweiflung und Freiheit, so dumm sind die nämlich auch wieder nicht, wenn sie sich bei uns anschmeißen wollen, aber den einfachsten Satz, sich selbst, den haben sie nie dabei. Hatte aber die Wachtel.

»Das stimmt. Wir sind noch zu wenige.«
»Das kommt drauf an, für was.«
»Kannst du rauskriegen, wo sie die Rohschlüssel machen?«
Im gleichen Moment hatte Karo Angst, »woher weißt du, dass ich hier Arbeit hab?«.
»Ich komm jeden Tag hier vorbei mit der Bahn.«
»Wo wohnst du?«
»Bei Trabrennbahn.«
»Warum machst du noch weiter im Knast, bei denen?«
»Wir müssen sie alle täuschen.«
Karo fragte sich, wie sie das machen soll, dass sie sich selbst jetzt nicht täuscht.
»Kennst du Genossenadressen?«
»Die sag ich dir besser nicht.«
»Wir müssen für alles Vertrauen haben.«
»Wenn wir das für die Arbeit jetzt brauchen. Sonst nicht.«
»Wir brauchen dich. Ich trau dir noch nicht.«
»Gibst du mir einen Zug ab?«
Die Wachtel nahm Karos Zigarette und drückte sich die mit der Glut auf den Arm. Karo hätte das wegschlagen können, hielt sich aber die Hände fest, ich muss das jetzt wissen, wir brauchen die, und nur für gespielt hält das keiner durch. Die Wachtel hielt durch, bis alle Glut schwarz war. Sie gingen schnell von dort weg.

*

Rigo, der manchmal am liebsten dachte, so was mit Glut bringt nur er, war bisschen eifersüchtig zuerst, aber dann hatte er Glück, die Wachtel mochte ihn gern, und als sie mal beide im Ohlsdorfer Dämmer friedlich hinter einer Grabhecke saßen, sie lieber bisschen Schleier aus Schwarz, und er brummt so Stückchen Choräle, und redeten gar nicht so viel, alles nur schön mal Gefühle, der kühle

Duft aus den alten Bäumen, die Maulwürfe tief schon am Herrschaftskistchen, da sah sich Rigo die Wachtel mal an, mehr so Lehrerintyp, aber macht auch der Schleier ja viel, viel zu zart für so lange Nase, viel zu gut für so hart, viel zu glatt für so krumm, »viel zu kalt so zum Sitzen, ich heiz schon mal ein, kommst nach, besser jeder allein«.

Und beide waren nachts wild überrascht, und schmeckt ja auch so am besten, und Rigo grinste, »du bist ja die Größte!«, und Wachtelchen trillerte, »bist mir der Liebste!«, und horchten beide und küssten und stießen und klammerten sich und horchten auf Rigos Wassermusik. Das war ihm nämlich vortrefflich gelungen, klappt aber nur, wenns draußen schwer gießt, aber hast du ja öfters im Herbst hier bei uns, »ist doch schön, oder was, oder wie«.

Seine Bude war an dreizehn Stellen oben im Pappdach nicht dicht. Und da hatte er nun so nach und nach, erst mal damit er nicht wegschwimmt, aber dann auch allmählich was fürs Gemüt, so verschiedne Dosen und Döschen, die sollten das Wasser auffangen. Aber das hatte er noch verfeinert, jedes Leck hatte seinen eigenen Pfiff, das eine ließ schneller, das andre nur langsam den Regen durch, und wenn man jetzt musikalisch war und fromm, wie Rigo inzwischen, dann konnte man aus diesen Klimpertropfrhythmen schön fein ein Kirchenlied hören, und Rigo brummt Wachtel das leise vor, während sie auf seinem Bauch liegt, aber »pass auf, Alte, schlaf noch nicht ein«, denn Rigo hat Schwierigkeiten, und muss ihr die mal erzählen.

Das war nämlich eine Schauderszene, durch die er da neuerdings schleichen musste, um Rückzugswege und sicher Quartier für befreite Genossen zu finden, denk doch allein schon mal Leos Mutter, »da gehst du doch schön für in Zeug. Sei bloß still!«, das wollten jetzt viele so machen, die meisten, schön still, in Friedenszeug, krummgehn für alles in Ordnung, und Kampf gegen all die Fänger und Schlächter, »du bist ja verrückt, das geht nie!«. Das waren noch

die Besten, die das klar sagten, bloß die meisten lügen glatt rum, und waren doch mal früher Kollegen gewesen, auf Sitzung und Demonstration, auf Zettelaktionen und Maifeierplätzen, es lebe es lebe und nieder und nieder, aber wohl doch nicht auf Leben und Tod, wohl doch nicht den gleichen Feind gemeint, »aber was meint ihr denn, was denn jetzt sonst?«. Sie schmissen ihn einfach raus.

Andere machten das feiner und böser, die wollten Rigo noch retten, »nun hör mir mal zu, so bist du doch gar nicht«, und erzählten ihm was von der Arbeit, von Freizeit und Lohn und Betriebsgefolgschaft, »und die Bonzen neulich doch auch, bunter Abend Haus Vaterland, fix feines Haus, aber diesmal für uns, und sind uns doch jetzt alle gleichgestellt«, und »fürs Volk ist doch jetzt alles drin«, »klar, wenn du dich an Gesetze hältst, aber das muss ja nun auch, das war ja auch früher, Gewerkschaft und alles«. Rigo dachte an Marliring, als er mal da so mit Lebenslänglichen Kartoffeln zu schnippeln hatte, die hatten vom Knast schon genauso getütelt, und duzen sich längst mit den Oberschließern, und waren sogar heimlich Kanaris erlaubt, und bald vielleicht auch mal kleinere Hunde, hast was zum Lecken, was brauchst du sonst, und Weihnachten, wenn der Direktor kommt, finden sie den richtig gut, und »klar, an paar Sachen musst du dich halten, da stehst du so drunter wie jeder, sonst geht dir die Rübe ab«, Kraut und Rüben und schwitziger Dampf, schon alles verkauft und versuppt.

Paar von denen waren extra schlimm, die hörten Rigo ne ganze Zeit zu von Entweder-Oder und schwächste Punkte und Angriff von hinten auf große Maschine mit paar sauber gesetzten Kieselsteinen, und wie das dann kracht, und finden das nicht, »und Ziel suchen machen wir selber, bis der Scheiß nur noch Leeres knirscht und zerreißt!«. Da nickten sie schon mal ganz geil ein Stück mit, sprangen dann aber plötzlich, schluff, weg, beim weißen Vater hinter die Klötzer, und zwar, sobald du sie fragst, »pass auf, wir brauchen jetzt das und das, kannst du das übernehmen?«, dann konnten

sie nicht und mochten sie nicht und war alles gar nicht so wahr gewesen, sie selbst am liebsten gleich auch nicht mehr wahr, lieber andauernd tot als Filzlaus beim Alten, als einmal, jetzt gleich, dein Leben.

Aber endlich, einige, waren todernst und sagten, »was muss, das muss, bei mir könnt ihr kommen, sag vorher Bescheid, oder sonst, wenn was ist, der Schlüssel liegt«, da und da, das zeigte er lieber nur. Und dann hockten Rigo und der noch Stück so, und Rigo guckt auch mal rein bei den Kindern, weil er gern sieht, wenn die schlafen. Aber ging weg mit der Angst, dass denen jetzt wohl was passiert. Aber dann dachte er, überall Kinder, wollen sie alle jetzt fertig machen, Trampelstiefel und keine Gedanken und Lügen und gar keine Liebe für die, bloß glatt alles flott und tot und kalt. Schon bevor die noch richtig groß sind, für jeden ein Auto an Ketten. So nicht, und darum, was muss, das muss. Und war froh über den mit den Kindern.

Aber Wachtel starrte ihn an.

*

Karo schüttelte sich das ab, »geh mir bloß los mit Kindern, bei Evchen kommt auch schon was Kleines, sagt Pietsch, und hat er ja jetzt schon Verantwortung, sagt er, und mag der ja so auch am liebsten haben, für andere mag der so gerne was tütern, zu mir sagt er neulich, so richtig besorgt, was kann ich denn für euch tun, ihr Leutchen? Da sag ich zu ihm, du alter Arsch, frag endlich, was du für dich tun kannst, sonst kommst du für Kampf nicht infrage. Neuerdings reist er für Radio, sucht er Briefe raus auf so Bauernhöfen, so Labergeschichten von vor paar Hundert Jahren«, sie äffte wütend den Ton seiner Stimme, »und ich muss dir offen was sagen, Genossin, es entsteht bei mir eine schmerzliche Empfindlichkeit für Landschaften und Wüsten. Wüste, sag ich, ist auch ne Land-

schaft, hier, die Gegend, in der wir leben. Mensch, sag ich, hör mal, wir brauchen Wasser! Aber der Krüppel ist taub auf dem Ohr. Wisst ihr, was er mir sagt? Dass er jetzt immer beim Absenderschreiben einfach bloß groß noch KP schreibt«, und äffte ihn noch mal verächtlich nach, »was ich in agitatorischer Hinsicht nicht einmal für völlig bedeutungslos halte, – ach, Mann!«.

»Aber Kinder sind trotzdem kein Scheiß«, sagte Wachtel, und Karo drehte an ihrem Haar wie früher als Kind, wenn sie stur bleiben will, und Hanneken soll nichts merken. Und Leo doch nun mal erst recht nichts.

*

Es war also alles Tick schwieriger, als man am Anfang denkt. Aber das war so in Ordnung. Erst wenn man klar etwas will und geht ran, lernt man auch klar, was man kann. Und zaubern konnte hier keiner. Aber dran bleiben kann man und lernen und vorwärts.

Sie hatten die neue Genossin gefunden mit Rohschlüsselsatz und Liebe für Rigo, sie hatten die Lage der wichtigsten Zellen teils durch Sichtkontakt über Leos Wachdienst, teils von Evchens angeschäkerten Schließern, die drum nett zu Leo jetzt waren, und von Wachtel noch E-Kabel-Hauptumschaltstellen in Küche und Frauenhaus, und von Leos Schließern den Hauptverlauf der gesamten Alarmanlage, »die Jungs sitzen lebenslänglich, da quatscht irgendwann mal jeder gern«, und zeichnete alles fein ein. Und Rigo hat erst drei Fluchtquartiere, und Karo den Grafiker wiedergefunden, den noch von Krischans Kneipentouren früher, »bei dem lern ich jetzt Stempelschneiden, das macht der uns alles, so gut er kann, aber weiter will er nicht ran«. Und den Plombendraht gabs überhaupt nicht zu kriegen, »da müssen wir glatten nehmen, und ist ja auch sowieso schon zu spät, wenn sie erst mal am Draht rumschnüffeln, nämlich Plomben nachmachen geht doch nicht«.

So arbeiteten sie voran, Rigo auf dieser verfluchten Wiese, Wachtel

hinter den Mauern der Frauen, Karo zwischen Pia und Evchen, und Leo mit Händen voll Sand.

In den plombierten Kisten lag, fünfzig- und hundert- und dreihundertschussweis, die Munition für Gewehr und Pistole, und jedes Mal, wenn sich Gelegenheit gab, nahm er ein Schächtelchen mit nach Haus, die waren auch hübsch verziert und beschriftet, richtig für Weihnachten was. Er tat die Pillen in seine Matratze, und die Schachtel, damit sie auch schön ihr Gewicht hält im Kistchen hinter der Plombe, füllte er auf mit Sand und schob sie leise zurück, aber so, dass in den oberen Schachteln alles so bleibt, wie es soll, und klar alles mit verdeckter Pfote, Handschuhe waren ja geliefert worden für Achtung und Ordnung machen, und dies hier war endlich nun unsere Ordnung, guck an.

Er sah sich auch seine Arbeitskollegen im Postendienst Mann für Mann an, pro Wache dreimal fünf Posten, drei Innenhofwachbereiche, und einer am Wall, und einer hat Dienst in der Bude, und das durch den Tag und die Nacht, ab pünktlich mittags um zwölf, alle zwei Stunden die nächsten fünf Mann, wenn einer um zwölf Uhr eingeteilt wird, ist er abends um sechs wieder dran. Aber keiner von denen war einer für uns, nur blöde alle auf Zack und Rente, und höchstens mal einer mehr ängstlich als sonst, oder zwei, drei Mann fauler als Ordnung erlaubt, die merkte sich Leo gern, die wollte er dann, zur rechten Zeit, an die wichtigsten Plätze stellen.

Aber wann ist die rechte Zeit? Jedenfalls bald, bevor sie die Kistchen mal inspizieren, und alle paar Monate waren die dran, meistens nur grob so abgehakt, aber wenn mal genau, »dann sind wir gekniffen, und bald auch genau in mein Auge, los, ran!«.

Da warfen die Friedensordner die neue Haftregel über das Haus, die Sicherheitsmaschen dichter denn je, und da sahen sie plötzlich erst klar, wie simpel sie sich den Ausbruch gedacht hatten. Wachen entwaffnen und Tore auf und ab in Rigos Quartiere. Jetzt war ihnen das blockiert. Die Genossen kamen in Isolation, »nachden-

ken, bis du tot bist«, »schön abwarten, einer wird immer weich«, sonst nichts, und nur selten und ohne bestimmten Rhythmus nach unten zum Hofgang geführt, und wenn, dann gefesselt, allein.

»Es geht also nur noch von mitten drin innen.«

»Aber wie kommst du bewaffnet da rein?«

Erst Tage zuvor, das Handbeil im Nordhof, viermal in achtzig Sekunden. Und die Rote Fahne brüllt auf in Prag, und treue Verteiler kleben an Mauern. Aber wer reißt uns die Mauern auf? Keiner, oder wir selbst.

Leo kriegte noch mal Angst. Ihm tanzen noch einmal die hohen Häuser. So ratlos, so eng, so gemein. Er legte sich fiebernd in Himmelstraße ins Bett unters kleine Bücherbrett, als Rigo das auch noch von Fiete erzählte: Die Frau von dem hatte Quartier zugesagt, draußen bei Tonndorf, Maschinenplatz, Bauwagen für paar erste Nächte, aber jetzt hatte sie abgeschrien, Fiete war plötzlich blass raus aus der Haft und stumm, und sagte nur, »nie wieder Krieg«, und dass sie ansonsten ganz nett waren im Knast, und dass, wo gehobelt wird –. Fiete war tot, und will lieber nie wieder leben, »so viel Blut ist nie gut«, sagt er bloß noch und weint, aber geht nicht mehr vorwärts wie Kuddel.

Leos Fieber haut ihm ans Kinn, seine Unruhe zappelt durch Hände und Füße, will aber nirgends mehr hin. Klopfen in Hals und Herz und im Kopf, aber das macht dir nichts auf, und das Schlimmste der Blick auf dich selbst und Genossen – wie klein, wie lächerlich nichts.

Karo kriecht zu ihm, egal, was die Mutter, und flüstert ihn an und hält ihn lieb, und schlingt ihm das Schütteln in seinen Knochen mit ihrem eigenen Leben fest, und Leo wird still und sieht sich mal an und findet, wie ihm die Wirklichkeit desto fremder und furchtbarer wird, je länger er zögert, sie anzugreifen, und steht wieder auf, und geht los, wie die andern drei auch, weil keiner von uns hat viel Zeit.

*

Sie konzentrierten nun das, was sie wollten, und fassten den Arbeitsplan enger: Die Entwaffnung des Herrenhauses und sein Abreißen von allen Drähten nach draußen so weit wie möglich jetzt vorbereiten, Waffen und Tore, Alarmanlagen und Telefone, alles in unserem Griff, für bestimmten Angriffsmoment, und die Einzelheiten, wie viele und wen und bei welcher Gelegenheit, später. Jedenfalls draußen bestimmt zehn Quartiere, »los, Rigo, weiter, was muss, das muss!«, und auch schon die ersten zehn freien Pässe, »aber für wen? Da sitzen viel mehr«, »das geht nicht für alle auf einmal«, »bloß wer?«.

Die Liste aus Evchens Schäkerakten, die Liste, wer ja, wer nein, diese rote Liste mit Entweder-Oder, die war für sie alle das schlimmste Papier, »ich bin doch kein Viehtaxierer!«, Rigo wollte, dass alles frei springt, und wollte hier »nicht so paar Obererste!«, aber »Scheiß doch, die Ersten sind später für alle, los den, und den, und den nicht, dem haben sie schon die Füße gebrochen, den auch nicht, der kommt sowieso leichter raus«, es lag alles schließlich bei Karo, sie als einzige kannte die meisten aus letzten paar Jahren Kampf, »der Kern muss erst raus, der kriegt später Junge«, das Sicherste war jetzt das Beste, Schlosser und noch paar Schlosser, aber keinem war richtig gut dabei. Da kann ja auch gar nichts gut sein, wo alles sonst nur gemein und falsch ist, »los, Leo, hol uns die Fotos!«.

Um die neuen Pässe zu machen, ging Leo als Amtlicher zu den Familien, »ja, unverzüglich, ordnungsgemäß, ein letztes Bild, und Schweigen Sie hierüber, Stapoauftrag, Eigeninteresse«, Passbilder holen für Freiheitspapiere mithilfe von Mörderschatten. Für Ausbruch und Sprung gegen all diesen Tod hätte er lieber lachend gekämpft, lieber Vertrauen als Trick, aber »bloß kein Verrat jetzt, Genosse, sei stur, und klar und alles steinhart!«. Karo küsste ihn, als er, wegen Quartier, nun auch noch zur stillen Frau Moritz sollte, aber er ging, sah ein, für Rigo wär das zu viel geworden, der war

abergläubisch, der Klotz, »ich kenn das, das kommt mir im Schlaf, lass nach!«. Frau Moritz mit ihren drei toten Männern ging stumm mit Leo hinter die bunte Bude und zeigte für ihren zweiten Schlüssel das Versteck im Pflaumenbaum, »alles schwarz, alles Schluss, oder doch noch mal unser Leben«, hier würde so bald kein Schlägertrupp nach flüchtigen Roten suchen.

Leo versuchte das klar zu verstehen, wie Leiden und Sterben und alles Schlimmste sich umkehren können in Mut. Er wollte noch mal zu Ole, denn der hatte vielleicht ja alles verstanden, der war doch vielleicht nur so krank, weil er weiß, dass wir längst uns alle mal wehren müssten, findet nur keinen und weiß nicht, wie. Er dachte auch, als er zu Ole ging, dass das vielleicht bei manchen Leuten in so einer Krankheit Kräfte sind, verschandelte Menschenkräfte, versteckt, vertarnt, verhext und vertrickst in Jammermaske und Blödsinn.

Er lief am Irrenhausgarten entlang, am hohen, uralten Zierdegitter gegen die heimlichen Menschen, aber sah dann durch Büsche Blondi mit Schwalm mitten in flottem Gespräch, müßig die weißen Hände im Rücken, den Gedankenschritt schleppend durch feinen Kies, der Blödenplatz war gepflegt, flach gekratzt Fallentierwege. Da blieben die beiden vor buntem Laub und redeten leise lachend im Stand, und Blondi sah über die Schulter von Schwalm durch Blätter in Leos Gesicht. Aber redete frech nur weiter auf Schwalm. Aber irrte mit Ängsteaugen zerstört an Leo nieder und auf, kein Witz mehr zu sehen, nur wirr. Leo ging weiter und weg und nicht hin, da find ich mich ja doch nie zurecht, aber Blondi war ihm vertrackt, »der spielt entweder verdammt spitz hoch, und dann wär er einer der Besten für uns, oder der stürzt sich schon ab«. Karo küsste ihm das weg, »die stoßen nichts um und heben nichts auf, nur alles gelesen und sonst nichts gewesen, den lass«.

*

Für Schwalm-Böhnisch war der Besuch bei Ole nur ein herzlicher Vorwand gewesen. Ihn hatte, wo es sich so ergab, so zufällig und geschickt, ein politischer Auftrag hierher gelockt, ein Plan nach Plänen von Stadthausführern, denen hätte er jetzt gern gefallen, damit er nicht totbaden muss wie Meier, denen lockte er, dachte er, Blondi ins Netz, »man wartet dort auf ein Zeichen von Ihnen, man möchte die Hand Ihnen, dass Sie die reichen, für einen Dienst am Volk«. Er hatte dem Irrenarzt auftragsgemäß Kontakt zur größten Zeitung geboten, damit er auf Wochenendextraseite gefangene Kämpfer als Kranke beschreibt, erzählt vom Unsinn des Kämpfens, »Psychogramm von Politkriminellen, wir sollten endlich und schleunigst fürs Volk jetzt weg von der Unruhestiftung, denn wer sich, Sie wissen das eben wie ich, noch jetzt gegen Wirklichkeit stellt, heute noch gegen Frieden und Aufbau, den sollten wir nicht als auf Beinen strafen, sondern, ob auch die Ordnung den Kopf abtrennt, hintragen unter den Blick dieses Volkes wie an Krücken, gelähmt, in der Seele tief krank, das macht uns den Abschied dann leichter, setzt Ekel ein, wo sich was rühren will, und beschämt auch den dämlichen Rest«.

Blondi verstand ihn sogleich, »Widerstand nur noch als blöden Witz, als das Krankheitsbild der Verzweiflung gegen endlich jetzt sonnigen Sieg, nur Verrückte halten noch Hoffnung hoch, nur schon Kopflose noch ihren Kopf«, »ein bisschen, das Letzte, zu deutlich vielleicht«, meinte Böhnisch und meinte, er hätte ihn schon, »und von Hoffnung kann ja aus krankem Hirn die Rede wohl besser nicht sein, vielmehr Gespinst und scheußliches Hecken«, »ja, Heckenschützen gegen sich selbst! Das wär dann auf Bänken, beim Bier und im Bett ein schließlich friedlicher Wochenendausblick, aus Krummhocken, Dunst und schwarzem Schlaf Absicht auf pestiges Pack, aus eingestürztem Gesicht der Blick in gezauberte Schande.« Dem schwalmigen Böhnisch wars glatt unterm Hirn, »vielleicht um ein Deut vereinfacht, fürs Volk!«, und gab ihm

Kontakt zum Zeitungshaus, und ließ sich hernach im Ärztezimmer ein Tellerchen Schonkost servieren, »mein Gott, wie gut mir das schmeckt, bei Ihnen, gegen ewigerlei mein Kasernenfutter!«, und sprach noch dies und das übers Essen, und gab dann, ohne davon zu ahnen, an Blondi das zweite Zeichen.

Der traf sich noch nachts mit dem Hilfskoch der Anstalt, Emo, ein Kerl mit Hass und Gedanken, »der Knüppellehrer aus der Kaserne weiß, dass im Knast ein Koch gesucht wird. Traust du dir so etwas zu? Denn dann wärn wir mit einem Bein immerhin drin«. Emo verstand ihn sofort. Und während er losgeht und Glück hat und abspringt und Fuß fasst mitten im Holstenglacis, schreibt Blondi sich seinen gemeinen Weg über Drecktexte für die Wochenendseite in den engsten Gutachterzirkel, in die Mörderzellen von Schlosser und Schlosser, wird Ratgeber für Vernichtungsrichter, wenn sie, gegen Genossen, die Angst vor dem Leben meinen.

*

Denn was lebt, das macht diesen Toten Angst, was lacht, macht die Masken schlapp. Erst recht, wo sie denken, sie hätten längst ihren Stiefel auf unserm Gesicht.

Wenn Wachtel und Rigo, mitten im Kampf, in Arbeit alles geheim und bewaffnet, in einer freien Nachmittagsstunde mit Kindern im Stadtparkdreck hockten und Kreideschiffe auf Steine malten, und beim Weggehen schnell noch schön groß rote Fahne hoch oben vorne am Mast, »was vorn hängt, da fahren wir hin!«, und Stück rote Kreide hat Rigo noch immer notfalls im Mützenfutter. Oder wenn sie, einmal im Monat, vielleicht, mal in Schwimmhalle gehen und Kochen bei Wachtel und Fressen und durch die Betten reisen, und gleich wieder noch mal essen und trinken, »das wär mal am liebsten mein Traum«, sagte Wachtel, »mit Kindern und viel was zu essen und schwimmen, und wir beide so reichlich verzahnt,

und bestimmt auch noch alles mit Sonne, und klar deine Regenmusik, einmal alles auf einmal!«.

Oder wenn Leo noch sonntags paarmal mit Karo auf Fotojagd schleicht, mitten im Kampf auf Fischreihernester, Großensee oder bei Haseldorf draußen, und hatten nachher richtig schön nahe Bilder von Landung und Start und Füttern und Fangen, die Technik der Flügel, die Ordnung der Federn, der Wind und das Licht und der schlaue Sinn, das sahen sie sich manchmal im Bett noch mal an, »am besten wär, alle Mann fliegen, aufs Knastdach rauf und ab in die Felder!«. Oder das eine Mal, Musikhalle, richtig Konzert, schön Zeug an und Schubert und Stehplatz, und hatten auf Pack im Parkett gesehen, der Dreck mit Gold und Blut an den Pfoten, Forellenquintett vor langem Gestiefel, das wippte leise im Takt, und die Mörderaugen in Schönheit versackt, »das kannst du mit Bildern und Büchern nie machen, so Schwindel geht nur mit Musik«, es traf sie, dass so etwas möglich war, sie wollten Musik nicht für die. Aber war ja auch gar nicht für die.

Als nach Konzertschluss die feinen Schlächter an ihre Wagen stelzten und wälzten, so öde stramm und streng, da hing Karo lachend an Leos Jacke, und Leo stieg lachend durch Karos Haar, mitten in all dem Gedränge, und wurden mit Seitenblick angestarrt, und sahen die hängenden Herrschaftsaugen, den Schleppschritt der Lügenleute. Denn was lebt, das macht diesen Toten Angst, was lacht, macht die Masken schlapp.

*

Zum Schutze der Masken aber noch Masken, Diensthunde Balthasar und Konsorten, da hört unser Lachen dann auf, die wollen wir lehren, was läuft.

Wachtel hatte ihn sich gemerkt. Balthasar spähte ihr nach. Und um das Depot nicht zu gefährden, lief sie nun schon den dritten

Tag am Friedhof lieber vorbei, trotz lange schon Schmachter auf Rigo, »besser, ich treff mich vor dem da mit dir, wir sind ja beide vom Dienst, das passt«. Aber Leo wars plötzlich grau kalt, »der war schon auch sonst ein verhenkertes Tier, den kenn ich von früher«, was tun, blitzschnell, er lachte den Spitzel kollegenhaft an, »Tag, Alter, was machst du, schon lange nicht mehr, Schluck Bier?«, und bummeln zu dritt nach Altona raus. Finsterkneipe mit Keller und Kasten, »ich bin gleich wieder zurück«, Wachtel und Balthasar mussten denken, dass Leo nur kurz mal Pissen geht, ging aber kurz eben durch bis zur Küche, zu Almas Mutter und Mann. »Für Spitzel hätten wir lieber das Messer«, aber »das müsste auch anders gehn«, er hatte sich auf dem Weg bis hierher, lachend Kollegen und Mädchen am Arm, die Lehrstunde fertiggedacht: Sie sollten ihn in den Bierkeller prügeln, Augen verbunden, Waffe am Hals, kein Essen, kein Trinken, »bloß bis er kotzt, weil er denkt, dass er stirbt«, und dann die Haare abschneiden, und alles klippklar erklären: Wenn er einziges Wort hiervon sagt, wenn irgendwo deswegen was passiert, wenn er noch einzigen Tag so was macht, wenn er nicht alles sofort verlässt, Stadthaus und Dienst als Späher und Wächter, dann findet ihn bald einer tot. Er kennte ja nun, wer ihn kennt, und wie viele, »und ich sag nachher einem Bescheid, der steht hier morgen bei Menck im Tor, wenn ihr ihn achtzehn Uhr rauslasst«.

Sie schlugen dem Schwein an Herz und Knie, das Kinn ins Glas, die Augen ins Tuch. Und Leo und Wachtel gingen schnell weg zur Bahn, »aber sag Rigo unbedingt klar, dass er ihn ja nicht anfassen soll, nur festmachen, wo er läuft, und zu wem«, »besser, so einer wär tot«.

Aber Balthasar kam nur noch krank da raus und schleppte unmerklich Rigo sich nach bis gleich noch nach Buxtehude, dort saß seine Oma im Milchgeschäft, die wollte schon immer, dass einer ihr hilft, die nahm ihn an ihre Kannen. Aber damit der Teufel nicht

meint, dass ihn Schluck Milch schon fromm gemacht hat, zeigte Rigo ihm schnell mal sein Zentnergesicht, erst gleich bei Menck und dann schwarz kurz bei Oma. Er klopfte leise ans Butterfenster und lächelte Balthasar an. Er zeigte sich ihm nach dieser Nacht noch zufällig drei-, viermal, »damit er nicht doch noch was falsch macht«.

*

Das war ein gefährliches Spielchen gewesen, aber es hatte geklappt. Wer lügenhaft seine Kollegen verpfeift, der flüchtet dann meistens auch lieber. Und wer uns hindern will, lebt gefährlich.

Auch wer den Kampf jetzt macht.

Sie fragten sich, was die von Wachtel wohl wollten, als sie Balthasar auf sie angesetzt hatten, und Rigo, dem keiner das zugetraut hätte bei Liebe und Wut und Stolz, Rigo schlug stur klar vor, dass bis zur Aktion alles sichergehn muss, dass besser jetzt Leo und Wachtel ein Paar sind, »so Hund auf ner Hündin, das glauben die besser«. Er hatte auch die Idee, dass Wachtel mehr mitmacht, auch organisiert, beim Dreck der Schlägerverbände, »das bisschen Zeit, bis wir durch sind, nachher, das hältst du schon aus bei den Brüdern, schön die Hand flach hoch und lügen, damit sie dir glauben, Leo genauso, hinten im Arsch rein, und dann, von mittendrin innen, die geballte Ladung des Herrn!«.

Er sagte das gar nicht ganz ohne Verachtung gegen Arbeit und Zeug von Leo und Wachtel, und alle drei gaben ihm hierin auch recht, aber was sein muss, muss, selbst deine schönste Liebe musst du gegen die Lügner verlügen, sie hockten bitter zu viert in den Gruben, »jetzt fehlen bloß noch paar Quartiere, und wer kommt mit Waffen mitten ins Haus?«. Karo trieb wütend alles voran, »sowieso hier ja alles kein Liebesroman«. Sie hielt sich am eigenen Haar, und hielt noch mal hoch, was sie fertig hatten: Quartiere

fünf – beim Bruder von Lottchen in Hagenbeck, von Emmi der Bauer bei Schneidemühl mit Grenzweg nach Polen rein, im Gartenhäuschen bei Elbchaussee die Abspritzbude vom Staatsanwalt, da hatte Pia den Schlüssel, »das wird uns der sicherste Platz!«, und der Pflaumenbaumschlüssel im Garten von Moritz, und der lange Keller von Alma, »der geht zur Not für uns alle, paar Wochen lang tot gegen Fahndung«. Der Kellergang war noch von 18/19 aus den Kämpfen um Altona, Dunkelweg hin und her für Genossen zwischen Werkshallen Menck und Tresen bei Alma, von Fiete noch mitgegraben, als der noch Lehrling gewesen war, und was war der jetzt, »ja, komm, ist egal, hat nun auch keinen Zweck mehr, wer kappt Telefon?«.

Leo war mit der Entwaffnung der Wache gut vorwärts gekommen. Kisten voll Sand, und im Knast, die Schließer, hatten nur Knüppel. Jetzt nur noch klar die Stunde, den Tag, »fünf Tage vorher muss ich das wissen, so lange braucht das mit letzten Kistchen und Schlagfeder aus den Waffen drehn«, genauso der Bierwagen, erstes Stück Freiheit, »Alma sagt, paar Tage vorher, das reicht«, also wann, und wie denn nun mitten ins Haus?

Auch fünf Pässe lagen schon sauber im Schapp, auch für Schlosser die neuen Lappen, »von Karo mit Künstlerhänden geschnitzt!«, »ja, komm, ist egal, so bringt das doch nichts«, »du bist gleich so wütend, warum?«, aber Karo lachte ihn an, Hand im Haar, »alles Kitsch alles mit der Liebe«.

*

Plötzlich brach draußen Novembersturm los, Dreck pfiff schräg durch vermauerte Straßen, Astzeug und Ziegel und Zeitungspapier, Schulkinder leicht wie Bällchen, Omas bücken sich klein in die Taschen, Tauben stürzen den falschen Weg, Elbwasser schwappt in Proletenküchen, und unruhig flackert das Straßenlicht, »warum

nicht? Macht doch Spaß, bloß aus Quatsch!«. Karo lag zärtlich bei Leo im Bett und lauerte auf sein Lamento.

»Bloß aus Quatsch ist das gar nicht gemeint.«

Das hatte er schlau gesagt, schlau doppelt, das ärgerte Karo, und fühlte sich beinah sogar ertappt, aber schüttelte das von sich weg, »ist ja dein Bier, wenn du das ernst nimmst. Ich nicht. Oder denkst du«, sie riss ihn böse am Haar, »der Mann muss das fragen, der Ganterarsch?«.

Den gabs aber nicht, das wusste sie auch, der lag ihr schön freundschaftlich satt im Arm, aber »ist doch auch gar nicht die passende Zeit«, das war wieder doppelt und dreifach, »politisch? Oder muss Frühling sein? Oder –« hat er schon was mit der Wachtel? Das fragte sie ihn aber nicht, sondern »oben im Schloss bei der alten Weißen kommen wir beiden sonst nie, und weiß ich nicht, könnte was sein. Da laufen überall Leitungen quer, vielleicht auch eine nach Sievekingplatz oder Holstenglacis oder was. Alles andre ist doch egal!«.

»Da frag auch vielleicht auch mal erst die Genossen.«

»Für was? Ob das für die Aktion passt?« Oder meint er, die Wachtel sagt nein? Karo drückt Leo stumm halbtot, und draußen der Sturm drückt die Fenster, und klirrt mit dem Glas, knallt unten die Tür, und Karos Lachen knallt endlich erst wieder frei scheppernd raus in den ganzen Kampf, als Rigo und Wachtel, und Leo nun auch, Verlobung in Zachun ganz praktisch finden, »Heimkehr der bösen Knechtetochter ins Polizistenbett!«, »das wird den Weißen gefallen!«.

Auch der Dichter soll mit, und Kicherevchen, »er macht Musik, und sie sabbelt knastig, dann sind wir im Thema schon mittendrin, und da müssen wir mittenrein, und zwar bald, los, komm!«.

Was für ein wirres Glück noch hinter dem lachenden Ganzen. Leo hört Karo vorsichtig zu, möchte gern alles richtig verstehen, und erst als sie ihn in den zwei freien Tagen vom Friedhof Mustin

über Felder zieht, durch Ackersenken und brechenden Wind, Dornäste weghebt und Haar um ihn schlingt und singt und wegspringt und starrend wegsinkt in Hannekens graue Kammer, da sieht er das Fieber wie vorher bei sich, und hält sie die ganze Nacht fest, auch im Schlaf, und horcht auf das Klopfen der Bäume am Haus, wenn sie ihn weckt und schweigt.

*

Dass Väterchen Alex Jagdunfall hatte, und Jonny am Eisloch beim Aale rausziehen, das wusste Karo, mehr nicht. Denn Hanneken hatte die Füße verbrannt und alles paar Wochen nicht mitgekriegt.
»Ein Goldstück, die Hannekenmutter!«
Die Lodenbaronin mochte das Pärchen von Anfang an niedlich gern leiden, »einen Ordnungsmann endlich fürs wilde Tier!«. Es lief alles, wie sie es wollten.
Nun tanzt auch noch der Knastpastor an, der klein geputzte aus vormals Mustin, der Orgelmörder und Schmüsermeister, die Baronin braucht Trost gegen Alex Schatten, der wär heute vierzig geworden, und Krischan setzt sich fern ans Spinett, und Evchen bewundert heimlich die Weiße, die ächzende Allmacht aus Kirschbaumholzschönheit, und Dublins Jimmy sitzt an Sohnes statt starr im Gönnerschlupfloch der Mörder, »das lassen wir uns von den Rabauken nicht nehmen, wer ein Feind ist, bestimmen wir selbst«, sie meinte den jüdischen Vater, und fuhr ihm mit Goldhand ans Haar, mit Jagdhand an seinen Schreck, die Alte, und macht das Verlobungsfest schön und nett, und Jimmy horcht hinter den Unsinnsnebel, hört Sturm den Regen am Fenster schlagen, aus Fauststößen peitschenden, rieselnden Sand, ach Flugsand über dies Haus, und Hanneken schmeißt unten Feiertöpfe und flucht gegen Winddruck in Schornstein und Herd, Hitze und Asche in Augen, an Händen, Bier zwischendrin gegen Weinen und Schrei über so einen Bräutigam.

Ihr Kind ist ihr nun wie verrückt. Denn Karo hilft ihr mit keinem Wort, das Sicherste ist jetzt das Beste, achtet nur, als nun der Pastor noch kommt, alles auf einzig ein Ziel: Wie holen wir den und die für uns aus, wie kann uns der Herrschaftsdreck nutzen, wie bringen wir Schlosser und Schlosser raus, sonst nichts.

Sie küsste Leo und lachte an Evchen und knickste frech vor der Waldrandbaronin und trat auf den dürren Schatten von Jimmy, »in all diesem Tod nur noch Steine?«. Er sah sie ganz ratlos an. Leo zog sie heimlich da weg, »das macht uns bloß alles noch mehr verrückt, lass nach, wir fahren hier lieber gleich ab!«, denn das konnte er widerlich sehen, wie sie alle, auch Evchen und Pietsch, auch der blödige Pastor, selbst die leidige Mutter, Karo ansahen, fassten und ließen, nachsichtig, als sei sie krank, vorsichtig wie gegen dämmrigen Reiz, umsichtig als ihre zärtlichen Wärter, die Zerstörten reden von unserer Zerstörung, die Verrückten zerren uns in ihre Jacken, weg hier, »los, komm!«, auch ohne Erfolg.

Da half ihnen Pietsch, fast zu spät schon, als Erster. Er wusste nicht, was er tat, nur Leo lacht später laut auf.

Krischan hatte noch nachts, als alles schon schlief, »ein vernünftiges Wort unter uns« erbeten, auch Evchen lag längst warm weich vergnügt in kleinen schmatzenden Träumen vom Schloss, »ich will nicht, dass ihr euch unglücklich macht«, aber Karo ließ ihn nicht ran, »überleg mal, welches Unglück du meinst, unseres oder nur deins«.

Von Tatsachensprache, Gedankengutretten war der Dichter längst weg auf Tiefe getaucht, »denk mal«, sagte er couchig zu Leo, »ob deine große rote Wut nicht nur aus Enttäuschung kommt, nur als äußerst privater Schmerz aus deiner Erfolglosigkeit. Du wolltest mal hoch hinaus, als Völkerkundler nach Afrika«. Leo trank Schnaps und täuschte Gedanken und sagte leise »vielleicht«, und fühlte den Hass bis ins Kinn. Aber nicht wegen der Erfolglosigkeit. Denn seit sie ihm damals mit ihrem Gesetz das Studiergeld verwei-

gert hatten, nannte er das »die Bestechungsgelder sind bisher bei mir nicht angekommen, mein Glück!«, aber das sagte er nicht.

Von Bauernbriefsuche und Evchens Brüsten war der Dichter noch mal auf Großstadthausbrände gestoßen, »wer möchte, wie dieser Verrückte aus Henningsdorf, jetzt noch Verfolgung gegen uns schüren? Nichts kommt den Herrschaften besser zustatt als Aktionen ohne Vernunft, als Einzelkampf ohne die Bündnisfront. Ich heiße es lachhafte Bürgerlichkeit, was, weil es subjektiv leidend geht am Gegensatz Anspruch und Realität, zu kämpfen fortfährt pur blank aus sich selbst«.

»Bloß mal gedacht – aus was sonst?«

»Ach Gott, wer seid ihr denn schon, die paar Mann! Guckt euch mal um, wo ihr steht. Dem Volk seid ihr jetzt nur noch fremd und zum Kotzen. Hört mir mal zu, wie das neulich war, nein schon wenige Tage nach Ostern, als Schlosser eben gefangen war: Da kamen sie morgens zu dritt zu mir, Arbeiter, seht sie euch an: Keine Rede von Schlosser, kein Sinn für Exoten, nur ernsthaft und fleißig und selbstbewusst die vernünftige Frage nach Lohn und Futter. Ach Gott ja, gewiss, kein heldisches Bild, aber was wollt ihr, wer seid ihr? Sie denken an andere Sachen, sieht nicht gut aus, das weiß ich. Halten sogar ihre Hände ins Eisen, wenn das nur ansehnlich blinkert. Wollen längst nichts mehr von selbst, na gut, verkommen für ein paar Groschen in Frieden, verloren für ein paar Lügen von Rache, versessen auf lauter gemütlichen Tod. Das Volk, heißt es, wirft jetzt die Ketten ab, und will sie doch aber nur haben. Und hat vielleicht sogar recht damit. Ein Tier, das sich selber zu fürchten anfängt, das wär mir ein weises Tier!«

»Du redest nur alles so schlecht von den Menschen, weil du dich selbst nicht mehr leiden kannst. Frag dich doch mal, was du weißt, wenn du siehst, was du alles verachtest.«

Aber Krischan redet ja lieber weither, ohne noch länger auf Fragen zu achten, will endlich auch nie mehr was provozieren, nicht

Fragen, und auch nicht Befreiung. »Ich versuche«, multscht er fort, »zu vergessen, was ich noch weiß, denn das trennt mich jetzt nur von den Massen.«

Dich trennt nicht das, was du weißt, du Arsch, sondern nur, was du nicht tust.

Aber das sagt Karo nicht.

Sie guckten ihm beide kalt zu, gaben ihm paar Schluck mehr Wein ins Glas, hofften, dass noch was kommt, mal sehn, vielleicht was von Evchen, du Schwätzer.

»Freust du dich auch schon aufs Baby?«

»Ach an und für sich also schon.«

»Und an und für dich und das Kind?«

Dies Wortespiel regte ihn an, brachte ihn fahrig nach hier und nach da, er war übers Reden und Schreiben und Reden auf Sprachenfragen gestoßen, irgendwie muss dir die Zeit ja vergehen, »ich dachte neulich, was in der Sprache merkwürdig schwierige Spiele stecken. Wer heut noch, zum Beispiel, den Kampf nicht lässt, den Zuspruch verweigert, den Aufbau, da sagt man von dem: Glatter Selbstmord, der Bursche nimmt sich das Leben, sucht seinen Tod, und wir sagen, er nimmt sich sein Leben«. Er wandte sich plötzlich mitten an Leo, »lebst du denn eigentlich gern so als Schließer?«.

»Jetzt ja.«

»Wie jetzt?«

»Nun, jetzt, so wie ich jetzt bin. Was ich jetzt vorhab. Wir werden gebraucht.«

Krischan sah ihn sich nachsichtig an, »wohl wahr, du hast dich verändert«, und »ums Aushorchen, weißt du, geht es mir nicht«, das kam, beinah rührend, noch nach. Denn das spürte er nun mit Schmerzen, dass auch an diesen beiden er sich nicht locker mehr aufranken konnte, er fand, dass sie ihm misstrauen, kannte das auch schon aus jüngster Zeit und wusste nicht mehr, wohin, wusste auch gar nicht, woher, nur was er auslöst bei alten Genossen, so un-

klar war er vor denen, so hin und her und gespensterlaut, so flattrig wild und scheu versteckt, so blind in sich selbst, so undeutlich deutig, dass Genossen ihn längst zu meiden anfingen, »der könnte ein Spitzel sein«. Er wusste nicht mehr, wer er ist. Wie sollten es da die anderen wissen.

Erst paar Jahre später, ein Stückchen weit weg aus all den Erzählgeschichten, als auch er für die Ordnung gefangen wurde und langsam, für unsere Sicherheit, lautlos zu Tode geschunden, kam er noch mal bestimmt zu sich selbst. Sie hatten ihn an den Platz geworfen, an dem man sich wiedererkennt.

Denn es gibt keinen dritten, klügeren Platz zwischen Mündungsfeuer und Aufschlag. Aber jetzt hier noch, heut nacht, da hing er in Fluchtwortewinkeln, im Schattenschein von nicht Ja und nicht Nein, im Eigenknast seiner Ängste. Und um seine Feigheit bis ganz zuletzt auch hier gegen die zu verstecken, fing er drehklug und wirr zu palavern an, weither und hin gegen Zuschauerblick der Schreck, wo er selber denn sei.

Er redete sie aus all seinem Müll anmaßend hastig an, hinkend flink nach da und nach hier, als sei von ihm noch was verlangt: Wie denn Klassenkampf noch zu vermitteln sei in Zeiten von massenhaft Gegenglück, und wie die Partei denn verantworten möchte die Qual und den Tod von lauter Genossen, »und schlimmer noch, wen sie noch nach sich reißen, ahnungslos treues Hilfevolk, das doch längst nur noch ausruhen möchte, was sonst? Soll aber über die Klinge mit denen. Wie wollt ihr das gutmachen, später?«. Er sagte auch, dass er es satt hat »mit der Romantik vom aufrecht sterbenden Kämpfer«, und dass nämlich Treue und Mut »und dies peinliche Dienst am Volk« auch die Werbephrasen der Mörder sind, »wie setz ich mich denn davon ab?«. Er quatschte plötzlich was von Fallenstellen, kramte in Büchern vom toten Herrn Alex, fand da nicht, was er zeigen wollte, fand nur, da sei noch Brachland für jetzt, für beidseitig agitatorisches Reden, dienliches Wissen für

irgendwann später, »und selbstverständlich die Bibel, eine Kampfschrift par excellence!«. Las aber dann doch nur still die Leviten, warum im Geschichtsbuch der alten Juden Sauerteig etwas Verruchtes war, »er verändert, macht gärig, hebt auf, treibt hoch, und die kleinste Menge durchdringt und erfasst schließlich vorwärtstreibend das Ganze, macht den Stoff, dem er beigegeben, durchaus unruhig in sich selbst«. Das wollte er nun lieber nicht mehr so gern. Flüsterte ihnen hinter der Hand, dass er fürs Prager Exiltheater eben ein Bühnenstück fertigstellt, »von einem Befreiungsversuch, denn erst, wenn ich dasitz und schreib, versteh ich auch, was ich will«. Aber wollte nur von Befreiung schreiben, weil er selbst längst gefangen saß. Oder sich selber gefangen setzen? Er habe, tönte er leer, im Böhmischen schon eine Hütte aus Holz, Ziegenmilch, Pilze und Beerensaft. Und wirklich, um das, was er sah, zu ertragen, gab es für jeden nur flüchtend Vergessen, oder Zuschlagen, heute, jetzt Kampf. Aber den nur als eigenen Kampf. Und woher den nehmen, ohne sich selbst? Da war auch einer wie Krischan Pietsch mit seinem Latein am Ende.

Je lastender er sich unfähig fand, an gegenwärtigen Schrecken und Schritten eingreifend teilzunehmen, je länger ihm seine Arme wurden vom Herzen bis hin zur Hand, desto feiner wurde er gänzlich ein Dichter und las ihnen vor von Bögen und Zetteln, von der »Ankunft des Ungeheuers«, von einer »Flucht vor den Monstren, deren weißlicher Schimmer am Horizont brennt«, von der »Chronik einer Geschichte, die Irrwitz geworden ist«, von »Stimmen und Weibern, Hunden und Schrott, Gestank und Gesang und« nichts, von »Menschengesindel, vorstoßend, als der sich vermehrende Schmutz«, und horchte dem Unsinn noch nach wie letzten Schlägen und Zügen, und feilte an Splittersätzen und Fetzen, als gelte es, ein ergreifendes Bild, seine Maske zu hinterlassen. Und als hätten die beiden ihn was gefragt, von ihm verlangt, was jetzt Sache ist, warf er zwischen die Zettel und Sätze nackt wieder die liebe

Angst, denn »Genossen, die jetzt noch die Waffen ergreifen, bringen uns in eine missliche Lage, einerseits brauchen sie unsere Hand, andererseits unsere schärfste Kritik. Glaubt nur nicht, das macht uns Spaß!«.

Sie hatten aber noch gar nichts gesagt, schwiegen nun auch erst recht. Das hätte er gern durchbrochen. Er stellte sich hin, vielleicht für den Anlauf, rief aber nur in die schwarzen Fenster, in die Dachbalkenwinkel der Märchenbude, »dass ihr dies bitte auch mal bedenkt, nicht nur die dienstlichen Mörder tun was für Herrschaften oben hier jetzt, sondern auch unten die Linksaktionisten, fragt mal, wer die bezahlt!«, und »wir werden uns endlich doch wehren müssen!«.

Sie lächelten ihn nun nicht mehr an, mochten ihn lieber auch nicht mehr sehen, dies schmeckte nun doch nach Verrat. Aber obgleich er sich drohend gegen sie aufgestellt hatte, lief er den eigenen Worten nur nach, tastend von Wand zu Wand, längst Pendelschritt eng hin und her, die Augen vergleitend, die Pfoten wund, das Fell verscheuert, die Wut verschrien, und sie fanden, dass er es gar nicht mehr merkt, wie er Türgriff und Tür, den Riss in der Tür, die Dielen, die Sprünge im Glas suchend abgreift, abwägend misst wie weggefangen und weggeschlossen.

Karo hatte die Schnauze voll. Sie sah jetzt, warum sie hier immer noch saß, woher gestolpert in Hannekens Kammer, woher unters Dach von Alex und Pietsch, woher an den Hang, an die Hand von früher: Aus Jammer und Stickluft, ich weiß nicht mehr vorwärts, unser Plan stirbt uns weg, wir sind so allein und wahnsinnig alles zu wenige. Aus Angst war sie hierher zurückgelaufen, sonst nichts.

Aber Rigo, aber Wachtel, aber Schlosser, aber alle, aber ich, aber wir, aber unser Leben, »komm, Leo, hoch, hier weg!«.

Sie äffte Baroninnensorge, »der redet noch so hässlich auf Rot, das ist mir wirklich zu abgeschmackt. Tschüs, mein Dichter, das Kino fängt an«, sie küsste Pietsch ans Haar, als sei er ihr nur noch

ein niedlicher Kranker. Aber der hielt sich nun an ihr fest, »das kennt man schon, Kino, Theater machen! Weil ihr nicht einzigen Schritt mehr findet in wirkliches Leben für draußen, jetzt, da macht ihr euch alles Leben zur Bühne, die Kleider zur Maske, die Wünsche zur Szene! Jawohl, ins Kino, nur zu! Wenn schon kein eigenes Glück mehr, dann immerhin Unglückstheater, und jeder sein eigener Lieblingsdarsteller, die Kleinkunstbühne als Ausbruchsgeflunker. Ach, ich kauf euch für meine Premiere in Prag!«.

Da lachte Leo laut auf. Da hatte er plötzlich den schwierigen Weg, bewaffnet ins Haus, gefunden.

*

Auf dem Weg zurück aus den Wäldern, aus Fluchtwinkelzauber zurück, voran in das alte gewöhnliche Elend, in den einfachen schwierigen eigenen Plan, im Zug war es kalt und still gewesen, hatten sie von den flüchtenden Dichtern gesprochen, von Prag, Kopenhagen, Paris und New York, von Filmgeschäften und Aufrufeclubs. »Zeig mir mal einen Proleten von Menck, sag mir vom Dock mal Schlosser und Alfons, von Taxi und Plättbude Emmi und Jupp und all die andern guten Genossen, ob die nach Mexiko reisen? Die nie. Wer dichtet, hat Geld und Kontakte und Angst, und Einfall und Anfall für überall. Von uns einer hat so was nie. Er bleibt oder stirbt oder kämpft oder nichts«, »aber Einfälle für unsern Kampf!«.

Krischans Anfall hatte geholfen. Das kleine Theater als Ausbruchseinstieg. Und der Knastpastor hatte auch zugestimmt, von Polizisten ein Krippenspiel, das Fest der Liebe in Dienstbesetzung für das gefangene Volk, inszeniert von Leos Laienspielbrüdern, »so komm ich bewaffnet mitten ins Haus!«, und Herrschaft wird fromm streng ins Kerzenlicht plinkern, der Knastdirektor, der Innensenator, »da sollen sich am Christfest die Herren nicht scheuen,

den Niedersten einmal noch beizustehen«, hatte die Waldrandbaronin geschleimt, »da dring er mir drauf, mein lieber Wächter!«, »und den Teuersten«, lacht Leo Karo schön an, »den bind ich mir mittendrin fest, der geht ein, wenn sie uns nicht mit paar von den Schlossern raus in die Kämpfe entlassen«.

Sie hatten sich zärtlich, mit Rigo und Wachtel, auf das lebendige Christkind gefreut, als paar Tage später, Luruper Weg, der zweite Helfer Einfälle hat. Jimmy, der dürre, der kluge, der reiche, der schreckhafte Jimmy steht klamm vor Karo, im stinkigen, tropfigen Treppenhausscheißhaus, »nur einen Moment, ich will mich nicht drängen, ich dachte nur, dass ich verstanden hätte, ich habe ein paar Besuche gemacht, Abschied vor meiner Reise nach Schottland, an fünf Stellen möchte es gehen, nein danke, viel Glück, ich habe hier Angst. Sie müssen die Namen verbrennen«. Er trabte biegend, fast lautlos, davon, schlenkernder Jagdschritt, jetzt nur noch zum Flüchten.

Karo fuhr noch den gleichen Tag von Zettelnamen zu Zettelnamen, mit dem Fahrrad von Stadtrand zu Stadtrand zu Stadtrand, Elektriker, Kellner und Ofensetzer, eine Ärztin und eine vom Postscheckamt, alles Judenmänner und Judenfrauen, bedroht, aber drohend entschlossen, für den Widerstand jetzt jede Hand. Und die Ärztin kannte auch heimlich Blondi. Wer richtig rum schießt, den kennt man.

*

Aber woher jetzt noch Stück bisschen Geld für all die Ausbruchswege nachher, »für Freiheit brauchst du nämlich auch Futter«, Rigo macht alles mit Alma schon klar, die Bank, die kennt er, Schild um den Hals, und Rache, denkt er, für Alfons und Jupp, ich habe gesucht und »jetzt wollen wir mal finden!«, trotz Wachtels Warnung, »das ist zu gefährlich, denkt mal, wenn uns dabei was passiert, wer kommt dann noch hinter die Mauern?«. Aber hinter der Mauer die

Sonne knallrot, Weihnachten steht vor der Tür, und quer durch die Stadt, über Moritz und Lottchen und Emmi und Pia und Tunnel von Alma gleich fünfmal der einfache Judenmut, das lacht die Genossen, auch Wachtel, frech an, nur noch zwei Wochen, das Krippenfest läuft schon. »Rigo hat recht«, »und Max kommt doch auch«, und holen ihr Geld einfach so: Leo und Wachtel haben mal dienstfrei, Karo in Barmbek macht Frühschicht bis zwei, und ab sechzehn Minuten nach drei laden Rigo und Leo, Blechschildspeckmütze und Lederschürze, Bierfässer raus von Almas Wagen, Fässer von Alma an Alma, paar Häuser neben dem Bankbüro, »viel Glück!«. Die Mädchen lächeln die Bierfahrer an, und rein ins Büro, und leise gezischelt, dem Geldschaffner mitten ins Herz gebissen, »schnell, Alter. Sonst gehst du tot!«, beide Handtaschen knallvoll mit allerhand Scheinen, und raus da, »und keine Bewegung, du Sack!«, aber unter der Tür schon Alarm. Sehr schön. Die Mädchen mimen Stück hin und her, die Biermänner fuchteln die große Chance, die Mädchen stolpern an Fässer, in Arme, die Bierkutscher kriegen geklatscht und gekratzt, und die Geldtaschen flott ins Leder geschoben, und können die glatt kalten Kätzchen nicht halten, »schade, bestimmt, war nicht drin, Kommissar«, auch gleich mal die Probe für neue Papiere, »und wo sind die Weiber hin?«, »die Richtung nach da, mit Taxi aus Hamburg«, »Nummer?«, Leo knirscht blind, zeigt zittrig sein matschiges Veilchen, tränt noch mal fix, und schnieft, und schweigt.

Denn das war ja nun Max gewesen. Schön alles frech, auf Sekunden genau, mit dem Mietwagen knapp hinterm Bier gestoppt, die Mädchen da rein, und bei Menck um den Block, und bei Alma im Hof, ohne Sicht von woher, das amtliche Nummernschild schnell wieder drauf, und ab mit den Damen nach Elbchaussee, zum Staatsanwalt, in den Zierdepuff.

Sie teilten die Scheine gleichmäßig auf, jedes Fluchtquartier kriegt jetzt sein Päckchen mit Pass, hübsch Weihnachtspapier um

Pappschächtelchen für früher Parfum und Kurpackung Präser aus dem Leben von Pia Maria.

Blondi guckt ganz schön blöd aus der Wäsche, als Leo der Ärztin so ein Päckchen bringt. Sie hockten dann spät noch zu dritt.

Emo und Wachtel gleich nächsten Tag, Knastkantine, Nieren mit Lorbeer, freuen sich genau so wie eben die drei, süßer die Glocken nie klingen.

Aber was dröhnt und Frieden schwengelt, das trifft ja die Herrschaft noch längst nicht tot, das legt sie noch nicht unter Tannen und Blumenschleifen und Stein, noch nicht nass zu den kleinen Tieren. Und da soll die Bande ja hin.

Also mussten sie, jedenfalls Emo und Blondi, und Wachtel natürlich auch, da sie von Waffen ja kaum erst was wussten, mit Karo in Harburger Schwarze Berge, in den Bahnbrückenkeller bei Maschen, in den Steinbruchschießstand oberhalb Garge, in die Treibjagdsenken zwischen Butz und Mustin.

Es war so ein leuchtender Kältetag, Jagd frei auf Keiler und Hase und Reh, auf Buschtümpelente und roten Fuchs, weiß Frostsonne flach überm Ackerstein, aus verreiftem Koppelgras dampfiger Dunst, von Feldbaum zu Feldbaum schreiend ein Häher, blendend Stille und Waldesruh, der Hangschatten und das Heckengestrüpp durchgeifert, durchblitzt von Treiberaugen und Hundegekläff. Die Jäger, bei ihrer Hatz aufs Tier, konnten von Karos Lehrtag nichts hören, verschrien, verlacht und versoffen, nichts hören von Drehanschlag, Technik und Taktik, nichts von Visierung im Kreis, Entdeckung des trockenen Abzugs, nichts von Schussdisziplin und Schussrhythmusfolge, nichts von den falschen Sprüngen der Waffe, von der gründlichen Nachzielgewöhnung, von Kombiabläufen und kalter Fixierung, vom Atemanhalten im Schuss.

Die Genossen übten genau, und überall alles wieder und wieder, und lernten dabei zu nutzen, auch dies eine Übung der Aufmerksamkeit, was draußen im Feld die Schießer in Loden aus Drangsal

und Eigentum taten: sobald über tausend Ackerfurchen ein Hetzkessel dicht genug eingerückt, eine Dickung streng genug durchgedrückt war und das Wettschießen auf das flüchtende Wild belfernd über die Erde brach, warf Emo sich über gestürzten Baum, sprang Wachtel aus Schlaf hinter nächsten Stamm, fiel Blondi gefällt hinter erstbesten Stein, um gemeinsam aus Hinterhalt und Bewegung mit jeweils neun Gramm ins Ziel zu kommen, die Schüsse versteckt hinterm Herrenhausschießen. Das Ziel war ein Sack mit Kürbis drauf, ein Dreck nach den Maßen von Mördern.

IV

Weihnachtslandschaft

Noch auf Kinderkalendern lügen sie dich mit Kuscheldörfern und Glitzerreh und friedlichen Apfelsinenfenstern.

Es lag an diesem letztersten Tag matt Eisnebel über dem Land, alles hart gefroren, und doch nichts blank, vom Zennhusener Deich bis Mölln und Zachun, von Himmelstraße bis Menck und UG, von Auge zu Auge zu Auge, lauter Menschen, laufen fürs liebe Fest, aber so arm, so starr, aber so tot und so treu, trotz allem vorwärts, nie wieder Streit, Lügenglauben fürs kranke Kind, die Herrschaft will unser Bestes, und wollen ihr das nun auch bitterlich geben, sei still.

Die Märchenwiese lag kahl nassschwarz, auch das Haus vom toten Krosanke, noch Malvenstrunk, aber faulig braun, aufrecht im Dünnschnee vor Scherbenfenstern, und der Garten, der bunt war, das Dach, das mal Schutz war, die Tür, die mal heil war, der Herd, der mal neu war, alles verstülpt unters Nebeltuch, alles verloren klamm. Nur paar Mäuse hatten aus Polsterdreck sich warme Nester gestopft. Nur die Katze kommt manchmal für Frieden und Ordnung. Nur paar Glockenschläge im Schneestaubdunst. Heute Abend wird Weihnachten sein.

Hanneken krochs heut so faul in den Kittel, sie lehnte sich dösig ans Herdgestänge, den Krummrücken nah an Hitze und Dampf, bald würden hier heiß die Topfdeckel fliegen, Ente, Maräne, Reh und Salate, und zu Anfang das süßsaure polnische Süppchen aus roten Rüben und Hallimasch auf saftigem Nacken vom Schaf. Ihr hing heut der Kopf so todleer vors Hemd, das Herz tappt weit nach verlorenen Leuten, die Kochfeuerpfoten und Puschenfüße trommeln und trampeln den Bräutigam, alles so still, so hitzig schwarz.

Ihre Ohren schnappten das Lachen der Gäste, Salongelächter der Sieger, der Ratjen und Kosa und Atsche, Goldklimperfest der Waldrandbaronin.

Die führt heut aus Frankfurt den Nachfolgealex in ihren Wohltäterkreis, Speckstößerbanker, eben kaum neunzehn, aber nicht jüdisch, nicht flüchtig, nicht schreckhaft, nicht empfindlich für Schönheit und Lügen, der soll hier das runde Land einmal erben, den See, die runde Lunte vom Fuchs, ein Jägersmann schon, geduldig und blass, steht im Schneerasen nah unterm Wintergarten und lungert auf Hieb und Stich, mag das Zittern, das Beben der Erde, mag Maulwürfe jagen, den Rasen pflegen, kein Fuß soll mehr straucheln im Paradies, Spatenschlag, Nasenblut, rosakalt Pfötchen, er sticht diesen Weihnachtstag schon seinen vierten, die Fellchen sind für das Kind in der Krippe, er lauert fürs Kindchen, für liebe Wärme, selbst schon ganz alt und kalt.

Auch Ole lauert im weißen Garten, paar Nummern weiter, Stadtirrenhaus, ihm fehlt der freundliche Blondi. Er hatte für das Irrenhausfest, er hörte so gern die Pfleger singen, aus Draht ein Haus geknickt und gebogen, aus Goldblechdraht ein wüstes Schloss, aus lauter Gitterchen lauter Schönheit, durchsichtig gleißend versperrt, das wollte er unter den Lichterbaum türmen, und unten im Turm das liebe Kind, er suchte im Park das Versteck. Dort lag, dort hatte er aufbewahrt, sein gefrorenes Amselchen.

Ole stand hinterm Ordnungszaun, dem Netz, so hoch, so eng, so frei oben gegen ihn eingekippt, und freute sich auf die Ankunft der Neuen, heute war draußen ja Amnestie, wo sollten die Pappkameraden sonst hin?

Er hatte die Radioreden gehört, diese Lumpendienstreden der feineren Knechte, dies Glockenläuten aus lauter Hohn an ellenlang blutigem Strang, Wirrfäden gegen die letzten Genossen aus der Trickkiste eines Innenministers, »nicht der schafft dem Volk Gemeinschaft*, haha, der es in Lager sperrt, aber der, der solchen ver-

hetzten Menschen die Grundlagen gründlich nimmt, die man fürs Hetzen braucht. Ihr sollt euch nicht«, rief es blutig mild in dreitausend letzte Gesichter, »als Ausgestoßene fühlen, sondern den Weg euch suchen lernen in neueste Volksgemeinschaft. Die Staatsorgane sind angewiesen, euch bei Schwierigkeiten zu helfen, euch auch an den Arbeitsplätzen vor hässlichen Szenen zu schützen. Das Versöhnungswerk unseres Führers verkündet euch Frieden und Unterstützung, und niemand soll uns das sabotieren. Und fordern wir so mit spartanischem Ernst nicht die Vernichtung des Gegners, sondern ihn zu gewinnen durch das hohe Zeugnis der Tat. Denn alle sollten wir wissen, dass Klassenkampf niemals allein das Werk von missachteten Arbeitern war, sondern am schärfsten geführt worden ist von einer Kaste in diesem Volk, die, abgesondert vom Vaterland, gestützt auf Reichtum und Bildungsvorteil, sich Besonderes anmaßen wollte«. Und einer der Lumpen im Apparat, ein Radiosprecher, war so begeistert, dass er, als er von Schirmherrschaft log, zutreffend Schirmhaft versprach.

Ole dachte sich die Verwirrung, den Witz dieser Lügen, sorgenvoll aus, und sagte sich klug, wo das so geht, wo alles nur noch im Gegenteil aufscheint, die Mordnacht als Liebesfest, das Eisfeld als Hoffnungswiese, die Würgepfote als Segenshand, der weiße Vater als Bruder, da ist mit Verzweiflung zu rechnen, da durfte er hier hinterm Zaun bald gute Freunde erwarten.

Er kletterte in einen schwarzen Baum, der dicke verlassene Mann. Er zog und stemmte und wand sich so leicht wie ein Kätzchen in oberste, feine Zweige, die waren mit Eis überzogen, wie tot, die schonte er zart, die wollten auch leben, ihm lag ja nichts am Zerbrechen. Nur die Weihnachtsstadt wollte er noch mal sehen, nur die Ankunft der armen Gäste, vielleicht, nur ein einziges klares Gesicht.

Die Stadt lag grau, verschlossen ohne ihn hin, selbst der Himmel nur eine äußerste Wand, und die Menschen in ihren Plätzegruben, in den Mauergräben der kleinen Straßen, wie geschickt, dass sich

keiner den Kopf einrennt, wie geschient. Ein Windstoß, ein einziger, ganz verloren, woher, streifte Oles Gesicht und Hände, und obgleich es ein Eiswind war, stand Ole, hing Ole ganz still, ließ den an sich heran wie den einzigen Hauch von Steinen.

Aber lauter Bewegung der Dächer und Masten, Kamine und Kirchenkugeln. Er mochte dem Wunsch nachgeben, er werde, so dick und so leicht, jetzt gleich alle Muster und Kreuze und Schluchten und Rauchsäulen tastend besegeln, schreiend begleiten, bestürzen. Die Möwen konnten das auch.

Unterm Zaun, unterm Baum lief ein Mann mit Bart. Er spie ihm zutraulich nach. Da schalt ihn der Weihnachtsmann aus. Ole sah sein Gesicht, kein klares Gesicht, nur Stiefel.

Ella hatte noch nicht einmal mehr ihren einzigen Stiefelliebsten. Sie knurrte die Tochter »duck dich bei denen, was sonst«. Sie hatten ihn nachts von ihr weggeholt, den Lieblingsnieter von Blohm & Voss, Umtriebe, staatsfeindlich, Friedensordnung, »wir möchten, dass sie gewarnt sind«, und schlugen ihn gern, noch vor ihren Augen, weil er so nackt war und von ihr noch warm. Sie kaufte keinen Baum, keine Kerzen. Und als Rita im Eimer Kartoffelsalat und Bockwurst aus Harvestehude brachte, aß sie davon und brach alles aus und krümmte sich über sich selbst. Und ging auf die stattlichen Treppen raus und schrubbte für Zahnarztkinder. Die sangen von Herzen und hoher Nacht.

Emmi bückte sich immer noch nicht. Erst mal mit Lonachen ab raus nach Ohlsdorf, allerhand Gräber, was sein muss, das muss, und kann man auch reichlich Geschichten erzählen, Genossengeschichten, die gehen nie tot, »das waren nämlich tüchtig auch Racker, die beiden!«, und lagen nun weit getrennt voneinander, Adelheid zwanzig Minuten zu Fuß von Kuddel und all den Nordhofgenossen, Brüder, das Sterben verlacht. Emmi schnappt Harke und Steineschrubbbürste, »guck mal den an!«, und hält ihn sich fest, »sag mal, warum du hier weinst, dich kenn ich doch, Stanek, der Junge von

Gerd, los, komm mit!«. Sie bummeln weg, bei Speckstößers durch, Rigo duckt sich in Stein, und Emmi erzählt mal den beiden Kindern, »ihr seid doch Genossen, Mensch, hört mir mal zu!«, was Gerd für einer gewesen war, »mit Pferden war der mit bei Trotzki bis Warschau, da hast du den komischen Namen doch her!«, und Stanek kommt mit für rotheilig Abend, schön rote Kerzen und Kringel und Backen, Emmi hat fix paar Berliner im Herd. »Weihnachten muss, egal was!«

Aber weint, als die Kinder schlafen. Aber guckt noch mit alles voll Rotz im Gesicht, ob das Päckchen, wird Karo schon wissen, für was, noch hinterm Etagenklospülkasten steckt, steckt noch, und weint noch Stück weiter längs, und fühlt sich aber schon halbwegs getröstet, weil Karo was – besser, ich weiß davon gar nichts, Rotfront!

Aber geht nicht, wie sonst oft, noch paar Schritt um Block, alles so viel von den Bullen, ein Scheiß, all unsre schöne Gegend versaut, heute Morgen ging das schon los.

*

In Leos Weihnachtstheater waren die Herren nur was zum Spielen. Er hatte sich so ein Stück ausgedacht, zusammen mit paar von den Spielerkollegen, wo es um dumme drei lustige Könige ging, die denken, sie lenken, und werden gelenkt, und werden am Ende gelinkt und verhöhnt von Vater und Mutter und Kind, und der Stall war bei Leo gemütliche Küche mit Ölgammelwand und Trondheimfjord, und die Könige haben bloß Angst vor dem Volkskind und rätseln und hetzen und wetzen den Weg, weil sie den Mut des Volkes fürchten, sonst nichts. Und müssen in Leos Wohnküche unten, der lieben kleinen Familie zu Ehren, allerhand Hausarbeit tun, auch Kunststücke, wenn es das Kindchen so will, Kopfstand und in der Nase bohren, alles zur Ehre Gottes, des Volkes, und erst als der eine, der schwarze König, spitz auf die Jungfrau Mutter

wird und sich unverschämt an die randient, werden alle drei Könige festgenommen, »Handschellen hab ich dabei, und mehr erzähl ich noch nicht«, die Spielbrüder sahen ihn unruhig an, »ich denk, da ist Schluss?«, »mit Schuss!«. Leo tut eiskalt wie Weihnachtsgeheimnis, und hat auch schon alles vorgeführt, abgehakt und genehmigt, im Stadthaus ist Adel noch nicht sehr gefragt, außerdem heilig und Wüstenscheichs, und von Mördern kommt ja im Stück nichts vor, und die Leitungsmörder verlachten den Pfaffen, »geh du man woanders hin beten!«.

Am Vormittag noch muss Leo mit in die zugefrorene Stadt, Kinderbescherung der Polizei, Bullenbazar als Tröstetrick, Ausdruck für Volksverbundenheit, die Rede vom Polizeistaat ist tot, Kameradschaft im besten, im Kerzenlicht, Werbemarschrummel mit Bastelgaben, aus innerem Antrieb freudig und gern Märsche und lustige Weisen, Freunde gewinnen durch Spendenaufruf, Polizeidienst als Liebeswerk, volkstümlich ausschwärmen mit Karabiner bis Reemtsma und Menck und Buttella, manch Volksgenosse steht blass. Man hört aber dankbares Wort. Und all die alten Soldaten begrüßen die tadellos junge Mannschaft, wir sind nun schon fast übern Berg, auf fast gutem Weg unter fast roten Fahnen, nie wieder fast ein Krieg, nie wieder unser Leben.

Und lebt aber immer noch.

Fiete Krohn steht zitternd am Rande der Straße und sieht sich den Mordmarsch und Lügenkram an, und hustet sich was aus zertretener Lunge, und sagt, »das kommt von der Kälte«, dass ihm die Tränen so laufen.

Leo sah nur, vom Marsch her, dies eine Gesicht, dies Jammergesicht, dies Menschengesicht, unter lauter Weihnachtsidioten, einer für alle, der weint.

Er sah auf die große, neue Uhr. Sie hatten jetzt jeder so ein Ding am Arm. Für Karo und Rigo und Emo und ihn zum ersten Mal so was Teures. Er sah auf den Takt des Sekundenzeigers.

Frohes Fest

Die Wachübergabe am Sievekingplatz erfolgte pünktlich um zwölf, Anfahrt der fünfzehn Wachpolizisten im offenen Mannschaftswagen, auf Holzbänken Knie vor Knie, Tornister am Rücken, Gewehr bei Fuß, Leo diesmal mit Tannenbäumchen, das hatte er selber eingekauft, »wenn schon an Weihnachten Dienst, dann soll bei uns auch Gemütlichkeit sein«, sie mochten ihn alle gern leiden, die Trottel, auch wenn er inzwischen ihr Wachführer war, »der Kantfisch, da brennt nichts an, der ist nämlich Kamerad«.

Also Absitzen, Antreten, Abzählen, »durch!«, das Wachtor wird innen geöffnet, »scheißkalt!«, alles rein, »hopp, los!«. Und weil inwendig die, die da abgelöst wurden, schon längst vor Kerzen und Kindern saßen, Verzicht auf Ablösungsformalitäten, klar Wachbucheintragung, sonst keine Kontrollen, »haut ab!«.

Leo teilte die Erstwachen ein, Riemen dicht, Durchladen, Gleichschritt »marsch!«, der stellvertretende Wachhabende schließt drei Leute durch in die Höfe, der vierte geht draußen rum an den Wall, der fünfte macht Telefon und Papier, und der Rest putzt die Bude, spielt Skat, mieft sich ein, »für Weihnachten muss das gemütlich sein«, Leo schmückt auch schon das Tännchen. Und damit es nicht zu gemütlich wird, zum Zucker gehört auch Stück Peitsche, sagt Schwalm, lässt Leo zwei andere weiterschmücken und holt sich die ran, die ab achtzehn Uhr dran sind, »zeigt mal die Karabiner, ich kenn euch, ihr denkt, kommt heut nicht drauf an, stellt her, und er da, du hast doch Gitarre mit, hol uns die raus, spiel was vor«. Das war so die Richtung, die alle gern mochten, Ordnung und Zucht und weiches Gefühl, sie sangen schon bald wie die Lämmer. Und Leo, Tick abseits, guckt extra streng diesmal die Schlösser von innen an, und lässt die Kollegen, was sonst keiner macht, die öligen Kammern auch innen putzen, »damit sich der Weihnachtsmann

freut«, und baut alles wieder zurück, »ihr sollt singen!«, und schummelt die letzten vier Schlagfedern weg, Todfront.

Für die Wache hatte er sich die Dümmsten, seine fünf Liebsten zurechtbefohlen, die schliefen schon jetzt, beim Dödeln, fast ein, nur einer war noch beschäftigt, der kniff sich die Fußnägel fein.

Dann stand das Bäumchen, dann ruhten die Waffen, dann war schon kein Singen mehr, nur noch Herz Trumpf, und Leo, weils in den Händen so juckt, sprengt Tropfenmuster aus Brauseflasche auf die schäbigen Wachbudendielen. Immer noch erst halb drei.

*

Auch Evchen war schon ganz aufgeregt, »wie find ich das schön!«, denn Strafe muss sein, aber sicher auch Freude und Neues probieren und Lichtlein setzen und Rührungstreue, »das macht uns alles der neue Staat«, Kleinkunsttheater und Handbeil.

Aus Zachun war der hohe Baum, von Schlag neun, für Demut gestiftet worden, und Schmüser hatte die Orgel geölt und half ihr beim Kerzen Aufstecken, vorher den Fichtenstumpf hacken und spitzen und einpassen in den Krallenfuß. In der Knastkapelle wars schon hübsch warm. Er sah gern auf Evchens runden Bauch. In diesem Punkt war er wie sonst die Gefangenen, kein Aderlass kaum mehr seit Karos Stößen. Und auch rings hier im Haus, auf Gängen, in Zellen, nur verschnürter, verbotener Mann, in Ketten geschleppt, in Schlappen gesteckt, das fühlte Evchen recht gern, den Hungerblick bis unters Hemdchen und Höschen, und darf aber keiner da rein, nur Pietsch, »der kommt vielleicht nachher auch«, Studien für einen neuen Text, Das Menschentum in der Strafe, »und hat auch paar freche Gedichte gemacht, auch schöne, bestimmt, der kann das!«.

Schmüsers Theophil konnte mehr basteln. Er hatte mit schwitzigem Sinn für Verspottung nicht nur Schmuckketten für den Christ-

baum geknüpft, blechernes blinkendes Rasselzeug, sondern auch Zwerge, in Rot getaucht, hingen am Hals, an Schlingen von duftenden Ästchen, »Sie sind mir aber ein Schlimmer, Herr Schmüser!«, und Theophil patscht nach Evelins Arm, grunzt töffelig was von »du sagen könnten«, »es eilt, Herr Schmüser, schon vier!«.

*

Zur Dienstbesprechung um sechzehn Uhr zehn hatte der Knastdirektor die Flasche Wawerner Ritterpfad, acht Weihnachtsschließer und zehn kleinste Gläschen und den Waffenwart kommen lassen, »wer auf Posten steht in der Volksweihnachtsnacht, ich meine, der hats verdient, zum Wohl!«.

Die Schließer schluckten den Herrschaftstropfen wie vorher längst alles schon auch, auch der Feiertagsdienstplan war ja nicht ihr Bier, »wo ihr Pflicht tut«, aber »da habt ihr auch Sinn, zum Wohl!«. Das kam ihnen vor wie Spott. Sie hatten ja jetzt noch den Sinn im Ohr, den Witz, den Hohn der Kollegen, die bis morgen und länger noch dienstfrei hatten, die liefen jetzt alle schön brav nach Haus an Muttis Brustbratenbett, alles fürs Christkind geschnürt und geputzt, »fehlt bloß noch mal wieder das Bügeln!«.

Hier waren nun beim Chef die Jüngsten versammelt, dumpf Bügelglut eingestaut, »für Pack hier den Weihnachtsmann blödeln«, »und auch noch Theater für die«, »so nicht!«, »wer uns quer kommt, geht radikal ab!«.

Sie waren heute nur wenige, acht Mann für das ganze Quälergemäuer, und jeden Dienstweg, aus Sicherheitsgründen, durften sie nur zu zweit, »drum hab ich Sie mir gleich mitkommen lassen«, der Dreck meint den Waffenwart, »Gemüt und Gemeinschaft sind uns das eine, Waffen aber das andre. Beten und Singen mag Frieden machen, mag, sag ich, schießen tuts auch. Was nicht heißt, dass sie sich provozieren lassen. Aber wir kennen ja Pappenheimer. Jedem

zum Fest also siebensechsfünf, und zwanzig Schuss auf die Hand. Bin ich verstanden worden«, »jawoll«, sie sahen ihn gläsern an.

Er ließ sie an ihren Dienstplatz wegtreten, lächelnd. Dann fiel ihm die glatte Schnauze in Asche und er hockte sich vor sein Dienstradio und horchte auf Monteverdi, denn so geben sies denen aus ihren Sendern, eine Krähe tröstet die andere.

*

In Vernichtungszellen gibts keine Musik. Da hätten Schlosser und andere Schlosser auch gar nicht drauf achten können. In Leitungsverantwortung noch jetzt hier, unser Leben ist die Partei, hatten sie ihre Aufmerksamkeit, soweit nicht zertreten, erschlagen, verblutet, soweit noch zu leisten nach all den Verhören für Innere Sicherheit, nach Schlägen bis fast in dein Herz, gerichtet auf die Prozessvorbereitung. Sie sahen sich stehen und fallen für viele, wollten es endlich auch jetzt richtig machen, klarstellen, feststellen, sicherstellen, wir sind nämlich keine Mörder, die Welt sieht auf uns, die Menschenwelt, irgendwo Prag und Paris. Wer sind wir aber jetzt selbst?

Das war manchmal kaum noch zu fassen. Die Zellen waren so eng und still und leer, die Hand so leer, der Hof so leer, das Licht so leer, die Schließergesichter so leer verklebt, so still verstopft, so eng verdroht, und dein eigenes Wort, dein Wissen, du selbst, von wo denn nun noch, aus was? Aus den Folterzimmern im Stadthaus? Die waren verkleidet mit unseren Fahnen, verzerrt von zerrissenen Bildern, bespuckten Plakaten, verdreckten Emblemen, verhängt mit besudelten Plänen, mit unserm misshandelten Kampf, die waren fürs Höhnen und Heulen gemacht, für alles vertun und verfluchen, ausgedacht gegen die Sehnsucht des Menschen, gegen sein furchtbares Recht.

Schlosser saß jedes Mal bebend allein, kroch ans Wasser, zählte

die Fliegen, suchte die richtige Zahl. Er zog sich hoch an dem Stuhl, setzte sich hin und schrieb auf, die Welt soll die Wahrheit wissen.

Er schrieb noch, als schon im Nachbargebäude längst Richter an seiner Vernichtung heckten, unserer Vernichtung, Genossen! Und schrieb noch, trotz Blondis Weihnachtsgrüßen, die hielt er für Provokation. Und schrieb noch an diesem Nachmittag, als eben die jüngsten Schließer, von ihrem Herrn in Grau, gegens Gemüt bewaffnet wurden. Und schrieb in Sorge und Zuversicht, schrieb hingeklammert an Wissen und Pflicht, was man heute noch nachlesen kann: dass unser Kampf ein politischer Kampf ist, es geht um Millionenmassen, und dass wir nicht Anarchisten sind, und daher die Rede absurd sei, die den Aufstandsplan der Partei behauptet. Es lag, schrieb er, kein Aktionsplan vor. Wir hatten als Losung gar nicht gestellt die Bewaffnung der Arbeiterschaft, weil wir jede Verschwörung verneinen. Denn Mord als Kampfmittel lehnen wir ab, und sind gegen solche Methoden, weil die Massen dabei nur allzu leicht der Neigung zum Schießen erliegen. Wir sind gegen Einzelaktionen. Wir sind überzeugt wehrlos entschlossen.

Da schlug draußen eine Turmuhr fünfmal.

*

Leo stand vorsichtig auf.

Während er sich den Mantel anzog für seinen letzten Postenkontrollgang, Lederzeug auf die Hüften gehängt, Tschako ins Auge, Handschuhe an, dachte er, dass jetzt das Schwierigste kommt, die letzte Stunde bis zur Aktion, und dass es in der Kapelle nachher verschiedene Ausgänge gab, und sie waren gegen das Pack zu zweit, und dass Emo versuchen wollte, erst kurz vor der Flucht der drei Könige in den Aktionsraum zu stoßen, nachdem er, hinter dem Rücken der Gäste, zuvor die Türen verschlossen hat.

Emo war immer sehr aufmerksam, angestrengt alles pünktlich mit Scheitel, aber Augen wie bei den Weihnachtshirten, die Umkehr

von schärfstem Hass. Er hatte sich in den letzten Tagen bei seinem Turnverein Bahrenfeld die einzige Stoppuhr geklaut, und hatte das ganze Herrenhaus hier nach Arbeitsschritten ausgestoppt, von Durchschluss zu Durchschluss, von Schreck bis Entwaffnung, Türschwenk und Treppen, Toilettenkontrolle, den gänzlichen Einbruchs- und Ausbruchsweg, sogar Aufschließsekunden vor Zellen. Er hatte sich auch für den letzten Moment, bevor er ins Kirchentheater kommt, von einem Heizungsmonteur in Farmsen das Rezept für Dichtungsbrei geben lassen, für ein Zeug, das in kürzester Zeit erstarrt. Das wollte er, um das Männerhaus gegen Frauengebäude und Krankenhaustrakt und den Wirtschaftsblock verfolgungssicher zu sperren, mit einer Schlagsahnespritze in paar Verbindungstürschlösser drücken, nachdem er die vorher, auf dem Weg zur Kapelle, mit Wachtels Nachschlüsseln dichtgedreht hat.

Emo kam aus Cuxhaven. Sein Vater war Händler in Eisenteilen. Dem war das Söhnchen von Anfang an zu klein und zu schreckhaft gewesen. Der hatte früher mal Emo erklärt, dass Väter, vor dem Gesetz, alles Recht über ihre Familie haben, auch das Recht, wenn es besser so passt, den eigenen Sohn zu töten.

Emo war schon als Schuljunge weg, mit Trampfahrer bis nach Dschibuti. Da war der Käptn der Vater gewesen, und die Mannschaft nur lauter Emos, überall Arsch auf Menschengesichtern, das Mörderrecht in der Eigentumsordnung. Emo war aufmerksam.

Er hatte mit Leo ein Zeichen vereinbart. Siebzehn Uhr zwanzig, Schmaleck im Nordhof, Finsterplatz, wo sie Genossen schlachten, »sei mal genau Punkt am Platz, dann sag ich dir, wies bei uns drinnen läuft, und was sonst«.

Leo ließ Posten II, »auf Posten nichts Neues«, »machs gut«, und lief an der Mauer bis Lazaretthof und weiter ums ZKH, zwischen Mauer und Bau nur noch paar Meter breit, das Henkereckchen für ihre Ordnung, fern stand der Posten III. Leo sah auf die Uhr, sah hoch. Dort oben, vor einem der Krankenbaufenster, war ein Fut-

terbrett für die Möwen. Das Fenster stieß jemand auf, es regnete Reste, Brotrinden und Gemüseabfall, ist wohl zu klein, das Tierfreundeplätzchen, ein Tritt paar Schritt weg auf die Seite, zwischen Abfall ein Stückchen Papier. Er bückte sich und ging zum Kollegen vor, »gibts was?«, »auf Posten nichts Neues!«, »machs gut«, »die lass ich mal heute, weil Weihnachten ist«, sie sahen den Zellentrakt hoch, paar Gefangene waren am Pendeln, »die lass mal. Das stimmt. Bis nachher«.

Nachher war aber was dann?

Er ging langsam den Weg durch die Höfe zurück. Die Zellen gaben nur schwaches Licht. Die Nachricht von Emo war klar, alles nach Uhrzeit und Plan, Alarmstopp, Verbindungstürabschluss. Nur die Schließer also bewaffnet.

Er fand sich noch einmal zum Kotzen allein. Der Mauerdunst schlich ihm brandkalt ans Herz. Er tastete mit den Händen den Stein. Er stemmte sich gegen den Stein. Bewaffnete Schließer? Gut. Acht Waffen mehr für Genossen. Und wusste auch, dass es um Leben und Tod geht. Deren Tod. Aber unser Leben.

In der Wachbude schliefen die ersten schon.

Er rüttelte sie, er lachte sie aus, er steckte die Tannebaumlichter an, oh Heiland reiß den Himmel auf, »los, singen wir was! Geht gleich los!«.

*

Draußen, in all der Stadtknastei, in Laufgrabengassen und Bunkerfluren, hinter Zellentapeten und Gittergardinen, vor Pritschenbraten und Hoffnungskringel war es nun weihnachtlich still, lauter wärmlicher Tod in gemütlichen Fenstern, Fettfuß und Orgel und Lügenhunger, matt Frieden mitten im Krieg.

Während nun Leos Theatertöffel sich für das Weihnachtspiel fertig machte, bremste Erni in seinem Kampfpapierkeller, weither von Prag his Puvogelstraße, den hässlichen Ton der Abzugsmaschine

mit Rücksicht auf Nachbarn entschlossen ab. Das war auch schon sonst ein Problem gewesen mit dieser brandneuen Rotaprint, Hilfsgabe von Exildichtergruppen, die warf zwar die Nacht paar Tausend Stück Flugblätter für den Todesmut derer, die nicht flüchten konnten, summte aber und stieß dabei manchen Störton in Nachbars Ohren. Und obgleich die Genossen, längst auch aus Selbstschutz, ein Häuschen aus Plünnen und Hartfaserplatten um den Textapparat gebastelt hatten, heute ging es, »hört mal, Genossen«, um »einfach vernünftig Respekt, dies auch eine Frage der Massenarbeit, denn hört mal«, Erni hat Ohren wie Fuchs, die Nachbarn oben und rechts und links hatten in endlich mal Friedensordnung ihre Volksweihnacht angesungen, und »es wäre von uns ein schwerwiegender und auch ein menschlicher Fehler, auch sektiererisch wär es und also schädlich beim Kampf für die Einheitsfront, wenn wir die Arbeit hier heute verstünden abseits vom Masseninteresse. Und jetzt, na hör mal, die singen nicht schlecht, jetzt wollen wir einfach mal stille sein. Inzwischen haben die Abschnittskuriere ja Spielraum, ihre Gebietskuriere, und diese die Unterbezirkskuriere, anzulaufen für neue Zeit«.

Und so liefen denn die Genossen, die Zeitverschiebung zu organisieren für endlich mal wieder Stille Nacht, und Rigo packte sein Gärtnermobil, Rollkiste hinten ans Fahrrad gehängt und ab durch Ohtannebaum Richtung Stadt, bis Holstenglacis halbe Stunde. Um achtzehn Uhr fangen wir an.

Er hatte in seinem Anhängerchen allerhand Schönes aus Speckstößers Gruben, sogar eine Lapo-Maschinenpistole. Leo hatte bei Heidemanövern stets ein Auge auf alles gehabt. Nun lag das, nicht mehr verpackt und stumm, sondern blank und bald redeselig, scharf gemacht und bald lachend laut unter Plane, Schaufel und Weihnachtsbaum. Rigo fand, das sieht passender aus, süßer die Glocken nie klingen. Er fuhr wie zu einem Fest. Ist hier was los? Ja, jetzt ist hier was los! Und zwar endlich, Genossen, endlich!

Er trudelte durch den Nebelsack, er klingelte krumm durch die Eiswindschlucht mit Sonne und Blitz im Visier. Die Streifengänger mal hier und mal da, die hatten nur Kerzen im Auge, schön blind. Noch zwanzig Minuten bis Stunde der Liebe. Macht mal schön hoch die Tür.

*

Und das Schuppentor weit für Blondis Diensttour. Der Unfallwagen glitt leise durch das Alsterdorfer Anstaltsgelände. Der Fahrer war sehr erschrocken. Blondi hatte ihm mit seiner Webley eilig gezeigt, wo es lang geht, »du musst dir jetzt keine Gedanken machen, nur um dich selbst, komm, fahr ab! Und lächel mal nett den Pförtner an«, Frohes Fest! Sie winkten und fuhren zum Dienst in die Stadt, so ein Arzt hat kein leichtes Leben.

Isestraße, die Hochbahnbrücken, »fahr hintern Pfeiler, Junge, halt an!«, der Wagen hielt, »nein, kein Licht, kriech mir nach!«.

Blondi wollte nicht dumme Gedanken, drum musste der Fahrer, Stück Eisen am Ohr, ihm nach aus der Beifahrertür, und »steig hinten ein!«, und »rauf auf die Bahre!«, Blondi schnallte den Kleinen in die Kissen hinter die Milchglasscheiben, »kann etwas dauern, du sollst nicht frieren«, Fußfesseln schnell noch, klicks, um die Socken, »du sollst überhaupt keinen Ärger haben, sollst uns nur gegen die Mörder helfen, und jetzt sollst du lieb sein und schlafen«, Blondi spritzte ihm Schlummersaft und zog dann das Tuch über alles. Er sah auf die Uhr und klemmte sich hinters Steuer, noch drei Minuten bis Bahnhof Schlump, dort steht Karo als Krankenschwester.

Karo warf ihm paar Nusskerne zu, sie wusste inzwischen, dass er die braucht, wenns was zu feiern gibt. Noch vierzehn Minuten bis Punkt achtzehn Uhr. Sie sahen sich an und rollten still los.

Der Kleine hinten träumte vom Tod ohne Anzeichen einer Empörung.

*

»Milch mit Honig, handwarm, das schläfert. Ich geb Ihnen Gläschen mit.« Die Überwachtel mit hornigen Pfoten, immer frisch Honig im Dienstzimmerschränkchen, Schlecken gegen dumpf Quälerwünsche, war lange schon süß auf Wachtel, aber Wachtels Mutter ist angeblich krank, und treue Tochter ist selten, kommt an, drum darf Wachtel an diesem Weihnachtsabend, obgleich sie die Jüngste ist, gehen, dienstfrei ab siebzehn Uhr fünfundvierzig, und jetzt ist es acht vor sechs.

Und jetzt fährt Alma auf Bier-Hanomag gerade Palmaille durch, Richtung Knast.

Und jetzt stellt Rigo sein Rad noch mal weg und pisst von der Bahnbrücke Rentzelstraße. Zu früh vorm Knast wär verkehrt.

Und jetzt sind Karo und Blondi mit Kleiner noch kurzes Stück Umweg gefahren und haben die Schlafbahre weggeschlossen bei Klopsch in der Hoftischlerei, altes Klapperschloss in der Werkstatttür, »hier friert er auch nicht, hier ist noch Stück warm, und Klopsch macht ihm morgen früh Kaffee, den kenn ich«, sie fuhren zufrieden davon, Richtung Herrenhaus Holstenglacis.

Und jetzt hat Leo sein Krippenspiel längst die zwei Runden über die Hürden, der Direktor döst schon, der Pastor quält sich, die bewaffneten Schließer, vier Mann sind mit drin, und die bleichen Gefangenen hocken und spotten, in Evchens Bauch zappelt das Kind, und Krischan studiert die Menschen.

Und Emo kappt jetzt Alarmanlage.

Und Wachtel ist jetzt fast am Ziel. Sie hat die Tür zwischen Frauen- und Männerknast abgeschlossen und zugespritzt. Sie kommt an den Hauptausgang Männer-UG. Emo hat jeden Weg sauber berechnet. Der Schließer dort, diesmal der einzige, »Heiligabend ist nie viel was los«, geht über Stufen mit ihr zum Tor, ihm klimpern die Schlüssel am Lederriemen, und einen schlägt er ins Schloss.

Und jetzt ist es Punkt achtzehn Uhr.

*

Der Schlüssel dreht ölig auf, das dreckige Tor auf, das wüste Haus auf.

»Frohes Fest!«, sagt Wachtel hinter dem Schließer. Und vor ihm sagen das Rigo und Blondi und Karo. Alle vier halten ihm Eisen hin, »kein Mucks, sonst stirbst du sofort«. Blondi grüßt freundlich paar Stufen ins Haus. Dort sitzt der Glaskastenschließer mit Summer. Der grüßt aber nett zurück. Den Doktor, den kennt er, der schreibt in der Zeitung, der kommt hier ja öfter zum Untersuchen, damit er was schreiben kann gegen Verrückte, son Arzt hat wohl nie auch mal Feierabend, alles so ähnlich wie hier, ein Scheiß. Er summt den Arzt und die Schwester durch die zweite und dritte Tür, kommt aus der Schachtel, und »frohes Fest!«, und Karo sagt ihm, »du Arsch gehst jetzt mit, oder du gehst um die ganz kalte Ecke, hoppla, mach auf, Station sieben!«.

Rigo ist, ohne Sicht für den Glasmann, in der Pfortenbude beim Torwart geblieben, »fix kalt!«, denn der zittert so bang.

*

Bei Leo, dem Mohrenkönig, hats auch eben sechs geschlagen. Das Zauberspiel ist plötzlich hell.

Als der Schwarze Maria anfasst, wollen ihn die Weißen verhaften. Er spielt sich hin zum Direktor und macht ihm mit Eisen die Augen auf und redet laut und exakt an alle: »Hier werden Genossen befreit. Hier rührt sich jetzt keiner. Hier geht keiner raus. Oder es gibt ein Gemetzel. Die einzige offene Tür bleibt besetzt«, denn Emo, der Blitz, hat aus Krippenstroh sich seine MP gegriffen und sichert links vorne die Tür.

»Die Schließer mir nach, und gar keine Zicken, und du da auch, und die Hände hoch! Gegen die Fensterwand!«

Der erste Schritt war auch hier getan, die Herrschaft stand leer an der Wand, Sack voll Schlüssel und fünf Pistolen, der Orgelpfaffe war blank, die Gefangenen, klamm von den Sitzen hoch, standen starr.

Aber der Schrei von Evchen Pietsch: »Mein Kind! Sie töten mein Kind!«

Da sah Leo erst, wer das war.

Aber wer war das denn?

Außer, dass sie im Wege standen.

Wer uns hindert, der lebt gefährlich.

»Bring sie her«, rief er Pietsch, »wir bleiben nicht lange.«

Pietsch kam mit Evchen quer vor die Wand zu den elf übrigen Helden, beide aber brav stumm, damit keiner hier merkt, dass sie Leo gut kennen. Man muss auch an später denken.

So stand nun das Leitungspack nackt.

Leo sah auf die Uhr.

Noch elf Minuten bis Ausgang.

Und damit ihm nichts Falsches passiert, während er jetzt die Bullen hier festschließt, fünf Weihnachtsspielbullen, vier Schließerbullen, ein Kirchenbulle, ein Oberbulle, ein Evchen, die Kuh, und ein Krischan, der Ochse, schließt Emo, alles berechnet, die letzte Kirchentür auch noch zu und kommt und sichert den Rücken von Leo, während es klicks macht und klicks und klicks, Mörderdienstpfote an Mörderdienstpfote, und der Direktor muss auf zwei Stühle, seine Rechte kommt eng an draußen das Gitter, das hält die nun alle hier fest, und »wer rausruft oder rausguckt, der stirbt nicht allein, draußen sind Handgranaten, das sind Polizisten, die haben gelernt, fürs Volk aus den Geldern des Volkes!«. Evchen muss auch an die lange Kette, kriegt aber Stuhl untern Arsch gedrückt, und weint, wie beinah schon richtig Maria, und Josef Pietsch doch genauso arm, genauso versetzt und erstaunt wie der damals.

Vielleicht dann aber das Kindchen im Bauch, vielleicht die junge Frau an der Kette, vielleicht, dass Leo eben knallhart von Polizei was gesagt hat – die Gefangenen wurden scharf und drängten zur einzigen Tür, aber noch lauernd stumm.

Emo sprang ihnen quer, und da war dann die Tür zu eng, nur noch neun Millimeter rund. Leo ging weg von der Gitterkette, von den hängenden Pfoten weg zu Emo, nur den nassen Pfaffen im Schlepp, »du gehst mit, kannst beten, bis alles hier klar ist«, und sagte in hundert graue Gesichter, »Kollegen, wir sind noch zu wenige. Wir holen hier heute die ersten fünf. Und zwar die, die sie töten wollen. Wir kommen hoffentlich später mal wieder. Das liegt aber an den Kräften des Volkes, passt auf die Kettentiere! Seht sie euch an! Sie haben Angst! Sie tun nur so unverletzlich!«. Aber Emo riss ihm das Reden weg, rasch zurück und raus aus der Tür, und dem Pastor noch bald die Hand weggeklemmt, »tuts weh? Na, dann wein man mal schön«.

Hier draußen in dreckigen Abschleppfluren wars plötzlich zu hoch und zu still, kein Menschenhaus, nur Schindersteine. Leo horchte. Emo stand kalt. Wo sind die anderen. Wo sind wir.

Da hörten sie, rasch näherkommend, über Treppen Tritte und schleppende Schritte, und nah Karos Ruf, »zusammenbleiben! Halt vorn die Schließer kurz, Blondi!«, die bleichen aus der Zentrale, die mit den Schlüsseln für Schlosser und Schlosser. Die hatten, zu Tode erschrocken, gehorcht, liefen, trabten der Gruppe vorweg, aber am Kaltstrick von Blondis Webley, flüchtend, und doch so gelähmt und gezähmt. Denn stur und klar kam Karo schon nach, und kamen die fünf freien Schlosser, leuchtend, kein Wort, nur einfach das Recht.

Und Wachtel am Ende, mit der MP, für alle und diesen Glashausschließer. Der tappte schon blind, der war schon halbtot. Karo fragt Leo nur, »Kirche ist klar?«, »alles verknackt und verpackt«, »dann raus hier!«. Und vorwärts durch Gitter und Glas bis endlich zurück ans Tor, bis in Rigos Wächterbude.

»Alles genau auf Punkt!«

Sie sahen sich atemlos an, »macht schnell!«.

Sie schlossen die Hände der vier Verschließer an die Beine vom betenden Pfaffen, und den mit der Hand an die Heizungsrippen,

»dreh die Hitzeheizung man ab, das muss ja nicht sein«, aber Rigo horcht noch auf Stimmen.

*

Denn seit Leo mit Emo, den Pastor am Kettchen, die Kirche verlassen hatte, war Leben in dieser Zähmungsbude, waren Kampf und Geheul im Ohnmachtstempel, und der Direktor hing schon ein Weilchen und schrie und verlor schnell an Geist, paar Gefangene hatten ihm, ohne zu lachen, den Thron unterm Kreuz weggetreten, und achteten nun drauf, dass keiner, auch Pietsch nicht, den Schreihals abstützt und schützt, »er war ungezogen, jetzt kriegt er geschimpft«, ein Gefangener spuckte den Schlappzappel an und setzte sich Leos Spielkrone auf und drängte mit anderen zur Tür. Aber wie kriegt man die auf? Pech, der Schlüssel steckt draußen auf, da nützt erst mal nicht mal Stück Krippendraht, »und Gegenspringen nützt auch nicht viel, springst du sie nur weiter zu, falsch rum«, »seid doch mal ruhig, da kommt was!«.

Rigo war noch mal zurückmarschiert, einmal ist keinmal, also noch mal, und wenn schon das Tor auf, dann richtig.

Er stemmt die beiden Kirchentürflügel ruckzuck wie ein Engel weit auf. Und keiner rennt einfach so gegen ihn los, drüber weg. Alle hundert gucken ihn an. Und sieht ja auch reichlich gut aus, der Schrank, lauter Pistolen in Stiefeln und Gürtel, das Hemd auf wie erstes Mal Sonne im Mai, Flinte im Arm wie ne Frau, wie ne Fahne, Kerzenlichtflimmer wie fliegende Messer, und im Zentnergenick, richtig mit Bändern, die uralte Mütze mit Schirm ab.

Und brummig, »na denn man gleich los, – alles klar?«, sein Grinsen kommt über ihn her zurück als blitzender blutiger Schrei. Sie wälzen, mit ihm an der Spitze, berstend durchs Ängstehaus, durch lauter hängende tote Türen, splittern Glas weg und trampeln und tanzen die Stufen.

Da platzt ein lascher, gelblicher Schuss.
Sie hatten Schmüser vergessen.

Die Orgelratte vom Königsspiel war erst mal hinter die Pfeifen geknickt, als Leo da Ordnung machte. Aber will dann doch mit den anderen hier raus, im großen Haufen, ich kleiner Dreck, da rutsch ich, denkt er, mit durch. Aber hält die Freude von Rigo nicht aus, den Stolz auf Freiheit, den Mut des Volkes, dies Feierfressen der brüllenden Lieder, da möchte er schnell gern sein Gift beimischen, und trifft Rigo gut, und denkt, im Getümmel, das geht, das Pack ist ja blind.

Hat aber Tausend Augen, ihr Schweine.

Rigo hat noch eine kleine Minute, gar keine Schmerzen, läuft nur so aus, und hockt sich raus an die Bäume, ins Stille, und blutet nach innen weg tot. Sieht aber alles noch klar: Wie heulende Wahrheit auf Schmüser kommt, wie sie ihn sich auf die Handhaken schmeißen, wie sie ihm seine Kleider zerreißen, wie sie ihn gegen die Mauer reiben, wie sie ihm Arme und Beine austreiben, wie sie ihn in die Steine treten, wie sie den Volksmörder mächtig töten. Das streift Rigo lind wie ein Federchen. Dann erstickt ihn ein Berg von Licht.

*

Die anderen hatten draußen auf Rigo noch eine Minute gewartet. Und weil Schlosser das will, noch eine. Aber dann der sich nähernde tobende Lärm. Da hatte Wachtel gesagt, »er kommt nach, fahrt jetzt los, jetzt sofort!«.

hohenholz jan 1976

Glossar

13 *für Arbeit und Brot* Agitatorisches Leitmotiv »in den Elendsjahren nach dem Oktober 1929«. Geissler bezieht sich hier auf die Weltwirtschaftskrise nach dem Börsencrash am 24. Oktober 1929.
13 *Weihnachtsgeschichte* Am 25. Dezember 1918 kämpften in Berlin Arbeiter und Soldaten gegen die von der SPD gerufenen Truppen im Gebäudekomplex der SPD-Zeitung Vorwärts. Am 25. Dezember 1918 besetzten rund 500 organisierte Arbeiter das Gebäude der 1876 gegründeten Zeitung der SPD und übernahmen kurzzeitig den Druckbetrieb.
13 *Bullenförster aus Daressalam* Am 1. Juli 1919 schickte die SPD die Truppen des Bahrenfelder Freikorps unter der Leitung des Kolonialoffiziers Generalmajor Paul von Lettow-Vorbeck (1870–1964) gegen Hamburger Betriebsräte und Sicherheitswehren. Lettow-Vorbeck trug noch aus seiner Zeit in Deutsch-Ostafrika (heute: Tansania) einen breitkrempigen Uniformhut mit einseitig aufgekipptem Rand, ähnlich den Hüten, die damals hierzulande die Förster trugen.
13 *Hungerdachluken* Beim Hamburger Aufstand im Oktober 1923, als die arbeitenden Massen hungerten, kämpften die Revolutionäre zum Schrecken der Weißen klug aus dem Hinterhalt, z. B. aus Barmbeker Dachluken. Der Hamburger Aufstand war eine von der militanten Sektion der KPD in Hamburg am 23. Oktober 1923 begonnene Revolte. Ziel war der bewaffnete Umsturz in Deutschland nach dem Vorbild der russischen Oktoberrevolution 1917. Im

Laufe des Aufstands wurden in Hamburg und Schleswig-Holstein insgesamt 24 Polizeireviere besetzt.
13 *Danner*   Lothar Danner (1891–1960), SPD-Politiker. Er war kommandierender Offizier der SPD-Polizeitruppen gegen Hamburger Arbeiter im Oktober 1923.
14 *Holstenglacis*   Straße in Hamburg, an der das Untersuchungsgefängnis steht.
14 *Billstedter Jute*   ›Die Jute‹ im Stadtrandbezirk Billstedt war damals in Hamburg eine der größten Manufakturen. In ihr arbeiteten vorwiegend schlecht bezahlte Frauen, die kaum organisiert waren.
14 *rede, Genosse Mauser.* Zitat aus dem Gedicht »Linker Marsch« (1918) von Wladimir Majakowski, später vertont von Hanns Eisler: »Entrollt euren Marsch / Burschen von Bord / Schluss mit dem Zank und Gezauder / still da, ihr Redner / du hast das Wort / rede, Genosse Mauser ...« Die Rede ist hier von der Mauser C 96, einer der ersten Selbstladepistolen.
15 *Schupo*   Schutzpolizei.
16 *Zachun*   Pseudonym für ein Gutshofgebiet in der holsteinischen Schaalseegegend, wo zur Zeit der Abfassung des Romans noch Eigentümer ihr Zeug gegen wanderndes und badendes Städtervolk absichern mithilfe von Schlagbäumen und Warntafeln: VORSICHT! KEIN BETRETEN OHNE AUFFORDERUNG! STIERE UND WACHHUNDE LAUFEN FREI!
19 *Wandseböschung*   Im Hamburger Stadtteil Eilbek Parkufer des Flüsschens Wandse, Nebenfluss der Alster.
20 *Dass die Erschießung von Polizisten ... unwürdig*   Aus Arbeitspapieren der KPD vom Anfang der Dreißigerjahre.
26 *Pöseldorf*   Quartier im Stadtteil Hamburg-Rotherbaum; Wohngegend der Hamburger Reichen: »Kneipenterrain für die Hamburger Schwätzer aus Presse, Rundfunk und Fernsehen, Spielwiese für den Auftritt von Strafvollzugsführern und dasda-Komplizen.«

dasda – Monatsmagazin für Kultur und Politik war eine von 1973 bis 1979 in Hamburg erscheinende Zeitschrift, zu deren Autoren u. a. Rolf Hochhut, Karlheinz Deschner, Rudi Dutschke, Sebastian Haffner, Günter Wallraff, Hubert Fichte und Robert Neumann gehörten.

27 *Mangas, Eskiminzin, Captain Jack* Nordamerikanische Prärieindianer. Geissler verweist hier auf das Sachbuch »Begrabt mein Herz an der Biegung des Flusses« (»Bury My Heart at Wounded Knee«) des Schriftstellers und Historikers Dee Brown aus dem Jahr 1970, in dem dieser das Leiden und den Untergang der Indianer Nordamerikas unter der amerikanischen Expansion beschreibt.

30 *Orpo* Ordnungspolizei; kaserniert.

33 *Knick* Niederdeutsches Wort für Feldhecken.

38 *hauptvollblut und wasistdas* Geissler schreibt dazu: »Kurzfassung der Schwerpunkte lutherischer Glaubenslehre.« »O Haupt voll Blut und Wunden« ist ein Kirchenlied, das in seiner heutigen Form von Paul Gerhardt (1607–1676) und Johann Crüger (1598–1662) stammt. »Was ist das?« ist eine zentrale, sich häufig wiederholende Frage im »Kleinen Katechismus« (1529) von Martin Luther, in dem dieser als Einführung in den christlichen Glauben die 10 Gebote, das Vaterunser, das Glaubensbekenntnis und die Sakramente erläuterte.

44 *Kolonialjugend* In den Zwanzigerjahren eine Jugendorganisation »zur Pflege kolonialen Gedankengutes«.

45 *im Krieg in Kiel* Der Kieler Matrosenaufstand fand Anfang November 1918 – gegen Ende des Ersten Weltkrieges – statt. Auslösendes Moment waren Befehlsverweigerungen auf einzelnen Schiffen der vor Wilhelmshaven ankernden Flotte, zu einer Entscheidungsschlacht gegen die britische Marine auszulaufen. Dies mündete in einer Meuterei mehrerer Schlachtschiff-Besatzungen. Von Kiel aus wurde der Impuls zur Ausbreitung der Unruhen gegeben, die dann zur reichsweiten Novemberrevolution, zum Sturz

der Monarchie in Deutschland und zur Errichtung der Weimarer Republik führten.
47 *Sperberclubleute* Angehörige des SCS (Sportclub Sperber von 1898 e.V.) in den Hamburger Stadtteilen Winterhude und Alsterdorf.
50 *nach Ostland geht unser Ritt* Anfangszeile eines damals verbreiteten Liedes, vermutlich aus dem Erfahrungsschatz bzw. den Kampfzielen der konterrevolutionären Freikorps.
51 *wir reiten ... zusammengeschart* Aus der letzten Strophe des obigen Liedes.
52 *Wehrwolf* Der Wehrwolf. Bund deutscher Männer und Frontkrieger war ein nationalistischer und republikfeindlicher, paramilitärischer Wehrverband in der Weimarer Republik. Seine Mitglieder bestanden vorwiegend aus Freikorps-Mitgliedern und Offizieren niedrigerer Dienstgrade. Im Sommer 1933 erfolgte auf eigenen Wunsch die Eingliederung in die SA.
52 *es zittern die morschen Knochen* Lied von Hans Baumann (1914–1988). Große Karriere machte der Text ab 1934 in den Organisationen der NSDAP. Er gehörte zu den Standardtexten der Hitler-Jugend und der SA und wurde zum Pflichtlied des Reichsarbeitsdienstes. Ursprünglich wurde in dem Lied »vor dem roten Krieg« gezittert, was dann später aber ins Wehrhaft-Wertfreie umgefälscht wurde auf »vor dem großen Krieg«. Eine Zeile des Liedes, die zuerst »heute, da hört ...« lautete, wurde im Nationalsozialismus häufig als »heute gehört uns Deutschland, und morgen die ganze Welt« gesungen.
57 *sechs Jahre Krieg gegen seinesgleichen* Der Anglo-Irische Krieg; auch als Irischer Unabhängigkeitskrieg bekannt, dauerte von Januar 1919 bis Juli 1921. Er wurde von der Irischen Republikanischen Armee (IRA) in einer Art Guerilla-Kampf gegen die britische Regierung in Irland geführt. Die IRA, die in diesem Konflikt gekämpft hat, wird oft als »Alte IRA« (Old IRA) bezeichnet, um

sie von den späteren Gruppen (mit anderen Gesinnungen) abzuheben, die den gleichen Namen verwendeten. Geissler bezeichnete ihn als »Nationalen Befreiungskampf« und setzte seine Dauer von 1916 bis 1922/23 an.

77 *unstete Fahrt, voller Morden*　Textstück aus dem Marschlied »Wildgänse rauschen durch die Nacht« nach einem Gedicht von Walter Flex. Die Passage heißt vollständig: »Unstete Fahrt! Habt acht, habt acht! Die Welt ist voller Morden.« Das Lied verbreitete sich zunächst in der Wandervogelbewegung und der Bündischen Jugend, bald wurde es auch von der Katholischen Jugend gesungen, später auch in anderen Vereinigungen sowie der Hitlerjugend, Wehrmacht und Waffen-SS. Nach dem Zweiten Weltkrieg war das Lied bis in die 1970er-Jahre im Schulunterricht weit verbreitet. Das Lied gehört auch u. a. zum Repertoire von Studentenverbindungen und der SJD – Die Falken (Sozialistische Jugend Deutschlands – Die Falken). In der deutschen Bundeswehr und im österreichischen Bundesheer ist es ein beliebtes Marschlied.

91 *Heia Safari ... Askari*　Anspielung auf das Marschlied der deutschen Kolonialtruppen, dessen Refrain lautete: »... wie lauschten wir dem Klange, dem altvertrauten Sange, der Träger und Askari, heia, heia safari!« Askari ist ein arab.-türk. Wort für Soldat, hier für die schwarzen Mannschaften der weißen Kolonialherren.

91 *Brigadechef Ehrhardt*　Hermann Ehrhardt (1881–1971) war ein deutscher Marineoffizier sowie antisemitischer, deutschnationaler, republikfeindlicher Freikorpsführer und Putschist während der Weimarer Republik. Anfang 1919 gründete er die sog. Brigade Ehrhardt zur Bekämpfung der revolutionären Bewegung im Nachkriegsdeutschland. Die Brigade nahm am Kampf gegen die Novemberrevolutionäre teil und gehörte später zu den Hauptakteuren des Kapp-Putsches vom März 1920.

94 *und schreiben das einfach so hin*　Zeitungsdeutsch der SPD um 1929 zur Diffamierung von Klassenkämpfen.

99 *Marliring* Straße in Lübeck, an der das dortige Gefängnis steht.

105 *Bluthundregierung* Als Anfang 1919 der SPD-Reichswehrminister Gustav Noske (1868–1946) den Oberbefehl über die konterrevolutionären Truppen übernahm, tat er das mit der Bemerkung: »Meinetwegen, einer muss der Bluthund werden, ich scheue die Verantwortung nicht.«

108 *Aby Warburg* Eigentlich Abraham Moritz Warburg (1866–1929), dt. Kunsthistoriker und Kulturwissenschaftler. Der Sohn eines Bankiers gilt als einer der bedeutenden Anreger der Geistesgeschichte im 19. und beginnenden 20. Jahrhundert.

117 *Schönfelderstrahlen* So genannt nach Adolph Schönfelder (1875–1966). Der SPD-Politiker war von 1926 bis 1933 Polizeisenator in Hamburg. Geissler vermerkt dazu: »vgl. die Bezeichnung Genscher-Block in Sachen Isolationsfolter; volkstümliche Klarstellung von Zusammenhängen.« Er setzt damit den von 1969 bis 1974 amtierenden Bundesinnenminister Hans-Dietrich Genscher in Zusammenhang mit dem Begriff der »Isolationshaft«, der auf die Haftbedingungen von Mitgliedern der Rote-Armee-Fraktion in den 1970er-Jahren u. a. in der Justizvollzugsanstalt Stuttgart angewandt wurde.

126 *Ohlsdorf* Hauptfriedhof der Stadt Hamburg, ein paar Kilometer lang und breit.

132 *Düsseldorfer Geheimgespräche* Am 27. Januar 1932 überzeugte Hitler, auf Initiative von Fritz Thyssen, in einer Geheimveranstaltung des Düsseldorfer Industrieclubs die herrschenden Konzernvertreter von seiner kapitalverbundenen ›Revolution‹. In einer Rede am Vortag hatte Hitler wichtige Elemente seines Geschichts- und Menschenbilds und seine Gedanken zum »Wiederaufstieg« Deutschlands vorgestellt. Die Veranstaltung galt lange als ein politischer Durchbruch für Hitler. Sie wird oft als ein Beleg dafür angeführt, die Großindustrie habe massiv zum Aufstieg der NSDAP beigetragen. So schrieb Fritz Thyssen in seinen Memoiren, dass in

ihrer Folge zahlreiche Zuwendungen aus der Schwerindustrie in die Kassen der NSDAP geflossen seien.

138 *Ruhrclubverrat* Vgl. vorhergehende Anmerkung. In den faschistischen Massenorganisationen, vor allem in der SA, erwarteten vor 1933 viele von Hitler die sogenannte nationale Revolution als eindeutig antikapitalistischen Umsturz. Aus dieser Perspektive war Hitlers Bündnis mit der Schwerindustrie Verrat.

151 *Reichsbananen* Spottname von rechts und links für die Angehörigen der Organisation Reichsbanner Schwarz-Rot-Gold, Bund deutscher Kriegsteilnehmer und Republikaner. Eigentlich eine überparteiliche Organisation, de facto aber SPD dominiert, die in der Weimarer Zeit zum Schutz der Republik gegen »Feinde« von den politischen Rändern agierte.

156 *Abruzzenviertel* Volkstümliche Bezeichnung für den Altonaer Arbeiterwohnbezirk Mottenburg. Wohl mit Respekt so genannt nach dem unwegsamen Brigantengebiet in Mittelitalien. Noch in den Siebzigerjahren, so schreibt Geissler, habe man alte Hamburger Arbeiter mit Freude erzählen hören: »Da ging nicht mal mehr die Polizei rein. Da war alles klar.«

163 *Industriekriminelle* Hier sind nicht irgendwelche einzelnen Wirtschaftsverbrecher gemeint, sondern ganz prinzipiell und zeitlos die leitenden Masken im kapitalistischen Wirtschaftsprozess, der als ein krimineller verstanden werden muss, insofern er auf Diebstahl und auf der Zerstörung von Menschen beruht.

168 *Testpilot Bertram* Hans Bertram (1906–1993), dt. Pilot und Schriftsteller. Von Februar 1932 bis Ostern 1933 unternahm er einen halsbrecherischen Werbeflug mit einer Junkersmaschine für Industriekontakte bis nach Australien. Sein Reisebericht erschien 1933 unter dem Titel »Flug in die Hölle. Mein australisches Abenteuer« im Ullstein-Verlag.

173 *Thüringen ... Sachsen* Als 1923 in Thüringen und Sachsen jeweils Koalitionsregierungen aus SPD und KPD gegründet wurden,

dachten viele revolutionäre Arbeiter, die KPD mache diesen Schwindel nur mit aus Taktik, um die Arbeiterklasse zu bewaffnen. Aber das war eine Täuschung.

179 *Mansfelderfahrung* Trotz der eben erst (Jan. 1921) von der Zentrale der VKPD in einem offenen Brief ausgearbeiteten neuen Linie, nach der Kommunisten mit den Leitungen der Gewerkschaften, der SPD, der USPD und der KAPD (Kommunistische Arbeiterpartei Deutschlands) gemeinsam agieren sollten, und zwar ausdrücklich unter Beschränkung auf den Bewusstseinsstand der Arbeitermehrheit, erhoben sich am 21. März 1921 im Mansfelder Kupferschieferbergbau die revolutionären Arbeiter bewaffnet und in aktiv-erfinderischer Selbstorganisation gegen einmarschierende Polizeieinheiten unter SPD-Kommando. Geissler verweist hier auf: Walter Ulbricht, Geschichte der deutschen Arbeiterbewegung, Band 3 (1966) und Karl Heinz Roth, Die ›andere‹ Arbeiterbewegung und die Entwicklung der kapitalistischen Repression von 1880 bis zur Gegenwart. Ein Beitrag zum Neuverständnis der Klassengeschichte in Deutschland, 1974.

179 *K. z. b. V.* Kommando zur besonderen Verwendung, Terrorgruppe mit gesetzlichem Auftrag ab März 1933 in Hamburg, mobiles Einsatzkommando im Zuständigkeitsbereich des Gestapodezernats IV 1a unter der Leitung des Polizeioberleutnants Franz Kosa. »Arbeitsziel: Terrorisierung der organisierten Arbeiterschaft, Vernichtung der Kader.«

180 *Leunaschreck* In Verbindung mit den Mansfelder Kämpfen (siehe Anmerkung zu S. 179 [*Mansfelderfahrung*]) besetzten Tausende Arbeiter der chemischen Werke in Leuna mit Waffengewalt ihr Werk und verwandelten es in eine Festung gegen die anrückende SPD-Polizei. Der Schreck für diese lag in der Kraft und dem technischen und organisatorischen Erfindungsreichtum der kämpfenden Arbeiter.

185 *Trommler* Zigarettenmarke, die damals demonstrativ von der SA und Nazi-Sympathisanten geraucht wurde.

189 *Janhagel* Aus dem Niederländischen: Der Pöbel; Ende der Zwanzigerjahre gebräuchliches Schimpfwort in Hamburgs Bürgerpresse für die kämpfende Arbeiter.

196 *Fackeln gabs ja nun reichlich* Zeitbestimmte Anspielung auf die Fackelmärsche der Nationalsozialisten in den Wochen nach dem 30. Januar 1933.

212 *Heimannsberg* Magnus Heimannsberg (1822–1962) war Polizeikommandeur und wichtiger Vertreter innerhalb der damaligen Polizeigewerkschaftsarbeit. Von 1927 bis zu seiner Amtsenthebung im Jahr 1932 war er Kommandeur der Berliner Schutzpolizei.

212 *vom Noskestamm eine Regierungspflaume* Anspielung auf den SPD-Politiker Gustav Noske, vgl. Anmerkung zu S. 105 [*Bluthundregierung*].

213 *Lapo* Landespolizei; überregionale Polizeitruppe mit Spezialausbildung gegen sich entfaltende Klassenkämpfe. Geissler vergleicht sie mit dem Bundesgrenzschutz.

213 *EK-Offiziere* Offiziere, die mit dem Eisernen Kreuz ausgezeichnet waren, also im Ersten Weltkrieg gedient hatten. Geissler vergleicht sie mit Offizieren des Bundesgrenzschutz »mit Nazikriegspraxis«.

214 *Harvestehude* Vgl. auch Anmerkung zu S. 26 [*Pöseldorf*]. Das Reichenviertel an der Alster hatte schon vor 1933 besonders viele Naziwähler. Am Harvestehuder Weg war auch ein Befehlssitz der SA (= Standarte).

215 *ZKH* Zentralkrankenhaus, Gefängniskrankenhaus im Gebäudekomplex des Hamburger Untersuchungsgefängnisses.

224 *Wahlanalysen* Am 5. März 1933 fanden die letzten Reichstagswahlen statt. Die NSDAP erhielt 17,3 Millionen Stimmen (43,9 Prozent), die SPD und die KPD zusammen knapp 12 Millionen (KPD 4,85). Um die für seine »konterrevolutionären Sondergesetze«

(Geissler) (Ermächtigungsgesetz) notwendige 2/3-Mehrheit zu erlangen, ließ Hitler die meisten der gewählten KPD-Abgeordneten, trotz allen friedlichen Verhaltens, gleich nach der Wahl verhaften.
224 *wie sie sich selber verraten*   Originalzitate. Die »stärkste Fraktion« war damals die SPD.
229 *Testpilot*   Vgl. Anmerkung zu S. 168 [*Testpilot Bertram*].
231 *Choral von Leuthen*   Titel eines im März 1933 uraufgeführten Spielfilms aus der sogenannten Fridericus-Rex-Serie. Es geht in diesem Film um die Verherrlichung einer Führergestalt (hier um Friedrich II. von Preußen), die aus höherer Eingebung gegen alle Vernunft erfolgreich zu handeln versteht.
231 *Obersalzbergwald*   Berghangterrain oberhalb von Berchtesgaden, die sogenannte Wahlheimat des Führers, in der Hitler seinen »Berghof« erbauen ließ.
233 *Zehn Monate später*   Die Rede ist von den Tagen nach dem 30. Juni 1934, von der sogenannten Niederschlagung des Röhm-Putsches, einer Säuberungsaktion innerhalb der nationalsozialistischen Bewegung, mit der es Hitler darauf ankam, durch die Vernichtung letzter antikapitalistischer Kräfte in der SA zuverlässige Unterstützung bei der Reichswehr und in den Konzernen zu erlangen.
234 *Hilfspolizisten*   Angeblich, um die Polizei »bei ihrer schweren Arbeit gegen das marxistische Verbrechertum« zu unterstützen, tatsächlich, um die demokratischen Reste in der Polizei einzuschüchtern und gleichzuschalten, wurde von Hermann Göring die Hilfspolizei gegründet, deren Personal aus den schlimmsten Schlägertrupps von SA und SS »an die vorderste Front« gerufen wurde (vgl. auch Anmerkung zu S. 179 [*K. z. b. V.*]).
286 *nicht der schafft dem Volk Gemeinschaft ...*   Zitate aus amtlichen Verlautbarungen anlässlich der sogenannten Weihnachtsamnestie 1933, als Tausende der im Frühjahr verhafteten Arbeiter, zerschlagen und verstummt, überraschend aus den Gefängnissen entlassen wurden.

Editorische Notiz

Der Roman »Wird Zeit, dass wir leben« wurde 1976 erstmals veröffentlicht. Die vorliegende Textfassung folgt der Erstausgabe, wurde jedoch sorgfältig durchgesehen und an die neue Rechtschreibung angepasst. Eigentümlichkeiten in Geisslers Schreibweisen wurden erhalten. Im Personenverzeichnis zu Beginn des Buches wurden von Geissler dort nicht erwähnte Figuren in eckigen Klammern ergänzt. Das Glossar war bereits Bestandteil der Erstausgabe, geprägt von einer pointierten Mischung aus Fakten und Standpunkten. Für heutige Leser wurden hier und da die Fakten behutsam ergänzt, die typische Diktion Geisslers wurde aber so weit wie möglich beibehalten.

Einer auf 20 nummerierte Exemplare limitierten Vorzugsausgabe des Buches liegt jeweils ein eigens für diese Publikation angefertigter Originaldruck von Jean-Jacques Volz bei.

Bruno Meyer, 1976. *Quelle: KZ-Gedenkstätte Sachsenhausen*

Ein Polizist im Widerstand –
Bruno Meyer als Vorbild für Leo Kantfisch

Nachwort von Detlef Grumbach

> In einer Veröffentlichung der VAN (Vereinigung der Antifaschisten und Verfolgten des Naziregimes) aus dem Jahr 1971 gibt es den Hinweis auf einen Hamburger Polizisten, der, 1933/34 eingesetzt als Wachmann für das Untersuchungsgefängnis, versucht hat, politische Gefangene zu befreien. Ich fand diesen Hinweis so wichtig, die Vorstellung von einem Schließer, der es lernt aufzuschließen, so beispielhaft, dass ich hier weiterarbeiten wollte.
> C. G.

Ausgangspunkte

»Das ist nicht erfunden, das ist nicht gesponnen. Die Mehrzahl der Menschen, die ich in Bewegung setze in meinen Büchern, sind ja proletarische Menschen«, erklärte Geissler in einem Interview im Jahr 1997, wie es zu dem Roman »Wird Zeit, dass wir leben« gekommen ist. »Ich habe sie ja kennengelernt über die Kommunistische Partei und als Dokumentarfilmer für den NDR. Die haben mich so beeindruckt, dass es mir leichtfiel, sie zu ganz wichtigen Menschen mit ganz wichtigen Bewegungen in meinen Büchern werden zu lassen. Den habe ich doch selbst getroffen, der dort Leo heißt, der hieß in Wirklichkeit Bruno Meyer, ein ganz, ganz wichtiger Mann für mich. Zwanzig Jahre älter als ich und entsprechend schlauer.«[1]

»Ausgangspunkt« überschrieb Christian Geissler seine kurze Vorbemerkung, die er in der Erstausgabe des Romans unter das Personenverzeichnis gesetzt hat. Damit lenkt er, wie auch in seiner Interviewäußerung, das Augenmerk auf die Romanfigur Leo Kantfisch. Der Roman handelt aber von weit mehr als von dem Polizisten, der eine Gefangenenbefreiung vorbereitet. Er reicht zurück in die Zeit des Hamburger Aufstands 1923, als die KPD nach der steckengebliebenen Novemberrevolution 1918 erneut eine Revolte mit dem Ziel eines sozialistischen Deutschlands erst initiierte und dann abblies. Er handelt davon, wie das Proletariat unter der Wirtschaftskrise litt und aus dem Leid der Wille zum Kampf gegen die Verhältnisse erwuchs: gegen die erstarkenden Nationalsozialisten, nach 1933 gegen deren Macht. Geissler erzählt vom Konflikt zwischen jenen, die dem Nationalsozialismus mit einer friedlichen Massenbewegung gegenübertreten wollten, und jenen, die dem Spuk mit der Waffe in der Hand ein Ende bereiten wollten, von Parteidisziplin und Eigensinn. Er spitzt damit die ebenso politische wie moralische Frage zu, wie das Individuum auf herrschende Gewalt reagieren kann oder sogar muss, ob und wieweit Gewalt gegen eine das Leben der Einzelnen und der Gesellschaft bedrohende Kraft legitim oder notwendig ist. Der Roman endet Weihnachten 1933, als der Nationalsozialismus fest im Sattel sitzt, die Strukturen von SPD und KPD zerstört sind und vor allem die führenden Genossinnen und Genossen im Gefängnis oder im KZ sitzen. Die Ironie der Geschichte: Schlosser, der im Roman inhaftierte Funktionär der KPD, wird am Ende von jenen aus dem Gefängnis befreit, die er zuvor in ihrem Kampf hat bremsen wollen.

Seinen Ausgangspunkt fand Christian Geissler in der Broschüre »Fiete Schulze oder Das dritte Urteil«, herausgegeben von der VAN (Vereinigung der Antifaschisten und Verfolgten des Naziregimes). Fiete Schulze gehörte schon zu Zeiten des Hamburger Aufstands 1923 zu den führenden Genossen der Hamburger KPD. Im

April 1933 wurde er verhaftet, dreimal zum Tode verurteilt und im Juni 1935 hingerichtet. Das Urteil und seine Vollstreckung waren ein Fanal. Das Weltkomitee gegen Krieg und Faschismus (u. a. mit Henri Barbusse, André Gide, Albert Einstein und Heinrich Mann) appellierte »an das Gewissen der Welt«.[2]

Der Polizist Bruno Meyer hatte um die Jahreswende 1934/1935 zusammen mit Christa Rom und Hermann Sanne den Plan gefasst, Fiete Schulze und Etkar André aus dem Gefängnis zu befreien. Auch André hatte zu den Aktivisten des Hamburger Aufstands gehört, war 1926 bis 1933 Mitglied der Bezirksleitung Wasserkante der KPD und saß seit 1927 in der Hamburgischen Bürgerschaft. Der Plan ihrer Befreiung wurde jedoch verraten. Als das Todesurteil gegen Schulze im Hof des Untersuchungsgefängnisses vollstreckt wurde, saß Meyer dort selbst in einer Zelle. Etkar André wurde dann im November 1936 hingerichtet.

Der Versuch, die beiden Genossen zu befreien, wird in der Fiete-Schulze-Broschüre zweimal erwähnt. Während die nationalsozialistische Justiz die Anklage Schulzes vorbereitete, sei, so heißt es in der Einleitung, »die illegale Bezirksleitung der KPD Hamburg nicht untätig geblieben. Sie bereitete 1934 eine Befreiungsaktion für Fiete Schulze und Edgar [!] André vor. Diese Aufgabe übernahm eine Gruppe Hamburger Antifaschisten, darunter auch Angehörige der Landespolizei, die das UG zu bewachen hatten.«[3] Namen werden nicht genannt. Im Anhang mit den Dokumenten findet sich eine berührende Erinnerung Meyers an die Hinrichtung Schulzes. Der Text ist mit einer Fußnote versehen, in der der Befreiungsplan Meyers erwähnt wird, von einem Plan der KPD-Führung jedoch – anders als im vorderen Teil der Broschüre – nicht die Rede ist.[4] Die Namen der anderen Beteiligten werden auch hier nicht genannt.

Geissler ist dem Hinweis gefolgt, hat Bruno Meyer ausfindig gemacht, ausführlich mit ihm gesprochen und seine Figur Leo

Kantfisch nach ihm geformt – teilweise erstaunlich authentisch, bis in Details wie seine Liebe zur Fotografie oder zu Afrika: Bruno Meyer nannte sich schon in seiner Kindheit »Simba, der Löwe«. Auch zu Meyers damaliger Geliebten und Mitstreiterin Christa Rom suchte Geissler den Kontakt. Sie diente ihm als Vorlage für die Gestaltung Karos, die als illegitime Tochter eines Barons und seiner Magd aufwuchs, sich dem Widerstand anschloss, den Umgang mit Waffen lernte und später in Hamburg zum Kern der Gruppe gehörte, die die waghalsige Befreiungsaktion durchführte. Am 5. Januar 1975 schrieb Geissler an Christa Rom:

»Ich bin aufgewachsen und lebe in einem Land, in dem eine winzige Minderheit Klarheit und Mut genug gehabt hat, den antifaschistischen Kampf praktisch und hart so zu machen, wie Sie und Bruno und Sanne es versucht haben, als Sie daran gingen, gefangene Genossen vor den Nazihenkern zu retten. Und nur um dieses Thema, um diesen Mut, um die harte Systematik und Konsequenz solcher politischen Arbeit damals zwischen 33 und 35 (und eben dabei um die wenigen einzelnen Menschen, die diese Arbeit damals bewusst auf sich genommen haben) wird es mir in meinem Buch gehen und geht es mir jetzt, wenn ich mit Ihnen sprechen wollte. Mit wem sollte ich hierüber wohl sprechen können außer mit Bruno (»Simba«) (und das ist geschehen) und mit Ihnen? [Sanne ist in der Gefangenschaft 1945 gestorben] Wer, außer Ihnen, sollte mir helfen können, vernünftig zu erkennen und aufzuzeichnen, woher damals bei den allzu wenigen diese Folgerichtigkeit und Schärfe des Handelns kamen (vielleicht auch, denke ich manchmal, jener besondere Mut zu einer unerhörten Einsamkeit in den wichtigsten Entschlüssen ...)? Auf allen Seiten, das wissen Sie besser als ich, wird über entscheidend Menschliches – über den Kampf, das Versagen, das Gelingen – so viel gelogen, so viel verschleiert und verschwiegen! Erst Brunos Aufrichtigkeit hat mir den Mut gemacht (und die Notwendigkeit gezeigt), auch mit Ihnen zu spre-

chen über Erfahrungen und Handlungen und Niederlagen, die hier viel zu wenig bekannt sind – und aus denen auch jetzt und gerade auch jetzt noch für jetzt viel gelernt (und Stolz und Zutrauen in Menschen genommen) werden könnte.«[5]

Aber Geissler nennt in seinem »Ausgangspunkt« weder die genaue Quelle noch die Namen Bruno Meyers oder Christa Roms, als wolle er seine Geschichte gleichermaßen in der historischen Wirklichkeit verankern und doch vom konkreten »Ausgangspunkt« wegrücken. Außerdem lässt er »seine« Befreiungsaktion, auch wenn Rigo, einer der Protagonisten, dabei erschossen wird, halbwegs gut ausgehen.

Bruno Meyer selbst war am späten Abend des 16. Januar 1935 verhaftet worden, »weil er dringend verdächtig ist, sich in unverjährter Zeit des Hoch- und Landesverrats schuldig gemacht zu haben«[6] und wurde zugleich aus dem Polizeidienst entlassen; »Entlassungsadresse: Untersuchungsgefängnis«[7]. Am 26. März 1936 wurde er vom 1. Senat des Volksgerichtshofs »wegen Beihilfe zur Vorbereitung eines hochverräterischen Unternehmens, wegen Unterschlagung und wegen Vergehens gegen §90d St.G.B. zu einer Gesamtstrafe von 8 – acht – Jahren Zuchthaus verurteilt.«[8] Er verbüßte die Strafe in verschiedenen Zuchthäusern, wurde am 1. April 1943 ins KZ Sachsenhausen überstellt und am 10. November 1944 ins Bewährungsbataillon Dirlewanger eingezogen. Am 16. Dezember konnte er zur Roten Armee überlaufen und geriet in Kriegsgefangenschaft, wo er im Bergwerk arbeiten musste. Am 5. Januar 1950 kehrte er nach Hamburg zurück.

Als Bruno Meyer am 22. Dezember 1983 starb, war seine mutige Tat beinahe in Vergessenheit geraten. Die Ansprache auf der Trauerfeier am 4. Januar 1984 im Krematorium in Hamburg-Ohlsdorf hielt Otto Schönfeldt. Schönfeldt, ein Jahr jünger als Meyer, hatte 1953 auf der Liste der von Gustav Heinemann mitgegründeten Gesamtdeutschen Volkspartei für den Deutschen Bundestag

kandidiert. Er gehörte seit 1954 zu den Herausgebern der Deutschen Volkszeitung, einem frühen Vorläufer des heutigen Freitag und engagierte sich an führender Stelle für die Aufhebung des KPD-Verbots. Schönfeldt erwähnte in seiner Rede den Versuch, Etkar André und Fiete Schulze zu befreien, nur kurz und betonte dabei beinahe rechtfertigend: Meyers »Vorhaben bleibt in höchstem Maße ehrenwert.«[9]

Aber warum ging Meyer wegen dieses Vorhabens nicht in die Geschichte des Hamburger Widerstands ein, warum wurde er stattdessen zu einer Fußnote? Warum hat er selbst offenbar so selten über sein »Vorhaben« gesprochen, dass sich kaum jemand daran erinnert? Vorsichtige Annäherungen an die Antworten auf diese Fragen geben die Prozessakten im Bundesarchiv, die Hamburger KPD-Akten im Archiv der Stiftung Archiv der Parteien und Massenorganisationen der DDR (SAPMO) im Bundesarchiv, aber auch der Roman »Wird Zeit, dass wir leben«. Außerdem existiert ein bemerkenswertes Tondokument aus dem Jahr 1983: Wolf Spillner, Journalist und Naturfotograf aus Ludwigslust, war mit Bruno Meyer seit 1979 befreundet und wollte über dessen Leben schreiben. Als Grundlage dazu sollten Berichte dienen, die Meyer auf Tonbänder sprechen sollte. In einer ersten – und letzten – Aufnahme vom 23. September 1983 erzählt Bruno Meyer, wie es zu dem Plan der Gefangenenbefreiung gekommen ist, wie er aufgeflogen ist und von den Anfängen seiner Haftzeit.[10]

»Simba, der Löwe«: Ein Polizist im Widerstand

Bruno Meyer war 23 Jahre alt, als er seinen Plan zur Befreiung der beiden KPD-Genossen fasste. Er wurde am 29. Januar 1911 geboren, sein vollständiger Name: Johann Franz Bruno Meyer. Sein Vater Albert Meyer war Buchbinder mit deutlichen Affinitäten zur

SPD, seine Mutter Emma Hausfrau. Bruno Meyer war ein Nachzügler, und Geissler erzählt dann auch im Roman, dass Leo Kantfischs Vater schon fast sechzig war, als der Sohn mit sechzehn noch zur Schule ging. Als Junge träumte Meyer von Afrika. Simba blieb sein Deckname in der Illegalität, mit Simba unterschrieb er Briefe aus der Kriegsgefangenschaft. »›Simba‹, der Löwe wird 70 Jahre alt« – unter dieser Überschrift gratulierten Kameradinnen und Kameraden der VVN noch 1981 in der Deutschen Volkszeitung zum Geburtstag.[11] Meyer wollte als Ethnologe nach Afrika gehen und noch im hohen Alter wollte er mit seinem Freund Spillner wenigstens einmal auf Fotosafari dorthin fahren. Seine proletarische Herkunft ließ aber ein Studium nicht zu, er verließ die Aufbauschule nach der Untersekunda, nachdem er die Versetzung nicht geschafft hatte.[12] Sein Traum führte ihn, folgt man der Anklageschrift des Oberreichsanwalts vom 19. Dezember 1935, als 14-Jährigen in eine Pfadfindergruppe der nationalkonservativen DNVP und ein Jahr später in den Kolonialjugendverband, doch schon »sehr bald wandte sich der Angeschuldigte marxistischen Ideen zu«. Er sammelte demnach »Bilder sowjetrussischer Diplomaten«[13], trat 1929 in den Sozialistischen Schülerbund ein[14] und schrieb Artikel für die »kommunistisch eingestellte Schülerzeitschrift ›Der Querkopf‹, die an der Lichtwarkschule erschien«[15]. Als er erfuhr, dass man sich nach ein paar Jahren Dienst bei der Polizei zum Studium freistellen lassen konnte, bewarb er sich bei der Hamburger Polizei, trat am 3. Januar 1931 seinen Dienst an, wurde nach der Ausbildung am 1. Januar 1932 zum Unterwachtmeister und ein Jahr später zum Wachtmeister befördert.

Die Hamburger Polizei war zu diesem Zeitpunkt fest in Händen der SPD. Polizeisenator Adolph Schönfelder sorgte dafür, dass Kommunisten und Nationalsozialisten innerhalb des Apparats keinen Einfluss bekamen. Nach dem sogenannten Altonaer Blutsonntag 1932 griff die reaktionäre Reichsregierung hart durch, und auch

Quelle: Staatsarchiv Hamburg, 331-1 II Polizeibehörde II, Signatur 628

der SPD-Senat in Hamburg ging mit entschiedener Härte gegen die KPD vor. Nach der Machtübertragung an die Nationalsozialisten bekam die NSDAP den Senat und den Polizeiapparat in ihre Hand, etwa 200 als Demokraten bekannte Polizisten wurden entlassen.[16] Dass Meyer zu diesem Zeitpunkt schon Mitglied der KPD war, ist eher unwahrscheinlich, da er sonst kaum im Polizeidienst hätte verbleiben können.

Glaubt man der Anklageschrift, ist er aber schon 1931 damit aufgefallen, bei einer Feier der Polizeischule Tucholskys »Schmähstück« »Der Preußenhimmel« aufgeführt zu haben, eine Episode, die Geissler dazu angeregt haben mag, Leo Kantfischs Neigung zum Laientheater in die Befreiung Schlossers einzubauen. Aus dem Jahr 1932 lagen der Staatsanwaltschaft Flugblätter der KPD vor, auf die Meyer handschriftlich Liebknecht-Zitate notiert haben soll. Ende 1933 wurden in der Polizei »Aufsätze über bedeutende Män-

ner zu Prüfungszwecken« geschrieben. Meyer soll über Trotzki und Lenin geschrieben haben. Außerdem habe er noch im Oktober 1933 für ein Hundertschaftsfest »Lieder in russischer Sprache mit Kameraden eingeübt und zum Vortrag gebracht.«[17] Ein diszipliniertes und auf Tarnung bedachtes KPD-Mitglied hätte sich so wohl kaum verhalten. Auf der anderen Seite wird in der Anklage aber auch behauptet, dass Meyer im Herbst 1933 erneut dem Kolonialjugendbund beigetreten sei und dort an Wehrübungen teilgenommen habe. Ein Wechseln der politischen Seiten war in diesen Zeiten nichts Ungewöhnliches. In der NSDAP gab es sozialistische Strömungen, ihre Kameradschaft (und auch ihre Waffen) zogen unsichere Charaktere an – wie Rigo und Schwarzer Hamburger / Roter Hamburger im Roman. Geissler denunziert das nicht – auch SA-Leute waren für ihn zunächst einmal Arbeiter und Deklassierte, die unter den wirtschaftlichen Verhältnissen zu leiden hatten. Seine kommunistischen Figuren bemühen sich immer wieder darum, Einzelne von ihnen auf die ihrer Meinung nach richtige Seite zu ziehen.

Egal, ob Bruno Meyer damals lavierte oder ob er seine Nähe zu linken Ideen in Gestapo-Verhören relativieren wollte – sein Traum vom Ethnologiestudium zerplatzte. Die Regelung, die ihm ein Studium ermöglicht hätte, wurde abgeschafft. Meyer, der den Dienst innerhalb der sozialdemokratischen Polizei auf dem Weg zum Studium in Kauf genommen hatte, stand nun auf Dauer im Dienst einer Polizei, deren Arbeit, wie Leo Kantfisch im Roman spätestens bei der Räumung des Wohnhauses am Großneumarkt begreift, sich direkt gegen die eigenen Interessen richtete.

In seinem Tonbandbericht erzählt Bruno Meyer, dass er im Frühjahr 1934 »in der illegalen Arbeit der Kommunistischen Partei Deutschlands schon tätig war«. Er hatte demnach einem Freund, dem Studenten und KJVD-Mitglied Hermann Hinderks, geheime Materialien der Hamburger Polizei gegeben, die dieser an die Parteileitung weitergereicht hat. Hinderks, geboren am 9. Dezember

1907, Lichtwarkschüler, hatte bei Ernst Cassirer studiert, war als Gegner des NS-Regimes durch die SA von der Universität entfernt und am 14. Mai 1934 exmatrikuliert worden.

Außerdem begann Meyer, einen kleinen Waffen- und Munitionsbestand anzulegen. Wenn sich beim Übungsschießen oder sonst im Polizeialltag die Möglichkeit ergab, zweigte er Munition oder auch mal eine Handgranate ab. Als er für die Nachtwache im Hamburger Untersuchungsgefängnis eingesetzt wurde, fing er an, die Lage dort auszuspionieren und heimlich Gefangene beim Hofgang zu fotografieren. Ende Juni 1934 lernte er die fünf Jahre ältere Christa Rom kennen. Rom war als dänische Staatsbürgerin am 6. Juli 1906 in Hamburg geboren worden, hatte seit etwa 1930 die deutsche Staatsbürgerschaft und eine Ausbildung als Bauzeichnerin und Architektin. Am 20. Mai 1933 war sie im Rahmen einer groß angelegten Aktion gegen KPD-Funktionäre verhaftet – sie war sogar auf einem der Fotos zu sehen, die Meyer heimlich im UG aufgenommen hatte –, aber am 5. August 1933 wegen »Haftunfähigkeit« wieder entlassen worden. Die deutsche Staatsbürgerschaft wurde ihr wieder aberkannt.

Die beiden verliebten sich, trafen sich in der Georgsdiele nahe dem Hauptbahnhof, gingen spazieren, übernachteten manchmal im Hotel Glockenhof am Georgswall. Später richteten sie sich ein kleines Liebesnest in der von Christa Rom seit Herbst 1933 betriebenen Leihbücherei Bücherstube Stadtpark in der Jarrestraße 37 ein. Zu Beginn ihrer Freundschaft sprachen sie nicht offen über Politik, doch ergaben sich für Bruno Meyer immer mehr Indizien, dass Christa Rom Mitglied der KPD war. So stellte er sie auf die Probe. Die Postkarte, die in »Wird Zeit, dass wir leben« Leo Kantfisch und Karo an einen gemeinsamen, vor den Nazis nach Amsterdam geflohenen Freund schreiben und die Fahrt mit dem Taxi, die Leo zum Sitz der Gestapo im Stadthaus umleitet, um Karos Reaktion zu testen, stimmen bis in Details mit der Erzählung Bruno Meyers über-

ein – die Karte, die Christa Rom und er geschrieben haben, war an Hermann Hinderks gerichtet. Hinderks allerdings floh erst nach der Verhaftung Meyers am 17. Januar 1935 aus Deutschland und zog über die Schweiz nach Südafrika. Er schloss sein Studium ab, promovierte 1938 in Basel, wurde Professor für Germanistik an der Universität Kapstadt und erhielt 1953 einen Ruf nach Belfast.[18]

Nachdem Bruno Meyer und Christa Rom sicher waren, einander vertrauen zu können, lagerte Meyer die Munition im Keller der Leihbücherei und lernte über Christa Rom deren Freundin Gertrud Priewe, die Frau des in Berlin verhafteten KPD-Funktionärs Albert Priewe, sowie schließlich auch Hermann Sanne kennen. Sanne, geboren am 22. Dezember 1909,[19] war ebenfalls in der illegalen Arbeit aktiv und versorgte die Genossen mit Flugblättern und Materialien. An Sanne übergab Meyer später Informationen – darunter Lagepläne von Waffenkammern, einen Report über die Art der Bewaffnung der Polizei und einen Bereitschaftsplan der Polizeistreifen.

Die KPD, das Verhältnis zur Gewalt und der nötige Eigensinn

Das Verhältnis der KPD zu bewaffneten Aktionen war gespalten – wie auch Geissler in den Diskussionen zwischen Schlosser und Karo in »Wird Zeit, dass wir leben« aufzeigt. Die KPD schuf von Beginn an Organisationen zum Selbstschutz und zur Gegenwehr, sie verfügte über einen militärpolitischen Apparat und lieferte sich mit der SA und der Polizei einen Kampf auf der Straße. Dass sie dafür Geld benötigte, versteht sich von selbst. Die »Schwarze Chronik« dokumentiert an Beispielen, wie dieses besorgt wurde.[20] Das Spektrum politischer Straftaten, das dort für den Zeitraum von 1919 bis 1945 dargelegt wird, reicht von Plünderungen durch den Spartakusbund nach dem Ersten Weltkrieg bis hin zu bewaffneten Überfällen auf Wettbüros im Jahr 1931. Die KPD distanzierte sich von

den Tätern, verhalf den Genossen aber über die Rote Hilfe zur Flucht in die Sowjetunion.²¹ Offiziell wandte sie sich dagegen, dass Gewalt selbst zum Mittel des antifaschistischen Kampfes wurde. Sie wollte sich nicht mit »Mördern« gemein machen, ihre Akzeptanz in der Bevölkerung nicht aufs Spiel setzen, sondern den Nationalsozialismus als eine breite, politische Massenbewegung bekämpfen. An der Basis und in den Überbleibseln des militärpolitischen Apparats in der Illegalität aber wuchs eine erhebliche Gewaltbereitschaft, sogar eine Lust zum Kämpfen. Es entstanden Gruppen von Genossen, die sich der Kontrolle der Partei entzogen und auf eigene Faust handelten. »Diese konnten oft mit einer auf Langfristigkeit angelegten disziplinierten Parteiarbeit wenig, mit tollkühnen Aktionen umso mehr anfangen«, stellt Johannes Fülberth in seiner Analyse der »KPD zwischen ›individuellem Terror‹ und Revolution« fest.²² Eine von Geissler gezeichnete Draufgänger-Figur wie Rigo und die sich im Roman zuspitzenden Debatten zwischen Schlosser, Karo und Rigo und Schlossers Drohung, den »Selbstschutzverband« sofort aufzulösen, wurzeln in der historischen Realität – und in der Gegenwart des Autors zu Beginn der 1970er-Jahre.

Der Autor – »Wird Zeit, dass wir leben« erschien 1976, ein Jahr vor dem Deutschen Herbst – scheint mittendrin zu stecken in diesen Auseinandersetzungen. Christian Geissler wurde am 25. Dezember 1928 als Sohn eines Bauunternehmers, der Mitglied der NSDAP war, und einer polnischen Mutter geboren. 1944 wurde er als Flakhelfer eingezogen, desertierte und stand nach dem Krieg dem, was über den »SS-Staat« (Eugen Kogon, 1946) bekannt wurde, gegenüber ratlos da. Zeitweise studierte er Theologie, war Redakteur der Werkhefte katholischer Laien, schloss sich 1962 der Ostermarschbewegung an und wurde 1965 Redakteur der KPD-nahen Literaturzeitschrift Kürbiskern. 1967 trat er der illegalen KPD bei und lernte später unter anderem Ulrike Meinhof kennen. Schon früh hatte Geissler begonnen, sich für das Ausmaß und die

Ursachen der NS-Verbrechen zu interessieren. »Anfrage« lautete der Titel seines ersten Romans (1960), in dem er sehr direkt nach individueller Verantwortung und persönlicher Schuld der Vätergeneration fragt und damit – von Ralph Giordano und Marcel Reich-Ranicki hoch gelobt, vom Deutschen Ostdienst des Bundes der Vertriebenen dagegen mit einer Anzeige wegen Landesverrats bedroht – in der westdeutschen Literatur Neuland betrat.[23] Mit seinem zweiten Roman »Kalte Zeiten« (1965) wandte er sich dann der Situation der Arbeiter im Wirtschaftswunderland zu.

»Ich habe die ersten beiden Bücher allein geschrieben. Ich alleine, auch im Gefühl der Isolation gegenüber einer Literatur, die nicht meine war«, so Geissler über seine Situation nach »Kalte Zeiten«. Die KPD war seit 1956 verboten, Kurt Georg Kiesinger hatte schon unter der NSDAP Karriere gemacht und setzte jetzt als Bundeskanzler der ersten Großen Koalition die Notstandsgesetze durch. Die Bundesregierung pflegte gute Beziehungen zu den Militärregierungen in Griechenland, Spanien und Portugal, sie unterstütze die Position der USA im Krieg in Vietnam.

Dann wurde im Mai 1970 Andreas Baader beim Besuch einer Bibliothek aus der Untersuchungshaft befreit. Geissler empfand das als ein Signal der Gegenwehr, des Aufbruchs. Er fing wieder an zu schreiben. »In der Zwischenzeit war ich der Kommunistischen Partei beigetreten, wusste ja wohl auch, warum, hatte mich also in einer bestimmten Weise entwickelt, und von da an war das ›Wir‹ in einer solchen Weise erfreulich wichtig für mich, dass auch diese Bücher diesen Atem plötzlich bekommen: Ich bin gar nicht allein. Wir überlegen uns jetzt, wer sind wir, wer tut uns eigentlich Gewalt an, wann werden wir zurückschlagen.« Dieses »Wir« bestimmt auch die Ästhetik, die Sprache des Romans. Geissler bricht mit der Tradition der proletarischen Literatur und eines sozialistischen Realismus, der Wirklichkeit »abbildet«. Geissler schafft sie, beinahe könnte man sagen: gleichberechtigt mit seinen Figuren. Er findet

eine Sprache, die im gesprochenen Arbeiterslang wurzelt, doch diesen Slang umbildet. Der Rhythmus, die Atemlosigkeit, die überraschenden Wortbildungen und -kombinationen erzeugen eine Unmittelbarkeit. Sie pointieren und vermitteln auch die Lust, die mit dem Diskutieren, Streiten, Handeln und Erzählen verbunden ist, sind oft auch komisch. Es gelten keine Hierarchien und keiner hält sich raus. Wo um Positionen argumentiert oder gestritten wird, geht es ums Eigene, ums Ganze. Erlittene und erlebte Erniedrigungen, die Wut, die Diskussionen und das, was daraus folgen muss, bilden eine Einheit, sie gehen den Autor etwas an, und der überträgt das auf seine Leserinnen und Leser, fordert Haltung.

Widerstand leisten, das Eigene in die Hand nehmen, fällt für Geissler in den Bereich einer individuellen Verantwortung, genauso wie die Schuld der Elterngeneration für die Verbrechen des Nationalsozialismus. »Wird Zeit, dass wir leben«, dieses Credo, das sich wie ein roter Faden durch den Roman zieht, bedeutet für ihn und seine Figuren nichts anderes als: »Wird Zeit, dass wir kämpfen.« »Wann fängt dein Sterben an?« – diese Frage, die Schlosser sich im Gefängnis stellt und die sich auch andere Figuren stellen, ist die Frage nach dem Punkt, an dem einer aufgibt, an dem er die eigene Verantwortung, und sei es an die Parteileitung, abgibt, an dem er sich vielleicht sogar vom Gegner »kaufen« lässt. Das Verhältnis von Parteileitung und Basis, von Individuum und Kollektiv, von Disziplin und Verantwortung sind auch wichtige Themen seiner Romane »Das Brot mit der Feile« (1973) und »kamalatta« (1988). Geissler stellt in ihnen dar, wie sich der Widerstand gegen die Restauration in der Bundesrepublik und die Solidarität mit den um ihre Befreiung kämpfenden Völkern formiert und welche Rolle die RAF dabei spielt: Für die einen galt sie als legitime Organisatorin von Gegengewalt gegen die staatliche Gewalt, von anderen wurde sie als Gruppe »individuellen Terrors« abgelehnt. In »kamalatta« durchdenkt er die Thematik noch einmal aus der Perspektive der Tode in

Stammheim, fragt aus der Perspektive des Scheiterns nach den Gründen. In dieser Hinsicht wird der Roman – bei allen sonstigen Unterschieden – mit Peter Weiss' »Ästhetik des Widerstands« verglichen, die den antifaschistischen Widerstand aus der Perspektive der Hinrichtungen von Plötzensee noch einmal durchdringt.[24]

So wie der Parteifunktionär Schlosser in »Wird Zeit, dass wir leben« zu Disziplin und Gewaltfreiheit mahnt, war auch Geissler kein unbedingter Anhänger der bewaffneten Aktionen, aber wer sie in Angriff nahm, war erst einmal ein Genosse. »Ich war sehr schnell überzeugt davon, dass es so nicht geht, und war sehr schnell überzeugt davon, dass die Bewaffnungsfrage aber eine gültige kommunistische Frage ist. Also habe ich mir gesagt, ich werde Bücher jetzt schreiben, die die Gewaltfrage in den Mittelpunkt rücken, und zwar die Gewaltfrage als Interessenfrage, als Klassenfrage.« Bei all seiner Sympathie für Rigo, Karo und Leo spiegelt auch Schlosser etwas von Geissler wider: »Er ist gespannt zwischen einerseits revolutionärer Absicht und andererseits fast kleinbürgerlichem Ordnungssinn. Mich kann man auch erwischen, dass ich auf kariertem Papier schreibe, der schreibt ja auch auf kariertem Papier; mich kann man auch erwischen, dass ich unruhig werde in gewissen äußerlichen Unordnungen, dass ich Regelmäßigkeiten schätze, dass ich Disziplin, dieses böse Wort, auch schätze, dass Arbeit mit Ordnung verbunden ist. Diese Dinge hat ja der Schlosser, dieser Funktionär, drauf. Zum Spott von anarchischen Genossinnen und Genossen.« Geissler lässt die Figur auch später nicht fallen. Karst, der Protagonist des bewaffneten Anschlags auf das Nato-Treffen in Bad Tölz in »kamalatta«, wendet sich im Moment der Sammlung zum Angriff gegen ein allzu leichtfertiges, tollkühnes Vorgehen. »es ist kein tanz«, erklärt er, »ich heiße von nun an schlosser.«[25]

Und nicht nur an diesem Beispiel zeigt sich die enge innere Verbindung der Romane, der Bezug des »historischen Romans« zur Gegenwart. Schon in »Kalte Zeiten« spielt der Bauunternehmer

Ratjen, Chef seiner Hauptfigur Ahlers, die sich wie ein roter Faden durch die weiteren Romane Geissler zieht, seine finstere Rolle. Die Figur Ratjens greift Geissler in »Das Brot mit der Feile« wieder auf: Der Sohn des Bauunternehmers, Karl Gustav Ratjen, beteiligt sich als Hauptmann der Boehn-Kaserne in Hamburg an Notstandsübungen gegen streikende Arbeiter. In »Wird Zeit, dass wir leben« gibt Geissler den beiden Ratjens in Form des Leutnants, Bandenchefs und kurz »Totenkopfratjen« genannten Großvaters ihre familiäre und politische Herkunft. Geisslers Figuren sind also einerseits verwurzelt in der historischen Realität, zum Beispiel in den Protesten der Landvolkbewegung gegen die Steuereintreiber aus Neumünster. Ein literarisches Denkmal hatte diesen schon Hans Fallada in seinem Roman »Bauern, Bomben und Bonzen« (1931) gesetzt – der Roman wurde von Geisslers Freund, seinem NDR-Kollegen Egon Monk, zu der Zeit verfilmt, als er selbst mit der Arbeit an seinem Roman begann. Andererseits spiegelt sich auch die Gegenwart der 1970er-Jahre in »Wird Zeit, dass wir leben« nicht nur in der Figurenkonstellation und den Debatten, die sich auf die Diskussionen über die RAF beziehen, sondern auch im wörtlichen Zitat wider. Auf dem Ohlsdorfer Friedhof, als wieder einmal Genossen begraben wurden, »und alles nur heimlich und kleinste Besetzung, ohne Musik und Feierfahnen, nur noch die Trauer und leere Wut, und manchmal nur noch der nackte Mut, stellte sich einer ganz nah ans Grab, bückt sich, ›passt auf Jungs, der springt hinterher!‹, und hebt die Faust wie son alten Säbel, und ruft in die Kuhle, ›der Kampf geht weiter!‹« (S. 249). In fast derselben Pose hatte Rudi Dutschke diese Worte im November 1974 am Grab des an einem Hungerstreik gestorbenen Holger Meins gerufen.

Der Standort Bruno Meyers innerhalb einer solchen Gemengelage lässt sich nur schwer rekonstruieren. Er erklärt in der Tonbandaufnahme, dass er 1933 zunächst die Hoffnung hatte, die deutsche Arbeiterschaft würde sich gegen den Nationalsozialismus erheben,

und dass »es dabei unter Umständen zu bewaffneten Auseinandersetzungen kommen könnte.« Für solche Fälle hatte er seine Munitionslager angelegt. Hinweise darauf, dass er das im Auftrag der Partei getan hat, gibt es nicht, auch wenn der berüchtigte (Gestapo-)Kriminalinspektor Peter Kraus in seinem Kommentar zur ersten Vernehmung Meyers sogar argwöhnt, dass dieser im »militärpolitischen Apparat der KPD tätig« gewesen sei und »schon früher den Anschluss dorthin hatte«, auch schon bevor er Christa Rom kennenlernte. Über Christa Rom, mit der Meyer diesen kurzen Sommer von Juli bis Oktober 1934 gemeinsame Sache gemacht hatte, hält Kraus fest, sie sei »die einzige Frau im militärpolitischen Apparat der illegalen KPD« gewesen – gemeint ist wohl nur derjenige Hamburgs. »Sie war in dieser Eigenschaft schon in legaler Zeit sehr oft und lange mit dem GPU-Mann des Nordens und Leiter des nordischen Nachrichtenapparats der KPD, Fritz Lux[26], zusammen, [...]. Schon in legaler Zeit hat sie, in Bärenstiefel und Stiefelhosen gekleidet, Waffentransporte ausgeführt und ist insoweit der Staatspolizei nicht unbekannt.«[27]

Ob Christa Rom jedoch nach ihrer Freilassung 1933 – für eine illegale Struktur war sie eigentlich »verbrannt« – ihre Funktion wieder eingenommen hat? Oder ob sie unabhängig davon in einer der selbstständig gebildeten Gruppen gearbeitet hat? Das spätere Schweigen Bruno Meyers über seine Aktion und der widersprüchliche Umgang damit in der Fiete-Schulze-Broschüre, die Tatsache, dass Bruno Meyer und der Befreiungsplan in der Geschichte des Hamburger Widerstands zu einer Fußnote wurden, könnten Indizien für die zweite Möglichkeit sein. Denn in der Geschichtsschreibung der Partei hat man sich von »individuellem Terror« stets distanziert. Aber was bedeutet »unabhängig« von der Partei schon in der konspirativen, illegalen Arbeit? Da kannte doch jeder nur die unmittelbaren Verbindungsleute. Karo, die in wichtigen Zügen an Christa Rom angelehnte Figur in »Wird Zeit, dass wir leben«, die

als »Posten bei Dezernat Waffen und Sprengstoff« arbeitet, weiß auch nicht, ob Schlosser darüber informiert ist, was sie so »alles verdeckt und täglich und nächtlich zu organisieren hatte für die Waffen« (S. 135). Und auch sie hatte Probleme, nach ihrer Haftentlassung wieder Kontakt zu ihren Genossen zu bekommen (S. 235).

»Wir kamen dann zu dem Schluss, dass man nicht mehr erwarten konnte, eine Volksbewegung gegen den Nationalsozialismus zu entfesseln, und überlegten uns, was nun zu tun sei.« Etwas steif tastet sich Bruno Meyer an den Augenblick der Entscheidung heran. »Wir kamen dabei auf den Gedanken, die Spitzenfunktionäre unserer Partei, Etkar André und Fiete Schulze, aus dem Untersuchungsgefängnis in Hamburg zu befreien.« Meyer erzählt, wie er in einer vorbeiziehenden SA-Gruppe einen früheren Genossen der Sozialistischen Arbeiter-Jugend SAJ erkannte, und als wie enttäuschend und sogar beschämend er die Wehrlosigkeit der Sozialdemokraten empfand. Er wollte kämpfen. Zusätzlich zu den schon in der Anklageschrift festgehaltenen »Aufsässigkeiten« innerhalb der Polizei berichtet er von weiteren Aktionen, die man auch als Leichtsinn bezeichnen könnte: »SiPo erwache – LaPo, dein Tod« habe er während eines Unterführerlehrgangs bei der Reichswehr nachts an die Barackenwand geschrieben. SiPo war die alte Polizei zu Zeiten der Weimarer Republik, LaPo die Landespolizei in der Form, in der die Nationalsozialisten sie nach 1933 neu organisiert hatten. Auf Zusammenkünften in der Kaserne habe er auch offen gegen die neue NS-Führung der Polizei gewettert. In diesem Kontext hört es sich fast so an, als ob sie – also Bruno Meyer, Christa Rom und Hermann Sanne – Fiete Schulze und Etkar André befreien wollten, damit die KPD unter diesen kampferprobten Führern mit größerer Entschlossenheit vorgehen und dann vielleicht sogar zu den Waffen greifen würde.

Das Scheitern

Meyer ging bei den Vorbereitungen der Gefangenenbefreiung in etwa so vor, wie Christian Geissler es von Leo Kantfisch erzählt. Aber der Plan ging schief: Zuerst wurde Christa Rom Ende Oktober 1934 die Anklage gegen »Abshagen & Genossen« zugestellt, die auf ihre Verhaftung 1933 zurückging. Unter dem Aktenzeichen O IV 28/24 wurde den anderen Angeklagten und ihr »Vorbereitung zum Hochverrat« vorgeworfen.[28] Die Verhandlung sollte am 7. November stattfinden. Sie wusste sofort, was das bedeutete, und floh als Staatenlose am 4. November über Hirschberg nach Prag. Dort besorgte sie sich einen provisorischen dänischen Pass und ging Ende 1935 nach Kopenhagen, heiratete zum Schein und bekam ihre dänische Staatsbürgerschaft zurück.

Zum Zeitpunkt ihrer Flucht aus Hamburg hatte Meyer bereits die Schlüsselabdrücke für die Gefängnistüren angefertigt. Sanne, ausgebildeter Klempner, sollte die Nachschlüssel herstellen. Jetzt musste aber erst einmal das Waffenlager in Christa Roms Keller geräumt werden. Bruno Meyer vergrub die Waffen zunächst im Schrebergarten seiner Eltern. Diese bekamen das jedoch heraus und verboten es. So stellte Meyer die Waffen und die Munition zwischendurch bei Hermann Hinderks unter und vergrub sie schließlich zusammen mit Hermann Sanne im Schrebergarten von dessen Schwager. Ende November – so die Aussage Bruno Meyers – habe er begonnen, in seinem Tornister die Munition aus der Wachstube im UG herauszutragen und an Hermann Sanne weiterzugeben, die Kisten mit sandgefüllten Päckchen wieder aufzufüllen und den Plombendraht notdürftig wieder in Form zu bringen.

Der nächste Rückschlag kam kurz vor Jahresende. Meyer hatte erst etwa die Hälfte der Munition aus der Wachstube im Untersuchungsgefängnis entwendet, als dort der Diebstahl entdeckt wurde. Selbstverständlich gehörte es zu den Dienstpflichten, die Munition

bei Wachwechseln zu überprüfen. Das geschah in der Regel jedoch nicht, und darauf hatte Meyer vertraut. Nun aber hatte doch eine Überprüfung stattgefunden – kurz bevor Meyer, den Tornister gefüllt mit Sandpäckchen für die nächste Tranche, seinen Dienst antrat. Meyer hatte Glück. Keiner der Vorgesetzten oder der sofort hinzugezogenen Gestapo-Leute dachte daran, die Tornister der Kameraden zu kontrollieren, die gerade angekommen waren. Sie durchsuchten nur die gerade gehende Schicht – und fanden nichts. Meyer setzte sich an die Spitze der Aufklärer, stieg auf den Stuhl, untersuchte die Kisten auf dem Schrank, hinterließ überall neue Fingerabdrücke, damit die alten nicht auffielen. Am Ende formulierte er sogar noch zusammen mit einem Gestapo-Mann das Protokoll. So war der Plan damit zwar erst einmal undurchführbar geworden, aber Bruno Meyer war noch einmal aus der Sache herausgekommen. Dennoch bereitete Meyer sich auf Haussuchungen und Verhöre vor. Er hatte noch Munition und eine Sammlung von internen Polizeidokumenten in seinem Spind, die er jetzt Sanne übergab – nicht für die KPD bestimmt, sondern als sein persönliches »Archiv«, zur späteren Rückgabe. So verabredeten sie es. Sie einigten sich auch darauf, im Fall von Verhören alle Schuld auf Christa Rom zu schieben – immerhin war die sowieso schon angeklagt und in Sicherheit. Viel half das allerdings nicht.

Auslöser der späteren Verhaftung Meyers war Fritz Klinger, der Kurier, über den Hermann Sanne die ganze Zeit den Kontakt zur Parteileitung in Altona gehalten hatte. Klinger, so stellt Meyer es dar, und auch der Vermerk in der Anklageschrift, »zu laden durch die Staatspolizei Hamburg«[29] deutet auf eine Verbindung hin, war Spitzel der Gestapo. So wusste die Gestapo, dass Sanne einen Informanten innerhalb der Polizei hatte und wollte endlich wissen, wer das war. Unmittelbar nach einem konspirativen Treffen von Sanne und Klinger am 16. Januar 1935 verhaftete die Gestapo Sanne und nahm ihn in die Mangel. Erst schwieg er, nach drei Stunden

nannte er den Namen Meyers. Sanne hielt sich daran, Christa Rom, die er schon vor 1933 gekannt hatte, als Drahtzieherin hinzustellen, Meyer als den Organisator der Waffen und sich selbst als denjenigen, der aus Freundschaft die Waffen vergraben hätte. Er sagte ebenfalls aus, dass Christa Rom seines Wissens nach gar keine Verbindung zur Partei mehr gehabt hätte, auch Meyer nicht, aber »dass er sehr kommunistisch eingestellt ist. Er schimpfte sehr auf die gehabte KPD-Führung, denen er Schlappheit vorwarf, der gegenüber er Terrorakte vorzog.«[30] In einer weiteren Vernehmung im April 1935 relativierte er das: »Ich hatte den Eindruck, dass er ›Trotzkist‹ war und als solcher auch Terrorakte billigte. Kommunist und Trotzkist ist nach meiner Meinung ein großer Unterschied.« Auch habe Meyer ihn nicht darum gebeten, die Munition an die KPD weiterzuleiten.[31]

Noch während der ersten Vernehmung Sannes am 16. Januar wurde die Verhaftung Bruno Meyers veranlasst. Dieser litt an einer Angina, und die Gestapo holte ihn aus dem Krankenbett im Lazarett der Polizeikaserne. Zunächst hatte es ihm geholfen, dass er sich bei der »Aufklärung« des Munitionsdiebstahls so nach vorne gedrängt hatte. Er kannte das Protokoll und konnte in seiner ersten Vernehmung durch Peter Kraus exakt die Angaben machen, die auch dort zu finden waren. Man fand aber bei der Durchsuchung seines Spinds noch die Plastilinscheiben für weitere Schlüsselabdrücke und in der elterlichen Wohnung zahlreiche Fotos von Truppenübungsplätzen. Meyer jedoch schob bei der ersten Vernehmung ebenfalls alle Schuld auf Christa Rom und gestand den Munitionsdiebstahl. Er habe alles aus Liebe für sie getan. Er habe zwar gewusst, dass sie in der KPD war, erzählte sogar von der Taxifahrt zur Gestapo-Zentrale im Stadthaus. Diese Taxifahrt wird in den Akten mehrfach erwähnt: Mal sagte Meyer, er habe von vornherein geplant, Christa Rom nur einen Schrecken einzujagen und durch den Abbruch der Aktion ihre Zuneigung gewinnen wollen, mal

Im Namen
des Deutschen Volkes

Abschrift.

Geheim!

8 J 440 / 35
1 H 1 / 36   In der Strafsache

gegen den bisherigen Polizeiwachtmeister Johann Franz Bruno Meyer aus Hamburg, dort geboren am 29. Januar 1911, ledig, nicht bestraft,

wegen Vorbereitung zum Hochverrat und Landesverrats

hat der Volksgerichtshof, 1. Senat, in der öffentlichen Sitzung vom 26. März 1936 auf Grund der mündlichen Verhandlungen vom 24. und 26. März 1936, an welcher teilgenommen haben

als Richter:
Landgerichtsdirektor Schauwecker als Vorsitzender,
Landgerichtsdirektor Dr.Löhmann,
Regierungsrat Klitzing,
Oberstleutnant Stutzer,
Korvettenkapitän Fischer,
als Beamter der Reichsanwaltschaft:
Erster Staatsanwalt Joetze,
als Urkundsbeamter der Geschäftsstelle:
Justizbüroassistent Strehler,

für Recht erkannt:

Der Angeklagte wird wegen Beihilfe zur Vorbereitung eines hochverräterischen Unternehmens, wegen Unterschlagung und wegen Vergehens gegen § 90d St.G.B. zu einer Gesamtstrafe von 8 - acht - Jahren Zuchthaus verurteilt.

Er hat auch die Kosten des Verfahrens zu tragen.

Die bürgerlichen Ehrenrechte werden dem Angeklagten auf die Dauer von 5 - fünf - Jahren aberkannt.

Die erlittene Untersuchungshaft wird auf die erkannte Strafe in Höhe von - 14 - vierzehn - Monaten in Anrechnung gebracht.

Von   Rechts   wegen.

Gründe :

Quelle: BArch R 3017/ 8 J 440/35

sagte er, Christa Rom habe ihm oben auf der Treppe gedroht, der Gestapo von seinem Munitionsbesitz zu erzählen, und nur deshalb sei er mit ihr umgekehrt. Diese Variante wurde im Urteil zugrunde gelegt. Außerdem gestand er die Anlage seines privaten »Archivs« mit Polizeidokumenten und bestätigte seine Bitte an Sanne, es für ihn aufzubewahren. Am 27. Februar widerrief er sein Geständnis und erzählte, er habe die Munition schon vor 1933 von Hermann Hinderks erhalten. Er habe sie schon vernichten wollen, aber kurz vor ihrer Flucht habe Christa Rom ihn erpresst, sie an Sanne weiterzugeben – sonst würde die KPD sich an ihm rächen. Meyer muss zu diesem Zeitpunkt wohl erfahren haben, dass auch Hinderks ins Ausland geflohen war.

Insgesamt ergeben die Aussagen, Widerrufe und Wendungen eines jedenfalls nicht: ein klares Bild der tatsächlichen Abläufe. Auch im Abgleich mit dem Tonbandbericht Bruno Meyers bleiben Fragen offen – vor allem aber die nach den Initiatoren der Pläne: Gingen sie von der Hamburger KPD-Führung aus, oder haben Christa Rom, Bruno Meyer und die anderen auf eigene Faust gehandelt? Wie dem auch sei – Bruno Meyer wurde zur Fußnote der Geschichte, Christa Rom und die Genossen wurden vergessen. Dabei hätten sie nach dem Krieg oder spätestens in den 1970er-Jahren, als der Widerstand gegen das NS-Regime auf Ebene einzelner Betriebe, Ortschaften, Organisationen erforscht wurde, als Helden dastehen können. Aber auch Meyer selbst hat offenbar kaum darüber gesprochen. Tat er das nicht, weil er damals gegen die offizielle Linie der Partei gehandelt hatte? Weil sich die KPD in den 1950er-Jahren und die DKP nach ihrer Gründung 1969 um ein legales Image bemühten und seine Aktivitäten als Akt des »individuellen Terrors« gegolten hätten?

Die Verhandlung vor dem 1. Senat des Volksgerichtshofs in Berlin im Jahr 1936 verlief für Meyer relativ glimpflich. So konnte ihm nicht nachgewiesen werden, tatsächlich Schlüsselabdrücke von

wichtigen Schlüsseln gemacht zu haben. Außerdem glaubte ihm das Gericht, dass er die bei Sanne gefundene Munition von Hermann Hinderks bekommen habe, weil die Leiter der Wachschichten nicht zugeben konnten, dass sie über längere Zeit die Munition nicht regelmäßig kontrolliert hatten. So konnte die Munition nach Logik des Gerichts erst Ende Dezember gestohlen worden sein.[32]

Bruno Meyer wurde zu ›nur‹ acht Jahren Zuchthaus verurteilt, die Ehrenrechte wurden ihm für fünf Jahre aberkannt. Nachdem er seine Strafe verbüßt hatte, wurde er ins KZ Sachsenhausen überstellt und arbeitete dort in der Infektionsabteilung des Krankenreviers. Von August bis November 1944 war er Blockältester der Revierbaracke II. Nach dem Krieg berichtete er von den Versuchen mit Hepatitiserregern, die dort der Wehrmachtsarzt Arnold Dohmen an elf Juden vorgenommen hatte, und löste damit ein Ermittlungsverfahren wegen des Verdachts des versuchten Mordes gegen Dohmen aus. Auch für andere Gerichtsverfahren wegen NS-Verbrechen im KZ Sachsenhausen lieferte Meyer wertvolle Aussagen.[33]

Hermann Sanne wurde am 10. September 1936 zu sieben Jahren Zuchthaus verurteilt, auch er wurde nach der Haft ins KZ Sachsenhausen überstellt, kam ebenfalls in ein Bewährungsbataillon und lief zur Roten Armee über. Sein Name stand schon auf der Liste für den Heimtransport aus der Gefangenschaft am 12. Oktober 1945, zwei oder drei Tage vorher starb er jedoch an einer Lungenentzündung.

»Unwürdiges Verhalten« und »kleinbürgerliches Bewusstsein«

Bruno Meyer kehrte im Anschluss an die KZ-Haft, den Kriegseinsatz im Bewährungsbataillon Dirlewanger und die Kriegsgefangenschaft in der Sowjetunion am 5. Januar 1950 nach Hamburg zurück, wo er wieder mit seiner Schulfreundin Ruth zusammenkam, die er

noch aus der Aufbauschule kannte. Die beiden waren bis zu seinem Tod verheiratet. Schon am 13. Mai 1950 trat er bei einer Landesvorstandssitzung der KPD auf. Obwohl er von der Roten Armee nicht mit offenen Armen aufgenommen worden war und in der Kriegsgefangenschaft bittere Erfahrungen sammeln musste, lobte er die KPdSU in höchsten Tönen. Mit Blick auf das vorherige Referat des Landesvorsitzenden Willi Prinz fuhr er fort: »Der Genosse Willi Prinz sprach in seiner Rede von einer falschen Achtung vor Autorität. Und das haftet uns hier besonders an. Und das gibt es in der SU nicht. Was wir dort erlebten, war uns auf den ersten Blick unmöglich, aber genauer gesehen, vollkommen richtig. [...] Es gibt in der SU nur eine Autorität, und das ist die, die aus der Arbeit erwächst.«[34] Wenn man daran denkt, dass zu diesem Zeitpunkt Autorität innerhalb der KPD allein vom Parteivorstand verliehen wurde, kann eine solche Äußerung als Provokation verstanden werden.

Willi Prinz, der neue Landesvorsitzende der KPD, war erst im Mai 1949 als Bevollmächtigter des KPD-Parteivorstands nach Hamburg gekommen, um dort – ganz im Stil der stalinistischen Säuberungen in den Bruderparteien der KPdSU – den gewählten Landesvorsitzenden, Mitglied der Hamburgischen Bürgerschaft und zeitweiligen Gesundheitssenator Hamburgs, Fiete Dettmann, abzulösen und mit dem eisernen Besen zu kehren. Die KPD steckte zu diesem Zeitpunkt in der Klemme. Die DDR litt unter den Reparationsleistungen an die Sowjetunion, die Bundesrepublik wurde mit Mitteln des Marshall-Plans aufgebaut. Mit antiamerikanischen Parolen und dem Hinweis auf eine bessere Situation in der sozialistischen DDR konnten keine Stimmen gewonnen werden. Mitgliederzahl und Einfluss der KPD in Hamburg gingen zurück. Gleichzeitig kämpfte die KPD gegen die Wiederbewaffnung der Bundesrepublik und musste sich außerdem auf ein erneutes Parteiverbot vorbereiten. Willy Prinz spielte seine Rolle bei der »Säuberung« der Hamburger Partei, wurde dann aber völlig überraschend

zusammen mit acht weiteren Landesvorsitzenden der KPD auf der in der DDR stattfindenden Parteivorstandstagung der KPD am 9. Februar 1951 selbst seines Postens enthoben und verhaftet.[35]

Doch zunächst hatte Willy Prinz Bruno Meyer in der oben genannten Sitzung für seine »trefflichen Ausführungen«[36] über die Sowjetunion gelobt. Ab 28. August wurde Meyer vom Sekretariat des Landesvorstands regelmäßig mit Aufgaben betraut, ab Oktober 1950 arbeitete er hauptamtlich für die Partei. Dabei hat er im Gegensatz zu vielen anderen Genossinnen und Genossen seinen eigenen Kopf behalten und konnte sich nach seiner Vorgeschichte, der jahrelangen Isolation in der Haft und der Kriegsgefangenschaft, wohl nicht so recht einfügen in einen Apparat, der für Eigensinn keinen Platz ließ und nach strengem Regiment von oben geführt wurde. Einen ersten, in den Protokollen festgehaltenen Konflikt gab es, als er – ohne dafür eingeteilt zu sein – am 26. November 1950 auf einer Aktionseinheitskonferenz spontan das Wort ergriff. Dennoch bereitete Meyer weiter die Feier zu Stalins Geburtstag vor. Der Vorschlag, dass er die Redaktion der Parteizeitung Hamburger Volkszeitung verstärken sollte, wurde jedoch abgelehnt. Im Januar 1951 kam der gesundheitlich ziemlich angeschlagene Meyer »wochenlang wegen angeblicher Krankheit« nicht zur Arbeit. Ein Vertreter der Parteileitung suchte ihn deshalb auf und stellte ihn zur Rede. Seine Antwort: »Wenn euch das nicht passt, zieht doch Konsequenzen!« Meyer wird »auf Grund seines unwürdigen Verhaltens sofort seiner Funktionen enthoben«.[37]

Nach der Ausschaltung von Willi Prinz rollte eine weitere Welle von Disziplinierungen über die KPD Hamburg hinweg, selbst der bekannte und beliebte Fiete Dettmann sollte nun auf Geheiß des Parteivorstands endgültig aller Parteifunktionen enthoben werden – unter dem Vorwand, er habe sich in Nazi-Haft unwürdig verhalten. Bruno Meyer war auf der entscheidenden Sitzung wieder zugegen. Während keiner der anderen Anwesenden etwas sagte, vermerkt das

Protokoll der Sitzung: »Genosse Bruno Meyer erklärt, dass seine Erfahrungen mit dem Gen. Dettmann, mit dem er einige Jahre in Haft zusammen war, durchaus positiv waren.«[38] Außerdem berichtete er über den Stand der Vorbereitungen zur Thälmann-Feier. Ab April wird Bruno Meyer auch wieder in der Anwesenheitsliste der Sekretariatssitzungen genannt, in der »Personalplanung« für die Landesleitung wird er vom September 1951 als »Bruno Meyer LL Massenagitation« geführt.[39] Diese Funktion – sein Spitzname wurde »Massen-Meyer« – übernahm er am 2. Februar 1952, doch nur für kurze Zeit.

Schon nach knapp drei Monaten Amtszeit, am 20. April 1952, traf sich das Sekretariat zu einer Sondersitzung zu »Kritik und Selbstkritik«. Im Zentrum stand das Verhalten Bruno Meyers.[40] Doch nach Selbstkritik war diesem nicht zumute. Er kritisierte den Umgang der Genossinnen und Genossen untereinander, der nichts mit Kameradschaft zu tun habe. Er sprach von »Liebedienerei« in der Partei und griff an: »Der Wille zum Kampf ist nicht vorhanden.« Das klingt nach dem, was Hermann Sanne in den Vernehmungen 1935 über ihn ausgesagt hat. Meyer hatte wohl den Eindruck, dass er fertig gemacht werden sollte, und erinnerte deshalb an die Genossen Prinz und Dettmann: »Jetzt ist Willi Prinz mit einem Mal ein schlechter Kerl. Genauso ist es mit Fiete. W[illi] Pr[inz] hat nicht nur Fehler gemacht. Es ist schlecht, wenn man ihn jetzt mit Dreck bewirft.« Man riet ihm, seine »kleinbürgerlichen Eierschalen« abzulegen, doch Meyer redete sich in Rage und nannte als Beweis für das mangelnde Vertrauen untereinander auch noch den unangemeldeten Kranken- bzw. Kontrollbesuch eines Sekretariatsgenossen, der über ein Jahr zurücklag: »Es wurde angezweifelt, ob ich überhaupt krank war. So war es auch, als Albert Friedrichs wie ein SS-Mann bei mir in der Wohnung aufkreuzte.« Am Ende gab er bekannt, dass er, nach allem, was er hinter sich habe, im Fall eines Parteiverbots nicht noch einmal in die illegale

Protokoll
von der Sekretariatssitzung vom 8.5.1952

Anwesend: Carlheinz, Magda, Hugo, Kurt, Arno, Walter, Wolfgang, Hans, Gert, Willi, Ernst, Ferd. Helmuth und Werner

Tagesordnung:
1. Beschlusskontrolle /Wochenbericht
2. Appell des PV der KPD an die westdeutsche Bevölkerung und die Aufgaben der Landesorganisation Hamburg
3. Verbesserung der Arbeit der Landesleitung und der Kreisleitungen zur Anleitung der Grundorganisationen
4. Bundeskarawane
5. Entwicklung des nationalen Kampfes zur Erhaltung der Schwimmdocks
6. Kongress gegen Generalvertrag und für Abschluss eines Friedensvertrages am 25.5.52

Zu Punkt I Beschlusskontrolle

Die schriftliche Stellungnahme des Genossen Carlheinz R. zu seiner, wie der Genosse Bruno M. erklärte, gemachten Äusserung:"Hier sehe ich für mich eine Chance" lag vor. Der Beschluss vom 24.4.52, der zu dieser schriftlichen Stellungnahme führte, wurde als formal erkannt und aufgehoben.
Das Sekretariat ist der Meinung, dass die von dem Gen. Carlheinz R. am 20.4 abgegebene mündliche Erklärung ausreichend war. Das Sekretariat weist die Kritik des Genossen Bruno M. als unberechtigt zurück.

Betr. des Genossen Bruno Meyer beschloss das Sekretariat:

Dem Genossen Bruno Meyer wird auf ein Jahr jede Funktion in der Partei entzogen. Der Genosse B.M. hat Gelegenheit, sich in der Grundorganisation zu bewähren und seine Stellungnahme zu korrigieren.
Es findet eine Überprüfung seiner Stellungnahme durch ein Mitglied des Sekretariats während dieser Zeit statt. Am 1.10.52 gibt die LKK einen Bericht über das Verhalten des Genossen B.M.

Dieser Beschluss tritt nach Zustimmung des Sekr. des PV in Kraft.

Den Entwurf des Rahmenplanes wird von den Mitgliedern des Sekretariats am 10.5.52 mit ihrer Stellungnahme an das Sekretariat zurückgegeben.

Zum Wochenbericht:

Der Wochenbericht ist eine Aneinanderreihung von Teilen der Kreiswochenberichte. Er baut sich nicht auf den Beschlüssen der Sekretariatssitzung vom 24.4.52 auf, sondern hat als Grundlage die Beschlüsse des Sekretariats vom 30.4.52.
Der Wochenbericht ist keine kollektive Arbeit der Org-Instr.Abt. Der Gen. des Sektors Parteiinformation wurde nicht durch den 2.Sekretär angeleitet. Dieser Wochenbericht geht mit einer entsprechenden Erklärung an den PV.

Seite 16-19 des Wochenbericht, betr. des 1.Mai; Es wurde nach Diskussion festgestellt, dass die Ausführungen in der HVZ vom 2.5.52 zum 1.Mai der Einschätzung des Sekretariats entsprechen

Quelle: SAPMO BArch BY 1 815, pag. 324.

Arbeit gehen werde, zumindest nicht, »solange meine Mutter noch lebt, ich habe 15 Jahre gegeben, das ist genug.«

Mit diesen Äußerungen hatte er endgültig die Grenze dessen überschritten, was die Parteileitung dulden konnte. Er sollte zwar noch Gelegenheit bekommen, über seine Äußerungen nachzudenken, doch Bruno Meyer lehnte ab. Am 8. Mai 1952 wurde ihm »auf ein Jahr jede Funktion in der Partei entzogen« und die Gelegenheit gegeben, »sich in seiner Grundorganisation zu bewähren«[41]. Die Bestätigung durch die Landesleitung am 17. Mai 1952 war reine Formsache: »Kleinbürgerliche Feigheit« und »Unglauben an die Kraft der Arbeiterklasse und ihrer Partei, der KPD«[42], lautete die Formel, auf die das Verhalten Meyers gebracht wurde. Auf eine vorgesehene Überprüfung des Beschlusses finden sich keine Hinweise, vermutlich hat Meyer keinen Wert mehr darauf gelegt.

Bald nach diesem Beschluss der KPD kümmerte sich Bruno Meyer um Wiedergutmachung für sein erlittenes NS-Unrecht. Einen ersten Anlauf hatte er bereits direkt nach seiner Rückkehr unternommen. Das Urteil des Volksgerichtshofs war schon im März 1950 aus dem Strafregister entfernt worden, weil die einschlägigen Paragrafen wegen Hochverrats mittlerweile gestrichen worden waren und die Unterschlagung im Zusammenhang mit dem Hochverrat gesehen wurde. Eine Haftentschädigung hatte er im Dezember 1950 erhalten, eine kleine »Sonderhilfsrente« ab dem 1. November 1951. Jetzt ging es ihm vor allem um die Entschädigung wegen seiner erheblichen gesundheitlichen Beeinträchtigungen infolge der Haft und der Arbeit in Kriegsgefangenschaft, um einen Ausgleich der Einkommensausfälle wegen seiner vorzeitigen Entlassung aus dem Hamburger Staatsdienst und um eine Wiedereinstellung als Hamburger Staatsbeamter. 1958 entschied der Senat der Freien und Hansestadt Hamburg schließlich, Bruno Meyer als Beamten auf Lebenszeit in der Gehaltsgruppe A 9 wieder einzustellen, also im Rang eines Hauptwachtmeisters, zu dem er normalerweise

1943 befördert worden wäre. Da er aus gesundheitlichen Gründen nicht in den Polizeidienst zurückkehren konnte, arbeitete er bis zu seiner Pensionierung 1973[43] in der Hamburger Staats- und Universitätsbibliothek. Dort erforschte er den Nachlass des Hamburger Frühsozialisten Joachim Friedrich Martens (1806–1877) und plante einen Band mit Erfahrungsberichten von Überlebenden des KZ Sachsenhausen. Später trat er der DKP bei und war von 1973 bis zu seinem Tod Mitglied des Kuratoriums der Gedenkstätte Ernst Thälmann e.V. in Hamburg. Das muss seitens der DKP so etwas wie eine späte Rehabilitierung Meyers gewesen sein.

Nachspiel

»Wird Zeit, dass wir leben« handelt nicht allein von Bruno Meyer, die Figur Leo Kantfisch steht nicht einmal im Zentrum des Romans. Das beinahe ausufernde Figurenensemble wurde schon in den Kritiken hervorgehoben, die nach Erscheinen des Romans 1976 erschienen sind. »Wie bringt einer fünfzig Personen auf knapp 230 Seiten zueinander, gegeneinander und miteinander in Aktion?«, fragte beispielsweise Heinrich Böll in der Weltwoche, »und das ohne den tragenden und gelegentlich trägen Rahmen, der Familienromane und Sagas zusammenhält?« Seine Antwort: »Kein Wunder, kein Trick, es ist der Stil, der Aufbau, das Tempo, die balladenhaft-lyrische Präzision und Konzentration, mit der hier sozialkritisch-realistisch ausführliche Beschreibungen vermieden werden.«[44] Wenn »Wird Zeit, dass wir leben« in der Kritik einhellig als besonderer politischer Roman bezeichnet wurde, hängt das genau damit zusammen: der Einheit von Figurenensemble, Inhalt und Sprache. So stellte W. Martin Lüdke in der Zeit fest, dass der Roman neben seiner Thematik auch dort »politisch« sei, »wo Handeln Sprache, wo die Sprache durch Handeln gesprengt wird – mit sprachlichen

Mitteln. Ein politischer Roman also, zugleich hochartifiziell.«⁴⁵
Heinrich Vormweg bezeichnete Christian Geissler in seiner Rezension in der Süddeutschen Zeitung als den »gegenwärtig einzigen Schriftsteller in der Bundesrepublik, der radikale politische und moralische Intentionen zu ästhetischen methodisch in unmittelbare Beziehung setzt. Dieser Roman fällt auch literarisch aus dem Rahmen, ist auch als Roman außerordentlich. Das ist nicht zuletzt begründet in seiner sprachlichen Originalität, die aus der Alltagssprache der kleinen Leute Kraft holt, sie systematisch auf eine das Konkrete greifende Kunstsprache hin verknappend.«⁴⁶

Für die meisten Rezensenten war zentral, dass eine Vielzahl von Figuren auf Augenhöhe agiert, ihre eigene Geschichte in die Hand nimmt, aus ihrer Situation lernt und handelt. Möglicherweise um genau diese Aussage zu unterstreichen, hatte Geissler seine Vorbemerkung so allgemein gehalten und darauf verzichtet, Bruno Meyer durch die Nennung seines Namens hervorzuheben. Um dieses Lernen und Handeln ging es Geissler wohl auch, als er seinem Roman den Untertitel »Geschichte einer exemplarischen Aktion« gab, und nicht vordergründig die Tatsache, dass ein Teil seiner Figuren die Sprache des »Genossen Mauser« spricht, der Pistole also, der Majakowski in seinem »Linken Marsch« ein literarisches Denkmal gesetzt hat (siehe auch Glossar). Heinrich Vormweg kam in seiner Rezension zu dem Ergebnis: »Diese literarische Apotheose der Gegengewalt ist mit dem allen keine Apotheose der Gewalt. Sie ist glaubhaft und packend eine Apotheose des Friedens. Nur eben nicht des untertänigen, faulen und falschen Friedens, wie ihn die Nazis in den ersten Jahren ihrer Herrschaft erzwangen.«⁴⁷

Geissler rückte die Geschichte, die er in »Wird Zeit, dass wir leben« erzählt, also einerseits weg von ihrem Ausgangspunkt, der tatsächlichen Geschichte Bruno Meyers. Andererseits hätte er sie ohne das Vorbild Bruno Meyer so nicht erzählen können, bleibt sie mit ihm aufs Engste verbunden. Das zeigen auch die Briefwechsel

und das nicht mehr überbrückbare Zerwürfnis der beiden nach Erscheinen des Romans.

Mitten aus der Arbeit an dem Roman heraus, im November 1975, hatte Geissler an Bruno Meyer und seine Frau Ruth geschrieben: »Irgendwo rund um Weihnachten möchte ich zu Euch kommen (oder, wenn das dann geht, kommt Ihr auch endlich mal dann zu uns.) Bis dahin bin ich versteckt bei meiner Arbeit, die mir so schwer fällt wie eh und je. Wieso eigentlich? Von drei Leuten, lebendigen Leuten erzählen, die ihren Weg machen bis an die schwierigste Entscheidung, die um Leben und Tod – das ist es nicht mehr, da bin ich jetzt drin, die drei, die sind mir jetzt nah. Trotzdem noch immer wieder diese Flatterangst Flattergefühle der Angst ...« Geisslers Angst rührte aus seinen Zweifeln, mit dem Schreiben überhaupt etwas bewirken zu können. Angesichts der öffentlichen Debatte, die das Land nach der Geiselnahme von Stockholm im April 1975 und dem Beginn des Prozesses gegen Andreas Baader, Gudrun Ensslin, Ulrike Meinhof und Jan-Carl Raspe in Stammheim im Mai 1975 beschäftigte, kam er sich ohnmächtig vor: »Was da jeden Tag läuft (schade ums Wort –: kriecht, schlingert, trampelt), hat für mich buchstäblich was mit Totschlagen, mit Tod und Herrschaft zu tun. Sie schlagen jeden Tag, vom Frühstückspfaffen um fünf vor sieben über Schulfunk und Schubert bis hin zu Köpke und Kommissar, Hoffnungen nieder, Wissen, Wut, Liebe. Und wir – wen schlagen wir – wen stellen wir hin gegen Schläger? – Mal sehen. Ich hoffe übrigens, das Buch ist um Weihnachten fertig.«[48]

An Christa Rom schrieb er gut drei Monate später: »Die Arbeit am Buch, 1. Phase, ist abgeschlossen. Jetzt ist das Ms beim Verlag. Da Du, wenn ich mich richtig erinnere, von Anfang an von diesem Unternehmen nicht viel bzw. nicht viel Gutes erwartet hast, weiß ich eigentlich auch nicht viel darüber zu berichten. Bei mir gelingt der Ausbruch der Genossen. Das allein wird Dir fatal genug sein ...« Mit seinem ersten Brief vom Januar 1975 und der Bitte um

ein Gespräch hatte er offensichtlich auf Granit gebissen. »Ich hatte, schon ohne Dich zu kennen, nur aus den paar Vorberichten, großes Zutrauen, auch so was wie Zuneigung zu Dir – und Du? Skepsis, Widerstand, kaum aussprechbare Bitterkeit, harten Abschluss und Wegschluss gegen ›all das‹, – vergrabene, zugelittene und zugetrampelte Erfahrungen. Wie soll ich das präzise Wort finden? Du müsstest es selber mal in aller Wut und Leidenschaft sagen. Aber Du hast nur, fast nur, in kleinen skeptischen und ironisierenden und widersprüchlichen Gedanken zu mir über Dich selbst gesprochen – ich meine ›Dich selbst‹ im entscheidenden Bereich, im Bereich der Identität von revolutionärer Arbeit und eigener Person. Gesprochen und doch nicht. Abgesagt und dann doch nicht. Ich fühle nach oder versuche nachzufühlen, wie schwerwiegend aufrichtig gerade dieser Widerspruch sein mag. Aber ich wünsche dennoch, dass es zwischen uns einfacher, klarer, unkomplizierter zugeht.«[49]

Das Verhältnis des Autors zu Christa Rom und mehr noch zu Bruno Meyer war nicht einfach. Christian Geissler war den Weg aus der illegalen KPD in die 1969 neugegründete, legale DKP – ebenso wie beispielsweise auch Ulrike Meinhof – nicht mitgegangen, er lehnte das »Legalitätsprinzip«, mit dem sie sich ihre Existenz erkauft hatte, ab. »Ich dachte mir damals, als ich in die Kommunistische Partei eintrat, wir brauchen eine antifaschistische Organisation, die das Eigentumsverhältnis angreift, durchschaut und angreift, so einfach war das. Eine illegale Partei war mir eigentlich selbstverständlich, denn der revolutionäre Kommunist greift doch das Eigentumsverhältnis an. Wenn er das Eigentumsverhältnis angreift, dann kann er nicht mehr legal sein in diesem Land, das wiederum seine Gesetze aus dem Eigentum entwickelt. Das geht ja nicht.«

Bruno Meyer dagegen war inzwischen der DKP beigetreten. So eigensinnig er sich immer wieder verhalten hat, so eindeutig hat er – nicht zuletzt wohl auch durch sein Schweigen über die erfahrenen

Demütigungen nach außen – immer zu seiner Partei gehalten. Die DKP distanzierte sich strikt von jedem »kleinbürgerlichen Abenteurertum«, verurteilte den Weg, den die ehemalige KPD-Genossin Ulrike Meinhof mit Andreas Baader und anderen eingeschlagen hatte, als »individuellen Terror«. Der Autor und seine »Figur« standen sich in der aktuellen politischen Debatte diametral gegenüber. Bruno Meyer wollte nicht über den Umweg des Romans »Wird Zeit, dass wir leben« und die Figur Leo Kantfisch mit der RAF in Verbindung gebracht werden, seinen Plan, »politische Gefangene zu befreien«, nicht vordergründig als »exemplarische Aktion« für die Befreiung der Häftlinge von der RAF interpretiert sehen. Schon als Geisslers Brief aus dem November 1975 bei ihm eintraf, muss ihm etwas mulmig geworden sein.

Nachdem Bruno Meyer den Roman gelesen hatte, hat er ihn – und auch den Autor als Person – aus tiefster Überzeugung abgelehnt, hat er sich ausgenutzt und verletzt gefühlt. So erzählt es Wolf Spillner, und so können wir es aus einem Brief schließen, den Christian Geissler am 3. Dezember 1976 an Ruth und Bruno Meyer geschrieben hat – offenbar als Antwort auf einen leider nicht erhaltenen, noch als »freundschaftlich« deklarierten Brief der beiden an ihn: »Ich finde nach diesem Brief nun fast nichts mehr zu sagen. Wer den anderen so sicher ertappt hat bei Unfairness, Lieblosigkeit und politischer Scharlatanerie, im Grunde: bei Klassenverrat –, was soll der im Ernst noch ›freundschaftlich‹ meinen? Unser Vertrauen zueinander war also ein Irrtum. Schlimmer, verletzender, abstoßender habe ich es in meinen Beziehungen zu Menschen bisher nicht erlebt: Alle Zuneigung, alle Glaubwürdigkeit schließlich ein Missverständnis.« Geissler fragt, was er eigentlich jetzt machen soll »angesichts von Eurem im Grunde verächtlichen Unverständnis gegenüber meiner Arbeit«, und antwortet selbst: »Ich halte mich fest an mir selbst, an der Solidarität, die nachweisbar die gesamte Arbeit von mir, um die es hier geht, bestimmt. Und ich halte mich fest an

ein paar Hundert einfachen, ehrlichen Lesern, die ich auf den Lesereisen der letzten Wochen ausführlich gesprochen habe, und von denen keiner, kein einziger (es sei denn, dieser oder jener saß da als Organisationsvertreter von DKP oder KPD, also schon wieder als Leitungstyp) meinen Schlosser für bösartig blöde, meinen Leo für lächerlich fimmelig, meine Karo für ein Klassenkampf-Starlett, und all die vielen anderen Genossen von Opa Friedrich bis Emmi (mit der in dieser Stadt ja Ihr längst fertig seid, nicht ich!) für armselige Befehlsempfänger hält.«

Die Auseinandersetzung rührt nicht an Einzelheiten, an Details, die man so oder so sehen kann. Sie rührt an das jeweilige Grundverständnis beider Seiten, sie sind tief verwurzelt in den Konflikten, die für Geissler seit seiner Arbeit an »Das Brot mit der Feile« existenziell waren, in denen sich die DKP und mit ihr Bruno Meyer aber anders entschieden hatten. Die Frage nach politischer Gewalt, für Geissler eine »gültige kommunistische Frage«, durfte ihrer Meinung nach gar nicht erst gestellt werden. Die Rezension, die in der von der VVN herausgegebenen Wochenzeitung Die Tat erschien, teilte jedenfalls die ablehnende Haltung Bruno Meyers. Der Rezensent, der Schriftstellerkollege und DKP-Kulturfunktionär Peter Schütt, zeigte sich »verärgert« über das Buch. Er unterstellte Geissler, dieser habe versucht, an das Erbe der Arbeiterliteratur anzuknüpfen, und hielt dieses Unterfangen für »restlos gescheitert«. Im Zentrum der Rezension steht die inhaltliche Kritik an Geisslers Haltung zur Geschichte der KPD in den 1920- und 1930er-Jahren, die Geissler als Serie von Niederlagen schildere. Seine Kritik geht von dem Irrtum aus, dass die Befreiung Schlossers im Roman am Ende scheitert. Er spricht – weil nicht sein kann, was nicht sein darf? – von der »›exemplarischen Aktion‹, dem vergeblichen, mit der Erschießung des Gefangenen endenden Versuch, den Funktionär am Weihnachtsabend 1933 aus dem Untersuchungsgefängnis zu befreien.«[50]

Heute werden staatliche Gewalt autoritärer Regime und die Gegengewalt Einzelner oder einer organisierten Opposition anders diskutiert als 1976, ein Jahr vor dem Deutschen Herbst. Heute ist der Widerstand gegen den Nationalsozialismus ebenso Geschichte wie die politischen Kämpfe der 1970er-Jahre. Was bleibt und auch heute noch angesichts der vielen Gesichter eines »faulen und falschen Friedens« eine unverbrauchte Faszination ausstrahlt, sind der Eigensinn, das Selbstbewusstsein, die Verantwortung und auch das Risiko, mit denen Bruno Meyer und seine Genossinnen und Genossen angesichts der Übermacht der Nationalsozialisten ihre eigenen Belange in die eigene Hand genommen haben. Und es bleibt die atemberaubende Frische, mit der Christian Geissler aus dieser Geschichte ein literarisches Ereignis gemacht hat.

Detlef Grumbach, Hamburg, Januar 2013

Danksagungen

Detlef Grumbach dankt Christian Geissler für zahlreiche Gespräche, Sabine Peters für die Recherche im Nachlass des Autors und wichtige Hinweise, Wolf Spillner dafür, dass er ihm den etwa 90-minütigen Tonbandbericht Bruno Meyers über die Planung, die Vorbereitung und das Scheitern der Befreiungsaktion zur Verfügung gestellt hat. Außerdem Jörg Berlin und Reinhard Müller für ihre Einschätzungen zur Geschichte der KPD, den Mitarbeitern des Bundesarchivs, des Hamburger Staatsarchivs, des Hamburger Instituts für Sozialforschung, der Archive der Thälmann-Gedenkstätte in Hamburg und der VVN für ihre Hilfe sowie der GEW Hamburg für die Unterstützung der Recherche aus Mitteln ihres Anti-Rassismus-Fonds.

Anmerkungen

1 Alle nicht besonders gekennzeichneten Zitate von Christian Geissler aus: Interview von Detlef Grumbach, 28. Juni 1997.
2 Zitiert nach Fiete Schulze oder Das dritte Urteil. VAN-Dokumentation 3, bearbeitet von Ursel Hochmuth, Hamburg 1971, S. 52.
3 Ebd., S. 18.
4 Ebd., S. 48.
5 Brief an Christa Rom vom 5. Januar 1975, Nachlass Christian Geissler, Fritz-Hüser-Institut Dortmund.
6 Schutzhaftbefehl, in Wiedergutmachungsakte Bruno Meyer, Staatsarchiv Hamburg 351-11/37130, pag. 4.
7 Personalkarteikarte der Hamburger Polizei, Staatsarchiv Hamburg 331-1 II Polizeibehörde II, Signatur 628.
8 Urteil des Volksgerichtshofs, BArch R 3017/ 8 J 440/35.
9 Traueransprache von Otto Schönfeldt, Archiv/Sammlung Gedenkstätte Ernst Thälmann, Hamburg.
10 Alle folgenden Zitate Bruno Meyers sind dieser Aufnahme entnommen.
11 Deutsche Volkszeitung Nr. 5, 29. Januar 1981.
12 Protokoll der Vernehmung Meyers durch die Staatspolizei Hamburg vom 16. Januar 1935 (unmittelbar nach der Verhaftung), BArch R 3017/8 J 440/35.
13 Urteil des Volksgerichtshofs, BArch R 3017/8 J 440/35.
14 Protokoll der Vernehmung Meyers durch die Staatspolizei Hamburg vom 16. Januar 1935, BArch R 3017/8 J 440/35; siehe auch die Kurzbiografie Meyers in: Astrid Ley / Günter Morsch (Hg.): Medizin und Verbrechen. Das Krankenrevier des KZ Sachsenhausen 1936–1945, Berlin 2007, S. 201.
15 Urteil des Volksgerichtshofs, BArch R 3017/8 J 440/35.
16 Vgl. Herbert Diercks: Dokumentation Stadthaus. Die Hamburger Polizei im Nationalsozialismus, Hamburg 2012, S. 19.
17 Alle Zitate aus der Anklageschrift des Oberreichsanwalts vom 19. Dezember 1935, BArch R 3017/8 J 440/35.
18 Die biografischen Informationen folgen den Angaben der Wiedergutmachungsakte Hermann Ernst Hinderks, Staatsarchiv Hamburg 351-11/32795. Da die Gestapo ihn nicht mehr zur Rechenschaft ziehen konnte, verhaftete sie seinen Bruder Walter Hinderks. Er wurde zu einer Gefängnisstrafe von einem Jahr und drei Monaten verurteilt und folgte seinem Bruder nach der Verbüßung im März 1937 nach Kapstadt (Wiedergutmachungsakte Walter Emil Hinderks, Staatsarchiv Hamburg 351-11/35331).

19 Die biografischen Informationen folgen den Angaben der Wiedergutmachungsakte Herman Amandus Sanne im Staatsarchiv Hamburg 351-11/35173.
20 Helmut Ebeling: Schwarze Chronik einer Weltstadt. Hamburger Kriminalgeschichte 1919 bis 1945, Hamburg 1980.
21 Ebd., S. 264–274.
22 Johannes Fülberth: »... wird mit Brachialgewalt durchgefochten«. Bewaffnete Konflikte mit Todesfolge vor Gericht. Berlin 1929 bis 1932/1933, Köln 2011, S. 42.
23 Vgl. Sven Kramer: Die Subversion der Literatur. Christian Geisslers »kamalatta«, sein Gesamtwerk und ein Vergleich mit Peter Weiss, Stuttgart 1996, S. 30.
24 Vgl. ebd., S. 388.
25 Christian Geissler: kamalatta, Berlin 1987, S. 220.
26 Friedrich Lux war bis 1933 Mitglied der Hamburgischen Bürgerschaft und Mitglied der Bezirksleitung Wasserkante der KPD. Er wurde am 25. Juli 1933 verhaftet und erlag am 6. November 1933 den Folgen der Verhöre und Folterungen. Siehe Ursel Hochmuth/Gertrud Meyer: Streiflichter aus dem Hamburger Widerstand 1933–1945, Frankfurt am Main 1980, S. 252.
27 Protokoll der Vernehmung des Polizeiwachtmeisters Bruno Meyer am 16. Januar 1935, BArch R 3017/8 J 440/35.
28 Verfahrensregister des Oberlandesgerichts Hamburg, Staatsarchiv Hamburg: 213-9, Verfahrensregister 1934.
29 Anklageschrift des Oberreichsanwalts vom 19. Dezember 1935, BArch R 3017/8 J 440/35.
30 Protokoll der Vernehmung Sannes durch die Staatspolizei Hamburg am 16. Januar 1935, BArch R 3017/8 J 440/35.
31 Protokoll der richterlichen Vernehmung Sannes in Hamburg am 23. April 1935, BArch R 3017/8 J 440/35.
32 Im Namen des Deutschen Volkes. Urteil des 1. Senats des Volksgerichtshofs gegen den bisherigen Polizeiwachtmeister Johann Franz Bruno Meyer vom 26. März 1936, BArch R 3017/8 J 440/35.
33 Siehe Astrid Ley / Günter Morsch (Hg.): Medizin und Verbrechen. Das Krankenrevier des KZ Sachsenhausen 1936–1945, Berlin 2007, S. 338 f.
34 Protokoll der Landesvorstandssitzung am 13. Mai 1950, SAPMO BArch BY 1 808, pag. 204 f.
35 Die Darstellung folgt im Wesentlichen Jörg Berlin: Willi Prinz (1909–1973). Ein Vorsitzender der Hamburger KPD als Opfer des Stalinismus,

in: Zeitschrift des Vereins für Hamburgische Geschichte Band 96/2010, S. 101–139 sowie Uwe Klußmann / Michael Wildt: »Schließt fester die Reihen!«. Zur Politik der KPD in Hamburg zwischen 1948 und 1953, in: Beate Meyer / Joachim Szodrzynski (Hg): Vom Zweifeln und Weitermachen. Fragmente der Hamburger KPD-Geschichte. Für Helmuth Warnke zum 80. Geburtstag, Hamburg 1988, S. 111–125.

36 Protokoll von der Landesvorstandssitzung am 13. Mai 1950, SAPMO BArch BY 1 808, pag. 245.

37 Protokoll von der Sekretariatssitzung am 22. Januar 1951, SAPMO BArch BY 1 814, pag. 33.

38 Protokoll von der Sekretariatssitzung am 27. März 1951, SAPMO BArch BY 1 814, pag. 120.

39 Protokoll von der Sekretariatssitzung am 8. September 1951, SAPMO BArch BY 1 814, pag. 294 sowie 306 f.

40 Persönliche Notizen von der Sekretariatssitzung am 20. April 1952, SAPMO BArch BY 1 815, pag. 286–291.

41 Protokoll von der Sekretariatssitzung vom 8. Mai 1952, SAPMO BArch BY 1 815, pag. 324.

42 Protokoll von der Sitzung der Landesleitung vom 17. Mai 1952, SAPMO BArch BY 1 810 pag. 284, Beschluss: pag. 298.

43 Vgl. Traueransprache von Otto Schönfeldt, Archiv/Sammlung Gedenkstätte Ernst Thälmann, Hamburg.

44 Heinrich Böll: Blank wie ein Stachel, Die Weltwoche, Zürich, 16.3.1977.

45 Martin W. Lüdke: Von der Kraft des Widerstands, Die Zeit, Hamburg, 12.11.1976.

46 Heinrich Vormweg: Eine Jeanne d'Arc der Roten, Süddeutsche Zeitung, München, 9.12.1976.

47 Ebd.

48 Brief an Ruth und Bruno Meyer vom 8. November 1975, Nachlass Christian Geissler, Fritz-Hüser-Institut Dortmund.

49 Brief an Christa Rom vom 25. Februar 1975, Nachlass Christian Geissler, Fritz-Hüser-Institut Dortmund.

50 Peter Schütt: Literarische Verzweiflungstat, Die Tat, Frankfurt, 12.11.1976.